東歐的民族主義與社會革命的崛起

共同體的神話

From
Peoples
Into
Nations

A History of
Eastern Europe

JOHN CONNELLY
約翰·康納利

羅亞琪 譯

東歐百年史・冊1

CONTENTS

PART

2

帝國的衰亡和現代政治的興起

CONTENTS

前言

一九一四年，歐洲爆發大戰，導火線是以一個人們從來沒聽過的民族之名義從事的行動。

在東南歐歷經互相摧殘的混亂和武裝衝突許多年之後，一個名叫加夫里洛・普林西普（Gavrilo Princip）的波士尼亞籍塞爾維亞人，在那年六月於塞拉耶佛射殺了哈布斯堡王位繼承人法蘭茲・斐迪南（Franz Ferdinand）。這名殺手聲稱，他做出這個舉動是為了捍衛南斯拉夫人的利益，他們想從奧匈帝國獨立。

後續發生的衝突不僅「巨大」，*還很全面，各個國家、經濟體和軍隊都動員了，用一個比一個更有效的方式摧毀彼此。戰爭在一九一八年結束後，政治家和革命人士重組了一個新的歐洲，以加夫里洛・普林西普和他的朋友當年懷抱的理想為基礎，認為各個人群應該自己統治自己。這個理

*譯註：在第二次世界大戰發生之前，由於人們不知道還有第二次的世界大戰，因此都把第一次世界大戰稱作「大戰」（the Great War）。

想被包裝成「民族自決」，成為一種很高尚的政治標準——這個詞彙先被布爾什維克領袖列寧（Vladimir I. Lenin）應用在社會主義，又被美國總統伍德羅．威爾遜（Woodrow Wilson）視為自由民主的一部分。

美國開始在世界各地推廣民主，但也鞏固了歐亞大陸第一階段的去殖民化，協助幾十個所謂的「民族國家」取代奧匈和鄂圖曼等帝國（imperial states）；其中，數個新國家的確對歐洲地圖帶來前所未見的改變，如捷克斯洛伐克和普林西普隸屬的南斯拉夫。然而，民主化比任何人預期的都還要棘手，在一九三〇年代初期的經濟大蕭條期間，開始出現一些新詞，用來描述痛恨民主的人士所領導的新運動，包括法西斯主義、統合主義（corporatism）、納粹主義和極權主義。

一九三〇年代晚期，納粹的侵犯升級為對捷克斯洛伐克和波蘭的戰爭，開始衍生出更多新詞，有的更進入英語的詞彙裡，例如「閃電戰」。*專家都知道納粹計畫讓德國人定居東歐，創造一個延伸到莫斯科和克里米亞的帝國空間（即所謂的東方總計畫〔Generalplan Ost〕），就連大部分中學畢業生也都認識從德文名稱直接翻譯過來、納粹所犯下的罪行，如「最終解決方案」（final solution）和「族群清洗」（ethnic cleansing）。[1]「大屠殺」（genocide）一詞最初來自波蘭文（*ludobójstwo*），用來表示殘殺整個族群的新型罪行。

戰爭結束時，分崩離析的局面依舊，「人口交換」（population exchanges）、「流離失所者」的安置繼續進行——這些詞在一九一四年沒有人聽得懂。稱作「人民民主制」的新政體興起，透過無產階級專政推出各項五年計畫，要終結資本主義所帶來的不確定性。號稱人類平等的新時代來臨了。

然而，約從一九四七年開始，這段導致數百萬人必須忍受生活困乏、內部監視和囚犯營的時期，就一直被稱為「冷戰」，因為這時的世界分裂成兩個敵對陣營，似乎隨時都會爆發戰爭。

一九五三年，約瑟夫・史達林（Joseph Stalin）去世，以他命名的體系隨即陷入危機。年輕的「改革共產主義者」（reform Communists）以回頭做為前進的手段，重拾十八世紀自由哲學概念，像是「分權」以及投票、集會和發言的權利，並試圖在一九六八年的「布拉格之春」中加以實踐。然而，在同一年的悲慘夏天，蘇聯坦克恢復了正統的共產主義，蘇聯領袖列昂尼德・布里茲涅夫（Leonid Brezhnev）頒布以他為名的布里茲涅夫主義，表示社會主義只會演變成共產主義，任何企圖邁向多元主義的改革，都會觸發社會主義國家基於兄弟之情的「協助」。

由於北大西洋公約組織和華沙公約組織都認為這次干預穩定了蘇聯在東歐的統治，雙方便協議相關措施，減少武裝衝突的風險。在一九七五年的赫爾辛基會議（Helsinki Conference）上，他們重申在第二次世界大戰不久後所表達的原則：人權。可是，過了兩年，布拉格的共產黨官員就逮捕一個稱作宇宙塑膠人（Plastic People of the Universe）的搖滾樂團，純粹因為不喜歡樂團傳遞的訊息。捷克的異議知識分子（大部分為共產黨的前黨員）提醒當局，他們才剛簽署《赫爾辛基協議》。他們流通的文件後來稱作七七憲章（*Charter 77*），而他們當中的其中一人、身為劇作家的瓦茨拉夫・

＊譯註：閃電戰的原文是blitzkrieg，最初來自德文，意為「開火滲透」，最早用於十九世紀普魯士參謀部戰術。

哈維爾（Václav Havel）還為那些面對自我審查壓力的公民新創一個理想，叫做「活在真實中」（living in truth）——一九一四年的人聽了肯定摸不著頭緒。

一九八九年之後，歷史學家開始更直接地探索共產主義統治下的日常生活，因為布里茲涅夫主義在那年被廢止，而將德國舊都一分為二的「柏林圍牆」也遭拆除，只留半公里的牆面給觀光客記取教訓。這個高壓的體制顯然破產了，使得有些人認為這是「歷史終結」，因為所有的國家注定邁向自由市場的自由主義。

這下，東歐不僅跟自己中斷的歷史重新連接，還跟西方產生連結。如同第一次世界大戰後的情景，各式各樣的概念和顧問紛至沓來，對該地區及當地複雜的權利和民主傳統卻常常一無所知。這是第二波的民主化，但是跟第一波一樣，結果並不如預期，催生了許多新詞，包括斯雷布雷尼察（Srebrenica）*、新民粹主義（neopopulism）、新自由主義（neoliberalism）、「不自由的民主」等。「不自由的民主」是匈牙利總理維克多．奧班（Viktor Orbán）提出的，他曾經是共產威權主義的掘墓者，為了不讓自己在民主體制的自由競爭中被遺忘，而成為了民族威權主義者。

※

共享這段充滿戲劇性且動盪不安歷史的，是介於波羅的海與亞得里亞海和黑海之間的國家，在歷史上則是東接疆域更大的俄羅斯和鄂圖曼帝國，西鄰普魯士和奧地利。這些小國組成了中東歐，二十世紀在這裡發生的種種（有好有壞），比在世界上其他地區都還要多。

如果想要尋找一個簡單的解釋，來說明這個地區為何有這麼多能量來產生這麼多戲劇性事件和這麼多新概念，看一眼地圖，就能猜到民族主義這個答案：沒有其他地方像這裡一樣，發生過如此頻繁、激烈又暴力的國界變遷，只為了讓各個民族擁有自己的主權國家。[2] 一八〇〇年和二〇〇〇年的地圖，述說了故事的梗概：從簡到繁，從一小三大的多民族強權到二十個以上的民族國家。

故事的發展動力來自東歐民族主義者掌控疆土的要求，但這些要求被拒絕，因為挑戰了帝國強權和歐洲秩序。自一八二〇年代以來，民族主義者透過三個階段努力創建了一個個獨立的國家：第一個階段是一八七八年的柏林會議，創立的國家有塞爾維亞、羅馬尼亞、保加利亞和蒙特內哥羅；第二個階段是一九一九年的革命與和平協議，創造的國家有捷克斯洛伐克、南斯拉夫和波蘭；最近期的第三個階段則發生在一九九〇年代，捷克斯洛伐克和平分裂成捷克共和國與斯洛伐克，南斯拉夫則暴力分裂成斯洛維尼亞、克羅埃西亞、塞爾維亞、波士尼亞的兩個政體、馬其頓、蒙特內哥羅和科索沃。匈牙利在一八六七年奧地利帝國轉型成奧匈帝國時獲得實質上的獨立地位；一九二〇年第一次世界大戰之後，其領土變小許多，有三分之二被鄰居瓜分。

可以爭論的問題是，要解放組成現今東歐地區的民族國家，有沒有必要經歷這麼嚴重的暴力，

＊譯註：為南斯拉夫內戰時塞爾維亞共和國屠殺波士尼亞穆斯林之處。

特別是在第一次世界大戰？奧匈帝國其實比批評者所說的還要強韌，只有在代價比任何人預期的還慘重的戰爭來到最後一年時才開始瓦解。此外，戰爭起因和結果之間沒有什麼關聯。第一次世界大戰的開端並不是民族解放，但到了一九一七年，隨著傷亡人數不斷攀升、戰爭起因和結果之間的關聯完全喪失，這場戰爭卻被解讀為民族解放戰爭：這是一場為了民主、為了威爾遜的民族自決所打的戰爭，並協助催生了新的民族國家。

話說回來，如果沒有加夫里洛・普林西普聲稱自己代表的理念（南斯拉夫人應該住在同一個國家），就不會有刺殺事件，哈布斯堡就不會對塞爾維亞（這個國家訓練了普林西普，並提供槍枝給他）下最後通牒，一九一四年七月就不會爆發戰爭。從理性的角度來看，哈布斯堡王朝認為人口三百萬的塞爾維亞會對他們這個人口五千兩百萬的國家造成威脅，需要進行全面的軍事攻擊，似乎是歷史上反應最過頭的事件之一。然而，體弱多病的普林西普雖然在十八歲時因為身材矮小而被塞爾維亞軍隊拒絕，卻完全體現了族群民族主義的挑戰，而哈布斯堡帝國別無他法，只能以赤裸裸的武力做出反應。

✳

認為民族主義無法理性討論的，絕對不只哈布斯堡王朝。一九三八年慕尼黑危機達到高峰時，英國首相張伯倫說捷克斯洛伐克是「我們一無所知的遙遠國度」。德意志人和捷克人混居的波希米亞被認為是透過激情、而非理性所統治。一九九〇年代，某位博覽群書的美國總統對於終結東南歐種族殘殺的局勢感到絕望，說那裡的人被「古老的怨恨」所控制，除非他們「停止互相殺戮，不然不好的事只會繼續發生」。[3]

但是，民族主義者沒有比歷史上的其他人物還要難以理解，他們的行為動機是可以重建分析的。對民族議題的一方來說看似理性的事情，對另一方來說通常看似不理性，而他們的行為實則讓我們更難區分理性和不理性。[4]

就拿加夫里洛．普林西普為例。一方面，他的行為很容易理解。奧地利當局逮捕他時，他說他知道「鄉村發生的一切」。因為有從一八七八年開始統治波士尼亞的奧地利政權所提供的教育，他知道奧地利沒有試圖改變鄉村的傳統模式，也就是窮苦的基督徒佃農（像是他的父母）在穆斯林的土地上務農，只能夠過著次等生活。他的父母生了九個小孩，但是其中五個在嬰幼兒時期就死了。他的父親兼了好幾份差，其中一個工作是帶著沉重的郵件包裹在山路爬上爬下，即使一把年紀仍舊如此。對普林西普而言，他朝大公開的那幾槍是要終結這樣的社會不公。

可是，另一方面，他的下一步思維就沒那麼容易歸類成自利。他和他的朋友完全相信，一個由南斯拉夫人組成的國家可以奇蹟似地解決一切不公。在這樣的一個地方，他的父母和其他農民將不再是被鄙視的下層階級，而是平等的人類，不用繼續活在帝國當局自視甚高的眼皮底下，不管當局是土耳其人、奧地利德意志人或匈牙利人。在這個由他們的文化和語言為主的世界，他們會受到完全的尊重，人人都知道他們喜愛的古代塞爾維亞英雄的故事。在這個地方，民族和社會方面都會實現正義，因為民族和社會是一體的；每個人都能夠過著安穩充實的生活，不用過度勞累，也不會沒什麼工作。這樣的樣貌難以想像，但是值得為它捨身，因為它承諾每個人都可以重生。

問題是：南斯拉夫人組成的國家可以帶來救贖，這樣的想法是從哪裡來的？過去從未存在過這樣的觀念。

⁂

答案就在哲學裡，而且是德意志哲學。一八〇〇年代初期，大公殺手的祖父母輩都還是孩子，住在鄂圖曼人所統治的波士尼亞。當時，德意志和東歐參與政治的知識分子遭遇了同樣的處境：他們想創立一個國家，讓他們以及跟他們一樣的人都能活在正義之中，但是他們不曉得這個國家的疆界應該在哪裡。德意志人知道活在外國勢力高傲的注視之下是什麼樣的感覺，因為法國軍隊從一七九〇年代初期到一八一三年控制了大部分的德意志領土。

不過，在那之前，德意志的知識分子就活在偉大的法國的陰影底下好幾個世代了，完全是二等的歐洲人。這種痛苦在他們無可避免地去巴黎遊學期間特別強烈，來自斯圖加特（Stuttgart）和玉茲堡（Würzburg）的德意志青年來到此地仰慕法國的潮流和觀念，只有偶爾才會有法國人對他們回以同樣的好奇心，因為對法國人來說，德意志人的音樂和文學非常原始，德意志人的治國能力更是糟糕透頂。他們戲謔地說，德意志人的神聖羅馬帝國既不神聖、不屬於羅馬文化，更不是個帝國，只是由無數個自由市、侯國、主教領地和幾個王國所組成，甚至無法號召軍隊捍衛自己。拿破崙在一八〇六年宣布廢止帝國時，一開始根本沒有人留意。

一七七〇年代，德意志人開始做出反應。他們發掘了自己世界的傳統與特質，足以媲美法國、英國或其他任何大國。德意志人沒有自己的國家，但是他們有一樣只屬於他們的東西，那就是德語。法國人因為把熱情放在體系和普世原則，所以沒有發覺一個族群的語言具有獨特的美和重要性。法國啟蒙哲士認為語言可以互相取代，語言間的差異源自於同一種語言無止盡的變化，但是德國思想家則主張，每一種語言都表現了該族群的靈魂，讓他們跟上帝產生直接的關聯。

十九世紀初，位於圖林根（Thuringian）的威瑪（Weimar）興起對德語和德意志文化的狂熱，這跟住在那裡的詩人有關，特別是席勒（Friedrich Schiller）和歌德（Johann Wolfgang von Goethe）。不過，這個浪潮真正的提倡者是他們的友人赫爾德（Johann Gottfried Herder），他是一位新教牧師、普世歷史學家和民族思想家，他提出的思想非常受到德意志人歡迎，歌德後來甚至說大家都忘了這些觀念的源頭，以為這些都是亙古的智慧。

拿破崙在一八一五年戰敗後，從威瑪步行只要一個下午就能到達的耶拿大學成為德意志學生之間新浪漫民族主義的溫床。他們在瓦堡（Wartburg）＊和其他地方舉辦儀式頌揚古代德意志帝國在

＊編註：此地為馬丁．路德翻譯德文新約聖經之處，被視為德意志民族主義的早期聖地。

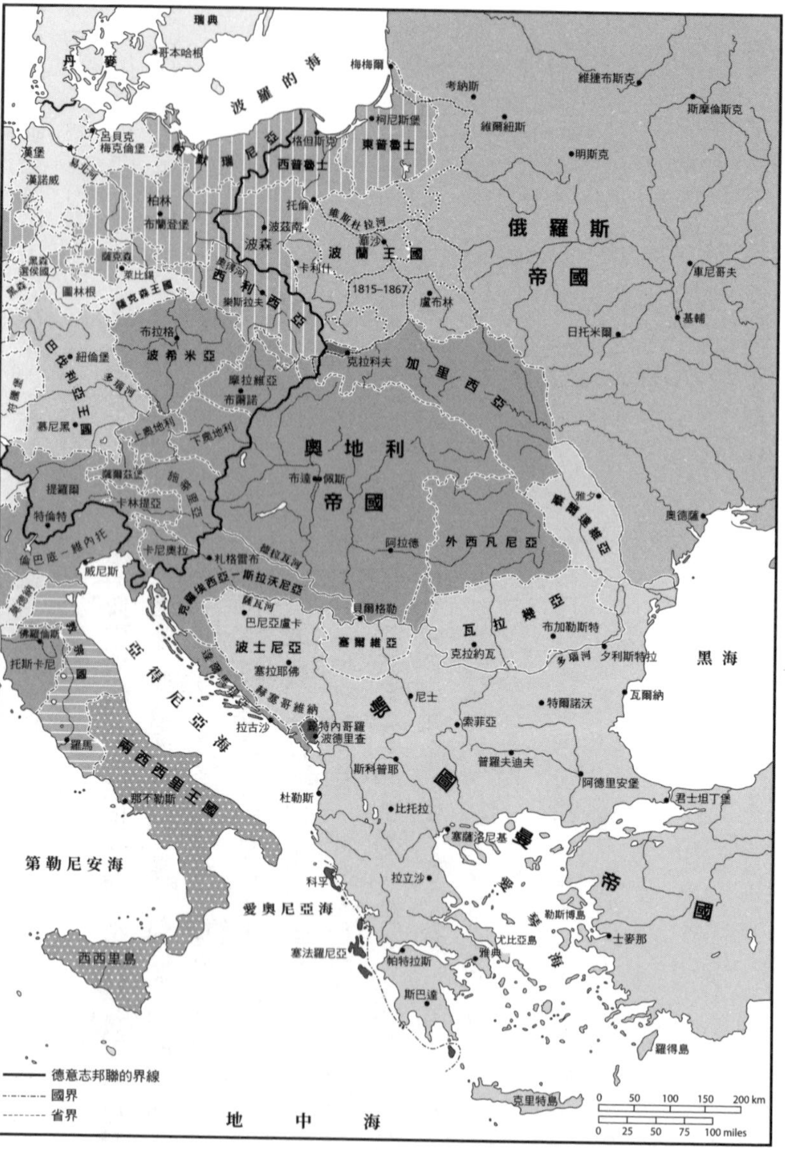

前言.1　約一八一八年的中東歐。

中世紀的輝煌文化，堪稱傳奇。鮮為人知的是，數十名來自奧地利帝國的斯拉夫學生也在這些年來到耶拿，向這所大學的傑出人物學習新教神學，他們當中有許多人也成了這股新民族崇拜的信徒。他們出身卑微，有些來自波希米亞，但是大部分來自我們現在所說的斯洛伐克，家庭以務農為生，跟普林西普的父母相去不遠。他們也有很多兄弟姊妹，地主說的語言跟他們不一樣（通常是匈牙利語），並且把他們和他們的父母當成次等人類。

赫爾德自己則是來自極東的一座德意志小鎮，是德意志和波蘭接壤之地。他知道，有數百萬名說斯拉夫語的人分布在中歐和東歐，並認為他們若能成功建國，一定會變成歐洲一個（或數個）最強大的民族。

因此，說著斯洛伐克語和捷克語的年輕神學家跟耶拿的德意志友人面臨了同樣的問題，且和當時法國學生關注的任何議題相去甚遠，那就是：他們的國家在哪裡？不管法國是王國或共和國，並沒有人會質疑它在哪裡。法國的疆界幾百年來只有經歷些微的變化，在歐洲地圖上是既定事實，沒有人質疑。英國、俄羅斯和西班牙也是如此。可是，中歐的德意志人和奧地利帝國的斯拉夫人，他們的國家呢？

對德意志人來說，答案比較容易找到，就是神聖羅馬帝國。可是，仔細檢視，就會發現這只是表象。假如國家是由同一個語言組成，那麼像是住在東普魯士的赫爾德那樣不住在前神聖羅馬帝國境內、數百萬名說德語的人要怎麼辨？他們為什麼就應該受到排斥？哲學家費希特（Johann Gottlieb Fichte）給了一個答案，那就是可以聽見德語的地方就是德國。後來的德國國歌宣稱，德國從默茲河（Maas River）一直延伸到梅梅爾河（Memel River）——這兩條河分布在多個國家。

然而，對斯拉夫知識分子來說，同樣的問題卻棘手很多，因為他們跟德意志人不一樣，連自己的語言是什麼都不確定。當時並沒有捷克語、斯洛伐克語或南斯拉夫語的字典。波希米亞和斯洛伐克說斯拉夫語的人說著各種方言，就連簡單的字詞也不一致。數百年來，許多德語詞彙融入了他們的日常用語，沒有人可以說匈牙利北部的斯拉夫方言和波希米亞的斯拉夫方言是兩種語言、更多種語言，或者同一種語言的不同變化。假如族群是語言造就的，但這個語言又沒有名字，那這個族群是什麼族群？

其中一個來自匈牙利北部的學生兼詩人揚．科拉爾（Jan Kollár）難以克制地認為自己隸屬於一個偉大的民族，因此決心找到答案。除了赫爾德的理念，他在耶拿還學到兩件事。才幾百年前，德意志的耶拿曾住了許多說斯拉夫語的人，但他們後來漸漸消失了。當地的地標和城鎮名稱還保留著斯拉夫語的殘跡，例如「耶拿」和「威瑪」就是斯拉夫文。再往東一點，在德勒斯登（Dresden）的北邊、盧賽蒂亞（Lusatia）境內，仍有村莊住著零星說斯拉夫語的人，他們自稱為索布人（Sorbs）。科拉爾聽得懂索布人說的話，因此把他們視為「他的」族群的一分子，但是他也看得出他們瀕臨滅絕。如果他和他的朋友不趕快行動，匈牙利北部和波希米亞那些說著斯拉夫語的人可能也會消失，融入主流的匈牙利和德意志文化。

他學到的另一件事，就是德語非常多元。斯瓦比亞人（Swabians）說自己的方言時，來自布蘭登堡的學生聽不懂他們在說什麼。科拉爾發現，他所說的斯洛伐克語跟波希米亞方言的相似程度，比這些德意志方言彼此之間的相似程度還要高。所以，假如住在黑森林的德意志人與帕默瑞尼亞（Pomerania）沿海地區的德意志人可以組成一個民族，匈牙利北部和波希米亞說斯拉夫語的人也可以。這當中還有很多故事可說，我會在接下來的章節說明，但是簡單來說，他和他的朋友漸漸決定使用「捷克斯拉夫」來形容這個族群。到了二十世紀初，大家都叫他們「捷克斯洛伐克人」。

科拉爾完成學業之後，到佩斯（Pest，今天布達佩斯的東半部）接下斯洛伐克路德教會的牧師職位，結識一名年紀比他小但同樣充滿熱忱、想像力豐富且有天分的神學家。他來自匈牙利王國的南方、克羅埃西亞的首都札格雷布（Zagreb）。此人名叫柳德維特·蓋伊（Ljudevit Gaj），他很熟悉赫爾德的思想，並發覺克羅埃西亞人聽得懂住在塞爾維亞、蒙特內哥羅和馬其頓的人所說的話。事實上，從我們今天所說的斯洛維尼亞一直到黑海之間，當時是沒有語言界線的。他得到一個結論，那就是住在這片廣大地區的人都屬於同一個族群，只是必須有人喚醒他們的身分認同。這變成他個人的志業。他把這個人群稱作伊利里亞人（Illyrians），而後世（包括加夫里洛·普林西普和他的友人）則叫他們南斯拉夫人。

有一本影響深遠的著作告訴我們，民族其實是想像出來的共同體。[5] 一八三〇年代，科拉爾和蓋伊喜歡在多瑙河上方的山徑之間討論深奧的問題，想像兩個民族的模樣；到了一九一九年，包括伍德羅·威爾遜在內的政治人物齊聚巴黎，真的把兩個民族變成了兩個主權國。但，我們也知道這兩個國家都在二十世紀消失。人類會想像民族，但不是所有想像出來的民族都有持續凝聚的團結力。有些就像不穩定的化學化合物，會有分解的時候；偶爾，它們甚至會爆炸。

＊

第一次世界大戰之後在巴黎塑造出來的東歐國家有一些問題，來自維吉尼亞州的政治學家威爾遜並不了解。他和其他和約締造者想讓捷克斯洛伐克和南斯拉夫成為民族國家，就像普林西普、科拉爾和蓋伊幻想的那樣，可是這些國家最後卻變成了迷你版的哈布斯堡帝國，疆域內存在著無數族群。一九一八年十二月抵達法國之前，威爾遜以為奧匈帝國的「族群」應該很容易分離。但，在他離開法國之前，他就已經對新出現的族群感到絕望，因為他們「每天」來找他，要求得到同一塊土地。他的問題不在於他全然無知。年輕時，他曾經在一本關於世界各國政府的著作中，寫過一整章詳細探討哈布斯堡帝國的內容，並未預料到會有問題。陪同他一起去巴黎的數十位顧問也沒有預料到。事實上，近代歷史只有一個跡象預示了要實踐科拉爾或蓋伊的理念可能會帶來什麼問題。這個跡象在一八四八年的革命期間曾短暫出現，但是在一九一九年忙著創造新世界的熱忱之中，其教訓被忽略了。

在一八四八年的頭幾個月，住在從大西洋沿岸到俄羅斯和鄂圖曼帝國之間這塊廣大空間裡的歐洲人，第一次得以在公共場所自由集會和發言。從三月下旬開始，波希米亞的德意志和捷克民主派一起著手制憲，但是幾個星期之後，他們發現他們對於想住在哪一個國家有不同的想法。波希米亞一直是神聖羅馬帝國（以及後來的德意志邦聯〔German Confederation〕）的核心，因此德意志人自然認為它會成為德國這個民主國家的核心；[6] 可是，捷克人卻認為波希米亞是他們的家園。波希米

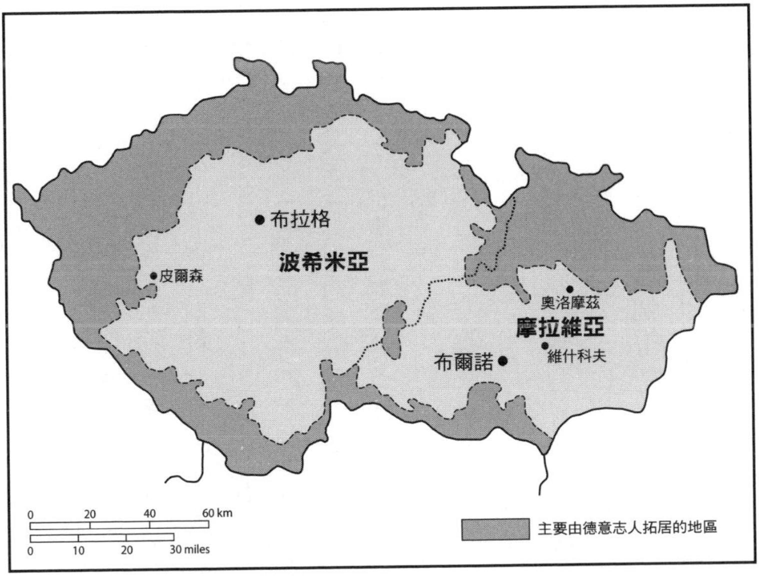

前言.2 約一八六〇年的波希米亞王國。

亞這個字在他們語言裡的寫法更加強了這個概念，那個字就是*Čechy*，而波希米亞王國的寫法則是*Královec český*，顯示他們腳下的那片土地本來就是捷克人的。

若對德意志愛國者來說，德意志疆域至少是神聖羅馬帝國的這點不言而喻，那麼對捷克的愛國者來說，他們的國家則至少是捷克王國。這些愛國者認為，波希米亞是捷克人的土地，不應該變成德意志的一部分，而是要成為奧地利帝國境內的自治省。一八四八年的六月，一位哈布斯堡將軍為了恢復帝國秩序而砲轟布拉格，這項爭議依然沒有獲得解決。沒有人可以在波希米亞的地圖畫一條線，以區分較多的捷克人口和較少的德意志人口，但是每一個出現的組織都因族群而分裂。

在東邊，奧地利皇帝斐迪南一世(Ferdinand I）在自由和不確定性開始瀰漫的時候，授予匈牙利貴族一部憲法。他要當個立憲的君主。這些貴族是自由主義者，於是開始將王國轉變為統一的主權國家，跟法國一樣單一而不可分裂；領土境內只會有一種語言和文化。然而，這個王國的人口大部分不是馬扎爾人（Magyar），因此當匈牙利官員和士兵進入南邊和東邊主要住著塞爾維亞人和羅馬尼亞人的地區時，遇到了武裝抵抗。不到幾週，內戰爆發了，奪走約四萬條人命，是中東歐近代史上第一次的大規模族群清洗事件。猶太裔的匈牙利－奧地利作家馬克斯・施萊辛格（Max Schlesinger）寫道：「近代沒有任何一場革命經歷過如此恐怖的惡行，就連法國大革命也不例外。」一種「壓抑已久的古老恨意」在塞爾維亞人和羅馬尼亞人之中爆發，施萊辛格把他們的行徑比做「美國森林裡的休倫人（Hurons）和馬奇人（Makis）」。[7] 有些人寫到屍體遭受汙損、婦孺被活活燒死、囚犯遭到處決等各種肆無忌憚的殘酷行徑，越講越可怕。

更北邊一點，中歐偉大的統一和排外人物奧托・俾斯麥（Otto von Bismarck）發現類似的殘暴故事可以用來把德意志人的恨意聚焦在普魯士東邊的波蘭人身上。春天時，在大部分人口為波蘭人的波茲那尼亞（Poznania），德意志人和波蘭人之間曾爆發短暫的內戰，但是到了最後，波蘭人被擊敗了。超級保守的俾斯麥只看見一方有罪。他聲稱，柏林那些「天真」的民主派將波蘭反叛者釋放出獄，結果導致波蘭人回到波茲那尼亞的故鄉，結黨「蹂躪普魯士省分的德意志居民，燒殺擄掠，謀殺和野蠻地殘害婦孺」。[8]

因此，一八四八年到一八四九年間那場失敗的革命，證實了民族主義模稜兩可的功用：起初，這似乎是讓各個族群從王公貴族的統治中解放的力量，打著自治的旗號，但是到了一八四九年的春天，普魯士國王和奧地利皇帝卻宣稱要保護各個族群，防止他們互相殘殺。

※

在俄羅斯軍隊的協助下，奧地利皇帝法蘭茲・約瑟夫（Francis Joseph）讓多族群的波希米亞和匈牙利恢復秩序，試圖專制。十年之內，他不但在戰爭中輸給法國，還幾乎破產。他決定要讓社會上的一些代表跟他共同治理國家，這些代表最好都來自大貴族階層。這就表示，他要跟拒絕繳稅的匈牙利貴族交涉。一八六七年，雙方想出一個折衷方式，將帝國一分為二，變成奧匈帝國。馬扎爾人的上流階層大部分是貴族地主，他們在自己的那一半領土中開始推展和平漸進的建國計畫，企圖透過教育將所有人都變成匈牙利人，包括斯洛伐克人和羅馬尼亞人。然而，他們對屬於匈牙利族群的農民非常鄙視，因為他們在領主的土地上工作，自己卻幾乎沒有土地。這播下了法西斯主義的種子，日後將糾纏他們的下一代。表面上是民族主義者的中央政治人物（通常是自由主義者）忽略了民族的社會需求時，法西斯主義便開始成長。不過，後果要過一個世代之後才會顯現。

原本屬於奧地利帝國的另外一半領土則沒有一個適當的名稱，因為它不只有奧地利，還包含波希米亞以及今天斯洛維尼亞、義大利和波蘭的部分地區。人們漸漸把它稱作「內萊塔尼亞」（Cisleithania），表示屬於奧地利那一側的萊塔河（Leitha River）土地。將這些多元地帶連結起來的，就只有位於維也納的皇室和政府及驕傲的職業官僚們。但，由於不斷成長的城鎮出現群眾動員，皇帝和貴族不得不順從人民的要求，增加投票權。這麼做的同時，族群取向的政黨開始出現，包括尊奉馬克思主義的社會民主派（Marxian Social Democrats）。國會自一八八三年之後就在一棟宏偉的新古典建築中舉行，但是不到十年，國會已無法由多數黨治理，主因是德意志人和捷克人一直沒辦法針對如何統治波希米亞達成協議。那裡的德意志人是少數族群，他們擔心任何妥協都會變成族群滅亡的開端，尤其是如果把捷克語和德語拉到同等地位。

俾斯麥在一八七一年統一德國，卻落下波希米亞和奧地利的德意志人。在這些地區，有個聲稱要在民族和社會方面保衛這些德意志人的政治運動出現了，那就是人稱納粹黨的國家社會主義德意志勞工黨（National Socialist German Workers Party）。匈牙利也出現相同的模式：下層階級的德意志人感覺主流的民族運動（以維也納的德意志自由主義者為代表）只會瞧不起他們。

同一時間，波希米亞的捷克人建立了無數個黨派，沒有任何一個信奉法西斯主義，甚至沒有一個黨派自稱「國家社會主義黨」。那裡的民族運動不僅包含了許多說捷克語的人對使用自身語言（並且因此受到尊重）的渴望，還是爬升社會階層的管道。這個運動建立了學校，允許說捷克語的人使用自己的語言獲取知識，並靠這些知識在商業、技術行業和學術領域蓬勃發展，同時還創立儲蓄銀行，讓捷克人可以自己存錢，不依賴德意志資本。除此之外，這個運動還有一個真正的「哲學王」＊——托馬斯．加里格．馬薩里克（Tomáš Garrigue Masaryk）教授，他沿用赫爾德的說詞，主張捷克人確實對全人類負有義務。他說，這項義務就是實踐民主與人道。他的美籍妻子夏洛特支持他的信念——夏洛特有著來自美國東北部和德意志胡格諾派的祖先，捷克語學得非常好，是捷克社會民主黨黨員。

馬薩里克跟一八四八年的捷克愛國志士一樣，相信哈布斯堡王朝能夠協助實現捷克人的理想，只是這個國家必須由聯邦組成，就好比中歐的合眾國。可是，實際掌控帝國命運的德意志和匈牙利從政者都拒絕討論這種方案，因為聯邦制會減損他們各自（在波希米亞和匈牙利）的權力。一九一四年的塞拉耶佛刺殺案發生不久後，馬薩里克目睹奧地利當局拘捕批評塞爾維亞戰爭的斯拉夫人，其中一些人被處決了。他先後逃到瑞士和法國，成立了一個遊說團體，稱作「捷克斯洛伐克委員會」（Czechoslovak committee），要實現早期民族主義者的夢想。與此同時，南斯拉夫和波蘭的逃亡者也在巴黎成立自己的委員會，亟欲創建獨立國家。

馬薩里克教授將赫爾德的訊息包裝成美國自由主義者看得懂的語言，傳達給同樣身為教授的威爾遜。他協助威爾遜這樣思考：如同美國人是一個族群，捷克斯洛伐克人也是；如同美國人當年脫離了自己的國王，捷克斯洛伐克人也應該可以脫離自己的統治者，也就是哈布斯堡王朝的法蘭茲·約瑟夫，並透過自己制定的憲法自由決定自己的命運。這個理念也是一個掩飾得不太好的烏托邦主義，聲稱可以比現有的政治體制解決更多問題。自治的捷克斯洛伐克會跟其他民主族群組成一個國

＊譯註：這是柏拉圖在《理想國》一書提出的概念。他將人民分成商人、勞動者、軍人以及國家統治者四個階級，主張統治者應該要是一位哲學王，既有智慧又可靠，並願意過著簡樸的生活。

前言.3　一九二一到一九三九年的中東歐。

際聯盟，確保各國永久和平相處，因為自治的族群對戰爭沒有興趣。

馬薩里克沒有告訴威爾遜波希米亞有超過兩百五十萬名德意志人，他也沒有向這位美國總統點出美國和捷克斯洛伐克對「族群」這個詞的認知差異——如果真的存在一個叫做捷克斯洛伐克的族群，那會是由語言和部落認同統一的族群。美國派往巴黎的代表團只有一位成員是中東歐領域的學術權威，那就是捷裔美籍的羅伯特．克納（Robert J. Kerner，一九一四年取得哈佛博士學位）。他說捷克斯洛伐克人是「科學事實」，而波希米亞的疆界則是神聖不可侵犯，雖然只要些微的調整就可以讓數十萬名德意志人住在德國或奧地利境內。

基於上述這一點，波希米亞的德意志人要求納入奧地利和德國。一九一九年三月四日這天，捷克的士兵和警察為了驅趕在賴興貝格（德語：Reichenberg，今利伯雷治〔捷克語：Liberec〕）舉行的集會，殺害五十四人、弄傷八十四人。[9]不到幾個月，斯洛伐克的政治人物開始提出捷克斯洛伐克算不算是同一個族群的問題，因為他們認為捷克官僚的態度很高傲，跟一百年前德意志人對拿破崙的官員抱持的感受雷同。同樣地，克羅埃西亞人也覺得南斯拉夫的塞爾維亞官員專橫、腐敗，一點也不像「兄弟」。到了一九二〇年代中葉，斯洛伐克人和克羅埃西亞人之間已經出現分離運動，揚．科拉爾和柳德維特．蓋伊若是知道肯定很震驚——即使說著同一種語言、甚至是同一種方言，也不足以造就一個民族。

雖然如此，眾多小族群被大族群夾擊的獨特東歐處境，還是促成了合作。南斯拉夫保護克羅埃西亞人免受匈牙利和義大利的威脅，這個「迷你版的哈布斯堡帝國」跟真正的帝國有著相同的優點。因此，當一名蒙特內哥羅的代表在一九二八年的貝爾格勒（Belgrade）國會上射殺克羅埃西亞領袖斯捷潘・拉迪奇（Stjepan Radić）之後，南斯拉夫國王亞歷山大（塞爾維亞統治家族的成員）提議讓克羅埃西亞獨立。在傷重不治之前，拉迪奇拒絕了這個想法。克羅埃西亞是不可能獨立存在的。在更北邊的地方，雖然有許多斯洛伐克人對應該情同手足的捷克人感到疏離，但在一九三〇年代，也有不少人努力讓捷克斯洛伐克維持正常的民主國家運作。捷克斯洛伐克創建布拉提斯拉瓦大學（University of Bratislava）等斯洛伐克機構，中斷了把說斯洛伐克語的人變成馬扎爾人的運動。

可是，跟馬薩里克的捷克斯洛伐克相比，其他自治小國卻淪落到各種形式的威權體制，到了一九三八年，民主化顯然一敗塗地（雖然幾十年後的政治人物在制定政策時仍未記取其教訓）。雖然如此，捷克斯洛伐克證實了，多族群這件事本身並不會導致民主制度失敗，畢竟它可是該地區最複雜的國家。此外，跟我們這個時代的某些諾貝爾得獎人所說的不一樣，倘若不去干涉這個地區，它並不會注定受到法西斯主義的掌控。[10]羅馬尼亞和匈牙利確實曾出現具有群眾基礎法西斯運動，但卻僅此而已；在大部分的地區，包括波蘭、捷克斯洛伐克、南斯拉夫和保加利亞，法西斯主義微不足道，一向只有獲得幾個百分點的支持。法西斯主義在東歐難以取得成功，是因為波蘭人、塞爾維亞人或捷克人似乎就是不會做這種事。在華沙或布拉格穿著黑色制服行進、舉起手做出法西斯分子的敬禮動作，不會讓人聯想到民族救贖或重生，而是聯想到死亡和遭歷史遺忘。

然而，這個地區的國家雖然厭惡法西斯主義，受到法西斯主義最極端的形式（納粹主義）所威脅時，他們卻也沒有保持團結。這其中的原因應該跟不顧一切也要光復民族領土（無論國土有多小）的意念有關。在戰間期那些年，捷克斯洛伐克和波蘭無法結盟，原因就在於百分之四十人口為波蘭人的極小塊土地：切申／泰申／捷欣（波蘭語：Cieszyn／德語：Teschen／捷克語：Těšín）的西利西亞區（Silesian）。捷克人在一九一九年奪走這個地區，原因是有一條連接波希米亞和斯洛伐克的鐵路經過這裡。波蘭沒有忘記這件事，因此當德國在一九三八年的秋天威脅捷克斯洛伐克時，他們不但沒有提供協助，還趁機出兵跨越邊界，宣示波蘭對該地的主權。

儘管波蘭跟德國因為上述事件算是不言而喻的盟友，波蘭隔年卻成為世界上第一個拒絕希特勒的國家，給自己帶來遭受大舉征服和入侵的災禍。在那之前，希特勒為了與波蘭結盟共同抵抗蘇聯，便向波蘭領袖（他十分欣賞他們的反共產主義精神）提出了他自認很好的提議：成為德國的盟友，允許德國建造一條連接帕默瑞尼亞和東普魯士的域外公路，交出甚至不屬於波蘭的土地給德國：但澤市（Danzig）。波蘭拒絕了，因為向德國臣服等於是在對自己的民族主權聲明自打嘴巴。波蘭人曾在一七九五年到一九一八年被外國勢力統治，因此沒有任何一位波蘭領袖能放棄獨立。此外，波蘭的菁英分子相信自稱是他們盟友的國家——英國和法國——會提供有力的支持。結果，這些國家只是冷冷看著波蘭在一九三九年九月被希特勒和他的新盟友史達林四面包抄。

※

人稱「波希米亞下士」的希特勒（他其實是奧地利人）在戰爭中所實現的成就，就是把東歐的北部變得單純許多。在當地幫兇的協助之下，他的政體隔離並殺害了絕大多數的東歐猶太人。[11]可是，紅軍在一九四五年把納粹德軍趕回維也納和柏林時，也有數百萬名德裔人口逃離東歐，再也沒有回來。戰爭結束後，出於同盟國的決定，波蘭與捷克將波希米亞和德國東部剩餘的德裔居民帶上火車，驅逐到變得比俾斯麥的帝國（更別說是神聖羅馬帝國）還小上許多的德國境內。

最熱愛族群清洗的東歐人，非波蘭和捷克的共產主義者莫屬，而世界各地的共產主義者確實都是熱忱的民族主義者。這很令人震驚，原因有二。第一，馬克思和恩格斯並不關注民族認同，因為工人沒有祖國。民族不是人類身分認同長久的標準，而是短暫存在的東西，會隨著資本主義的進展而越來越不重要。[12]對於想要建立自身民族國家的東歐人，他們只有訕笑。恩格斯甚至把德國東方的那些小民族稱作「遺跡」。[13]捷克人注定要「融入其中一個比較強大的民族，因為這些強國比較有活力，可以克服比較大的阻礙」。其他等著被同化的「斯拉沃尼亞（Slavonians）族群殘遺」有塞爾維亞人、克羅埃西亞人和斯洛伐克人。一八五二年，恩格斯不帶感情地預測，下一個世界大戰會讓所有的反動民族「消失在地表」。[14]

第二，當世界被分成兩大陣營，似乎就容不下東歐民族主義了。到了一九四九年，這個地區的每一個國家似乎都是迷你版的蘇聯，有差不多的執政共產黨、五年計畫、重工業為基礎的經濟、集體化農業和社會主義寫實主義。即使在黨內，也鮮少有波蘭人和匈牙利人會懷疑每年五一勞動節一片紅海的慶典反映著以莫斯科為中樞的教條與實踐。有史以來頭一遭，有數百萬名東歐人學習俄語，而且很多人都十分擅長仿效蘇聯。好幾十萬人將自己「蘇聯化」，不僅拿菸的方式模仿俄羅斯

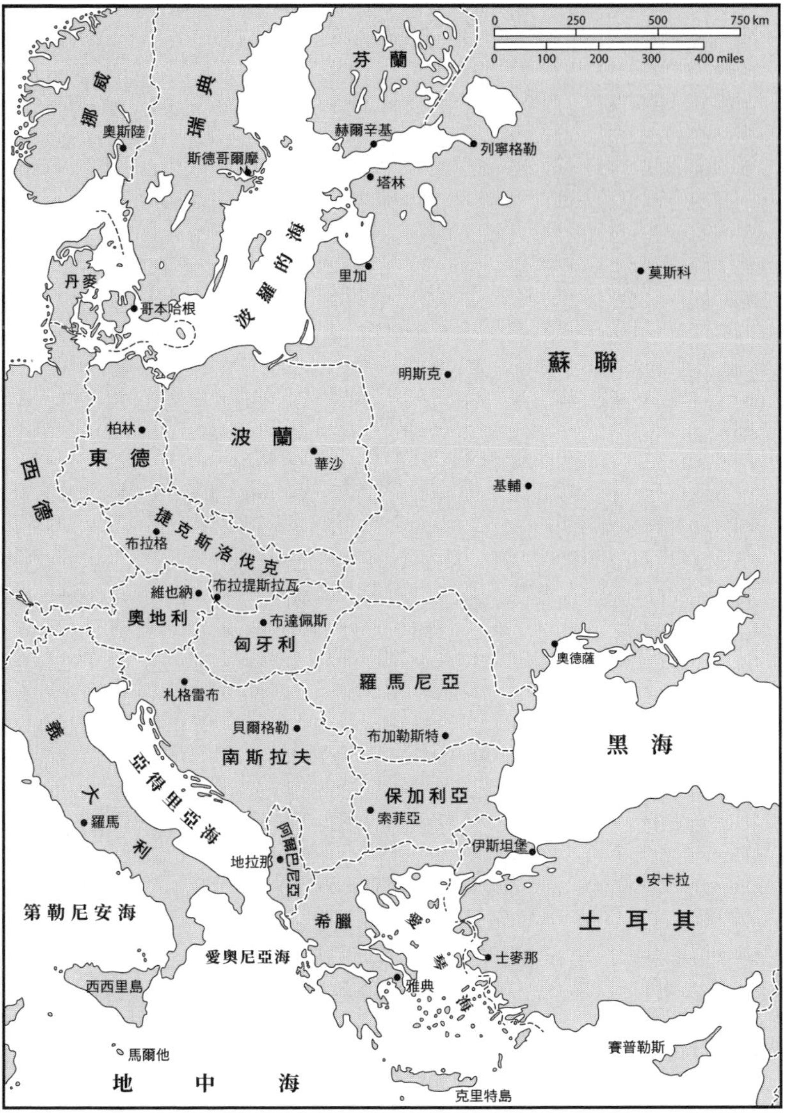

前言.4 一九四九到一九九〇年的中東歐。

人，也穿著布爾什維克黨的軍事風格。南斯拉夫共產黨人在帽子上佩戴紅星星，過頭到連蘇聯也試圖加以阻止。

但是，這些國家不是蘇聯的複製品，也不是蘇聯真正的一部分（跟烏克蘭、波羅的海諸國和白羅斯不同）。[15]在一九四九年的華沙舉行的五月勞動節遊行中，旗幟上面的文字寫的是波蘭文、不是俄文，牌子描繪的也是波蘭英雄。距離遊行路線幾個街區之外的地方，由馬克思政黨統治的波蘭社會主義政府正深情地將一九四四年遭納粹肆虐的舊華沙起死回生，包括以十八世紀的平面圖為依據重建多座教堂，連聖人的光環這樣的小細節也不馬虎。在這些東歐共產國家境內，書店除了擺放揚．科拉爾等浪漫主義作家的書，還販售亞當．密茨凱維奇（Adam Mickiewicz）、山多爾．裴多菲（Sándor Petofi）和瓦西里．亞歷山德里（Vasile Alecsandri）等波蘭、匈牙利和羅馬尼亞的民族詩人，柳德維特．蓋伊和武克．卡拉季奇（Vuk Karadžić）這兩位語言學家，以及曾經在耶拿跟科拉爾一起攻讀神學的民族誌學者帕維爾．沙法里克（Pavel Šafárik）等人的著作。[16]在波蘭西部，政府致力摧毀過往一切的德意志人痕跡（包括墓園），宣稱新領土由裡到外都屬於波蘭，即使這些地方數世紀以來都是德意志的一部分。

南斯拉夫雖竭力模仿史達林，並在莫斯科要求之前就建立了社會主義，卻是第一個跟蘇聯切斷關係的國家（一九四八年）。他們會這麼做，是因為史達林要求他們把自己的民族利益完全屈服在蘇聯的利益之下。約瑟普．布羅茲．狄托（Josip Broz Tito）在一次公開演說中，談到自己為何突然變成馬克思列寧主義者的異端：因為一個人可以愛社會主義的祖國，卻不能少愛自己的國家。他指的不是克羅埃西亞、塞爾維亞、斯洛維尼亞或蒙特內哥羅，共產主義的南斯拉夫是為了復興柳德維特・蓋伊昔日計畫的第二次嘗試，目的是解放南斯拉夫所有的族群。狄托的游擊隊運動始於戰爭期間，像個迷你版的哈布斯堡帝國那樣，打著同胞和統一的名義，保護塞爾維亞人和猶太人等群體不受法西斯主義屠殺。這個做法在狄托一九八〇年去世之前都很成功。

假如南斯拉夫有加入哈布斯堡帝國的最新版本——歐盟，它或許會存留下來。但，在歐盟還沒向東方敞開之前，克羅埃西亞已在一九九一年爆發戰爭。今天，儘管歐盟慷慨資助了他們的基礎建設、教育與農業，東歐的國家領袖仍聲稱歐盟威脅他們國家的存亡，以藉此博取政治資本。在二〇一八年六月，匈牙利總理維克多・奧班說，「斯洛維尼亞民族的存亡」繫於一名反歐盟總理候選人的成敗。[17]

⁂

從十九世紀初期到今天所經歷的許多不同時期有一個共通點，那就是愛國志士一創造出民族的語言，民族主義就會變成政治的語言，任何人想要權力，都免不了得談到它，無論他們是自由主義者、法西斯主義者或共產主義者。這是本書的中心論點，和其他有關這個地區的最新著作不一樣。哈布斯堡的專家認為這個地區會走上民族國家這條路，只是選了多種可能選項的其中一個。倘若不是民族主義者的努力，中東歐可能依舊是多民族國家，不同的人群之間沒有界線，大部分的人也對民族主義漠不關心。有一位支持這種看法的學者運用絕佳的口才，呼籲讀者把自己從「身邊的民族主義者不斷重新創造的論述監獄中」解放出來。[18]

這個新的著作蘊含了一個無可指謫的倫理動機。民族國家會出現制度化的族群至上主義及族群清洗與種族屠殺等惡行和罪行，似乎是以族群排外的原則建國（捷克斯洛伐克是捷克斯洛伐克人的國家、波蘭是波蘭人的國家，以此類推）會出現的必然結果。除此之外，我們知道民族認同是後天習得、而非與生俱來的，邊界是人類、而非上帝在地圖上畫的線。由於民族是人類想像出來的共同體，歷史學家便在過去中，尋找看起來比民族主義者和善的其他政治力量：想要約束（別人的）民族主義的帝國當局、社會主義者，以及最重要的，數以萬計說自己不屬於任何民族的東歐人，也就是人口普查官員所謂的「民族冷淡」者。假如事情的發展有所不同，人類可能根本不會想像出民族共同體。[19]

這份新研究把特例描述得有如常態。在從一個語言群體漸漸過渡到另一個語言群體的邊界地帶，官員觀察到人們對民族議題漠不關心。在上西利西亞（Upper Silesia）、波希米亞森林的部分地區、卡林提亞（Carinthia）、波蘭東部、波士尼亞等地區，會說兩種或兩種以上語言的人可根據時機，自由選擇使用任何民族認同。例如，上西利西亞的西部是綿延數百英里的德意志地域、東部是延伸數百英里的波蘭，住在此地的小鎮居民在家說波蘭方言，在學校則學德語。國家的官員來訪時，有的人會說他們不知道自己的身分認同是什麼，因為這能讓他們得到最大的好處。

可是，綜觀從波羅的海一直到亞得里亞海之間的整個中東歐地區，這種人其實少之又少。在波蘭中部、匈牙利的許多地區、羅馬尼亞、大部分的塞爾維亞和克羅埃西亞、保加利亞，以及斯洛伐克和波希米亞的大範圍地區，單一語言者被吸入民族主義者和民族國家的計畫，才是真正的常態。這通常是透過教導標準化語言的學校教育來達成，但是也會透過政治動員和入伍國軍來實踐。[20]這是從十八世紀晚期開始出現的模式，民族主義漸漸興起，幾乎就像太陽般緩慢移動，先是照亮高處，接著照到谷地，最後只留下少數地方沒有被照射到。這道光的熱力使民族主義茁壯，同時也讓其他選項凋萎。

但，關於民族是由人類所建構的這個概念，還有一個更深層的問題。借用馬克思的卓見，我們可以說：人們創造自己的民族，但無法隨心所欲。他們協助形塑了自己的社群和語言，但那些不是他們製造的。民族從來不是憑空想像出來的；反之，民族主義者是運用既有的民族歷史和傳說做為基石，雖然肯定有經過詮釋，但絕非全新創作。他們根據現有的語法創造新詞，並善用流行於鄉村居民之間的觀念，像是他們是誰、他們的敵人是誰（通常是某個帝國勢力）等。[21]有些知識分子想像出來的民族，有些從未扎根，捷克斯洛伐克和南斯拉夫只是其中的兩個例子，哈布斯堡統治下的波士尼亞也是。

人們形塑民族的同時，民族也形塑了人們。也就是說，民族形成了空間，讓人們在裡面決定什麼才是寶貴的——也就是「什麼值得人們活著」。我們可以議論自己對於民族這個概念的立場，但卻不能否認討論本身至關重要。就拿我們這個時代最大的爭議為例：非猶太裔的波蘭人在大屠殺期間是否可以做更多事來拯救猶太人。身為波蘭人並不表示非得抱持某一種觀點，有些人說納粹的恐怖行為讓人不可能援助猶太人，但也有些人說，跟猶太人更團結一點，即使納粹多麼恐怖也能拯救人命。然而，這個問題的嚴重性不允許任何自稱波蘭人的人說：「我不在乎答案是什麼。」從這方面來看，波蘭是一個不可否認的現實，而且已經這樣很長一段時間了（包括波蘭並未出現在任何地圖上的那數十年）。

利用民族主義的論證來驅動政治想像、創造政治發生的場域，在許多國家都曾上演過，但現有關於邊界地區在特定時期的研究，並沒有反映這個現象的重要性。[22]愛國者自己也還沒看出這一點，而是強調他們個人透過「想像」使共同體成真。一八七〇年代，捷克愛國者法蘭提塞克．帕拉茲基（František Palacký）曾說，假如他和同伴在一個世代前碰面的那個房間坍塌了，這個民族就完蛋了。可是，在同一時期的札格雷布和布達佩斯，類似的熱血團體也有進行同樣的愛國活動。一個世代後的烏克蘭愛國者甚至說了相似的話：假如他們乘坐的火車出軌，烏克蘭這個民族會滅亡。在哈布斯堡帝國的另一頭，布拉格的猶太復國主義者（Zionist）也將帕拉茲基的這番話應用在自己身上。

歷史學家彼得．賈德森（Pieter Judson）寫到，民族主義是「苦活」，但我們在這些例子中都看到，有不少人願意去做這件事。脫軌的火車或許會阻止某些民族主義者，但很快又會有其他許多人找到不同的方法繼續前進。一七七〇年代，民族主義在波希米亞說捷克語的人之間興起，他們知道在文化、政治和商業領域都占據主流地位的德意志菁英，把他們的語言視為粗俗農民的語言。當哈布斯堡政府在一七八〇年代關閉捷克人的高中、要強迫說捷克語的人改說德語時，那種令人痛苦的高高在上感，轉變成對於捷克人即將消失的恐懼感，這種恐懼感後來成為東歐區域性的症狀，蔓延在塞爾維亞、匈牙利、羅馬尼亞的部分地區及波蘭。普魯士、奧地利和俄羅斯在一七九五年瓜分波蘭時，同意要「廢除一切可能喚起人們對波蘭王國的記憶的事物」。「殲滅」已經完成，王國的名字也要「永遠」消失。[23]

這種用詞顯然不會被接受，因此只能隱藏起來。在接下來幾十年，帝國審查抑制民眾表達自己的擔憂，但是當審查制度一解除，各種譬喻馬上湧現。在一八四八年的四月，捷克記者卡雷爾·哈夫利切克·波羅弗斯基（Karel Havlíček Borovský）寫道：「只要你的語言和民族不是主流，就會受到壓迫，即使在最自由的國家也一樣。」由於說捷克語的人就像外族領主的無助臣民，波羅弗斯基便把他們的命運比喻為美國黑奴。他問：「即使是最自由的政府，對黑奴而言又有何用……如果我們想要自由，首先一定要建立起自己的民族。」在這幾個月，奧地利、波蘭、克羅埃西亞和羅馬尼亞的作家也說了一模一樣的話：少了民族的自由，他們無法成為自由的個人。[24]

波羅弗斯基如果在幾年前聽到這種激進的言論，肯定會很驚訝，但是此時他還沒有嘗到在民主制度下進行公共爭論所帶來的喧囂對立。他跟波希米亞的德意志自由主義者弗朗茲·舒素卡（Franz Schuselka）之間的爭執特別激烈。從舒素卡的名字就可以看出，他的祖先是斯拉夫人，他說，想要在公共場所使用捷克語的捷克人是「捷克狂」（Czechomaniacs）。他寫到，奧地利的斯拉夫人沒有什麼重要的文學，也沒有大學、甚至是高中，他們的命運就是變成德意志人。斯拉夫人曾經定居在柏林和萊比錫周遭的德意志人核心地區，最西邊還有到漢堡，但是一代一代過去後，他們已經融入「難以抵抗」的德意志文化之中。舒素卡寫道：「他們逐漸德意志化，是因為改善自我、臻於完美是全人類的道德義務。」[25]其他的德意志民主派人士把捷克人描寫成奴隸，注定只能在田地和廚房工作，他們是一個民族的「遺跡」，既無歷史也無未來。任何一個有料的捷克人「自然」會變成德意志人。[26]

帝軍鎮壓民主革命之後，哈布斯堡當局又恢復審查制度，但波羅弗斯基還是持續製造麻煩。一八五一年，波羅弗斯基被流放到義大利北部，四年後才被允許回到布拉格，卻得知妻子剛過世。一年後，他因肺結核，死在妻子斷氣時的同張床上。早期的捷克愛國志士全都出席了他的葬禮，捷克第一個偉大的小說家鮑日娜．聶姆曹娃（Božena Němcova）在他的棺木上放了一頂荊棘王冠。*

在接下來的幾十年，捷克的公共領域出現無數個協會和黨派，沒有一位捷克從政者可以忽視波羅弗斯基跟舒素卡爭執時，所表達的那種被瞧不起的痛苦。德意志反對陣營讓他們忘不了那種痛。在一八九〇年代的波希米亞議會，可以聽到與曾折磨過波羅弗斯基的相同言論：德意志代表說，捷克人依舊是只能在廚房幫忙或在田地出力的人。那個時候、那個地方的政治人物並沒有「對民族認同漠不關心」這個立場，沒有民族認同不是一個可接受的信念，更不是一種熱忱，因為這沒辦法激發犧牲奉獻或積極行動的精神，也無法創造歷史。以哈布斯堡政治的脈絡來說：沒有任何捷克或德意志黨派把自己歸類為「帝國派」或「奧地利派」。[27]當夾在新興民族之間的邊界認同（例如在西利西亞、波士尼亞和馬其頓出現的認同）日益壯大時，他們又成為新的民族認同類型。換句話說，民族冷淡的人只要加入政壇，就一定會選擇一個民族認同，並擔心起東歐人擔心的事：滅亡。

表面上，東歐的民族主義似乎跟其他地方的民族主義一樣，偶爾爆發熾熱的澎湃，但是在正常情況下就是日常生活的一部分，是人們自我意識的一個層面，但不是最重要的層面。即使是在混合多個族群且許多世代以來競爭激烈的空間，民族認同也不是人們平時最關注的焦點，因為人們通常是用年紀、性別、村里或職業來思考自我。然而，民族主義依然是政治人物可以在時機適當之時拿來操作的「危機」參考框架。例如，一九三〇年代發生經濟危機時，德國的廣播電台便對住在捷克斯洛伐克的德意志人發出充滿反捷仇恨的訊息；一九八〇年代塞爾維亞出現惡性通膨時，銀行家斯洛波丹・米洛塞維奇（Slobodan Milošević）則發現自己內心其實是一個民族主義者，於是便透過煽動塞爾維亞人可能面臨「滅亡」的恐懼心理當上該國總統。[28]

西歐或俄羅斯的民族主義並沒有這種危機框架，就連在第二次世界大戰局勢最險峻的時候，也鮮少有人擔心荷蘭人、法國人或俄羅斯人會消亡，但這種恐懼在塞爾維亞人、波蘭人、捷克人和東歐猶太人身上卻非常顯著。波蘭的猶太律師拉斐爾・萊姆金（Raphael Lemkin）發明「種族屠殺」一詞時，靈感來源便是該地區的焦慮感。戰後，該地區的詩人認為自己對於歷史的興衰無常具有特殊的直覺。例如，切斯瓦夫・米沃什（Czesław Miłosz）一九四四年走在波蘭首都的街頭時，覺得人行道和街道就像液體，會逃離石頭或柏油賦予的短暫形體。

＊譯註：聖經中記載耶穌受難時所戴的冠冕。

對於滅亡的恐懼，到了戰後仍未消失。一九六七年，捷克作家米蘭．昆德拉冒著再也無法出版任何著作的風險，公開譴責國家的審查制度。他說，要是沒有小說、散文和詩詞——沒有語言文字——就不會有捷克人。為了證明他是認真的，昆德拉禁止當局修改他所寫的任何東西，包括小小的標點符號。[29] 一九七七年，他移民到巴黎，鬱悶地思索祖國的命運：歐洲連捷克人的存在都忘了。為了表示反抗，他不願接受「東歐」這個詞，認為這個詞彙與這個可恥的遺忘的行為相勾結，而把這個地區稱作「中歐」。畢竟，布拉格位於維也納以西，波蘭和匈牙利跟西方連結的方式也跟俄羅斯不同。

⁂

今天，許多人追隨昆德拉的腳步，使用「中歐」這個詞來避免讓這個地區聽起來好像是另一個比較劣等的歐洲——不僅「落後」，還受到民族主義狂熱的左右。但，稱呼這個地區「中歐」有一個問題。雖然德國像瓦茨拉夫．哈維爾曾經說過的那樣，有一隻腳踏進中歐，但是德國卻不屬於這個地區，因為那裡的感受不同。雖然希特勒計畫在一九四五年摧毀德國的基礎設施，他卻沒有想像德國人會停止存在。更重要的是，從來沒有人需要解釋德國為什麼應該存在，不管它的政治體制是什麼。那種覺得必須一直出言捍衛自己的衝動心理只存在於捷克、斯洛維尼亞或馬其頓等地，因為這些國家的存在並不安穩，除非有人提出證明並竭盡全力加以提倡。捷克民族運動的所有成就——無論是技職學校、博物館、圖書館、劇院或大學的成立——都得經過一番言辭辯論與奮鬥之後才能實現。

可是，昆德拉關注的不是如何描述一個地區，而是如何捍衛該地區的存在。他採取的策略，就是說捷克斯洛伐克、波蘭、克羅埃西亞和匈牙利跟俄羅斯在質方面有所不同。他說，這些國家擁有較高的德行，接近西歐，是俄羅斯永遠達不到的，此外也有許多正面的遺風，如自由主義、啟蒙運動和分權（源自敘任權*之爭）。中歐在極小的空間裡體現了極大的差異，而俄羅斯則恰恰相反，在極大的空間裡存在著極小的差異。

不像昆德拉，本書除了主張東歐是個充滿小型族群的反帝國空間之外，不對這個地區抱持任何刻板印象。發生在東歐的政治夢魘底下，總是隱隱約約潛藏著被強權併吞與同化的恐懼感。反帝國的奮鬥讓族群文化存續下來，但也助長了排外的意識形態，可能演變成種族主義。舊帝國（尤其是哈布斯堡王朝）令人懷念，是因為他們比之後出現的許多民族國家更會保護人權，甚至是各個民族與族群的生存。

本書會將「東歐」和「中東歐」交替使用以減少冗字，但也是因為這兩個詞指涉的那些國家都曾經是無法掌控自己命運的蘇聯衛星國。[30]這個詞指的不僅是地圖上的一個空間，更是一種共同擁有的經歷，因為位於這個地區兩端的人民雖有文化和語言上的眾多差異，卻都使用了相同的敘事描

＊譯註：中世紀基督教教會任命主教和修道院院長的權力。

述自己的過去。維克多．奧班詭異的一番「民族存亡」助選言論，其實不只在匈牙利和斯洛維尼亞，也會在波蘭、捷克共和國和塞爾維亞引起共鳴。

我沒有納入波羅的海諸國、烏克蘭、白羅斯這幾個前蘇聯西部加盟共和國，因為他們在本書所研究的那段時期，很多時候都自成另一個的故事，由於蘇聯化（Sovietization）的關係，當地文化受到的考驗是中東歐不曾經歷過的。基於相同的理由，德意志民主共和國（German Democratic Republic，東德）有被納入，因為這個小國也遭遇了被超級強權控制卻沒有受到直接併吞的命運。[31]但，德意志民主共和國也有它特殊的地方。東德政權分別在一九六八年和一九八〇年積極鎮壓捷克斯洛伐克和波蘭異議分子，因為那裡有一些三流的帝國主義追隨者竟然膨風地認為，自己可以告訴社會主義的祖國「社會主義到底是什麼」。

把東德納入這本書，便突顯了德國人不能被認為在中東歐之外，而這背後的原因不僅僅是因為有數百萬名德意志人在這個地區住了好幾百年，更因為神聖羅馬帝國在一八〇六年滅亡後，德意志如何形成民族國家的這個問題大大影響了這個地區的命運。俾斯麥試圖透過一八七一年的「第二帝國」解決這個問題，卻使德意志問題更加惡化，因為占總數三分之一的哈布斯堡德意志人感覺自己遭到拋棄。納粹黨最初在一九〇三年成立於波希米亞並非偶然。德意志民族主義在帝國衰亡之時（先是神聖羅馬帝國，然後是哈布斯堡王朝）進入東歐人的空間，漸漸從原本以德意志文化同化斯拉夫人的做法，改成把斯拉夫人從被認為屬於德意志人的龐大空間驅逐出去。

＊

接下來的篇幅要講述的，不只是單純捍衛並伸張自我的英雄故事，因為在反帝國的奮鬥中，民族運動往往變成了帝國主義，而為了不要滅絕，時常讓自己成為滅絕他人（如第二次世界大戰期間該地區的猶太人）的共犯。民族主義的張揚已跨越了無數障礙，從一八四九年的戰爭、一八六七年哈布斯堡王朝與匈牙利之間的妥協，一直到一九一八年如雨後春筍冒出的新國家。在一九四五年以前、甚至是後來的時期，民族主義吞噬了自由主義、阻礙了社會主義、觸發了法西斯主義、殖民了共產主義，目前它對民主體制做出的壞事，在我們找到更驚悚的貼切形容詞之前，只能以「民粹主義」（populism）這個輕描淡寫的詞彙名之，等待日後出現更驚悚的形容詞加以描述。雖然這個地區產出不少難以抹滅的文學作品（昆德拉與米沃什的書寫是其中幾個例子），見證了「不只有」東歐才經歷的苦難，但是這個地區的經驗仍完全顛覆了西方人的想像。

然而，反帝國的中東歐並不是一座孤島，全球歷史很多都集中在這裡。東歐人之所以在現代經歷了特別強烈的體驗，是因為他們是我們這個時代的一部分，他們的故事是許多人的故事，不論是民主化與去殖民化、五年計畫與作秀公審、反法西斯的抵抗行動與族群清洗，或是公民社會及不自由的民主等，全都籠罩在害怕成為自己家鄉的陌生人、自身文化的叛徒的恐懼陰影之中。很多人說東歐人放不下過去，但那正是因為他們想要擺脫過去。偶爾，他們點出通往未來的道路。可是，回憶仍無可避免地形塑了現在，即使那些聲稱對歷史有卓越認識的人也免不了如此。[32]

馬克思列寧主義者是其中的佼佼者。由於馬克思和列寧似乎代表外國利益，他們的追隨者因此比任何人還要放不下回憶，使用象徵民族的圖樣和顏色重建被炸毀的城市、製造充滿民族戲劇與詩歌的運貨車廂，並大肆慶祝民族紀念日，如一九六六年慶祝波蘭建國一千週年的活動。波蘭的共產主義者舉辦了大型節慶，並承諾在缺乏現代教育的鄉村地區建立一千所學校。

巧的是，這恰好是基督信仰在西元九六六年傳入波蘭的紀念日，波蘭天主教教會也祭出自己的民族象徵聖母瑪利亞。一六五二年，國王揚・卡齊米日（Jan Kazimierz）因聖母保護了被圍城的琴斯托霍瓦（Częstochowa）的波蘭軍隊，將她封為波蘭女王。一九五七年，波蘭的首席主教維辛斯基（Wyszyński）下令製作了琴斯托霍瓦修道院「黑色聖母」畫像的複製品，連原本的燒焦痕跡也如出一轍。這幅畫像在羅馬祝聖後，由信徒帶著在波蘭各地繞境，繞境時程將確保每一個波蘭人在接下來十年至少都能看見並敬拜畫像一次。

到了一九六五年，政府的耐性已經消磨殆盡，當局下令將複製品送回琴斯托霍瓦的原作身邊。當地人開玩笑地說，聖母被綁架了。這下，波蘭人無法再帶著黑色聖母的畫像繞境，便決定帶著原本放置畫像的空畫框繼續行程。所有人都知道這其中的涵義。但，波蘭人看見空白畫布時，看到了什麼？他們聲稱看到只屬於他們的東西——一個千年來瀕臨滅絕的族群的重要意象。

將這個空白畫框延伸到整個東歐，你就能看出這本書的宗旨：它描繪了東歐這個地區對於經過無數世代所獲取的身分認同有多麼敏感，而且由於認同是當地語言所賦予的，它便具有不可譯的特性，也難以直接表達。這就是族群民族主義的真諦：擁有一個屬於自己、不會超越有形界線的東西，無論是自家爐灶、民族國家或空白畫框。

這不是一本百科全書，不打算追溯特定幾個族群的歷史故事。這本書跟任何特定的人民或族群無關，也沒有要談論被自然邊界畫分出來的某些區域地理。這本書講的是催生出那種獨特感受的困境、夾在大國之間生存的狀況，以及住在那些地方的人民所述說的故事，和關於他們的故事——這些故事的共同訊息是如何面對生存威脅，然後繼續存活下去。重點不是這樣的認知正不正確，而是這樣的認知如何成為常見的心態，很容易重新出現，即使帝國——無論是神聖羅馬、哈布斯堡、鄂圖曼、納粹或蘇聯帝國——滅亡也依舊存在。這種困境似乎是永恆且必要的。事實上，這既是過去，也是現在，因為製造時間才剛超過兩百年。

PART 1

民族運動的興起

chapter 1 中東歐的人群

西方人討論東歐時，會強調它很複雜。那裡似乎有數不清的族群想要占有同一塊空間，他們數量之多、差異之大，這個地區的歷史好像無法令人參透。光是南斯拉夫就有十個左右的族群，其中又包含各種次族群和小團體，像是塞爾維亞南部新帕札區（Sanjak of Novi Pazar）的穆斯林或北部弗伊弗迪納（Vojvodina）的匈牙利人。戰間期的捷克斯洛伐克有五個主要民族，而哈布斯堡帝國更多。在我寫下這段文字時，小小的波士尼亞就有三個族群在爭奪不同地區。此外，邊界在過去兩百年來變化的次數實在太頻繁，要把民族跟國家配在一起似乎不可能。一百年以前，波蘭人曾分散在三個不同的國家；目前，匈牙利人分散在五個國家；阿爾巴尼亞人雖然住在阿爾巴尼亞（Albania），但是也有阿爾巴尼亞人住在科索沃以及蒙特內哥羅和馬其頓的部分地區，並信奉三種不同的宗教。

然而，綜觀全球，東歐似乎跟非洲或亞洲沒有太大差別，這些地方也有無數族群分散在更小的地區，殖民帝國也曾在歷史上某些時期同時統治許多族群，且畫分行政區域時沒有顧及不同族群的家園。以一九〇〇年的一份非洲地圖為例，西歐強權當時占領面積廣大的不同地區，但政治版圖樣貌簡單，跟族群的多樣程度其實並不相符，像是德屬西南非、法屬赤道非洲和隸屬比利時剛果。

一八〇〇年，中東歐只有四個國家：俄羅斯帝國、鄂圖曼帝國、普魯士王國和哈布斯堡王朝的領土（從一八〇四年到一八六七年，其正式名稱為奧地利帝國）。在這些地區之內可以找到更久以前的政治分歧，但是如果簡化一點，這裡的版圖其實不難理解。北邊是波蘭立陶宛聯邦（Polish-Lithuanian Commonwealth）的領土，但是這個政體在一七九五年滅亡，被奧地利、普魯士和俄羅斯瓜分；南邊是匈牙利和波希米亞王國，自一五二六年便成為哈布斯堡的領地。在匈牙利境內，還有克羅埃西亞王國和外西凡尼亞公國（Transylvania）。鄂圖曼帝國包含瓦拉幾亞公國（Wallachia）和摩爾達維亞公國（Moldavia）這兩個附庸國（日後羅馬尼亞的核心地區），也直接統治了波士尼亞、魯米利亞（Rumelia）和錫利斯特拉（Silistre）各省（後來變成波士尼亞與赫塞哥維納〔Herzegovina〕、塞爾維亞、阿爾巴尼亞、馬其頓和保加利亞），並涵蓋中世紀保加利亞、塞爾維亞和波士尼亞等已滅亡的王國的領土。蒙特內哥羅名義上雖然是由鄂圖曼人所統治，但是因為它位於陡峭的山區地帶，因此實際上仍保持獨立。[1] 最後，鄂圖曼人從一五二六年到一六八〇年代占據了匈牙利中部的大部分地區，做為進犯哈布斯堡北邊領土的根據地。

在任何一個帝國空間內，外來勢力所加諸的政治邊界掩飾了許多個世紀以前因為眾多部族定居與混雜所形成的語言、宗教和族群多元性。這個地區有很多地方都曾經先後被羅馬和君士坦丁堡統治，例如巴爾幹半島上的潘諾尼亞（Pannonia）、達爾馬提亞（Dalmatia）和馬其頓等省分；但有些

地圖 1.1　約一七九五年的中東歐。

地區（尤其是多瑙河以北）始終沒有受到羅馬控制，因此相關的文獻紀錄較為稀少。雖然如此，我們仍知道大概發生了什麼事。

在跟拿撒勒的耶穌生存年代差不多的時期，凱爾特（Celtic）部落控制了西歐、中歐和部分東歐地區。然而，從一世紀開始，他們漸漸被斯堪地那維亞遷移過來的德意志部族驅逐，因此到了古代晚期，凱爾特的定居地便被擠到了歐洲邊陲的蘇格蘭、愛爾蘭、威爾斯、不列塔尼和康瓦耳（Cornwall）。從五世紀和六世紀開始，斯拉夫部族開始推進至德意志人的地盤（他們的分布範圍最東邊可達維斯杜拉河〔Vistula river〕），漸漸定居在今天的波蘭、斯洛伐克和捷克共和國，還有後來的保加利亞和南斯拉夫的部分地區。

除了凱爾特人之外，斯拉夫部落也驅趕或同化了其他部族，或是跟他們和平共存，包括今天阿爾巴尼亞人（Albanians）的祖先，還有南斯拉夫和羅馬尼亞部分地區的羅曼語族者——後來的民族主義者認為他們當中有羅馬殖民者的後裔和古代的「達契亞人」（Dacians）。[2] 然而，由於相關史料稀少，可以肯定的似乎只有一件事：現在的羅馬尼亞語源自「吉列切克線」（Jireček Line，分隔巴爾幹半島上希臘和拉丁文化影響的界線）以北的拉丁方言。[3] 再東邊一點，斯拉夫部族也有定居在南布格河（southern Bug river）和聶伯河（Dnieper river）之間的地區，位於今天的烏克蘭。西元一世紀之後，有些向北遷移到今天的俄羅斯西部。

斯拉夫人居住的範圍大致上確立之後，有一支不屬於斯拉夫、甚至也不屬於印歐語系的人群，來到西部和南部斯拉夫人的中間定居下來。他們是遊牧戰鬥民族馬扎爾人，也就是匈牙利人，在

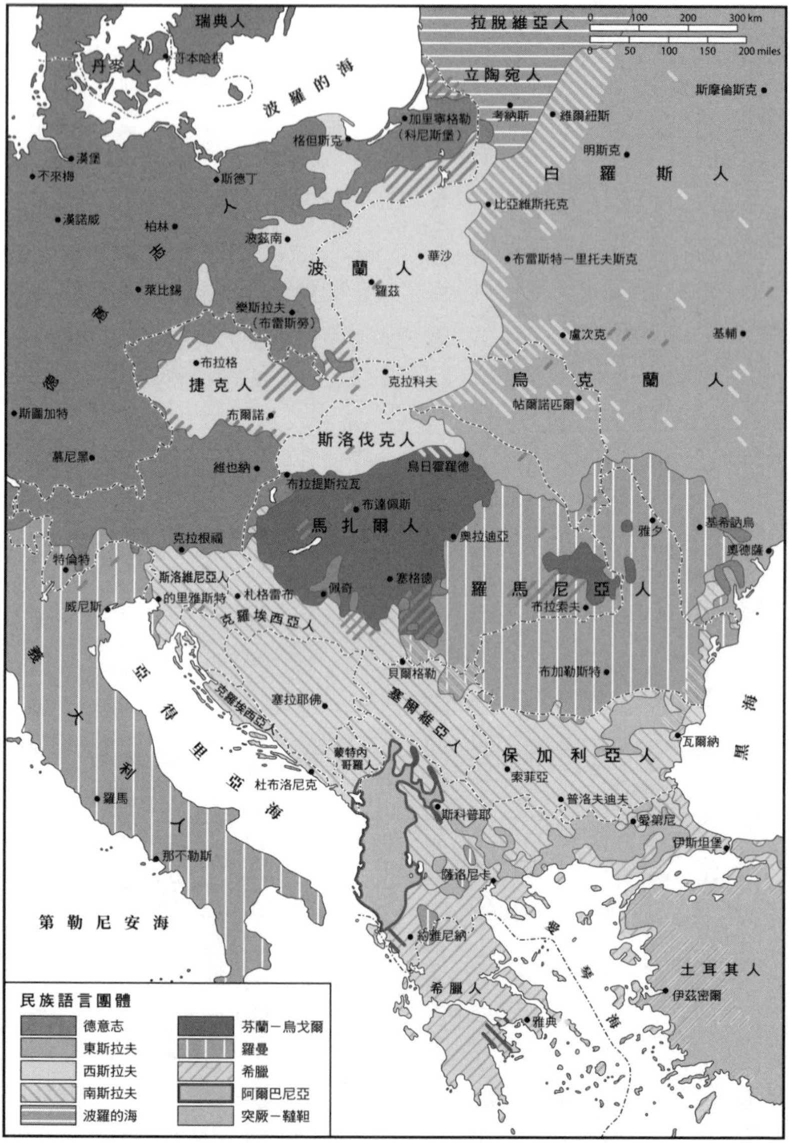

地圖1.2 約一八八〇年的中東歐民族語言團體。

八九〇年左右從中亞遷移過來，陸陸續續花了約二十年的時間。[4] 羅馬時期被稱作潘諾尼亞的地區，現在轉變成馬扎爾人所居住的匈牙利大平原。跟斯拉夫部落一樣，馬扎爾人是受到中亞其他民族施加的壓力所驅使才來到這裡。接下來的幾十年間，他們不斷向西邊挺進，沿途抓走婦女以生出更多人口。這樣的狀況持續到九五五年的萊希菲爾德之戰（Battle of Lechfeld）為止。在那場戰役中，由法蘭科尼亞的奧托國王（King Otto of Franconia）率領的德意志軍隊擊敗了一支馬扎爾人的軍隊，殺死數名酋長，永久終止了馬扎爾人的侵略行動。匈牙利部族的領袖現在把重心放在和平拓居，開始同化低地區原有的居民。不過，北邊、東邊和南邊住在山區和丘陵邊陲地帶的人群繼續保留自己的文化和語言，經過數個世紀的演化後，終於形成現代的斯洛伐克語、羅馬尼亞語和塞爾維亞－克羅埃西亞語。[5]

大致而言，斯拉夫人發展出三個不同的語言分支，分別是西部、東部和南部的方言。在馬扎爾人定居的的北部和西北部，從西部方言形塑而來的波蘭語、捷克語、索布語和斯洛伐克語出現了；在南方，斯洛維尼亞語跟塞爾維亞－克羅埃西亞語（塞克語）、保加利亞語和馬其頓語一起發展出來；在後來的波蘭和匈牙利的東方，俄羅斯語、烏克蘭語和白羅斯語從東斯拉夫方言衍生而出。

在十九世紀，有許多民族主義者相信斯拉夫人應該要統一政體，因為他們可以不費吹灰之力學習彼此的語言，這我們後面會再詳述。這些語言大約有四成相同的詞彙，這個比例在西部、東部和南部的子團體當中又更高。只要稍微用點心，不用半年，捷克人就可以輕而易舉學會波蘭語，塞爾維亞人也可以學會保加利亞語。

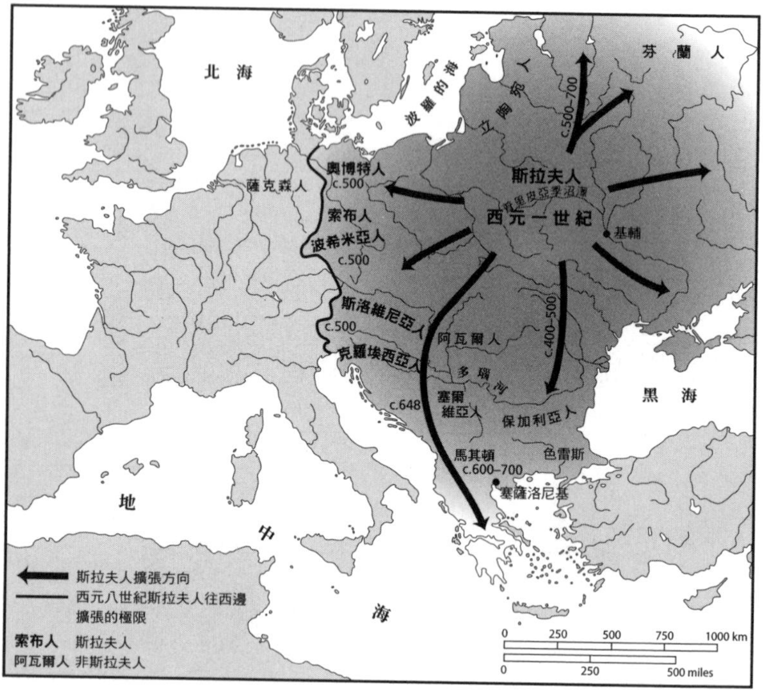

地圖 1.3 斯拉夫部族的定居路線。

中東歐的斯拉夫語有兩條重要的方言連續帶：一條是南斯拉夫方言，從今天的斯洛維尼亞一直延伸到黑海；另一條是東西斯拉夫方言，從西波希米亞延伸到今天的波蘭和斯洛伐克以及烏克蘭和白羅斯以降。連續帶兩端的人很難聽得懂彼此在說什麼，但是如果沿著連續帶移動，就會發現來自相鄰村莊或城鎮的居民可以完全理解對方。這跟德語的方言連續帶很類似，從南邊的提羅爾（Tirol）一直到巴伐利亞、赫森（Hessen）與北邊的薩克森，以及東邊的梅克倫堡（Mecklenburg）與西邊的低地國，語言的連續性持續不斷。[6]

日後語言被用來統一國家時，知識分子或從政者若把方言連續帶兩端之間的某個方言標準化了，那就有可能成為數千萬人都能理解的現代書面語。馬丁・路德將聖經翻譯成德語中部方言，便促成這樣的結果。從這樣的脈絡來看，我們可以看出馬扎爾人像楔子一樣，把自己卡在斯拉夫部族之間，具有畫時代的重要意義——斷開斯拉夫語的連續帶，有效妨礙南部和西部斯拉夫人在數百年後出現某個具有統一力量的核心方言。

從零星的史料中可以知道，大約在一〇〇〇年左右，說斯拉夫語的人（例如之後變成說波蘭語或保加利亞語方言的人）開始感覺到部落和部落間的團結性。此外，七世紀時定居在後來的南斯拉夫、說著原始克羅埃西亞語和原始塞爾維亞語的人，也感覺彼此相連且獨一無二。打從古代時期，這些部落從今天的波蘭往南遷移到今天的克羅埃西亞和塞爾維亞時，便曾交流過。就像西歐的部分地區（如卡斯提亞、東盎格利亞或勃艮第），這些地方在部落衝突劇烈時出現了強大的統治者，成功把各個部落統一成更大的政體，雖然這些政體有時只在統治者活著時存在。從中世紀早期開始，我們看見了波蘭、保加利亞、塞爾維亞、波士尼亞、克羅埃西亞和匈牙利等王國一一出現。九世紀還出現了大摩拉維亞帝國（Moravian empire），西斯拉夫酋長在帝國境內統治著後來變成現代捷克共和國與斯洛伐克共和國的部分地區（摩拉維亞現在是捷克共和國的一個地區）。

這些王國的人民並沒有以現代意義上的民族關係結合，他們的屬民地位沒有讓他們覺得大家都

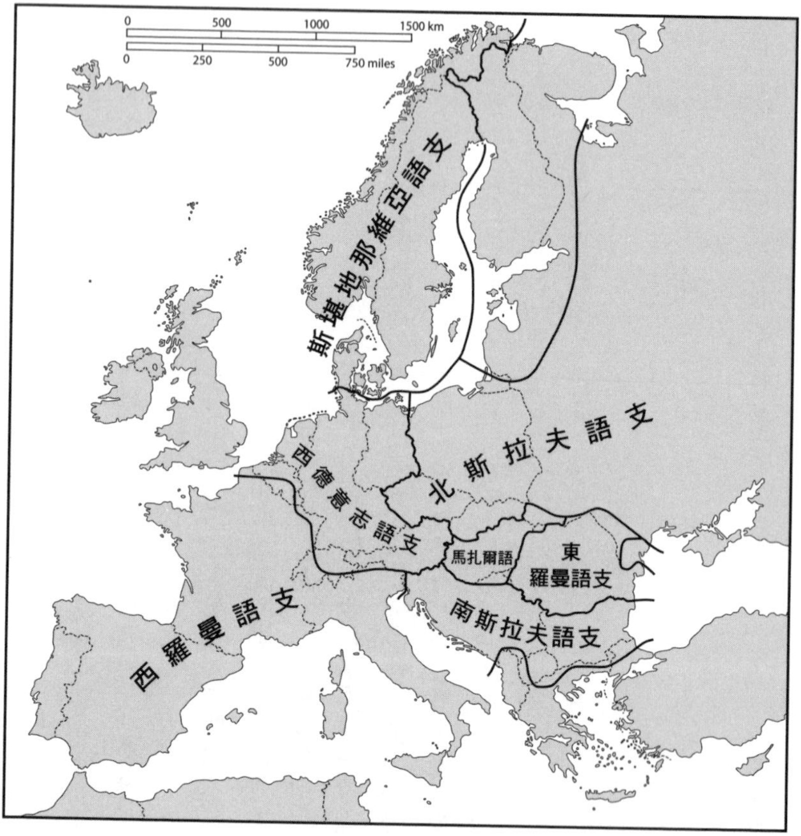
0
500
1000
1500 km
0
250
500
750 miles
斯堪地那維亞語支
北斯拉夫語支
西德意志語支
馬扎爾語
東
羅曼語支
南斯拉夫語支
西羅曼語支

地圖 1.4　方言連續帶。

屬於同一個由語言或公民身分結合起來的團體，而這些國家的政府也沒有試圖灌輸這樣的想法。即使有人想這麼做，那也沒有意義，因為在十九世紀以前，幾乎所有說斯拉夫語的人都不識字。而且，若非王朝繼位帶來各種難以預料的狀況，政體團結西斯拉夫民族的組合方式可能會不一樣。舉例來說，倘若波蘭國王波列斯瓦夫一世（Bolesław Chrobry，九九二年到一〇二六年）的後代能夠更懂得如何團結自己的領土，波蘭可能會囊括今天的波希米亞和斯洛伐克，變得很不一樣。那樣一來，布拉格可能就變成波蘭西部的某座城市，捷克語則是波蘭西部的方言。然而，波蘭實際上卻是慢慢往東擴張，進入今天的烏克蘭、白羅斯和立陶宛。

為了鞏固自己在廣大地區統治眾多人民的權利，早期的國王會推廣基督教。他們支持新興的教會階層體系，教會則宣稱他們的統治是正當合法的。克羅埃西亞人、塞爾維亞人、波蘭人、捷克人、保加利亞人和匈牙利人在九和十世紀都曾集體受洗。在歐洲，統治者想跟其他國家平起平坐，就得改宗基督教。以波蘭的例子來說，跟羅馬保持密切連結也可以保護王國不受德意志的宗教和政治干擾。[7]然而，一〇五四年君士坦丁堡的牧首和羅馬主教互相開除對方的教籍之後，基督教分裂成東西教會，基督教的斷層帶直接切穿中東歐。

東方基督教盛行的地方，政教之間的關係特別緊密。第一個塞爾維亞王朝的創建者斯特凡・尼曼雅大公（Stefan Nemanja）便因建造教堂和修道院而聞名。在塞爾維亞，教會和特定人民之間的連結比在西方基督教的盛行地區直接許多，意思是宗教與民族認同無法切割。這層連結也造就了跟分權有關的後果：在西方，世俗和宗教權威之間為了爭權吵了好幾百年，最後導致個別領域的自理

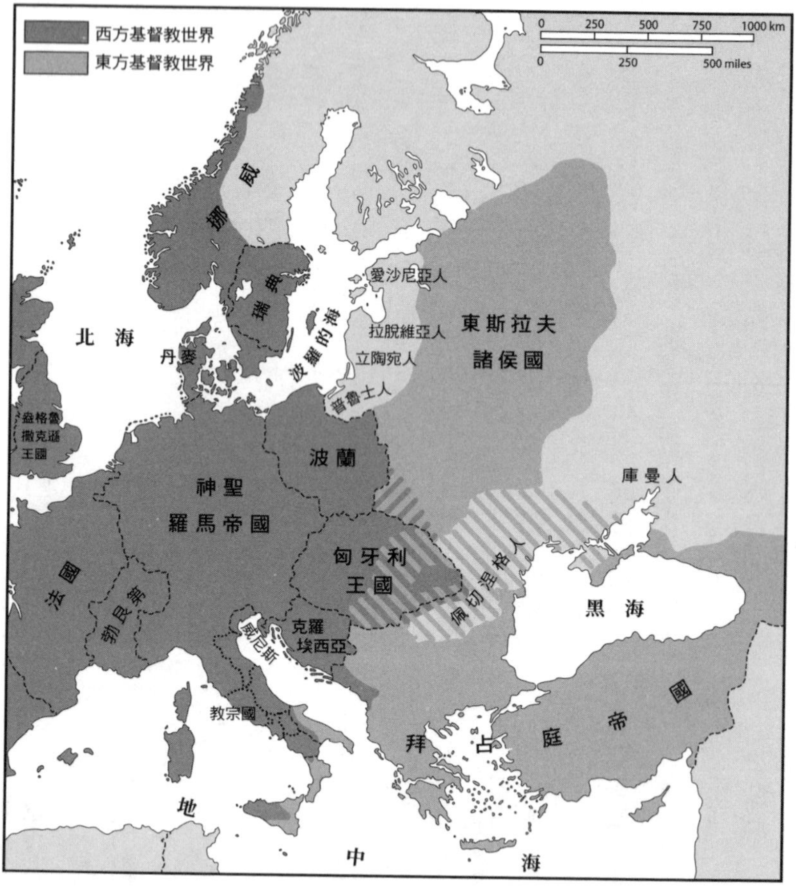
西方基督教世界
東方基督教世界
0 250 500 750 1000 km
0 250 500 miles
挪威
瑞典
北海
丹麥
波羅的海
愛沙尼亞人
拉脫維亞人
立陶宛人
普魯士人
東斯拉夫
諸侯國
盎格魯
撒克遜
王國
波蘭
神聖
羅馬帝國
庫曼人
匈牙利
王國
佩切涅格人
法國
勃艮第
克羅
埃西亞
威尼斯
黑海
教宗國
拜占庭帝國
地
中
海

地圖 1.5　東西基督教。

獲得認可，因此權力是分立的；在東方，兩者的關係卻顯得「過於和諧」。[8] 一二一九年，斯特凡．尼曼雅那位偏向東方教會的總主教弟弟薩瓦（Sava Nemanja）為塞爾維亞教會向拜占庭皇帝爭取到自主教會（獨立）的資格。

薩瓦總主教在一二三六年去世時，跟父親和哥哥一起封為聖人。於是，塞爾維亞王室進入教會禮儀之中，在該國的「裝飾教堂和修道院的壁畫上永垂不朽」。[9] 西方傳統也有被列入聖人的國王，但是東方傳統的親密度依然獨樹一格，一如塞爾維亞諸王入聖的比例：五十八位塞爾維亞聖人中，有十八位是皇帝、國王、王后、王公和領主。崇敬王室聖人的教派在鄂圖曼人數世紀的統治期間不斷告訴塞爾維亞人，他們曾經有過一個獨立的王國，受到上帝祝佑，並且有會行奇蹟的聖人。[10]

一三五五年斯特凡．杜桑皇帝（Stefan Dušan）去世後，早期的塞爾維亞王國便衰微了，開始依附鄂圖曼帝國，之後隸屬在帝國的宗主權之下。根據歷史記憶，這個轉捩點發生在一三八九年六月二十八日的科索沃平原之戰（the battle of Kosovo polje）。當時，塞爾維亞大公拉扎爾（Lazar）在跟一支優越的鄂圖曼軍隊作戰時戰敗身亡，他的兒子因此成為蘇丹的附庸。不久後，塞爾維亞東正教會將殉死的拉扎爾封為聖人，達尼洛牧首（Patriarch Danilo）表示：「假如死亡的黑暗迎面而來，我們會為了基督和家園的神性欣然接受它，因為戰死沙場總比苟且偷生好。」[11] 在接下來的世代，平民百姓開始從這種美德之死的概念衍伸出神話，說拉扎爾是自願戰敗，因為他在天上和凡間的兩個王國之間選擇了前者。有一天，塞爾維亞會再復國。除了有必要以形上學的方式塑造這個場景，詩歌也有描繪一個類似猶大的角色，是他背叛了塞爾維亞的領袖，讓鄂圖曼人篡位。吟遊詩人會用單弦的古茲拉琴伴奏，在私人住家唱出這些故事，使其代代相傳。

這些歌謠在不會讀寫的村民心中創造強大的認同感，告訴他們，他們是基督徒、是塞爾維亞人、具有美德，而入侵者和改宗伊斯蘭教的斯拉夫人（這些人跟他們說著相同的語言，至今仍被塞爾維亞民族主義者稱作「土耳其人」）則只會詐欺，靠他人付出的勞力來過活。鄂圖曼人的統治看似毫無止盡，但卻被描繪成是暫時的，因為是建立在外國統治的不公基礎之上；同時，虔誠的塞爾維亞人為了天上王國堅持不懈，土耳其人則盡情享受現世的獎賞。[12]這些故事在人們心中留下深遠的印象，被無數個世代的民族主義者善加利用。[13]

民族聖人很特別，而且他們的人數似乎無窮無盡。一九九二年，羅馬尼亞正教會將羅馬尼亞的斯特凡（Stephen of Romania，一四三三年到一五〇四年）封聖，因為他保護國土不受波蘭、匈牙利和鄂圖曼帝國侵犯。泰奧克蒂斯牧首（Patriarch Teoctist）說，在封聖典禮上，「上帝讓我們在同一片天空下齊聚一堂，就像斯特凡過去讓我們在同一面旗幟下重整旗鼓」。[14]五年後，教宗若望保祿二世（Pope John Paul II）前往克拉科夫主持波蘭最受愛戴的君主雅德維加「國王」（Jadwiga）的封聖儀式。一個人被教會封為聖人，就表示他必會得救。那麼，雅德維加做了什麼事？若望保祿說，她「在國內和國際事務上成就非凡，而且什麼也不想要……她是外交藝術的專家，為波蘭在十五世紀卓越發展奠定了基礎」。十七世紀在琴斯托霍瓦發展出來的聖母崇拜更重要。一六五二年，波蘭軍隊在所有希望似乎都破滅的時候捧著「黑色聖母」的畫像，成功戰勝瑞典人。同年，國王揚·卡

圖 1.1 克拉科夫聖母聖殿的王冠。
來源：Alms, via creativecommons.org

齊米日宣布瑪利亞成為「波蘭女王」，這個頭銜被羅馬證實。直到今天，來到克拉科夫的遊客都還看得到舊城最高的尖塔上頂著她象徵性的王冠。[15]

人們之所以緊抓著古代聖人和特殊崇拜的記憶，原因來自中世紀晚期政治生活的事實。無論這些人群隸屬於東方或西方基督教，在「東歐」自成一個區域的想法出現前，東歐人所共享的經驗是他們不安穩的政治存在。從十四到十八世紀，奧地利、鄂圖曼和俄羅斯帝國征服、併入了中世紀早期的小國，僅存下來的只有傳說，讓後世的歷史學家可以建構出自己的族群屬於一個長久政體的敘事。[16]在沒有其他證據存在的時候，雅德維加和拉扎爾對許多個世代而言成了上帝恩惠的證明。在奧地利統治時期，聖母的王冠依舊戴在克拉科夫的聖母聖殿尖塔上；同一時間，說著德語的士兵和官員管理著底下的城市。

一八〇四年，塞爾維亞人在鄂圖曼所屬的貝爾格勒因當地軍閥（稱作耶尼切里軍團〔Janissaries〕）統治不當而造反，便聲稱自己是在實踐拉扎爾大公的遺風。他們幾乎完全不會讀寫，但卻因為口述傳統而擁有明確的民族認同感，也認為自己有好幾百年的共同歷史。波蘭在一七九五年從地圖上消失之後，每一代都有波蘭的愛國者會策畫政治和軍事陰謀，聲稱他們是在復興舊國，以及這個國家捍衛自由和西方基督教世界的任務。歷史「要求」這個國家要重新出現，波蘭要在歐洲各國之間再次奪回自己的正當地位。一如塞爾維亞，波蘭人之間流傳著他們強大的國家是因為內部出現叛徒才滅亡的故事。

然而，除了傳說之外，早期也留下了語言和族群交織的遺風，造成日後很難創造由單一人群建立的國家，也就是民族國家。在羅馬帝國滅亡後的許多個世代和世紀，中東歐到處都有說著不同語言、信奉不同宗教又沒有現代國家概念的人混居在一起，所以在數百年後反帝國運動促使人們建立民族國家時，不同的民族難以使用政治疆界加以區分。

✳

從中世紀中期到晚期，有另外三個發展使得中東歐的版圖變得更複雜：德意志人開始大舉（但速度緩慢地）往東遷移，進入波蘭和匈牙利王國的領土；數百萬名猶太人從中歐和西歐遷入波蘭；

在南邊，鄂圖曼帝國的領土發生大量改宗伊斯蘭教的情況，其中又以保加利亞、波士尼亞以及塞爾維亞和蒙特內哥羅之間的地區（稱作新帕札區）特別顯著。[17]

從十二世紀開始，德意志人開始從擁擠且日漸繁華的西部領土湧進東邊人口較為稀少的地區，進入隸屬於匈牙利王室的外西凡尼亞和巴納特，以及波蘭國王統治的西利西亞和帕默瑞尼亞地區。他們以開墾移民，盡封建義務，交換獲得耕作、信奉自己的宗教、進行買賣和說自己的語言等權利。漸漸地，德意志匠人也遷移到這個地區的許多城市，他們的技能相當受到賞識。舉例來說，到了十七世紀，維爾紐斯／維爾諾（立陶宛語：Vilnius／波蘭語：Wilno）這座立陶宛城市已經住了信奉數種信仰的波蘭人和德意志人、兩種信仰的烏克蘭人、猶太人、立陶宛人、白羅斯人和穆斯林。[18]到了十八世紀末，札格雷布、布達佩斯和布拉格都變成大部分居民說德語的城市，四周則有克羅埃西亞人、匈牙利人和說捷克語的農民居住的村莊。

後來的歷史學家和時事評論者把德意志人定居的過程形容成「往東方擴散」（Drang nach Osten），也就是德意志人持續不懈地把領土往東邊推進。波蘭和其他民族主義學派主張這種推進具有侵略性，不過德國學者則認為這是朝東方和平運輸高等文化。刺激遷移的真正原因其實是人口因素，因為西方的生育率很高（包括荷蘭諸省），而家長又希望長子以外的兒子能夠擁有土地定居和種植。至於東歐的國王和君主則純粹希望自己的領土有人居住。

漸漸地，德意志人在東邊的拓居行為，將德語和斯拉夫語的語言界線往東移，從原本連接呂貝克（Lübeck）、柏林和德勒斯登的那條線（一二〇〇年），改成連接但澤、托恩（Thorn）和布雷斯

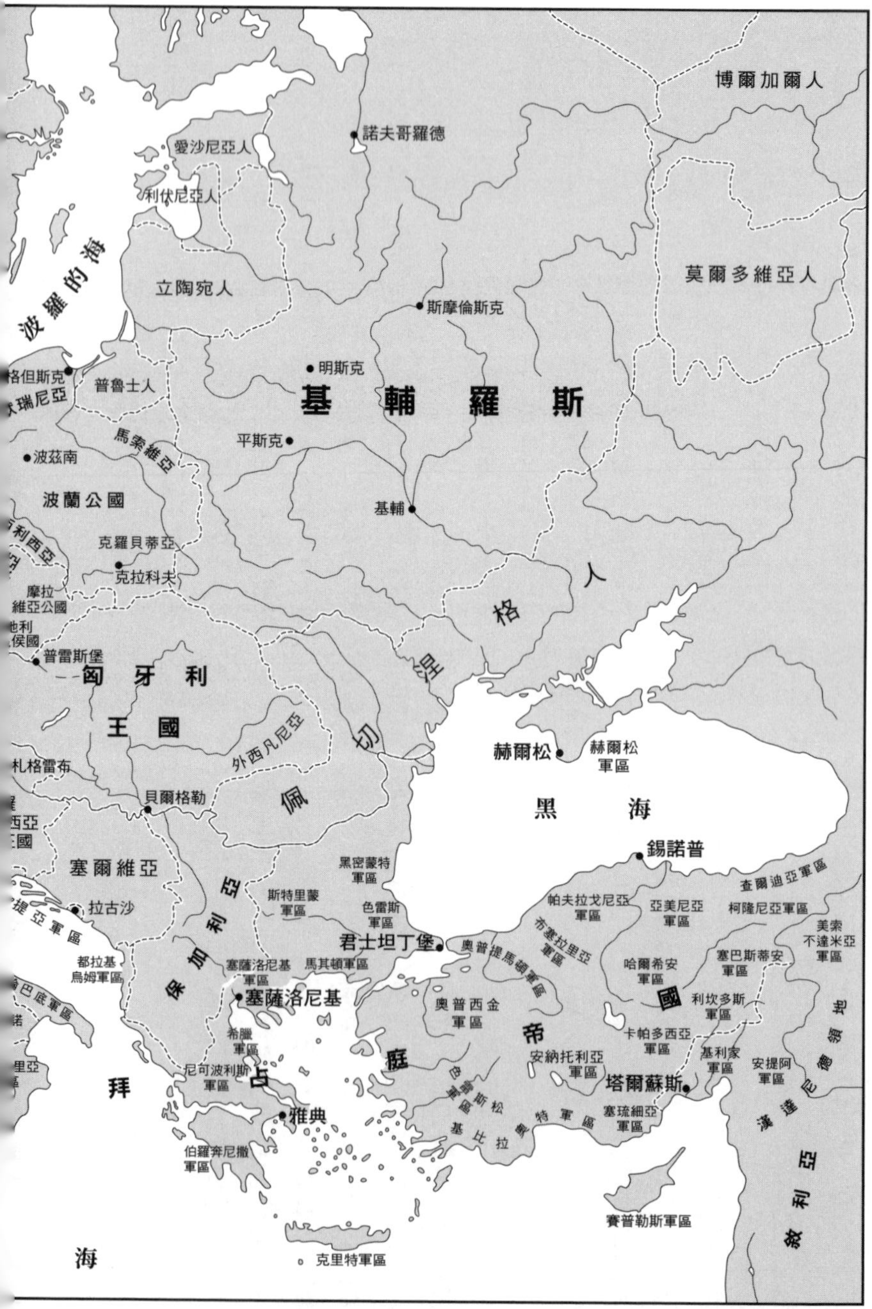

地圖 1.6　早期國家（約西元一〇〇〇年）。

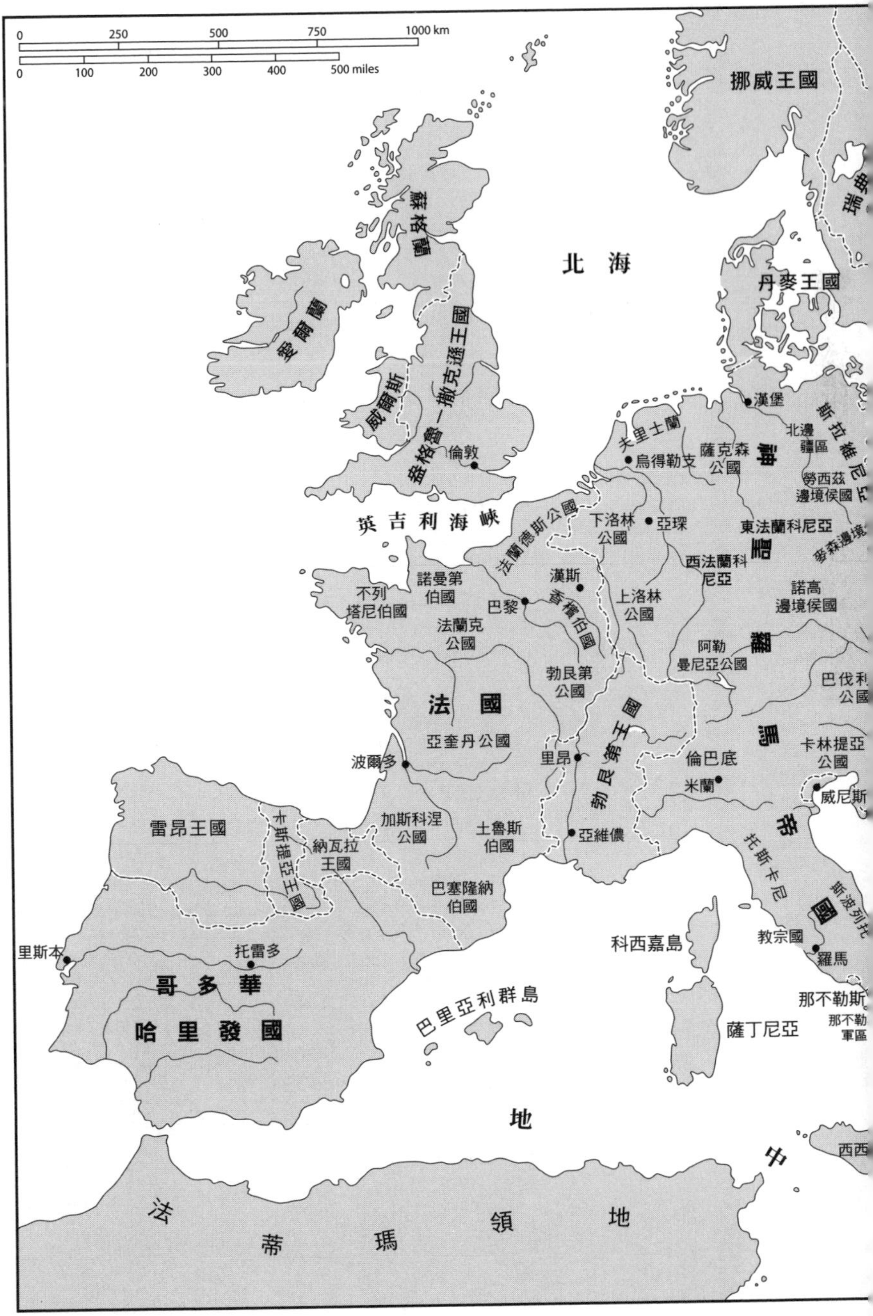

0
250
500
750
1000 km
0
100
200
300
400
500 miles
挪威王國
蘇格蘭
北海
丹麥王國
愛爾蘭
威爾斯
盎格魯—撒克遜王國
倫敦
英吉利海峽
漢堡
夫里士蘭
烏得勒支
薩克森公國
北邊疆區
斯拉維尼亞
勞西茲邊境侯國
法蘭德斯公國
下洛林公國
亞琛
東法蘭科尼亞
麥森邊境
諾曼第伯國
不列塔尼伯國
巴黎
漢斯
香檳伯國
西法蘭科尼亞
上洛林公國
諾高邊境侯國
法蘭克公國
阿勒曼尼亞公國
勃艮第公國
巴伐利公國
法國
亞奎丹公國
勃艮第王國
神聖羅馬帝國
卡林提亞公國
波爾多
里昂
倫巴底
米蘭
威尼斯
雷昂王國
卡斯提亞王國
納瓦拉王國
加斯科涅公國
土魯斯伯國
亞維儂
托斯卡尼
巴塞隆納伯國
斯波列托
教宗國
羅馬
科西嘉島
里斯本
托雷多
哥多華哈里發國
巴里亞利群島
那不勒斯
那不勒斯軍區
薩丁尼亞
地中海
西西
法蒂瑪領地

勞（Breslau）的另一條線（一四〇〇年），整整移動超過兩百英里。[19]在這個拓居的過程中，數不清說斯拉夫語的人被德意志文化同化，曾經活躍的斯拉夫拓居地只剩下一些古老的墓碑、墳塚和地名，如耶拿、萊比錫和波茨坦（Potsdam）。後代的西斯拉夫民族主義者（其中以揚・科拉爾最出名）了解斯拉夫拓居地的限制，因此主張必須保護自己，不要被「德意志化」。然而，有些地方的德意志拓居者則跟當地人口混雜融合，有時進行歸化，有時在波希米亞、匈牙利、外西凡尼亞或之後的俄羅斯帝國部分地區創造具有德意志語言和文化的「孤島」。

但是，波蘭國王不只邀請德意志人進入他們的領土。從十一世紀開始（到了十六世紀速度加快），他們也歡迎猶太人前來，這些猶太人絕大部分都是要逃離德國迫害的阿什肯納茲猶太人（Ashkenazi），並把意第緒語這個德意志方言也一起帶了過來。於是，波蘭變成當時世界上最大的猶太社群所在地。從十五世紀開始，說拉迪諾語（Ladino）*的猶太人被天主教的西班牙驅逐後，也進入了東南歐，形成規模較小但重要的猶太社群。奧匈帝國在一八七八年占領波士尼亞之後，他們當中有些人跟阿什肯納茲猶太人混雜在一起。到了二十世紀，塞拉耶佛每七位居民就有一位塞法迪或阿什肯納茲猶太人，他們跟穆斯林、塞爾維亞正教徒和羅馬天主教徒共同居住在這座城市。[20]

＊譯註：即猶太西班牙語，是源自古西班牙語的一種羅曼語言。十五世紀遭到驅逐前往在伊比利半島的猶太人稱作塞法迪猶太人，他們說的便是拉迪諾語。

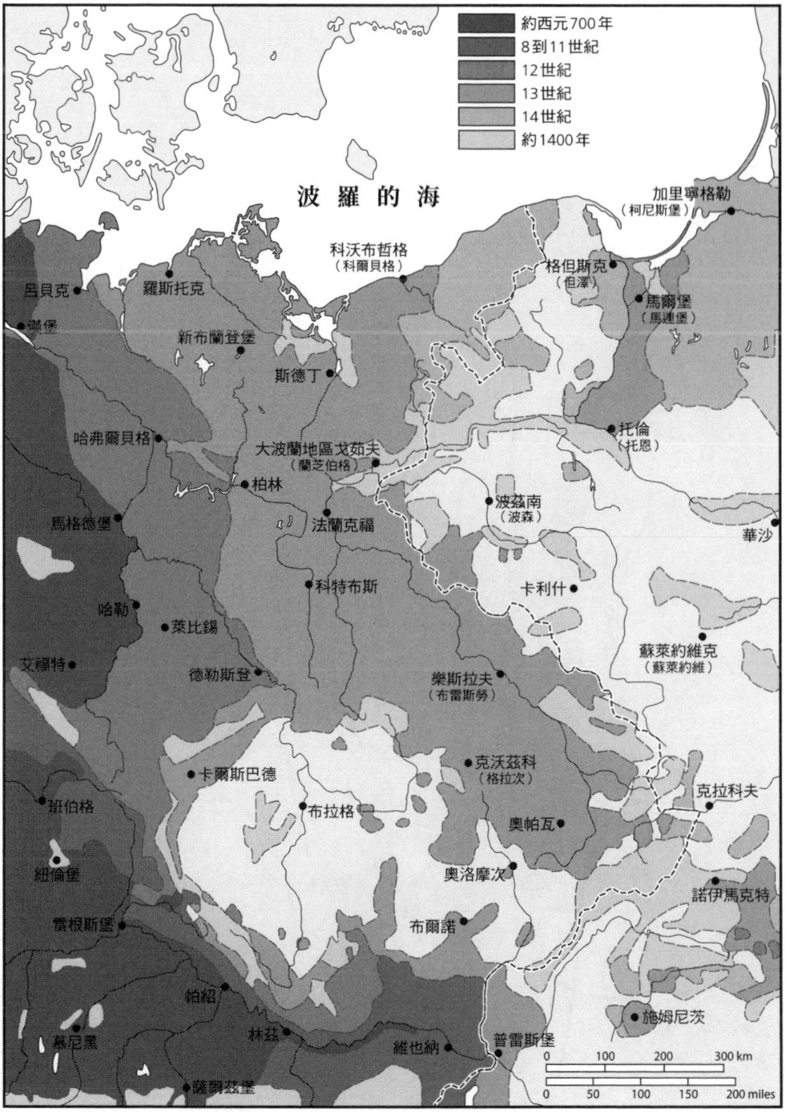

地圖 1.7　德意志語界線往東遷移。

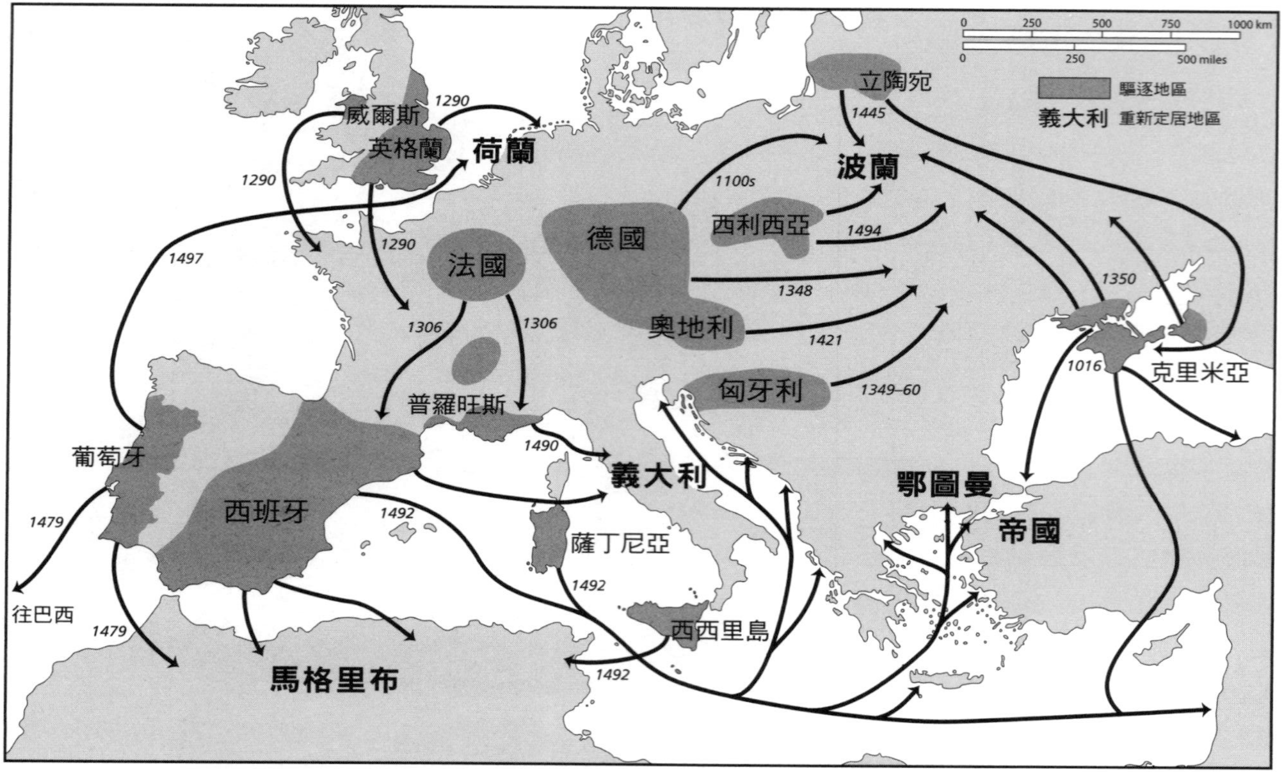

地圖 1.8　猶太人受到驅逐和重新定居的狀況。

波蘭國王邀請猶太人前來定居，是因為他們跟德意志人一樣，會把技藝帶到人口稀少的地區，因此他們的權利大致都受到尊重。然而，波蘭是基督教國家，因此也有將猶太人隔離到城鎮的不同區塊。猶太人不可以住在鄉村地帶或持有那裡的土地，並被迫穿戴特殊的服裝和徽章。跟在西歐一樣，這裡也流傳惡意謠言，說猶太人會來舉行活人祭儀，或褻瀆聖體。一三九九年，波蘭城鎮波茲南（Poznań）便基於褻瀆神聖祭品的傳言，逮捕並殘忍處決了十幾位猶太領袖及被認為是幫兇的基督徒，接著規定猶太人要繳稅給據說聖體被偷了的那個教會，一繳就繳了超過三百年！[21]根據歷史學家的計算，從一五三〇年代到十七世紀初，波蘭猶太人在各地被迫害的次數多達五十次左右，其中包括一六四八年哥薩克的士兵和農民為了反抗波蘭在烏克蘭的統治所犯下的屠殺行為。儘管如此，猶太人的經濟和文化在這個相對寬容的法律環境依舊得以蓬勃發展。有些拉比甚至說波蘭是猶太人的天堂。[22]

在這整個地區，猶太人比其他任何族群還要容易辨識，從他們的語言（通常是意第緒語）、宗教、職業、服裝和居住地就能看得出來他們是誰。早在民族主義的時代以前，他們就被視為絕對的「他者」，十九世紀持續成為暴力的目標，特別是在危機重重和動盪不安的時期，無論他們對新的民族運動立場為何。後面就會看到，宗教寬容的興起並未保護猶太人，只是把宗教偏見轉變成世俗偏執，人們依然相信，猶太人注定因為許久以前的某個罪行受苦，做什麼都無法贖罪。基督教的反猶太教主義就是這樣轉變成現代的反猶主義。

不過，在當時，波蘭國王並不在乎自己的屬民信奉什麼宗教或說什麼語言。他們跟其他君王一樣，時常透過繼承或婚姻得到一大片多族群和多宗教的領土。例如，近代被封為聖人的雅德維加就是因為在一三八六年嫁給瓦迪斯瓦夫．雅蓋沃（Władysław Jagiełło），把波蘭王國跟立陶宛大公國結合起來，奠定了近代早期波蘭力量的基礎。一五六九年，他的後代斷了血脈之後，波蘭和立陶宛的貴族同意將聯盟轉變為一個聯邦，以推舉的方式選出國王。這個國家後來又持續了兩百多年，俄羅斯到後期開始會賄賂貴族，要他們投票給它的候選人，從內部搞破壞。接著，俄羅斯又在一七七二年、一七九二年和一七九五年從外部征服波蘭，透過三次瓜分讓波蘭漸漸消失，將領土併入俄羅斯以及兩個共犯——普魯士和奧地利。

哈布斯堡王朝在近代早期的成長比這更驚人。一五一七年，在維也納的聖斯德望主教座堂（又名聖史蒂芬大教堂）所舉行的雙重婚禮上，波希米亞和匈牙利國王路易．雅蓋沃（Louis Jagiełło）娶了哈布斯堡公主瑪麗（兩人都年僅九歲），路易的姐姐安娜則嫁給哈布斯堡皇帝馬克西米連（Maximilian）。當時安娜十二歲，而馬克西米連五十六歲，但是這段婚姻可以轉移給馬克西米連的孫子斐迪南。一五二一年，她確實在林茲（Linz）跟斐迪南結了婚。一五二六年，斐迪南的妹婿路易在摩哈赤戰役（the battle of Mohács）跟蘇萊曼蘇丹（Suleiman the Magnificent）的軍隊作戰時陣亡，因此斐迪南成為波希米亞和匈牙利國王。有些匈牙利貴族質疑哈布斯堡家族是否擁有獲得匈牙利王位的權利，但當鄂圖曼人在一百五十年後被趕出匈牙利所有的領土時，歐洲人早已不再質疑這個王位是由哈布斯堡家族的男性子嗣所世襲。

路易的悲慘下場造就了哈布斯堡王朝：波希米亞只有包含今天捷克共和國的部分領土，但匈牙利王國卻有著廣大的疆域，除了今天的匈牙利之外，也涵蓋了斯洛伐克、外西凡尼亞、塞爾維亞北部（弗伊弗迪納），以及烏克蘭、斯洛維尼亞和奧地利的部分地區。此外，匈牙利王國還包括克羅埃西亞，因為克羅埃西亞的貴族在十二世紀選了匈牙利國王做為他們的國王（因此有義務保護他們）。因此，哈布斯堡家族的首領同時是匈牙利和克羅埃西亞的國王。

哈布斯堡家族會跟路易聯姻，是因為他們亟欲遏止鄂圖曼人不斷挺進巴爾幹半島的行為。他們從十四世紀就開始侵占土地，通常是在基督教勢力之間（例如匈牙利和塞爾維亞）出現不和時趁虛而入。在一六八三年於維也納被擊退、接著漸漸被趕出這個地區之前，鄂圖曼人曾征服後來的希臘、羅馬尼亞、保加利亞、阿爾巴尼亞、南斯拉夫以及大部分的匈牙利等地。他們沒有強迫人們改宗伊斯蘭教或學習土耳其語，但是由於非穆斯林不能持有土地或做官，所以慢慢地也有數十萬人從基督教改信伊斯蘭教。另外，很多人會改宗是因為他們喜歡這個宗教，在波士尼亞區尤其如此——到了十七世紀，這裡的居民已有百分之七十九是穆斯林，其餘則是塞爾維亞正教徒、羅馬天主教徒和猶太人。[23] 這幾百年以來，鄂圖曼人也從基督教家庭強行帶走二十萬名左右的男孩，但是在使他們改宗伊斯蘭教、教育他們之後，鄂圖曼人也讓他們在軍隊和政府機關當上最高的官職。這種兒童稅的用意是要讓鄂圖曼政府持續有新人才注入，而且這些人才都是對中央政權負責與效忠的年輕男子。這個體系可遏止裙帶關係和恩庇網絡的形成。[24]

但，早在鄂圖曼人征服這個地區之前，東歐的族群就已經因為宗教而分裂。東西基督教的界線從波士尼亞往北移，將波蘭、捷克、斯洛伐克、斯洛維尼亞和塞爾維亞－克羅埃西亞的天主教徒跟

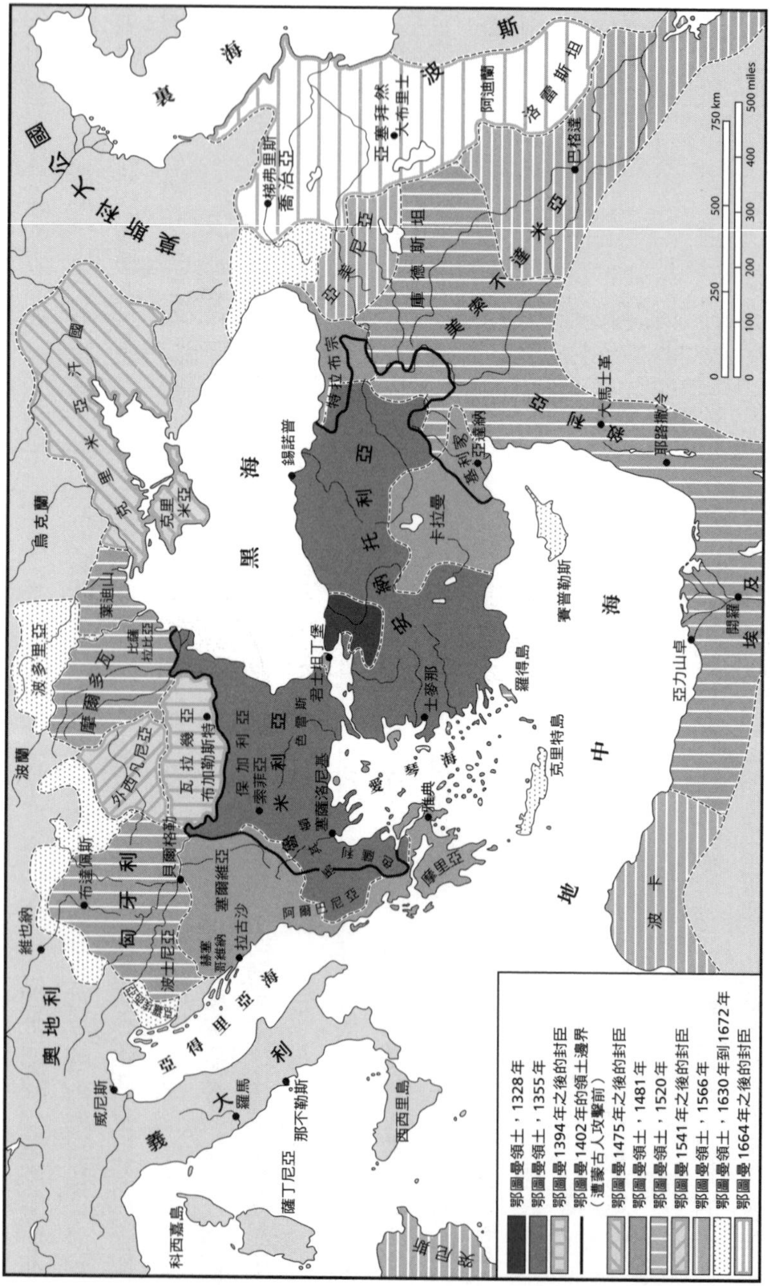

地圖 1.9 鄂圖曼勢力的擴張。

保加利亞、塞爾維亞－克羅埃西亞、馬其頓、烏克蘭和說俄語的東正教人口加以區隔。羅馬尼亞人絕大多數也是正教徒。由於俄羅斯的統治家族是東正教徒，俄羅斯聲稱自己跟東歐的東正教人口有所關聯，特別是塞爾維亞人、羅馬尼亞人、希臘人和保加利亞人。在《一七七四年庫楚克開納吉和約》（*the treaty of Kuchuk Kainarji of 1774*），鄂圖曼帝國認同俄羅斯有權利代表住在他們領土上的東正教徒做出干預。可是，俄羅斯的干預不是出於無私。當它支持塞爾維亞、羅馬尼亞和保加利亞獨立時，是因為這表示俄羅斯可以透過從屬政權或直接占領土地，把自己的勢力延伸到巴爾幹半島的南邊，最終有望控制伊斯坦堡，取得自由進出地中海的權利。[25]

數世紀以來，共有數十萬名東正教徒離開鄂圖曼人的領土，往北遷移進入哈布斯堡王朝邊境（有些來到克羅埃西亞，有些來到匈牙利南部），以加入邊境保衛軍隊服役做為獲得土地的交換條件。結果，就在鄰接波士尼亞的克羅埃西亞與斯拉沃尼亞邊界，許多東正教徒開始沿著貝爾格勒以東和以北的多瑙河地區形成社群。這條漫長的軍事緩衝帶從波士尼亞附近開始，往東延伸到鄂圖曼所屬的塞爾維亞的北疆，稱為「軍事邊疆」（德文：Militärgrenze，塞爾維亞－克羅埃西亞語：Vojna krajina，請見地圖6.1）。除了可以擁有土地，被哈布斯堡家族統治的塞爾維亞人也得到自治和信奉宗教的集體權利。

宗教跟語言一樣，可以在適當的時機做為工具使用。有時，俄羅斯聲稱自己支持保加利亞或塞爾維亞那些受到壓迫的斯拉夫東正教徒，但是如果有利可圖，俄羅斯也非常樂意跟非東正教國家合作。十八世紀晚期三度瓜分波蘭時，俄羅斯便跟新教的普魯士和天主教的奧地利聯手，把大部分信奉天主教的波蘭從地圖上抹除。波蘭被跟自己不同宗教的外族勢力控制，這件事反而加強了波蘭人的身分認同，就好比穆斯林的統治更加鞏固南斯拉夫東正教徒的認同感一樣。

※

幾乎沒有比鄂圖曼人統治東南歐數百年之後留下什麼影響還更具有爭議的主題。多數時候，帝國做的事就跟一般國家一樣，保障些許秩序、帶動一定的成長。它可能比西歐國家更有效地保護了宗教多樣性。大體上，強制改宗伊斯蘭教僅限於將男孩帶到鄂圖曼政府機構的制度；像法國或奧地利那樣驅逐猶太人或新教徒的情事不曾發生；不曾有女巫審判；異端不會被燒死在木樁上；在十六和十七世紀導致中歐人口銳減的那種宗教戰爭也不曾出現過。

即便如此，這個地區許多地方仍有對鄂圖曼人統治時期的負面「記憶」，特別是在塞爾維亞、蒙特內哥羅、希臘、保加利亞和匈牙利等歷史上屬於基督徒的人群之間。[26]各地用來形容這個政體的詞彙都跟「奴隸制」有關。這些故事無關對錯。一個人在不在意這些故事，取決於他的族群觀點，也就是讀者認為以下這些事對人類是否具有價值：塞爾維亞或保加利亞族裔延續下去並有所進步，或是南潘諾尼亞平原住著堅實的匈牙利聚落（鄂圖曼人和哈布斯堡家族為了爭奪這個地區，導致當地的馬扎爾人口銳減）。又或者，最關鍵的是，這個人是否認為地球上應該要有一個空間，讓保加利亞、匈牙利或塞爾維亞文化能受到政治邊界的保護。

對於活在這些敘事的人而言，事實很簡單，結論再清楚不過。鄂圖曼人初期的統治充滿了殺戮、掠奪和奴役，摧毀、侵蝕了當地的貴族和商人階級，導致剩下的基督徒人口變成一個龐大的下層佃農階級。[27] 藝術作品遭到了毀壞，當地的文化和語言停滯不前，沒有任何學校教導當地的語言，也沒有文學存在。想要體會近代早期獨立國家帶來的差異，可以看看波蘭，這個國家保留了當地的菁英階級，並發展出自己的文學、高中和大學、司法權、軍隊以及政治文化，至今仍遺留了當時的影子。

如同前面曾經說過的，南斯拉夫地區的農民文化絕非空白。大眾民俗詩歌傳統繼續在私人住家流傳（鄂圖曼領主對此既不覺得困擾，也不感興趣），使得古塞爾維亞王國和保加利亞帝國的記憶得以保存。但，南斯拉夫人的本地菁英文化就算有所進展，也不是發生在鄂圖曼帝國境內。例如，哈布斯堡南部邊界便出現了塞爾維亞的文學和學術研究，因為當局允許鄂圖曼帝國的難民來此定居。來自這個地區的學生可以到義大利和法國，認識近代的學術、科學和治國趨勢。十八世紀晚期，斯拉沃尼亞的斯雷姆斯基卡爾洛夫奇（Sremski Karlovci，隸屬於哈布斯堡家族所統治的匈牙利）興起塞爾維亞的啟蒙運動，領頭的多西泰伊．歐布拉道維奇（Dimitrje "Dositej" Obradović，一七四〇年到一八一一年）宣揚了他在德意志哈勒（Halle）學到的法國啟蒙運動觀念，特別以道德故事和寓言的形式加以散播。十九世紀初，塞爾維亞叛亂分子從鄂圖曼人手中奪得獨立的領土，他便跨越邊界在當地創立了一所高中，協助建立塞爾維亞的教育機構。同樣地，十八世紀晚期和十九世紀初期的保加利亞啟蒙運動大體上也不是在保加利亞的領土上成長茁壯。[28]

這些敘事在強調鄂圖曼統治所帶來的代價時，也提到西歐經濟受到科技和科學的進展開始起飛，東南歐卻仍困在一個沒有生產力的體系之中，經濟和軍事方面逐漸式微。而且諷刺並具代表性的是，這趨勢正從十七世紀晚期當局不再抓男孩進入其政軍體制開始。在那之後，東南歐的鄂圖曼統治階級陷入普遍的腐敗，引起前面提到的叛亂，也就是一八〇四年在塞爾維亞人的土地上發動的事件。起初，蘇丹站在革命軍這邊，因為他也想要運作良好的政治秩序，希望跟他們合作能夠達成這個目標。

※

「民族」（natio）一詞在現代以前就已存在，但是當時還沒衍生出今天的意涵。[29]在當時，克羅埃西亞、匈牙利或波蘭的「民族」指的是這些地方的世襲菁英，也就是享有特權、跟「普通」百姓有所不同的仕紳和貴族階級。例如，貴族有權被自己的同儕審判、沒有遭到控訴就不能監禁，也可以養兵或通婚。某些地方的仕紳階級頗為龐大，可能占人口的四分之一，像是波蘭中部。匈牙利仕紳占人口百分之六左右，而法國的貴族則不到人口的百分之一。[30]在波蘭和匈牙利，自治權逐漸擴張，使得當地的世襲貴族比法國的貴族強大，更別說跟俄羅斯比了。到了十六世紀，波蘭國王由仕紳選舉產生；十七世紀開始，規定國會立法必須全體一致同意才能通過，這種做法稱為「自由否決權」（liberum veto）。

於是，到了十七世紀，波蘭貴族在政治和文化方面感覺自己在廣大的地域中有著強大的團結感，他們有越來越多人信奉羅馬天主教，雖然新教改革一開始很受歡迎且受到寬容。[31]當時出現一個傳說，認為波蘭貴族是「薩馬提亞人」（Sarmatians）的後裔，是在基督教世界初期曾經征服斯拉夫部落的古代伊朗人。這使貴族階級更加團結起來，對抗波蘭領土的其他族群，同時也強化其特權感，把其他人排除在「民族」的概念之外。[32]

但，貴族民族的文化認同出現在近代之前。波蘭或匈牙利詩人雖然從十五世紀就開始用自己的語言創作（本地的宗教禮儀文本更古老），產出重要的文學作品，但是他們沒有崇拜語言。此外，近代早期的貴族不像十九世紀的自由民主愛國者——他們並不認為說波蘭語或匈牙利語的每個人都隸屬於一個波蘭或匈牙利「民族」。十七世紀以降，他們在自己的階級之中說的通常是法語或拉丁語，並感覺自己跟其他歐洲貴族有文化上的親近感，擁有相同的建築和音樂品味，彼此的兒子也會在法國和義大利的大學聯誼交流。

所以，跟近代的民族主義不同，當時的「natio」概念專指某一個社會群體，而沒有堅持容納表面上屬於同一個族群的廣大複雜人口。近代早期的波蘭或克羅埃西亞貴族並不覺得說波蘭語或克羅埃西亞語的農民是他們「民族」的一部分，還時常認為這些農民是比較低下的人類。「農民」（peasant）一詞常跟「奴隸」畫上等號，讓人聯想到粗野和沒有任何品味。[33]在西歐農民正從土地和義務兵役解放出來的那幾十年間，東歐卻有許多地方出現「第二波農奴制」，在農田勞動的人跟土地綁在一起，未經地主允許就不得離開。地主可以鞭打農奴，或使用各種方式羞辱他們。東西歐之間並沒有一條清楚的農業制度界線，但是如果往東邊走，會發現農民的自由度越來越小，農業生產力也是。[34]

所以，波蘭或匈牙利貴族宣示對某地域的控制權時，並不是為了統一相同語言或「血脈」的人。[35]他們完全沒想過要把同一個族群的所有人納入某一個國家。[36]然而，這個近代早期的貴族民族認同，也沒有像近代民族主義那樣族群排外。住在加里西亞、說著烏克蘭語的當地貴族把自己視為波蘭貴族民族的一部分，很多人在文化上也毫無疑問地漸漸變成波蘭人。在十六和十七世紀，梵蒂岡支持讓烏克蘭（由波蘭統治）和外西凡尼亞（由哈布斯堡統治）的東正教徒跟羅馬「重新團結」，同時繼續維持大部分的禮儀和習俗，包括已婚的神職人員。這些擁有拜占庭禮但承認教宗權威的教會，通常被稱作「合一教會」（Uniate）。

這些古老貴族權利所留下來的影響是，團體的認同與特權感即使在支持這些感受的政治結構衰微或完全滅亡以後，仍存在於社會團體之中，而且後來甚至擴散到其他社會團體（通常非常緩慢不均）。於是，中世紀和近代早期的國家被摧毀之後，波蘭、匈牙利和克羅埃西亞的仕紳依舊堅持自己有自治和「自由」的權利。[37]在波蘭仕紳之間，即使波蘭在一七九五年最後一次瓜分後亡國，當地依然延續了原本的觀念和習俗，有著共同的文化。一八四〇年代，對逃亡到巴黎的波蘭作家群體，以及對當時生活在隸屬於奧地利或俄羅斯波蘭領地、說波蘭語的人來說，波蘭仍活在他們的心中。這個「巴黎大移民潮」（Great Parisian emigration）的觀念（也就是波蘭還沒滅亡，對人類負有使命）傳回波蘭人的家園，啟發了農民等其他社會群體的年輕人，波蘭教育也變得越來越普及（這往往是民族主義倡議者私下做出的努力）。

⁂

然而，如果認為小鎮或鄉村那些比較沒有特權的階級不覺得自己隸屬於一個更大的族群、文化或語言團體，這是錯的。一六二〇年，哈布斯堡在布拉格外的白山戰役（the Battle of White Mountain）殲滅了許多波希米亞的近代早期菁英階層（natio），並提升德語菁英的地位時，說捷克語的平民仍保留一種特殊的認同感，雖然他們還沒有想要創造一個容納所有說捷克語的人的國家。此外，這個原始的民族認同感也沒有聲稱一個人只能對某個團體忠誠，而且似乎跟日常生活沒有關聯。不過，波希米亞農民確實有將捷克國王統治下的「昔日美好歲月」故事流傳下去，並尊崇「故土」的傳統。他們認為說德語的統治階級是壓迫者，包括貴族、文武官員或高階神職人員。[38]他們雖然不識字，卻知道當地新教一些非常古老的傳統，也知道數百年以前，捷克的軍隊曾起身捍衛捷克宗教改革者揚・胡斯（Jan Hus）的教誨。他們也知道，信奉天主教的哈布斯堡王朝反對這個當地遺產。但，疏離感不全然是現在才有。在胡斯的年代，胡斯的擁護者便極度反德，揚・胡斯（一四一〇年卒）也是一位原始的愛國者，除了使用捷克語傳教，還發明抑揚符這個讀音記號大幅簡化書寫文字（在那之前，捷克文的拼法像波蘭文），協助將捷克語現代化。[39]

外西凡尼亞也有類似的情形，共同的宗教跟代代相傳的族群從屬關係重疊，在說羅馬尼亞語的東正教農民之間創造出原始的民族意識，用來對抗信奉喀爾文主義的馬扎爾地主。[40]在十七世紀晚期，說羅馬尼亞語的人數已接近人口的一半，但是他們不僅沒有土地的持有權，哈布斯堡還拒絕承認他們這個團體的存在，只有馬扎爾人、塞凱伊人（Szeklers）和薩克森人才算是擁有權利的「政治民族」。[41]然而，一七〇〇年以後，哈布斯堡派合一教會的神父到西歐接受教育，使他們接觸到啟蒙運動的文本，讓他們開始質疑起自己人民的從屬身分。結果興起了一個為羅馬尼亞人爭取權利的運動。[42]

根據一份一七九〇年代在德意志印刷、據稱是學術文獻的史料，住在摩拉瓦河河畔的斯洛伐克人看起來「昏沉、沮喪、虛弱」，跟住在丘陵地帶精力充沛的弗拉赫人（羅馬尼亞人）大相逕庭。[43]很多斯洛伐克人認為匈牙利人是「流氓」，匈牙利人則說斯洛伐克人「一無是處」、羅馬尼亞人是「可憐鬼」。[44]這不是對不認識的外國人所抱持的偏見，因為他們是住在隔壁村的鄰人，在某些城鎮甚至住在相鄰的房子或街道。

所以，羅馬尼亞人和其他東歐族群不只感覺有什麼東西使他們凝聚在一起，還感覺自己跟其他族群有所不同。說著斯洛伐克語或斯洛維尼亞語的人知道自己不是匈牙利人或義大利人，近代早期的克羅埃西亞人則會稱塞爾維亞人為「拉西恩人」（Rascians，住在塞爾維亞）和「弗拉赫人」（Vlachs，住在波士尼亞－赫塞哥維納）。在十五和十六世紀，克羅埃西亞文藝復興時期產出的文學帶有反威尼斯人和反鄂圖曼人的口吻，並斥責拋棄母語的人。[45]歷史學家將一組波蘭文對句回溯到十六世紀中葉：「只要世界依舊，德意志人永不可能成為波蘭人的兄弟。」[46]早在十二世紀，波蘭菁英階級就感覺自己比鄰族優越，討厭捷克人和北方那些異教群體。

一七八四年，羅馬尼亞農民為了反抗專斷的領主—臣民關係發動叛變時，便把敵意投向信奉天主教的匈牙利外族「暴君」。[47]在塞爾維亞，穆斯林組成了地主階級和城市人口，因此塞爾維亞人變得跟農民畫上等號。[48]信奉東正教的塞爾維亞人認為斯拉夫穆斯林「不是塞爾維亞人，也不是土耳其人；不是水也不是酒；是可憎的叛徒」。擁有數百年歷史的教堂有著土耳其人斷頭的圖像，還描繪「戰士聖人」刺殺土耳其長相的士兵。[49]在邊界地區的人用穆斯林來形容邪惡：「比土耳其人還糟。」[50]

波希米亞的土地租用體制比較公平，但是來到此地的旅人絕不會懷疑說捷克語的人屬於下層階級。來自普魯士的作家兼探險家波尼茨男爵（Baron von Pöllnitz）在一七三〇年代造訪這個地方時，注意到兩件事情：第一，世界上沒有任何地方的上層階級比布拉格的還要熱愛奢侈生活；第二，他們不盡任何貴族義務。波希米亞的貴族鮮少追逐官職，因為「他們實在太習慣在自己的莊園裡當大王，將農民當成奴隸使喚，太習慣像小君主般接受布拉格的市民禮敬，因此他們不會想住在必須跟別的臣民一樣向皇帝和官員獻殷勤的維也納」。[51]波希米亞充滿浴池和奢侈品，是富人的遊樂場。

英國神職人員喬治．格雷格（George Gleig）一百年後來到這裡時，受過教育的捷克人不滿就連波希米亞獨立的記憶也遭到壓制。階級更高的人不滿地說他們深愛的語言受到禁止、特權消失殆盡。他們說：「除非各地的法律都使用人民可以理解的語言執行，我們和他們都能夠稍微掌控自己的事務，否則我們永遠不會滿足。」較卑賤的百姓也同意：「我們已不再是一族。我們被陌生人統治，手腕銬著枷鎖。」[52]同情他們的格雷格正好是蘇格蘭人，撰有四冊跟英國統治印度有關的著作，所以對從屬臣民的處境很敏感。捷克人跟他的同胞一樣，想要更好地管理自己的事務。

法國哲學家艾蒂安・巴里巴爾（Etienne Balibar）曾經說，「每一個現代國家都是殖民的產物」，不是從殖民他人、就是從被殖民的經驗中建國，而中東歐的人群適用於後者。[53]跟世界各地的殖民主義一樣，壓迫的層次會互相交叉強化，包括文化和語言、行政管理、經濟和社會等不同層次。在這個地區的許多地方，外族地主（雖然他們也是當地人）控制著屬民的人生，並擔任他們和王室之間的橋梁。[54]群眾的不滿來自文化和語言受到壓抑，因為外族居高臨下的姿態最令人痛苦，他們侮辱了一個人的家鄉，還有這個人的父母和祖父母所居住的世界——也就是身分認同和意義的源頭。十九世紀的捷克運動的基本目標，便是建立可以讓當地語言受到保護的政治單位。這個運動的前線記者波羅弗斯基寫到，如果不這麼做，人們就會變成他人的語言和文化的「奴隸」。我們會覺得他這麼說太誇張了，但是他真心這麼認為。

※

維也納和伊斯坦堡的統治者並不覺得他們是在自己占領的領土建立殖民地，無論那是波蘭、波希米亞、匈牙利或歷史上的塞爾維亞。然而，不管他們對這些地方有什麼打算，廣大空間的統一讓各種思想、貨品、官員以及最重要的人民可以自由交流，進而在數百年之間把人口變得極為複雜。十九世紀晚期，維也納就像迷你版的芝加哥，成為捷克人、波蘭人、南斯拉夫人、猶太人、義大利人和烏克蘭人的「殖民地」。猶太社群包含捷克和德意志的猶太人，但是也有來自波蘭東部小鎮的猶太人。一八七八年哈布斯堡得到波士尼亞－赫塞哥維納之後，將原本就擁有許多宗教和語言的地方變得更多元，因為哈布斯堡官員和來自帝國各地的商人全都湧入這個地區。第一次世界大戰之前，哈布斯堡王朝恐怕是地球上宗教、族群和語言最多元的廣大地區，完全體現中東歐的特質。

因此，中東歐跟其他地區有所不同，不是因為位於西方的邊緣，也不是因為位於某條界線之外、屬於「亞細亞」那一側（哈布斯堡首相梅特涅〔Klemens Wenzel von Metternich〕使用這個詞描述維也納以東的一切）。分隔東西羅馬帝國以及後來東西基督教的那條線，並非東西歐之間的界線，而是貫穿了中東歐的中心。中東歐雖然絕大多數屬於鄉村地帶，卻不能定義為「落後」。從英吉利海峽開始，越往東邊走，就會發現城市越來越少、農場的生產力越來越低、道路越來越少且越來越差、識字率和壽命也越來越低。但是，這樣的差異是逐漸發生的，沒有明確的界線。中東歐是個經濟多元的地區，介於高度發展的西方核心與外緣之間，無法用社經發展低落來定義，因為更東邊的地區比中東歐還要鄉下。

因此，中東歐不太算是西方的邊緣或邊陲，而比較像介於東方和西方之間、北方和南方之間。「十字路口」這個形容詞太薄弱了。這個地區是中央車站，是時代廣場，四面八方隨時都有難以控制的大規模移動，包括南方的塞爾維亞人、北方的猶太人和西方的德意志人，且除了安納托力亞

（Anatolia），也受到俄羅斯、義大利、波羅的海和德意志中部的影響。在這裡，十九世紀晚期的知識分子按照慣例會待在聖彼得堡讀幾個學期的書，接著轉到維也納、布拉格或巴黎的大學；天資聰穎的律師或醫生可能在波希米亞的邊陲地帶長大，然後到今天的立陶宛或亞得里亞海港口城市的里雅斯特（Trieste）執業；波蘭猶太人可以在華沙、柏林或蘇黎世念書，接著同時成為俄羅斯、波蘭和德國社會民主黨的領頭人物（這裡舉的例子是羅莎·盧森堡〔Rosa Luxemburg〕）。像這樣的思想與人口移動永不停歇，因為中東歐社會與文化生存繁盛的空間毫無局限。

※

儘管如此，中東歐仍然是一個在族群、文化、語言、宗教和經濟方面界線分明的地區。只要從這裡往東或往西走就會注意到這點。如果你發現同一平方公尺的土地上不再住著多元人群並使用很不一樣的方式運用歷史和發揮想像力，你就知道你已經不在中東歐了。你可能是在莫斯科、曼海姆（Mannheim）、米蘭、巴黎或里斯本，因為當地只找得到一個主宰的語言或文化，城市會順暢地轉換成鄉村，而不是好似跟鄉村對立的異族文明。

歷史將西歐塑造出不一樣的面貌，沒有可以堪比的族群複雜性。在羅馬帝國滅亡後的那幾百年，雖然有過一段部族遷移的時期，包括高盧的法蘭克人和英格蘭的諾曼人，但是這些部族後來都慢慢融入當地文化。在德意志的東疆曾有數百萬名說斯拉夫語的人經過幾百年的時間融入德意志文化；而在今天奧地利和斯洛維尼亞的高地，也曾有一小群、一小群說羅曼語系的人在經歷許多個世代後，融入德意志和斯拉夫文化。

少許還存在著的「異族」語言團體都住在邊緣地區，像是巴斯克人、布列塔尼人和規模較大的加泰隆尼亞人。在整個西歐地區，包括斯堪地那維亞和伊比利半島，我們幾乎找不到在東歐屬於正常的那種複雜性。舉例來說，西歐沒有任何地方像維爾紐斯那樣，可以聽見波蘭語、德語、法語、意第緒語和俄語，周圍的村莊則說著立陶宛語和白羅斯語。在法國、英國、西班牙和德國，找不到任何地區跟外西凡尼亞或波士尼亞一樣，有著由多族群拼湊而成的人口，導致要創造像法國那樣的民族國家（法國後來被整個東歐視為模範），必須施展極大的力量。[55]例如，馬扎爾人的菁英階層在一八六七年掌控匈牙利王國之後，便讓學習馬扎爾語以外的語言變得困難昂貴。到了一九一四年，斯洛伐克（馬扎爾人稱作北匈牙利）已沒有任何斯洛伐克語高中可以服務兩百萬名斯洛伐克人。想要成功，唯一的方法就是變成馬扎爾人。

法國、西班牙、英國、丹麥和瑞典這幾個君主政體建立了很強大的國家，支持當地的文化和語言，接著把這些輸出到國外，而不是迫切地在國內保護著。他們是殖民者，不是被殖民者。就像馬扎爾人一樣，十九世紀晚期的法國也曾面對如何把農民變成國家一分子的挑戰，但是他們的學校選擇民族化，而非去民族化。學校教授的標準法語是大部分法國公民在家講的方言的一種變體，而不是像說捷克語或斯洛伐克語的人所面臨的那樣，是德語或馬扎爾語這樣完全陌生的語言。法國政府不跟當地的認同感背道而馳，而是建立在既有的基礎之上並加以強化。當地農民和他們的祖先很久很久以前就住在法國，所以他們沒有其他記憶可援引。

仍然存留於法國和德意志的語言多樣性帶有一種漸進的特性，且不像巴爾幹半島那樣因為有著嚴重的宗教分歧（除了基督教和伊斯蘭教之間、還有基督教內部的東西教會之間的分歧）而更加複雜。一八七一年之前，德意志沒有一個中央政府，但是五花八門的神聖羅馬帝國（以及之後的德意志邦聯），還是讓人們產生了民族團結的感受。這個帝國有一座加冕城市、皇帝、國會、一些共同的法律、中央法院、可回溯至查理曼的歷史，還有一個透過出版社、讀書會、高中與大學傳播的共同標準語。雖然一直都有人爭論德意志跟丹麥或法國之間的國界究竟在哪裡，而這些「小細節」確實也曾引發戰爭，但是從來沒有人懷疑法國、德意志和丹麥已經存在很久一段時間，而且也應該繼續存在下去。

⁂

在十八世紀晚期，中東歐雖然十分多元又潛伏了緊張的氣氛，但是這個地區表面上很穩定，人民的生活似乎大部分都和諧有序。說捷克語的農民雖然是被剝削的下層階級，他們仍和平地耕作領主的土地，或是在村莊和小鎮經商，活在歐洲人意識的邊緣。他們不被視為可媲美法國人、英國人或荷蘭人的人群。[56] 遲至一八四〇年代，西方人幾乎都不知道「斯拉沃尼亞人」的存在。[57] 他們只知道：波希米亞是神聖羅馬帝國（以及之後的德意志邦聯）的一個省分，位於德意志心臟地帶，位於往返布雷斯勞和紐倫堡、維也納和柏林的道路之上。再更東方一點，就連「羅馬尼亞人」這個詞都還沒發明出來；斯洛伐克和斯洛維尼亞都還沒出現在地圖上；波蘭即將亡國。除此之外，還有：嬰幼兒死亡率高；學校很少；生產力低；小型手工藝雖然興盛，但是工業幾乎不存在——人們只知道這樣的世界。菁英階級依靠被迫在他們的土地上勞動的農民所生產的作物過活，跟彼此或遠方的宮廷溝通時，使用的是拉丁文或法文。

若說有任何衝突和動盪，主要也是外族征服大軍造成的，包括滋擾這個地區好幾百年的鄂圖曼人、十七世紀的瑞典和法國、一七四〇年之後由腓特烈大王統治的普魯士，以及幾十年後由凱薩琳大帝統治的俄羅斯。無論是正在衰微的鄂圖曼帝國，或是正在崛起的普魯士或俄羅斯等強國，這些外國軍隊的行為都讓廣大的哈布斯堡領土永無寧日，同時創造迫切的壓力，要組織一個可以生產財富和稅金以供養軍隊的國家。因此，匈牙利或波希米亞村莊美好的表面，不過是場騙局：這些村落存在於霍布斯式＊的中東歐，當地的國家如果不捍衛自己，就是等著消失。

這就是十八世紀中東歐所擁有的安穩假象受到挑戰之處。一七四〇年之後，哈布斯堡君主不僅沒有欣賞領土上豐富多元的語言和文化，約瑟夫二世（Joseph II，一七八〇年到一七九〇年）甚至視為累贅。他很熟悉法國和俄羅斯的情況，羨慕這些國家的官員能夠使用單一語言來統治龐大領

＊編註：出自湯瑪斯．霍布斯（Thomas Hobbes）的《巨靈》（*Leviathan*），旨為所有人對所有人的戰爭。

土。他決定把這個原則挪用到自己多元的領土上，而他選擇用來進行理性統治的語言，就是哈布斯堡家族所使用的德語。然而，他的開明國家建設方案卻帶來預料之外的效應：在中東歐人民（起初以敏感的知識分子為主）的內心種下恐懼的種子——自己的族群會變成德意志人，從歷史上消失。

約瑟夫不久後就下台了，在他死之前，他說他做的每一件事都失敗了。不過，這不是事實，因為他種下的那份恐懼持續存在、漸漸茁壯，被學校、民間社會、報紙和後來的政黨傳承散播。讓中東歐成為一個近代、識字、文明、可以自由表達意見的自治社會所需要跨出的每一步，幾乎都會產生質疑、侵蝕、削弱該地區驚人複雜度的力量。

chapter

2

處於消亡邊緣的族群認同

幾乎沒有任何君主登基時的狀況，比二十四歲的哈布斯堡公主瑪麗亞·特蕾莎（Maria Theresa，一七四〇年到一七八〇年）還要悲慘。她的父親查理六世在一七四〇年十月去世後不過幾個星期，普魯士、薩克森、瑞典、巴伐利亞和西班牙便在法國的支持下，計謀從新女王的手中奪取偏遠疆土。在一七一三年的國事詔書中，歐洲除了兩個國家之外，其餘各國全都承諾查理，他們會尊重他的女兒繼承哈布斯堡領土的權利。可是，現在見風轉舵成了唯一的原則，但是他們完全沒有想到，這位熱愛畫畫、跳舞、宮廷慶典以及丈夫，卻對國事和打仗幾乎一無所知的公主，竟然會挺身對抗她的六個敵人。他們嚴重誤判了情勢。

第一個挑戰來自年輕且憤世嫉俗的普魯士國王腓特烈二世（Frederick II of Prussia）。為了得到西利西亞這個瑪麗亞轄下最富有的省分之一，他表示他能保障哈布斯堡的德意志領土，並且願意支付兩百萬塔勒給奧地利耗竭的國庫。瑪麗亞堅定地拒絕了，於是他在一七四〇年十二月派出訓練有素的大軍跨越哈布斯堡的邊境，來到西利西亞，受到新教人口的歡迎。一七四一年一月三日，德意志最大、最有錢的城市之一布雷斯勞打開城門迎接身穿藍衣的軍隊；同一年，巴伐利亞和法國軍隊攻占了哈布斯堡波希米亞的其餘地區（西利西亞屬於波希米亞的一部分），還有上奧地利部分地區和提羅爾（Tirol）。[1]

由於奧地利受到法國和巴伐利亞的軍隊的直接威脅，瑪麗亞．特蕾莎便在九月時沿著多瑙河來到匈牙利王國的首都波佐尼（Pozsony，今天的布拉提斯拉瓦〔Bratislava〕，自一五二六年開始由哈布斯堡所占領）。她一邊抱著還是嬰兒的兒子約瑟夫，一邊用匈牙利的官方語言拉丁語向當地貴族發表演說，乞求他們的保護。據說，他們被她的情感和決心所感動，便拔出長劍，以自己的「鮮血和生命」宣誓效忠，並答應她如果外國軍隊攻下維也納，女王可以來這裡避難。沒多久，他們集結了超過五萬人的軍隊，是匈牙利軍隊首次被用在王國的境外。[2] 這起事件成為挽救這個帝國家命運的轉捩點。

但是，這個安排其實也是一場交易。匈牙利貴族會支持這個帝國，是因為這樣做最能確保他們繼續掌控聖斯德望的領土。才僅僅數十年前，在與鄂圖曼帝國纏鬥的數個世代，導致匈牙利南部的森林遭到濫伐、經濟衰退、許多城鎮消失之後，哈布斯堡軍隊終於解放了匈牙利。很多匈牙利裔的人都逃離家園、死於疾病，或者是被送去鄂圖曼帝國當奴隸。人口重建的過程十分緩慢，而且大部分是由其他族群組成，往往是塞爾維亞人，但也有羅馬尼亞人，因為他們也是為了逃離鄂圖曼人的統治，從更南邊或東邊的地區遷移過來的。因此，匈牙利貴族很想要安穩統治自己的領土，希望說服瑪麗亞．特蕾莎尊重他們的歷史權利。匈牙利的國庫會處理匈牙利的稅收，瑪麗亞則會努力維持

用捷克語。重新讓這片土地天主教化的神父也幾乎不是波希米亞人，因此更強化這個國家被外族占領的感覺（民族主義者編纂歷史時，將這段占領時期持續至一九一八年十月）。就算神職人員全部都變成本地人，天主教會還是被認為不完全屬於捷克。

斐迪南二世推動新的波希米亞憲章，導致這個叛變省分失去了古老的權利。現在，王室是由哈布斯堡家族世襲繼承，只有天主教和猶太教為合法宗教。[7]當地仍有議會，卻鮮少召開，職能只剩下一些財務事宜。地方自治式微，跟匈牙利各縣的狀況恰恰相反，因為一百五十年的鄂圖曼統治對匈牙利傳統的傷害，比哈布斯堡王朝在波希米亞進行的反新教復仇所造成的傷害還要小多了。匈牙利從未有過貴族階級整體遭到替換的情形，因此大部分的匈牙利貴族依然可以將自己的系譜回溯到很久很久以前，並認為自己是土地的自然所有人。[8]

然而，斐迪南二世並沒有永久消滅波希米亞人的民族感。瑪麗亞・特蕾莎以及更重要的——她懷裡的嬰兒約瑟夫，日後將會確保波希米亞以民族的姿態重返歐洲歷史舞台。約瑟夫很小的時候就開始接受治國訓練，在瑪麗亞深愛的丈夫洛林的史蒂芬（Stefan of Lorraine）於一七六五年去世後，約瑟夫登基成為神聖羅馬帝國的皇帝。

一七四〇年代的王位繼承戰爭所帶來的存亡危機，讓哈布斯堡統治者深信，自己的領土若要存續下去，就必須由強大的中央化政府來引領。瑪麗亞・特蕾莎和之後的約瑟夫發現，當時的其他國家都相對統一，諸如英國、法國和俄羅斯。相形之下，他們的領土好似大雜燴，有的是征服來的，有的是繼承來的，有的是聯姻得到的，因為有許多不同的律法、土地所有制、各地統治階段的權利

（包括教會的權利）而極為混亂瑣碎。這些各不相同、互相牴觸的權限，讓維也納當局無法充分獲取自己疆土內豐富的礦業、農業和人力資源。土地的耕作方式很沒效率，因為掌控土地的仕紳階級沒有任何改善農耕的動機。此外，由於大部分的土地都不能出售，自然也不會有市場與更有效率的農耕方式帶來競爭壓力。在大部分的地方，農民都不能離開土地。仕紳階級還掌控徵兵，因此限制了奧地利軍隊可用的人力。

瑪麗亞．特蕾莎在一七四九年推行改革，開始把一塊塊相當缺乏連結的領土變成統一的國家。她解散了波希米亞事務廳的職務，跟奧地利事務廳的職務合併，進而把波希米亞的王位跟她的世襲領土統合在一起。在她的統治期間，她把官員的人數從五千人增加到兩萬人，大部分集中在維也納。[9]這個大型官僚體系的任務之一，就是要透過對新的行政與財務總署負責的各省及各地政府網絡來組織各地應負責徵召與給養的軍隊單位。她和顧問設置了國務委員會，以建立有效率的中央政府，秉持官房學派（cameralism）的精神來改革國家機器：只有受過精良訓練的專家，才可操作國家機器，在各方面改善國家，包括建立醫療診所、學校和窮人之家、強制執行人民的工作義務、調查每個產業精準的工人數量以及控管學生肆無忌憚的休閒活動（青年男性晚上不得飲酒尋歡，而是要到公園長時間散步）。[10]

在鄉村地區，地主不再是自己領地內的小國王，政府推動了相關措施，向神職人員課稅，並改善農民生活，讓他們變得更有生產力。瑪麗亞和之後的約瑟夫將增加的稅收用來資助教育、造橋鋪路、疏浚河川、進行軍事改革。他們也開始提倡在學校和政府機關講德語，但是他們自己在宮廷說的是法語、義大利語和維也納方言，他們並不是德意志民族主義者。約瑟夫吩咐國務委員會要喚醒「民族精神」，指的其實是帝國的所有人口，不是某個特定族群。[11]他任命官員時不會基於族群做出差別待遇，他和他的母親主要是把語言當作一種溝通工具。哪一個語言能夠實現這個目標，就是有用的語言。他們支持使用領土內所有的語言印製實用的報刊和手冊，主題包括養蜂、園藝、防火和軍事。[12]

然而，約瑟夫在遊歷各地期間漸漸察覺到，單一強勢語言具有協助統一歐洲強國的能力。他寫道：「假如整個帝國只使用一種語言，那將對整個國家帶來多少好處……帝國所有的地區將連結得更緊密，人民因更強烈的同胞之愛結合在一起。任何人只要看看法國、英國和俄羅斯的例子，就會明白這點。」[13]

能夠像這樣統一哈布斯堡領土的可能選項，就只有德語。匈牙利語和任何斯拉夫語言都沒有在整個帝國境內盛行，捷克語和匈牙利語被當地的菁英階級冷落數十年後，甚至已淪為農民的方言。[14]約瑟夫希望，因德意志文化而連結的公僕可以成為一股團結的力量，讓他的政令在奧地利、波希米亞和當時龐大的匈牙利（涵蓋今天的斯洛伐克、克羅埃西亞和外西凡尼亞）順利傳開來，成為建立現代國家的學校、行政機構和司法體系的基礎。[15]

推廣語言最適合的工作就是教育。一七七七年，這對母子推行一項改革，把教育體系分成小學、中學和大學。學生會在低年級時先學會自己的母語，中學才改用德語。孩子必須先學會讀寫他們理解的語言，再學習德語，否則他們聽著自己無法理解的德語詞彙，只會感到茫然困惑。[16]然而，學童一旦能夠讀懂自己的斯拉夫母語，就可以摒棄這個語言，因為這只是藉由德語達到文化一統的墊腳石。

因此，波希米亞當局一邊使用捷克語鞏固小學教育，一邊關閉捷克語高中，因為這些高中現在已不再實用。學童必須精通德語才能進入剩下的高中，德語會成為當地政府機關的唯一語言，擠掉了拉丁語和捷克語。哈布斯堡的菁英階層會拉丁語，但約瑟夫認為這個語言過時了，會阻礙進步。在學術研究和科學領域，德語也將取代拉丁語，而識字率越來越高的人口比較容易接收高水準的知識。[17]

因此，約瑟夫宣布，不僅布拉格大學的課程（神學除外）必須要使用德語，波希米亞的法令也是。但，捷克語教導鄉村教師技能（如豢養動物）的威力尚未完全消失，因此約瑟夫也在維也納和布拉格的大學創造了捷克語的講座教授。這時，波希米亞議會的官方通訊仍使用衰頹沒落的捷克語，只是語言的地位降了級。大部分的捷克語詞彙似乎都很過時，無法確切表達現代的發明和概念。

然而，把捷克語貶為一種工具，用來把沒有受過教育的捷克人變成能讀能寫的德意志人，並不是約瑟夫當初為了富國所計畫進行的中立行為。他是在暗示說捷克語的人，他們的語言沒有價值，還不如忘了。從個人的角度來看，他提倡的德意志化並不新奇。好幾個世代以來，說捷克語和斯洛維尼亞語的人在使用德語和拉丁語完成教育，逐漸提升自己的社會階級並移居城鎮的同時，他們也與自己家族和村落的文化疏離了。現在不一樣的地方是，整年次的孩子集體被去民族化，提高了有人可能注意到的可能性。這種事確實發生了。極度諷刺的是，正當約瑟夫在增加小學學校的數量，讓說捷克語的孩童可以學會讀捷克文，有一些小團體的知識分子也製作小冊子，哀嘆這個語言消失了。正因為有哈布斯堡政府提供的識字教育，學生才會發現國家認為他們的父母和祖父母所使用的語言是次等的，六年級以上便不適合使用。

⁂

這些起身捍衛捷克語的知識分子小團體信奉的是啟蒙運動的原則：他們希望使用理性讓人類變得更好。捷克語在這個運動中具有實用的功能，因此他們相信這個語言值得保存和尊重，但是大部分的人捷克語都說得不好。想保護捷克語的這份心意過去就存在了，自從白山戰役以來，偶爾會出現某位教士或學者，試圖保衛和保存這個斯拉夫方言。[18]然而，跟過去不一樣的是，這份心意的強度增加了：在一七七三年和一七九三年之間，總共有十幾本鼓勵說捷克語的人使用、尊敬、推廣這個語言的著作問世。[19]

在這些書的作者當中，最顯赫的莫過於金斯基伯爵法蘭茲．約瑟夫（Count Kinsky Franz Joseph，一七三九年到一八〇五年）將軍，他是瑪麗亞．特蕾莎最信任的顧問菲利普（一七四九年卒）的侄兒，曾經擔任駐英國大使，同時也是皇帝的朋友。他的家族在波希米亞坐擁龐大的莊園和數千個從屬農民，但是跟大部分波希米亞貴族不同的是，金斯基伯爵的家族非常古老，在一六二〇年的事件中存活了下來，認為自己既是歐洲人，也是波希米亞人。他曾在巴伐利亞王位繼承戰爭（一七七八年）中統率哈布斯堡軍隊，據說曾有至少三匹坐騎被敵人射中。一七七九年，在擔任維也納新城（Wiener Neustadt）的特蕾莎軍校校長期間，他匿名出版一本手冊，揭開波希米亞現代族群民族觀念（ethnic nationhood）的序幕。[20]

他寫到，他的同胞應該從小學習母語。就如同法國人偏好法語，他們這樣的斯拉夫後裔也應該偏愛自己的母語。這片土地雖然存在兩種語言，但捷克語才是這裡真正的語言，擁有獨特的美德。金斯基伯爵是啟蒙運動的提倡者，因此很強調實用性。他說，捷克語可讓地主跟農民順利溝通，而且因為這個語言有很多困難的發音，因此學生也能為學習古典語言做準備。他知道這些概念在上流社會聽起來很怪，但是那無所謂。波希米亞人擁有特殊的天賦，只要走過這裡的鄉村，就能明白這一點：擁有音樂天分的人在德意志地區比「純然波希米亞」的地區還少。[21]

金斯基伯爵秉持著理性慎重的精神，他倡揚的捷克村民的古老美德形象極為保守。可是，他的著作具有開創性，因為暗示了波希米亞真正的語言和文化是捷克語和捷克文化。「德意志波希米亞人」（German Bohemians）沒那麼純，因此必須將就較低的地位。跟下一個世紀的捷克愛國者相比，金斯基伯爵並不會不寬容，更不是一個族群至上主義者（chauvinist）。他主張，捷克人的優越感不在於血統，而在他們所說的悅耳語言。捷克人應該要熱愛自己的歷史，因為他們的英雄人物比較貼近他們，更可能啟發偉大的行為。但，波希米亞並非普世的標準，否則將無法解釋在波希米亞以外的地方為何也有傑出人物的存在。[22]

金斯基伯爵在訓練士兵和打仗時，也有其他愛國先驅在著作中探討跟祖國和母語有關的議題。這些書引用許多參考來源，包裝成看似公正無私的學術文獻，但從更深層的角度來看，作者都是受到啟蒙熱忱的驅使，要盡可能發掘家園的一切。他們有的是家世背景卑微的神職人員，曾接受教會提供的教育，想要被當成知識分子認真看待。天主教神父蓋拉修斯．道布納（Gelasius Dobner，一七一九年到一七九〇年）讀遍古代文獻，就為了替心愛的家園寫一部禁得起批判檢視的歷史，他摒棄那些天真頌揚波希米亞故土的美，抑或是聲稱波希米亞和波蘭是由「切赫」與「萊赫」這對兄弟創立的古老寓言。他寫道：「真相是所有歷史著作的靈魂。歷史學家最首要的責任，就是出於對故土與知識的熱愛，抹除後世杜撰的一切，進而讓自己的民族免受外族訕笑。」[23]

道布納有非常多追隨者，其中最知名的就是弗朗蒂謝克．馬丁．佩爾才（František Martin Pelcl），他也是出身卑微但在教會受過教育的人，同樣不採用寓言，而是仰賴可驗證的事實。他引用歷史文獻，證明斯拉夫部族大約在西元五三四年定居波希米亞，給自己「捷克人」這個稱呼。儘管如此，古代祖先留下的歷史教訓並非完全正面。[24]有的先人因自傲或自利而腐敗，背叛了國家，但是也有一些先人象徵正義、勇氣和熱忱的愛國主義。他寫這些古代捷克壞人與英雄的故事，是要啟發那些知道很多法國和英國的事、卻對自己的土地幾乎一無所知的年輕貴族。

道布納學派第二知名的米庫拉許．阿多克．福格特（Mikuláš Adaukt Voigt）把對波希米亞歷史的關懷帶到政治場域，預示德意志人和捷克人將在十九世紀晚期因為領土發生嚴重衝突。根據他的看法，捷克人有自己獨特的法律體系，跟任何民族都不一樣（無論是德意志人、俄羅斯人或法國人），並深植在這片土地的過去，源自斯拉夫人特殊的性格。雖然他們跟德意志人數百年來一直住得很近，但卻從未融合在一起，因為捷克人有不同的文化和脾氣，例如他們天生就熱愛自由。他也說，他們天生不喜歡德意志人。

可是，他們和德意志人之間雖然好像有無法跨越的隔閡，福格特和其他早期的捷克愛國者卻幾乎只寫德文、說德語。他們就好比一個新信仰的信徒，卻無法拋棄過去的敬拜場所。根據後來的一位評論家所說，他們心中浮現的十個詞彙當中，有九個是德文，只有一個是捷克文。佩爾才渴望人們尊敬捷克語，還使用一種德意志人不知道怎麼發音的古老拼寫方式，將十五世紀的英雄揚・傑式卡拼成「Jan Žižka」，而非好唸許多的「Johannes Schischka」。他為自己的做法辯護，反問德意志人如果把盧梭（Rousseau）寫成「Russo」，法國人會怎麼想。可是，他卻用德文拼寫自己的姓氏（Pelzel），而非捷克文（Pelcl）。[25]

然而，在一七九〇年代，開始發生某種變化。佩爾才成為布拉格大學第一位教捷克文學的教授，有一股越來越深的焦慮感，促使他為自己說得不怎麼流利的捷克語寫下歷史研究。他做研究時發現，曾經有數百萬名西斯拉夫人定居在柏林四周及更西邊的地區，但是他們幾百年以來已經融入德意志文化。最後一個會說漢堡以南的斯拉夫方言的人一個世代前才剛去世。[26] 這會變成捷克人的命運嗎？一七九四年，莫札特兒子的家庭教師涅梅切克（F.X. Niemetschek）喚起「真正的捷克人」的痛苦，因為「在他們的家園，每一個語言都受到尊重，只有他們的沒有。我們的語言已經了結，必會繼續衰敗萎縮下去，因為只有某個族群中的一小部分在地球的一小塊土地上說著這個語言」。[27]

然而，佩爾才和涅梅切克其實不需要這麼擔心。約瑟夫二世和他的母親創建的學校可確保捷克語不會滅亡，而這些學校也教育了一群讀者，能夠讀他們和其他捷克愛國志士出版的民族歷史與文學。在這之後，又出現人數多上許多的第二代學者，他們花了幾十年的時間挽救捷克語，除了發明新詞，還編纂字典，確保新的歷史和文學著作以能夠表達最細緻複雜概念的語言書寫。

在當時的啟蒙精神下，約瑟夫和他的母親也很鼓勵以批判的方式研究歷史，使得人們理解波希米亞王國的過去。這樣的精神帶來自豪，卻也帶來自卑。一方面，愛國的語言學家約瑟夫・多布羅夫斯基（Josef Dobrovský）在一七九〇年十一月曾向朋友寫到自己家園的榮光，說波希米亞很美，孕育了許多作家，大部分來自他們「偉大的首都」布拉格。他還說，只要能得到機會，波希米亞人可以超越所有人。但另一方面，大家都看得出這還不是事實。蓋拉修斯・道布納便覺得他必須保護自己的家園「免受外族訕笑」。[28]

著迷於「真實發生過」的歷史同時也帶來令人煩惱的問題，像是為什麼捷克國王曾經在宮廷中使用的語言、在這片土地上最好的教堂（例如揚・胡斯位於布拉格的伯利恆禮拜堂）宣揚的語言，現在竟會淪為農民的語言。不久後，捷克愛國者便會開始思考，波希米亞為什麼不像西歐國家那樣受到尊重，認為這或許都要怪哈布斯堡家族。

當新一代的愛國知識分子把尖銳的目光聚焦在這些問題上的同時，失落感也越來越令他們痛苦。卡爾・伊格納茲・譚姆（Karel Ignaz Tham，一七六三年到一八一六年）是個天才語言學家，他的父母替華德斯坦（Waldstein）貴族家庭做事，一個是廚師、一個是女傭。[29] 他的非凡智識天賦讓他能夠上高中和大學，可是令他煩擾的是，他必須拋棄母語才能夠「往上爬」。[30] 一七八〇年代在布拉格當圖書館編目員時，譚姆找到了好幾代以前出版的鉅著，他拂去了上頭的塵埃並驚訝地發現，現在幾乎只在作坊、馬廄和廚房才聽得到的語言居然那麼博大精深。圖書館的層架就像一個寶箱，藏了許多被遺忘許久的書籍，書中寫著很久不曾流通的詞彙。這些書本毫無爭議地證實了，捷克語可以用來創作具有文學價值的東西。[31] 二十歲的譚姆出版了《捍衛捷克語》（*Defense of Czech*）這本小冊子，決心復興這個垂死的語言，並特別譴責波希米亞貴族忽視了他們神聖的祖傳寶物。例如，他父母親的老闆華德斯坦便背棄祖國，定居在萊茵蘭「更好」的地點，在歷史上因成為貝多芬的贊助者而聞名。

譚姆越是深入調查，就引出越多令人痛苦的發現，也越接近問題的源頭，那就是哈布斯堡家族。在波希米亞的全盛期，盧森堡家族的神聖羅馬皇帝查理四世（一三一六年到一三七八年）曾下令，布拉格市議會只能用捷克語跟他說話，並將捷克語訂為法律使用的語言。可是，一六二〇年發生一場悲劇，這個古老的貴族在戰役中輸給了哈布斯堡的斐迪南。當局為了讓這片土地重新信奉天主教，摧毀了捷克語寫成的書籍。根據譚姆的說法，有一位反宗教改革的耶穌會傳教士曾吹噓自己為了斬除異端，焚燒了六萬冊捷克語書籍。[32] 焚書等於是在謀殺一個族群。

「種族滅絕」一詞還要許多個世代之後才會發明出來，但是譚姆的論點給人這是一種令人驚駭的新犯罪形態的感覺。容忍這種局勢的人，並不愛他的國家。他出版了雙語字典，堅持區分捷克語和德語。捷克人讓德語詞彙入侵了捷克語，因為精通德語的捷克人懶惰了，便把那個語言的詞彙隨意混入自己的日常口說。譚姆比金斯基伯爵更激昂，堅稱捷克語有很多好處。捷克語沒有定冠詞，但有較多字母，可以有更多發音，而會發比較多音的捷克人就能比德意志人更輕鬆地學會外語。此外，他們的語言聲音比較好聽，使用捷克語也比任何外語容易自然、完整準確。

譚姆認為捷克語在自己的土地上變成陌生語言的這個論點，有一個很強大的證據，那就是他自己在波希米亞的高中找不到工作。他雖然會說多種語言，但他擅長的是捷克語。離開波希米亞之後，他到維也納找工作，好壞參半，同時繼續勤奮地寫作。他的其中一本書把目標讀者放在只會德語的同胞，書名是《三個月學好捷克語》。[33]譚姆在長期缺少資金的情況下罹患肺結核，是因為另一位愛國者約瑟夫．多布羅夫斯基的慷慨才能得到像樣的葬禮。

多布羅夫斯基是一個軍人的兒子，也是一個天賦異稟的語言學家。他出版了第一部捷克文學史（一七九二年）、第一本正經的捷克語文法書（一八〇九年），還有一本所有斯拉夫語的字源學概述。[34]跟譚姆一樣，他是受到一股令人痛苦的失落感所驅使，寫道：「奧地利政府奪走了波希米亞的自由、宗教、語言，最近還奪走了這裡的銀礦。」[35]另一個愛國者約瑟夫．榮曼（Josef Jungmann）同樣是很有才華、孜孜不倦的語言學家，來自一個鞋匠的大家庭。他很不滿那些拒絕學捷克語、只會用自己的語言「咆哮咕噥」的波希米亞德意志人。這些波希米亞人是在背叛祖先留下的遺產。[36]今天，有受過教育的捷克人都聽過譚姆、多布羅夫斯基和榮曼這幾個名字，他們利用字典和文法書復甦了捷克語這個歐洲語言。

✳

由於瑪麗亞・特蕾莎曾經發誓會尊重匈牙利貴族的權利，所以她很小心沒有在匈牙利王國進行語言改革，但是她在一七八〇年去世後，約瑟夫卻將他的改革熱忱用在哈布斯堡家族持有的每一吋領土。他把治國看成一系列的公式，而他的任務就是計算出最理性的前進路線。他的母親是透過觀察和廣納諫言來學習，但是約瑟夫自己卻只信任他的首席顧問考尼茨親王文澤爾・安東（Wenzel Anton von Kaunitz）。因此，在約瑟夫掌權後，哈布斯堡的領土從仍然半封建、缺乏系統的國家建設概念，轉變為一個企圖把領地提升到更高發展層次——歐洲國家——的思想家所統治的政體。

他推行的一些措施至今依舊受到讚譽，像是取消農奴制。要如何運用廣大疆域的農業用地，一直是哈布斯堡君主長久以來關注的焦點。他們的領土生產力始終不佳，原因就出在那個把農民跟領主綁在一起的法律制度，這樣的關係不僅限制了作物的產量，還貶低了農民的自尊。領主不但擁有土地，也控制世襲被囚錮役使的農民。在某些地方，甚至連農民的身體和生命也是領主所有。沒有領主的允許，農民不得嫁娶或離開土地。此外，執法屬於地主的權力，他們可以在公共場合鞭打農民。

約瑟夫過去曾接受法國家庭教師給的優良教育，十分通曉啟蒙運動的原則。他認為，農奴的待遇大大侵犯了身為人的尊嚴。他痛恨純粹因為出身就能夠享有特權的概念，曾寫到我們從父母那裡繼承來的唯一一樣東西就是「生物生命」。不久，他便廢除鄉村地區奴隸般的制度、體罰和酷刑。

他也削弱審查制度，提倡對猶太人在內的非天主教徒抱持寬容的態度：「人類與生俱來的自由權應該盡可能賦予給人民。」人類只應在上帝面前下跪，因此他禁止臣民對他下跪。[37]但，重點不只是要賦予人類應有的尊嚴，還要促使他們好好服務國家，強制施加違反人類智識和精神的力量，並不利於生產。

他認為，理性施政不是強制的力量，而是必要，但是他卻因為把這強加給匈牙利，導致匈牙利瀕臨叛變，讓曾經以「鮮血和生命」對瑪麗亞宣誓的貴族「民族」考慮效忠哈布斯堡家族以外的對象，比方說普魯士。就跟在波希米亞一樣，帶來這種新想法的導火線是語言，只是這裡牽涉到的語言不是當地的方言（至少一開始不是）。

數百年來，匈牙利本土以及匈牙利和維也納之間的交流語言一直是拉丁語。約瑟夫將拉丁語視為已死的語言，對他所希望建立的國家來說十分尷尬。因此，他下令將德語也變成匈牙利的官方語言。然而，匈牙利的情況跟波希米亞不同，因為德語在波希米亞本來就已廣泛使用，慢慢淘汰拉丁語並沒有引起任何抗議。匈牙利比波希米亞多元，東部說羅馬尼亞語，北部說斯洛伐克語和魯塞尼亞語，南部說克羅埃西亞語和塞爾維亞語，德語和意第緒語則是到處都有人說，因此拉丁語不僅傳統，也很實用。拉丁語對約瑟夫而言可能死了，但是經過許多個世代以後，它已經變成統一這個地區的通用語，備受珍視，就連只知道幾百個拉丁語詞彙、說起拉丁語腔調很奇怪的人，也會使用它。匈牙利所有的官方事務都是用拉丁語記錄的。[38]

現在，官員有三年的時間可以把德語學到能夠完成所有業務的程度。約瑟夫還頒布了一道補充指令，將德語變成學校的授課語言，只允許宗教可以使用當地語言教授。此外，他很不明智地添加一個政治「改革」，要取消傳統的「縣」（comitats）。這個行政單位跟拉丁語一樣，是獨特的匈牙利生活方式當中十分受到珍視的一部分。[39]

約瑟夫的這些舉動無意間催生了激昂的民族運動，這件事令他很困惑，因為他想取代的是拉丁語，不是匈牙利語。匈牙利貴族其實並不特別重視這個語言，會每天說匈牙利語的貴族，通常是為了跟自己的僕人溝通。然而，約瑟夫試圖把德語變成這片土地的官方語言，引起了貴族內心的恐懼，擔心匈牙利會變成中歐又一個說德語的省分。來自匈牙利各地的陳情如雪片般飛到維也納的宮廷。北部某縣的居民提到古代伊特拉斯坎文明的城市維愛（Veii）所遭遇的命運：現在有誰還記得他們？馬扎爾人也會像他們一樣消失在歷史中。約瑟夫「碰觸到一條敏感的神經，讓沉睡已久的感覺浮上檯面，迎來民族發展的新階段」。比起波希米亞人，匈牙利人更加強烈地感受到語言和身分認同之間的關聯，將陳情書寫得好像自己的家人遭受攻擊似的。[40]約瑟夫這樣回應：

> 任何人希望我改變已做出的決定，都必須透過無可爭辯的理性證據提出他的論點。可是，在你的民族做出的反對聲浪中，我完全看不出這點……德語是我的帝國通用的語言，我為什麼應該按照某個省分的民族語言來處理這個省分的法律和公共事務呢？[41]

在接下來的一百年，崇尚理性的潮流將觸發浪漫主義的情感崇拜，因為光是理性無法完全表達人類的經驗。但是在一七八〇年代，匈牙利的抗議者也為反對約瑟夫非常合理的改革建立了實際理性的依據。他們說，拉丁語是在這整個多元國度中大家都懂的語言，「其他民族」也很欣賞這個語言，而且數百年來它一直是匈牙利人鍾愛的本土特色。除此之外，匈牙利各縣的首長並不熟悉德語，無法在三年內轉換成功。他們擔心會有一群不會說匈牙利的語言或不知道匈牙利情勢的人從德意志來到這裡。[42]約瑟夫的回覆是，匈牙利已經有很多人會說德語，這是行政上最好的選擇。不管怎樣，持續使用一個已死的語言會有損人們對匈牙利「文化水準」的觀感。[43]

匈牙利人擔心約瑟夫的目標是要使他們的土地完全臣服奧地利，而德語將成為處理與了解國事的標準工具。他們害怕自己變成殖民地，想起瑪麗亞．特蕾莎曾經允許奧地利的製造業產品在匈牙利販售，但是匈牙利出口奧地利的農產品卻必須繳稅。[44]這些變化讓匈牙利貴族（natio）想起來，他們的祖先曾選擇哈布斯堡家族的成員當國王，而奧地利則發誓會維護匈牙利貴族的權利和習俗，不把他們當成其他省分那樣統治。一名貴族便寫道：「人類真是不幸啊！君主的承諾不如臣民的承諾來得牢靠。」像語言這樣的習俗不可能短短三年就改變，而是要經過好幾代。人民不是為了君主而存在，應該是君主為了人民而存在。[45]

匈牙利各縣的怨聲載道惹惱了約瑟夫，導致他乾脆在一七八五年廢除這些縣，從維也納直接統治。他將匈牙利和克羅埃西亞－斯洛沃尼亞重新畫分成十個區，並指名對他忠誠的人當官員。但，這樣的「改革」對匈牙利貴族來說走得太遠，因此在一七八七年跟鄂圖曼開戰後，他們開始尋求外國軍隊的協助，考慮選出外國貴族來擔任他們的國王。一七八〇年代末期，約瑟夫病重，死前沒多久寫了一封信給匈牙利各縣，撤銷他的改革措施。[46]

中央化的措施雖然很早就在波希米亞展開，但是那裡的貴族大體上只有進行口頭的抵抗，會私下或刻意在維也納宮廷中使用捷克語這個他們跟馬伕、而非上流人士說話時所使用的語言。除了對祖國的愛，波希米亞貴族大部分都是因為哈布斯堡家族的恩惠才竄起的，也具有泛奧地利和德意志的愛國精神。約瑟夫的弟弟利奧波德（Leopold）在一七九〇年即位後，雙方快速和解了，國王現身在布拉格，頭上戴著原本被他的哥哥貯存在維也納的波希米亞王冠。[47] 大部分都說德語的波希米亞貴族也不像匈牙利仕紳在自己的縣那樣，有自治的傳統。他們為多布羅夫斯基和榮曼等學者提供研究空間和資金，讓他們研究自己土地的歷史和語言，但不覺得自己的榮譽繫於此類事業；他們擔憂特權受到侵害和中央化程度越來越高，卻沒有要求統治自己民族的權利。

在波希米亞和匈牙利，哈布斯堡都把語言變成一個不只跟語言有關的議題。他們想用德語來更有效地控制匈牙利，卻導致匈牙利人為了自衛，用自己頹敗的方言做為號召團結的力量。語言不僅僅是詞彙和句法，也象徵了一種珍貴的本土生活方式。匈牙利仕紳的匈牙利語雖然說得不好，但要把他們變成德意志人，又令他們害怕失去身分認同。這個轉變跟過去五百年來的任何轉變一樣重要，將原本模模糊糊潛伏著的民族感變為活躍，而且很快就會變得非常激進，因為不是匈牙利的每個人都擔心匈牙利語會消失，不是匈牙利的每個人都是匈牙利人。對一個日漸現代的民族意識來說，這件事難以接受。[48]

一些知名的愛國者開始主張，匈牙利語雖然情況危急，但卻不像拉丁語那樣已經滅亡。匈牙利語還能起死回生。不到短短幾年，他們開始堅持除了復甦匈牙利語，還要讓匈牙利的每個人都使用這個語言。反之，捷克語運動從未出現這樣的排他性。波希米亞愛國者希望為一個處境艱難的族群復興語言，讓它跟德語平起平坐，但是匈牙利愛國者則希望排除德語和其他所有的語言，使用匈牙利語來充分堅守自己民族的權益。匈牙利語將成為匈牙利唯一的語言，就像法語在法國那樣。從一七九〇年代起，就連匈牙利上層都開始招搖地穿著當地服飾、培養民族傳統。就像在波希米亞那樣，一場文學復興運動燃起人們的興趣和使命，在仕紳階級之間擴張散布。約瑟夫誘發了馬扎爾人和捷克人的民族主義，並非因為他是奧地利德意志民族主義者，而是因為他「看起來」像是。[49]

⁂

在愛國者的眼裡，哈布斯堡君主詆毀波希米亞和匈牙利民族時，不只冒犯了某些家族或德意志和俄羅斯之間的某些地區而已，而是傷害了人類歷史。波希米亞曾經對歐洲負有使命，而愛國志士的任務就是要找回這個使命。無論使命是什麼，都不會是德意志或法蘭西的使命；無論使命是什麼，即使奧地利能保護它，那也不會是奧地利的使命。這個使命是捷克的、是馬扎爾的。現在，新的民族觀念將從西方傳來：首先是來自革命時期的法國；接著，這些觀念會在德意志的大學裡被德意志思想過濾一遍；第三代的斯拉夫愛國者會在拿破崙戰爭結束後的「復辟」時期到那些大學念書，此時要傳播新觀念很困難，特別是跟民族權利有關的觀念。這是因為瑪麗亞・特蕾莎和她的兩個兒子約瑟夫和利奧波德的繼任者，也想要一個強大的國家和中央控制權，但是卻沒有對人類理性的相同信念。這就導致帝國中心出現的僵局：新觀念和工業持續成長，但君王卻想要凍結時間，發展官僚制度。

匈牙利和波希米亞的民族概念和行動方案會有所不同，是因為兩個地區的愛國者認同不一樣。在匈牙利，這個新興的運動是以貴族為基礎，力圖把古代的民族定義延伸到其他群體；而在波希米亞，由於那裡的愛國者出身卑微，他們重新形塑了民族的概念，聲稱民族最初不是由貴族，而是由所有說捷克語的人民所形成。他們聲稱，民族衍生自比中世紀的法律還要古老的源頭，被賦予給在這片土地還沒有變成王國前就已經將之占領的早期捷克部族的後裔。捷克人不是德意志人，但矛盾的是，認為民族源自以語言統一的部族的這個概念，不是來自捷克人或任何斯拉夫民族，而是德意志思想家。捷克人和斯洛伐克人在德意志認識了這些思想家，尤其是赫爾德在耶拿的圈子。

chapter 3 語言民族主義

約瑟夫二世在法國爆發革命後幾個月去世。當時，他在奧地利屬尼德蘭和匈牙利推行的改革受到反抗，跟鄂圖曼的戰爭又出師不利，使他心力交瘁，恐怕沒有意識到萊茵河以西發生了什麼事。或許，他同情革命分子的行為，因為他們攻擊的舊秩序在他的領土上也使他痛苦不堪。繼承他王位的弟弟利奧波德二世（一七九〇年到一七九二年）起初很開心收到立憲政府成立以及貴族和教會特權被撤銷的消息，他也敦促法王跟臣民達成和解。[1] 利奧波德是哈布斯堡家族有史以來最有天分也最公正無私的君主，先前就已經在托斯卡尼這個由他本人親自統治的省分推動立憲制，後來在一七八六年又成為歐洲第一位廢除死刑的君王。他還廢除了酷刑，創立身障之家。可是，法國的革命分子後來開始做出連中歐的革新主義者都覺得恐怖的行徑。瑪麗・安東妮（Marie Antoinette）正是利奧波德的妹妹。

一七九一年的夏天，她和丈夫路易十六逃離巴黎，希望展開反革命運動，但卻在瓦亨（Varennes）遭到攔截，帶回巴黎監禁。這下，利奧波德的態度變了。八月時，他跟普魯士國王在薩克森的皮爾尼茨（Pillnitz）發表宣言，威脅要出兵保護法國的合法統治者。

九月，利奧波德在布拉格加冕為波希米亞國王，但政壇和學界的動盪使他無法安寧。他在波希米亞皇家學會受到盛大歡迎，卻也被哥哥在那裡解放的自由討論精神所挑戰。身為學者、神父和捷克愛國者的約瑟夫・多布羅夫斯基發表演說擁護斯拉夫文化，並懇求利奧波德捍衛捷克語，不要讓它遭受「不恰當的抑制和思慮不周的迫害」。[2]

在布拉格的第二晚，利奧波德和朝臣出席參加莫札特最後一齣歌劇《狄托的仁慈》（*La Clemenza di Tito*）的首演，但是就連在那裡，政治也使他無法單純享受娛樂。莫札特運用藝術，把羅馬皇帝狄托（Titus）描繪成因為對叛變的臣民展現仁慈而受到尊崇。皇室一行人並不覺得有趣。據說，皇后瑪麗亞・露易莎（Maria Luisa）指控這齣歌劇草率地頌揚了才剛導致她的小姑被綁架的那些源頭問題。[3]

不到幾個月，皇后、皇帝和莫札特都去世了，全死於那個時期的醫學尚未有治療方式卻病程快速的疾病。莫札特的兒子們交由哲學家涅梅切克照顧，他是一位捷克愛國者，對這些孩子來說將宛如第二位父親。同時，哈布斯堡的王位落在利奧波德心胸狹窄的兒子法蘭茲（Francis）手中，他將統治到一八三五年。他雖然受益於啟蒙教育，卻因為法國不斷傳來的暴行消息而慌張，在統治期間壓抑人們對立憲統治的要求，建立起言論審查嚴格的警察國家。當代人說他是個沒有色彩的人，既無美德也無邪性，沒有任何可以「使他擺脫天生無感」的熱忱。[4]

法蘭茲登基不到幾個星期，法國國會便以宣戰來回應他的父親在皮爾尼茨發表的宣言，表示他們意圖將革命往東傳播。但，奧地利和它的普魯士盟友迅速做出回應，認為在萊茵河以西身處「混亂」當中的時候，他們可以輕鬆維護自己的立場。他們的軍隊進入法國邊界，開始攻占防禦工事，但是他們激發的警覺讓法國政府決定利用之前前所未見的資源，也就是成年男性人口。政府徵召、訓練這些人，將他們送上戰場，堅決地要延續革命。

到了一七九四年，法軍人數已經多達八十萬人左右，在大部分的交戰中都跟敵軍形成二比一的優勢。將入侵者趕出法國領土後，法軍占領了低地國和萊茵河以西的德意志，之後將一直占領到一八一五年。[5] 在這些年，大部分的歐洲是以七個同盟跟法國作戰，一開始的目標是革命分子，一七九九年之後則是拿破崙統治的法國。拿破崙是一個卓越的軍事將領，在一八〇四年創建「法蘭西帝國」，將法國領土擴大，在東歐和中歐擁有附庸國：這些國家包括一個新德意志（萊茵邦聯〔Rheinbund〕）、一個新波蘭（華沙公國）以及史上第一個南斯拉夫人的國家（伊利里亞）。

奧地利是各同盟之中的主要勢力，但是一八〇五年在奧斯特里次（Austerlitz）、一八〇九年在瓦格藍（Wagram）輸掉決定性的戰役，因此必須割讓領土。雖然如此，奧地利從來沒有遭到法國直接占領，因此它的命運跟德意志西部地區截然不同。巴黎直接統治德意志西部，並大大推翻了當地傳統的法律和社會制度。因為拿破崙，漢堡、布萊梅和萊茵蘭大部分地區的每一位居民，第一次在法律面前是平等的，無論他們是農民、市民、貴族、神職人員、猶太人或基督徒。所有人都可以自由做他們想做的事，像是自由移動、嫁娶或買賣財產。封建特權被廢除之後，這些德意志人頭一次無論出身背景，人人都是公民。

拿破崙也開始讓古老的神聖羅馬帝國漸漸瓦解，拿萊茵河以東的教會城市和自由市，來補償被萊茵河以西的新邦聯占去領土、面積不大的德意志邦國。不出幾年，數百個小小的主教轄區、修道院和城鎮被納入巴伐利亞、薩克森或巴登（Baden）。這關鍵的一步協助創造了一個較簡化的德意志，讓這個地區更容易統一成現代民族國家。

一八〇四年的夏天，也就是拿破崙自己加冕為法國皇帝的幾個月後，法蘭茲也宣布自己當上奧地利皇帝。身為哈布斯堡家族的一員，他仍是「羅馬皇帝」，但隨著帝國逐漸走向滅亡，他希望確保自己在歐洲舞台上的地位，不被那個來自科西嘉島的暴發戶比下去。哈布斯堡帝國的正式名稱現在變成「奧地利帝國」，但是這麼做的重點在於不要推動像是法國、英國或俄羅斯那樣侵略性太強、自信心太滿的帝國計畫。這步棋的目標是要讓自己「看起來」沒有低於某種王室聲譽的標準之下。

法蘭茲自行加冕的時機非常剛好，因為在一八〇六年八月，拿破崙便宣布神聖羅馬帝國滅亡了，好幾個諸侯在八月一日退出萊茵邦聯。五天後，在維也納巴洛克風格的安霍夫教堂（Kirche am Hof）陽台上朗讀的公告，宣布帝國已不復存在。其實，帝國早已變成由許多個小政體組成的聯盟，無法捍衛德意志領土。其中一個結果便是，奧地利在德意志的領導權結束了，德意志喪失明確的政體。帝國雖然幾乎沒有有效的行政能力，但是它的存在平衡了各城市與領土的權利，在大眾的理解中已然成為這個民族的象徵，儘管這完全不可言喻。

來自一八〇六年夏天的史料向我們證實了，德意志地區的人民對於一個外國篡位者就這樣任意解散了帝國，都感到很憤慨。這些史料揭露了先前看不出來的對帝國的感情，就像約瑟夫用德語取代拉丁語時匈牙利人表露的不滿一樣。一如那個被認為已死的語言，神聖羅馬帝國也是身分認同的基本指標。歌德那位向來開朗的母親卡塔琳娜寫下自己深深的不安，好像一位老朋友因絕症而病逝。她也感覺到家鄉法蘭克福的人民內心充滿怨懟。這是他們這輩子第一次（也是數世紀以來第一次）沒有聽見帝國的名稱出現在教堂的禱告中，德意志各地都爆發小型的抗議事件。[6] 現在，一個人只能說自己是普魯士人或巴伐利亞人了嗎？如果是德意志人，那又代表什麼？

萊茵蘭地區原本很歡迎拿破崙前來統治，因為他的法典提升了他們的自由。但，他們的支持很快就變調了。這位法國皇帝掌控越多領土，內心就越不滿足，越是要求他的「盟友」供應金錢和士兵。西部德意志人也對法國人戰勝東部的大型德意志邦國感到羞辱。一八〇六年，拿破崙在耶拿和奧斯提特（Auerstedt）擊潰普魯士軍隊，接著占領柏林。兩年後，他強迫奧地利加入對英國的大陸封鎖，當奧地利在隔年起身反抗時，他又再度將它擊敗。一八一二年攻擊俄羅斯卻落得悽慘下場的大軍團（Grande Armée）有三分之一是德意志人，傷亡人數也是。[7]

這種失落和羞辱的感受，催生了德意志愛國志士反抗性的德意志運動。[8] 法國人雖然摧毀了古老的帝國、占領了德意志領土，但是他們沒有侵犯使德意志人成為德意志人的德意志文化。一八一三年，歐洲各地的軍隊在萊比錫讓拿破崙第一次嘗到戰敗的滋味後，詩人恩斯特．莫里茨．阿恩特（Ernst Moritz Arndt）問了一個問題：「德意志人的家園在哪裡？」他寫到，要把德意志跟領土連結在一起很可笑，因為德意志超過了任何可命名的事物，無論是普魯士、巴伐利亞、提羅爾或瑞士。他反覆地寫到，德意志「絕對比那還要龐大」，有人說德語的地方就是德意志。沒錯，德意志曾經是那個龐大古老的帝國，但卻也不只是那樣，還延伸到普魯士和奧地利的東部省分以外，一直到今天的波羅的海國家。在那裡，不屬於德意志的一切都會被刪除，尤其是屬於法國的東西：

用怒氣殺死外國冒牌貨的地方
每一個法國人都是敵人的地方
每一個德意志人都是朋友的地方
那就是了！
那就是整個德意志所在。[9]

溫文儒雅的哲學家弗里德里希・施勒格爾（Friedrich Schlegel）和費希特說要「殲滅」法國人，敏感又備受折磨的詩人海因里希・克萊斯特（Heinrich von Kleist）則直白地說要「打死他們，審判日來臨時沒有人會問理由」。[10]

※

然而，德意志民族主義並不是透過一陣陣怒氣排出來的。這樣的思想已經演化好幾十年，也同樣回應了來自法國的挑戰。想想十八世紀中葉那個現在沒有什麼人知道的思想家約翰・格奧爾格・哈曼（Johann Georg Hamann），他篤信新教，是康德的好友，痛恨同胞總是跟從萊茵河以西的潮流，包括對理性的崇拜。在他看來，法國人已經理性到跟真正的人性脫節了。他們假定所有的經驗都可以簡化為抽象的概念，結果卻犧牲了人類事務當中獨特且重要的東西。他特別討厭啟蒙運動的一個觀念，那就是語言是同一組表達方式的不同變化，可互相交換，本質上能夠完整複製，不是各有各的獨特性。

哈曼的學生赫爾德是一位哲學家、神學家和普世歷史學家，更進一步地發展了這些思想。赫爾德在里加（Riga）的主教座堂和威瑪宮廷擔任受人讚譽的牧師，並在宮廷裡結識了歌德和席勒。然而，他來自莫龍格（Mohrungen）這個位於普魯士最東緣的無名小鎮，那裡的人每天會說德語、波蘭語、意第緒語和立陶宛語，但是上流社會說的是法語。[11]因為受到哈曼的影響，也因為年輕時接觸到豐富複雜的文化，赫爾德深信人類使用特定語言表達自我的重要性。即使不是以文字的形式，農民所說的方言也形成了「傳統、歷史、宗教和生活原則」的神聖寶庫，是全能的上帝用來向全人類揭示其意志的工具。一個族群的靈魂就是它的語言。[12]

基於這個原因，保護文化和語言是國家神聖的義務，因為國家為了人民而存在，而非人民為了國家而存在。赫爾德寫道：「上帝寬容世界上所有的語言，統治者也應寬容、甚至尊崇人民的不同語言。」[13]他反對把語言當作溝通的工具，用來強化公共利益，達到目的之後就可以拋棄（比方說，約瑟夫二世提倡捷克語只是為了協助人民讀寫德語）。

赫爾德的觀念滲入德意志思想，在一個世代之內就改變了人們對歷史和社會的想法，而且不只有費希特和阿恩特等民族主義者受到影響。[14] 以歷史上最偉大的歷史語言學家威廉．洪堡（Wilhelm von Humboldt）為例，他絕不是一個詩情畫意、愛做夢的人，但是他卻說，德意志人存在著某種獨特的東西，那是「習慣、語言和文學的共性，是他們擁有共同的回憶，包括：身為同一個族群享有的權利和自由；曾經得到的榮譽、克服的危險；祖先建立起來、卻只活在後代子孫想望之中的親密聯盟」。[15] 一八三〇年，年老的歌德說：「赫爾德的思想已深入大眾的意識，因此現在讀到這些思想的人幾乎不覺得那有什麼新奇。」他的思想「已經被數千人廣泛借用，所以變得跟常識一樣。」現在，他的著作《人類的歷史》（*History of Humanity*）已經「完成教育民族的任務」，可以「被遺忘了」。[16]

赫爾德醞釀的語言和文化民族主義，在一八一三年發生於萊比錫的諸民族之戰中受到助長。當時，兩邊陣營都有德意志士兵，但是有些人中途換邊站，把槍枝對準毫無疑心的法國士兵。這是拿破崙走下坡的起點。隔年，歐洲強權齊聚維也納，讓歐洲地理大致上恢復秩序，復辟了各個帝國，但是沒有動到簡化的德意志。現在回頭看，有兩件事很清楚：第一，語言民族主義在中歐成了一股無法抵擋的力量；第二，歐洲君主將竭盡所能不讓這股力量造成政治動盪。他們推行審查制度，更在德意志大學的學生和教職員中安插線民，尤其是費希特和黑格爾任教的耶拿大學（距離歌德和赫爾德所在的威瑪不遠）。

大學會變成關注的對象，原因就出在一種新的民族主義群體：兄弟會（*Burschenschaften*）。在這個兄弟會裡，學生（有些曾參與萊比錫戰役）投身於德意志這個民族、歌唱阿恩特的詩詞、深深尊崇失去的帝國，每年還會在瓦堡的火炬下聚會，因為中世紀城堡瓦堡位於愛森納赫（Eisenach），是馬丁．路德翻譯聖經的所在地。

這個耳熟能詳的故事有一點鮮為人知，那就是參加這些活動的不只德意志人。耶拿大學的教職員中有一些新教神學家，吸引了歐洲各地的學生，包括來自哈布斯堡帝國境內斯拉夫地區的數十名學生。這些年輕、說斯洛伐克語和捷克語的人很願意接受赫爾德的觀念，跟當時的英國和法國知識分子不同。歌德在一八二〇年代很驚訝地得知，法國人竟然完全沒聽過赫爾德的思想。這背後有一部分原因很實際：法國知識分子不需要語言民族主義。法國國王早在許多個世代以前就已建立起法國的國界，法國在哪裡、子民或公民是誰、他們說什麼語言，這些都無庸置疑。法國民族要奮鬥的是，決定該由國王或人民統治法國。英國民族主義的邏輯跟法國差不多。[17]

但是，這些哈布斯堡的斯拉夫人對自身民族的安全感，比活在法國陰影底下的德意志知識分子還要低。這不僅是因為他們沒有住在民族國家之中，更是因為就連一個用來描述他們人民的稱呼都不存在。赫爾德的思想不只難以抗拒，更像一股不得不做的衝動。赫爾德除了說民族是透過語言、而非國家而存在，還為斯拉夫人群寫下偉大的命運。他研究了歷史，發現數百年前定居中歐和東歐的斯拉夫部族把別人遺棄的土地變得肥沃豐收。斯拉夫人性格順從且愛好和平，厭惡搶劫掠奪，但卻喜歡招待陌生人、度過歡樂時光。可是，因為這樣的開放，他們被侵略性強的鄰族征服，尤其是對他們做出「嚴重惡行」的德意志人。[18]由於他們人口眾多，住在柏林和堪察加（Kamchatka）之間的廣大地域，因此他相信斯拉夫人還不會消失。

這些年輕的斯拉夫學生來到赫爾德教誨的中心，耶拿大學。赫爾德的著作《人類的歷史》的編輯海因里希．魯登（Heinrich Luden）是個愛國歷史學家，他的課非常受到歡迎，學生甚至會爬到梯子上在打開的窗戶外面聆聽。他說，以適當的方式理解歷史，應該會喚醒對祖國積極的愛。他也主張，非德意志的人民有權利發展他們的民族，同時令人吃驚地譴責白山戰役之後對捷克人的壓制。[19]赫爾德在威瑪居住、傳教好幾十年，當時他有許多朋友在那裡，而從耶拿只需要走一個下午就會抵達威瑪。因此，這些年輕的神學家得以進入這位已逝的哲學家的私人社交圈。

在這些學生之中，有四位成為天賦異稟的詩人、語言學家和歷史學家，深刻地影響了中東歐的歷史。他們是揚．科拉爾、揚．本尼迪克蒂（Ján Benedikti）、帕維爾．沙法里克和尤拉伊．帕爾科維奇（Juraj Palkovič）。科拉爾和帕爾科維奇寫得詩到現在還在斯洛伐克學校裡教授，沙法里克則變成十九世紀最具影響力的地理學家之一。這些人的出身都很普通：帕爾科維奇和科拉爾來自農家，沙法里克和本尼迪克蒂則來自神職人員家庭。沙法里克惹怒脾氣暴躁的父親，因此被迫當個乞丐學生（*supplikant*），假日必須根據學校所提供的捐獻者名單一一募款。[20]起初，他們沒有人對民族的概念有特別的興趣，而是按照當時的做法，以自己是「匈牙利人」這個原本的「民族定義」報名耶

圖 3.1　揚・科拉爾。
來源：Wikicommons（取自一張舊明信片）。

拿大學。科拉爾後來回憶，在來自匈牙利北部的約三十名學生之中，只有他和本尼迪克蒂一開始就對捷克－斯洛伐克文學有興趣。之後，這群學生大部分都完全馬扎爾化了。[21]

後來，歌德很仰賴科拉爾翻譯的斯拉夫民俗詩歌，因為他相信這能讓他認識真正的民俗精神。在走路去見這位偉大詩人的路上，科拉爾和本尼迪克蒂注意到城鎮和村莊的名字並不是德語。耶拿是斯拉夫語，顯示這裡最初是斯拉夫人定居的地方，圖林根的其他城鎮也是，如格拉（Gera）、洛比達（Lobeda）、阿波達（Apolda）、卡赫拉（Kahla）和威瑪。原本的斯拉夫人跑去哪裡了呢？答案就在赫爾德所描述的德意志人對斯拉夫人的待遇：他們受到數百年的侵犯，族群已經不存。很久以後，科拉爾憶起自己在耶拿的時候，就好像住在同胞的巨大墳場之中，令他十分悲傷。每一個以斯拉夫語命名的城鎮、丘陵和河川，對他而言都是一塊墓碑。[22]

他驚駭地反思了他和朋友的故鄉——匈牙利北部。那裡的城鎮說的是德語，他很擔心周邊村莊那些說斯拉夫語的人，也會跟曾經定居德意志中部的部落一樣，消失在歷史紀錄中。

科拉爾將他的恐懼轉換成一首抒情史詩〈斯拉瓦的女兒〉（Slavy dcera）。這首詩的靈感來得正好。一八一八年四月，一名「有點年紀的婦女」上門來，拜託他幫丈夫喬治・弗里德里希・施密特（George Friedrich Schmidt）一個忙。施密特是來自附近的洛比達的牧師，因為生病，需要找人代替他進行星期天的布道。晚間一起喝杯咖啡之後，科拉爾得知施密特一家人不是德意志人，而是索布人，來自德勒斯登東北部的盧賽蒂亞。那裡還有古代斯拉夫定居者的後裔，撐著不被德意志文化所同化。施密特給興奮不已的科拉爾看了使用索布語寫成的古老禱告書，並說科拉爾是自己的同胞。

科拉爾隔天早上布道的內容，引用自《約翰福音》第二章第十一節，探討了基督的追隨者願意為了什麼犧牲自己的生命呢？會眾感動不已，希望科拉爾成為他們正式的布道者，但是他婉拒了，說：我是斯洛伐克人，必須為我那些受到鄙視的同胞奉獻生命。他沒有說的是，他其實愛上了牧師的女兒威漢明妮・弗雷德里克（Wilhelmine Frederike），在他眼裡，她的內在是斯拉夫人，就好比這片土地其實是斯拉夫人的一樣。

科拉爾的史詩〈斯拉瓦的女兒〉分成五章。在這首詩裡，威漢明妮化身為斯拉夫女神米娜，是一個無名歌手的繆思女神，當他在應屬於斯拉夫人、現在卻大部分都被德意志侵略者占據的土地之上（薩勒河〔Saale river〕、易北河和多瑙河沿岸）流浪時，為他帶來靈感。這首詩充滿對一支失落人群的柔情思念，描述了美麗的斯拉夫鄉村，並呼籲捷克人和其他斯拉夫人一起完成偉大的使命。史詩的最後，米娜陪同歌手參觀斯拉夫人的天堂和地獄，地獄「為德意志人保留了特別的苦難，因為他們灑的斯拉夫鮮血比任何人都還要多」。這首詩還責備屬於斯拉夫的多瑙河竟然像叛徒般地流入流入鄂圖曼人的土地。[23]

科拉爾代表了早期的捷克和斯洛伐克民族主義者，代表了早期捷克與斯洛伐克民族主義者充滿對德意志人不屑的戒備心態，非常恐懼德意志文化，卻又無法不仰賴它。數年來，科拉爾一直擔心威漢明妮（他稱她米娜）死了，因此詩中充滿了渴望之情。但，兩人後來重新取得聯繫，並在一八三五年成婚，接著搬到說德語的匈牙利城市佩斯（Pest）。科拉爾在那裡成為斯洛伐克路德派的牧師。威漢明妮努力試著學好斯洛伐克語，卻從來沒有成功，因此他們終其一生都是用德語溝通。不過，科拉爾在創作詩詞文章時，不是用斯洛伐克語，而是用捷克語的聖經體，這又衍生出更多的疑問：為什麼早期的捷克民族主義者大部分是斯洛伐克人，而這些斯洛伐克人為什麼用捷克語書寫？[24]

科拉爾把德意志中部比喻成一座埋有他的祖先的墓園，就是最好的答案。他會產生這樣的譬喻，是因為歷史和地理提供的線索告訴他，古斯拉夫人這個偉大的人群分布得很廣，從柏林一直延伸到亞得里亞海，接著往東觸及太平洋這個尚未有人繪製在地圖上的空間。施密特牧師會叫科拉爾為同胞，是因為斯洛伐克人可輕鬆聽懂盧賽蒂亞的索布人所說的語言。在耶拿，科拉爾從德意志友人那裡明白一件事，那就是一個偉大的人群可能極為多元，巴登、圖林根或帕默瑞尼亞等地的人所說的不同的德語，就跟捷克人、斯洛伐克人、克羅埃西亞人和俄羅斯人所說的語言一樣，沒有很大的差異。「匈牙利」學生在耶拿看見來自德意志各地的學生發展出泛德意志主義（pan-Germanism），自己也開始發展出泛斯拉夫主義（pan-Slavism），其中最有影響力的就是科拉爾的朋友帕維爾・沙法里克。[25]

※

一八二六年，沙法里克出版了跟斯拉夫人群和斯拉夫語有關的開創性研究，結合他的愛國信念和詳盡的學術文獻。他理所當然地認為，所有斯拉夫人都是同一族，就像德意志人和義大利人那樣。但，他也透過研究眾多語言探討了斯拉夫人龐大的多樣性，以無數個文法表格呈現出他對語言演變的精深知識。然而，他也有進行簡化。他主張，斯拉夫語只有兩個分支，不是三個：一是東南分支，包含今天的斯洛維尼亞語、塞爾維亞－克羅埃西亞語和保加利亞語；一是西斯拉夫語，包括俄語、波蘭語和捷克語。

沙法里克做出人類學的觀察，承襲了赫爾德的粗略刻板印象。他說，斯拉夫人優秀的特性，如看待事物的樂觀和熱忱、廣泛的興趣和技能、活潑的感受以及單純的性格，不是來自後天教育，而是「純粹的天性」。這些與生俱來的本性說明了為什麼從波羅的海到喀爾巴阡山，再到亞得里亞海，斯拉夫人總是變成侵略的目標。斯拉夫人平靜地栽培莊稼，匈人、哥德人、阿瓦爾人、法蘭克人和馬扎爾人卻一個接著一個前來欺壓他們，在德意志人和匈牙利人的文獻中，都體現了對斯拉夫人的輕蔑。[26]

沙法里克做的正是想像民族特性這個古老技術，但他也將赫爾德隱含的種族化思考帶到了更高的層次，如主張斯拉夫人在音樂和舞蹈方面天資過人，或者塞爾維亞人擅長把史詩配成音樂。[27] 赫爾德拒絕使用「種族」一詞，因為他認為人類之間的差異只是「同一副偉大畫作的不同色調」；不過，在說到中國人時，他說他們之所以無法發展科學和藝術，原因出自他們的「天生特性」。[28] 雖然如此，赫爾德和沙法里克都沒有展現明確的種族主義。沙法里克認為民族事實上是自然形成的，但民族與民族之間的界線不是絕對的。他和科拉爾住在多民族的環境中，很清楚馬扎爾人、德意志人及其他許多民族跟斯拉夫人之間的同化。

在沙法里克所想像的未來裡，斯拉夫人將和平共存，豐富彼此、越來越親近的同時，卻又保有自己的獨特性。他和科拉爾一起構思出「斯拉夫互惠」（Slavic reciprocity）這個概念，主張各民族將互相交換文字：「所有的部族和方言都會繼續在原本的位置屹立不搖，但卻透過互融和仿效的方式鞏固強化，最後共同的民族文學將開花結果。」[29] 這樣的綱領在政治上意味著什麼並不是很清楚，但其中蘊含的可能性相當吸引人，尤其是對捷克人和斯洛伐克人等不用翻譯就可以溝通的族群來說。

有的愛國者強調大斯拉夫民族的存在，但是有的愛國者強調的則是小部族。科拉爾主張「同樣的血液、同樣的身體、同樣的人群」，其中包含說俄語、波蘭語、捷克斯洛伐克語和伊利里亞等四種方言的部族。這就是捷克斯洛伐克這個概念的開端，也就是他所謂的捷克斯拉夫概念：位於波希米亞、摩拉維亞、奧地利屬西利西亞和匈牙利北部、說斯拉夫語的人其實是同一族。他認為，斯洛伐克由太多小族群所組成，無法獲得普遍的接納，因此他提議將捷克和斯洛伐克結合在一起，「以平等為原則互相融合」。[30] 科拉爾雖然來自斯洛伐克北部，但是他在創作詩詞時，會選捷克人看得懂的字詞。

科拉爾這個構想的問題是，捷克語正飛快地進行現代化，毫不在意是否會更貼近斯洛伐克語，而且不像熟悉捷克語的斯洛伐克人很關注捷克語那樣，捷克人並不關心斯洛伐克語。除此之外，不確定性還很高。人們雖然常常提及西利西亞人、摩拉維亞人等地區性族群（一如我們現在會認為是說波蘭方言和捷克方言的人），但是在十九世紀初，他們就跟說斯洛伐克語的人一樣各自獨特。讓這一切更複雜的是，說斯洛伐克語的人也有地域上的區別。

此外，這些區別或統一的概念都只是一種詮釋，因為就連今天，如果一個人從波希米亞的西緣穿越摩拉維亞和斯洛伐克，也會發現語言綿延數百公里，每個村子的居民都能完全理解隔壁村的居民所說的話。事實上，這條連續帶一直往東延伸到烏克蘭和俄羅斯。這是一條斯拉夫語連續帶，就跟橫跨德意志或義大利的南北連續帶一樣。或許，居住範圍廣大許多的斯拉夫人可以變得比德意志人和義大利人還要眾多、強大。沙法里克的研究在整個斯拉夫世界非常成功，俄羅斯沙皇甚至派了密使去見他，但他和他的朋友始終對奧地利皇室保持忠誠。

可是，皇室並沒有回以同樣的忠誠。一八一七年，沙法里克被迫離開耶拿，一部分是基於經濟因素，一部分則因為奧地利政府希望「匈牙利」學生脫離德意志大學的自由氛圍。返家之前，他造訪了布拉格，結識約瑟夫・榮曼和約瑟夫・多布羅夫斯基這兩位語言學家，還有後來成為波希米亞博物館圖書館員的瓦茨拉夫・漢卡（Václav Hánka）。接著，他在匈牙利教書，先是在普雷斯堡（Pressburg，匈牙利語為波佐尼，今布拉提斯拉瓦）為一個貴族家庭工作，後來成為匈牙利南部新沙德（Novi Sad，今天塞爾維亞弗伊弗迪納省的首府）的一所塞爾維亞東正教高中的校長。在普雷斯堡時，他結交了一位天賦異稟的年輕新教學生，他就是摩拉維亞才剛萌芽的捷克民族運動的領袖，法蘭提塞克・帕拉茲基。

在一八三二年，始終保持警戒的奧地利當局再次重挫沙法里克的職業生涯——為了遏止斯拉夫民族主義，他們禁止匈牙利新教徒在東正教的高等教育機構教書。警方發現，沙法里克收了俄羅斯支持者的錢。[31]在俄羅斯找工作失利之後，他把目標轉向布拉格。帕拉茲基在布拉格的名氣相當大，是《波希米亞博物館館刊》（*Časopis českého museum*）的總編輯，成功將捷克運動推廣給數萬人（後來增加到數十萬人）。有八個孩子要養的沙法里克急需用錢，帕拉茲基給了他一條救命索，讓他從事彼此都有志趣的計畫，條件是他得用捷克文寫作。

※

帕拉茲基跟捷克和斯洛伐克運動的其他優秀人才一樣，家世並不好。他的父親靠裁縫和販賣蔬果為生，雖然只受過基本教育，社區仍選他來領導該鎮的路德派學校。但那是一七八〇年代的事了，約瑟夫二世當時已經成為哈布斯堡帝國的單獨統治者，因此新教徒不必再躲躲藏藏。自一六二〇年白山戰役以來，帕拉茲基的家族就一直祕密地為波希米亞兄弟會的會眾將禱告書埋藏在森林裡。小帕拉茲基在十一個兄弟姊妹之中最有天分，五歲就會讀聖經。[32]

帕拉茲基的父親對摩拉維亞的天主教勢力有所忌憚，便將這天賦異稟的兒子送到匈牙利北部的斯洛伐克，因為新教在那裡地位比較穩固。帕拉茲基一開始在特倫欽（Trenčín）接受神學教育，接著又到普雷斯堡的路德派文科中學就讀，因而進入經常可以聽見四、五種語言的環境之中。這些語言他全部學會了。在一名熱心貴族女子的資助下，他進到匈牙利仕紳階級的社交圈，漸漸尊敬起他們一心一意要拯救一個語言免於毀滅的決心。

許久之後，帕拉茲基回溯自己成為民族主義者的轉捩點，認為那發生在一八一三年混亂的秋季，某個他在斯洛伐克的特倫欽跟朋友相聚的夜晚。屋主對於邊界另一側的捷克復興運動十分有興趣，便向帕拉茲基討教捷克語，認定身為摩拉維亞人的他一定會捷克語。然而，帕拉茲基坦承自己並不會母語。回到普雷斯堡後，他所做的第一件事就是跟斯洛伐克學者尤拉伊・帕爾科維奇學捷克語。他透過帕爾科維奇結識了剛從耶拿過來的科拉爾、沙法里克和本尼迪克蒂，一群人便聚在一起籌畫要如何復甦捷克民族。他們也替帕拉茲基寫了引薦信，要介紹約瑟夫・多布羅夫斯基，和多布羅夫斯基的布拉格貴族資助者卡斯帕爾・斯特恩伯格（Kaspar Sternberg）給他。

一八二三年帕拉茲基前往布拉格時，已開始準備寫一部波希米亞人民的歷史。他那些自認很有智慧的斯洛伐克友人（這在剛從大學畢業的人身上很常見）試圖勸阻他，說捷克人沒辦法出偉大的歷史學家，因為他們沒有偉大的歷史。但是，帕拉茲基驅散了所有的疑慮，說：「一個民族的榮耀不在於他們的人數或力量，而在於他們的生活、他們的精神……民族精神會在他們願意為了一個理念而活、為了一個理念而死的時候顯現。」[33]

沒錯，若不是基於這樣的信念，他在布拉格肯定毫無收穫，因為這座城市比佩斯還具德意志性格。帕拉茲基後來寫道：「穿的大衣還像樣的人絕不會在公共場合輕易說捷克語。」[34]那裡的捷克愛國者信心搖搖欲墜。在一八二五年的聖誕晚餐上，斯特恩伯格伯爵抱怨他的波希米亞博物館沒什麼人關注。帕拉茲基說，他應該把這棟建築變成捷克文化復興運動的中心，但是伯爵卻說太遲了。接著，年輕的帕拉茲基譴責大人物總是做得太少。例如，多布羅夫斯基使用德語書寫，因為這樣比較容易。帕拉茲基發誓，假如他是最後一個吉普賽人，他也會盡全力確保當歷史提到這個族群時，會對它表達出敬意。斯特恩伯格當場請他擔任博物館館刊的編輯，短短幾年內，館刊便開始賺錢，同時復甦捷克文化。相形之下，這個館刊的德文版銷售量下滑，不得不停刊。[35]

帕拉茲基樂觀面對挑戰的同時，樂意被「喚醒」民族主義的捷克讀者也剛好增加。赫爾德在他書寫的普世歷史中，只花三頁的篇幅講述斯拉夫人，因此帕拉茲基便得自己寫出愛國志士所想像的偉大人群歷史。他的歷史著作使用超過七十個檔案，結合了德意志觀念論和啟蒙學術的精神，同時也代表一種新的意識形態特質，堅持民族的純粹，主張不管跟其他民族融合到什麼程度，民族特性永遠都會存在。他寫到，捷克人是波希米亞最早的主人，因為他們的部落比德意志人早來到這裡。[36]

帕拉茲基秉持著黑格爾的精神，把德意志人和斯拉夫人描述成對立的兩極，並從中浮現了較高層次的融合。斯拉夫人被賦予的角色充滿了美德：他們勤奮、愛好和平，住在民主國家，總是不斷受到侵略。[37]羅馬帝國滅亡後，德意志人扮演起中央統治者的角色，捷克人則繼續安安靜靜地耕耘這片土地。在中世紀初期，德意志人施行封建制度，破壞了捷克人的「民主」秩序，接著又先後鎮壓胡斯派（十五世紀）和捷克兄弟會（Czech brethren，一六二〇年）的宗教改革。現在，剛萌芽的捷克民主運動成為了奧地利德意志君主統治的對比。[38]

對帕拉茲基而言，這樣的歷史敘述並不帶有偏見，反而消除了偏見。在那之前，書寫捷克歷史的多為修道士和耶穌會會士，但他們既不理解、也無法體會「我們祖先的精神」。帕拉茲基呼籲愛國者「驅散他們的反族群分立思潮（sectarianism）所帶來的那些陰魂，讓人類的朋友看見純粹的事實」。[39]

✳

這種為滿足自身需求的詮釋方式有一個問題，那就是缺乏捷克和德意志人早期不斷衝突的相關文獻。帕拉茲基所能找到最古老的參考資料，是來自十四世紀的拉丁編年史和捷克禮拜著作，但從這些文獻看不出這個人群的精神。不過，幾年前，波希米亞有兩座城堡據說出現了驚天動地的發現。在據說已經無人問津數世紀的地窖中，愛國者找到了慶賀捷克人戰勝波蘭人和韃靼人的文獻，還有一份更令人興奮的紀錄，講述了公正又睿智的莉布謝女王（Libuše）和她手下的捷克宮廷。最後這份紀錄據說源自九世紀，「證實」了早期捷克人擁有自己的「神聖法律，是由我們偉大的先祖在很久很久以前帶來的」；也就是說，他們仍依循著六世紀時從更東邊的原始居住地區帶來的斯拉夫法律。根據文獻，莉布謝曾警告她的後裔不要抄襲德意志人的法律，向他們尋求正義是「不恰當」的。[40]

打從一開始，就有人質疑這些文獻的真實性。多布羅夫斯基和延傑伊・科皮塔爾（Jedrej Kopitar）這兩位語言學家認為這些很明顯是偽造的。然而，他們的意見是少數。這場運動的主流派興奮極了，把這些發現當成神聖的宗教經文似的。帕拉茲基和沙法里克便用德語發表研究，詳細分析了兩份文獻，其中還收錄「古代」單字的詞彙表、德文和拉丁文的翻譯，甚至採用科學解釋了這些羊皮紙為什麼一定是真實的。

在接下來的幾十年間，人們對這些文獻的疑慮越來越深，但是帕拉茲基始終相信其真實性，主張那個無人知曉的書寫方式是一種「特殊的捷克古文」，並錯誤地聲稱，裡面包含的歷史數據在一八二九年以前沒有人知道。[41]他說，人們的異議更加證實了這些文獻的真實性——也許並非古文意義上的真實，但文獻所要傳達的內涵肯定是真的：德意志人永遠不會同意斯拉夫人具有文化和教育。根據某個德意志「學說」，斯拉夫人擁有的一切有價之物全都是借來的。[42]而且，他預測德意志人的質疑只會對捷克運動有益。在這件事上，他說對了。無論文獻是真是假，都無法阻止這個運動發展。

在二十五年後的一八八〇年代中期，帕拉茲基已經死了，沒有人再反對這些文獻是虛構的。有證據顯示，某個早期的愛國者（很可能是那位波希米亞博物館的圖書館員、沙法里克的朋友瓦茨拉夫·漢卡）捏造了這些羊皮紙，為了讓文件看起來有古代感，還在上面弄出「蛀洞」，接著匿名寄給一名貴族。捷克運動的參與者需要很大的勇氣才能承認這個事實，但是捷克民族的第二個「父親」做到了，他就是身為哲學家和政治家的馬薩里克（一八五〇年到一九三七年）。他說，他別無選擇，畢竟帕拉茲基的英雄揚·胡斯有一個核心思想——「真相終將勝出」。然而，馬薩里克拆穿了被許多人奉為神聖的文獻，這個舉動同時也顯示民族主義的「奸巧」，因為接受令人不自在的事實，反而更讓人確信捷克人的美德。[43]

因此，帕拉茲基和友人沙法里克最終依然獲勝了。捷克運動持續成長，深信捷克人在土地所有權、法律、語言、文化各方面都有古老的源頭，永遠跟德意志人相對。一位愛國志士在一八七二年表示，這些文件「激勵人們更加努力地捍衛我們不可剝奪的民族權利」。[44] 馬薩里克雖然拒絕假貨，但也熱忱地擁護其中蘊含的訊息，堅持捷克人是波希米亞最初的拓居者，德意志人是後到的殖民者，是「客人」。[45]

捷克人的例子這麼特殊嗎？同一時期其實還有無數個假文獻出現，包括法國的普羅斯柏·梅里美（Prosper Mérimée）和被認為是蘇格蘭的奧西安（Ossian）所寫的作品。更何況，民族主義神話不都是從傳說建構而來的嗎？好比英國有亞瑟王傳奇，德意志有尼伯龍根之歌。然而，波希米亞神話有兩個與眾不同之處。第一，捷克愛國者創造的神話完全是虛構的，連虛構的故事也完全沒有事實基礎；第二，這些神話被當成事實、而非虛構故事呈現，而且出自當時最重要的歷史學家所寫的著作，即使這位歷史學家跟同時代的偉大德意志史家利奧波德・蘭克（Leopold Ranke）一樣，發誓書寫「實際發生」的歷史。

怪的是，帕拉茲基的「事實」又回到了虛構的領域，進入文學、音樂和藝術的領域之中。該世紀大大小小的捷克作曲家都曾根據這些偽造文獻創作歌劇和曲目，而我們今天在捷克共和國各地的公園和博物館也都還找得到這些假英雄的雕像和畫作，例如高堡（Vyšehrad）公墓豎立的札博耶（Zaboj）和斯拉弗耶（Slavoj）這兩位英勇戰士的雕像。在這座雕像的不遠處，可以找到這兩個人物可能的創造者瓦茨拉夫・漢卡的墓。漢卡在一八六一年以第一個現代捷克偉人的身分葬在此地，後來又有安東寧・德弗札克（Antonín Dvořák）和貝多伊齊・史麥塔納（Bedřich Smetana）等作曲家葬在四周，他們的作品靈感都來自漢卡想像出來的歷史。在為了紀念漢卡所豎立的高聳紀念碑上，寫著這段悼文：「只要語言還在，族群就不會消失。」[46]

儘管如此，捷克運動依然符合常見的模式。在帕拉茲基提筆著書之前，就有其他捷克愛國者在審查制度下散播不屑傲慢的德意志人的言論。這些謾罵是因為在他們認為屬於捷克人的地區，捷克語的地位很低。就像其他地方的神話一樣，這個運動是回應大眾對於意義的需求——他們需要在自己的「家園」獲得歸屬感。如同我們在第二章所看到的，語言學家榮曼說，拒絕學捷克語、只會「用德語咆哮咕噥」的布拉格居民是在背叛「祖先」留下的遺產。[47] 就像其他地方的民族主義者，他們不認為問題出自他們自己的憎惡，而是出自被他們鄙夷的「他者」對他們的憎惡。

一八四〇年代，科拉爾在義大利各地遊歷，但是德意志和斯拉夫這兩個民族之間的競賽，使他一路不得安寧。他會把任何有價值的事物都歸功於深層的斯拉夫源頭，像是阿未利諾（Avellino）和龐貝的古代銘文，並聲稱拉丁語是斯拉夫語的古老方言。他慢慢往北走，進入提羅爾（他說這是「斯拉夫名稱」），開始注意到德意志人和他們對斯拉夫人似乎難以抹滅的厭惡。德意志人長得很醜；他們所居住的奧地利阿爾卑斯山不如斯拉夫人的塔特拉山脈那樣美麗；巴伐利亞人和奧地利人說話不是用說的，而是用「呻吟」的。[48]沒多久，他就把「問題」歸咎於德意志人的身體，不論是體型、膚色、髮色、骨骼和血液，斯拉夫人都較傑出。斯拉夫人的生理優勢賦予他們其他所有的優點。

科拉爾雖然是用捷克文寫出這些想法，但是他在向布達佩斯的會眾布道時，說得是斯洛伐克語，因為在那裡，說斯洛伐克語的人面對更大的同化壓力。「勤奮又愛好和平的斯洛伐克人」在「兇猛」的馬扎爾化潮流當中首當其衝。他在一八二八年寫給一個朋友時說：「我渴望呼吸自由的空氣，不要當個奴隸。」就好比德意志人想推動德意志化，匈牙利人也想推動馬扎爾化。[49]

但，這種對斯洛伐克人的同理心相當特殊。大體上，早期的捷克和斯洛伐克愛國者（如帕拉茲基和漢卡）以為斯洛伐克人從匈牙利文化面臨的壓力，類似他們從德意志文化面臨的壓力。然而，他們錯了。在中東歐所有的民族運動中，馬扎爾運動最具文化侵略性。一八四〇年代，斯洛伐克人在政治、經濟、教育和宗教等各個領域感受到的壓力，促使斯洛伐克運動少少的領導人物跟捷克運動脫離，以因應這特殊的威脅。

有一小群在一八四〇年代成年的斯洛伐克人，促進了斯洛伐克民族主義的興起，其中最重要的人物莫過於盧多維特·什圖爾（Ľudovít Štúr，一八一五年到一八五六年）。什圖爾跟上一代的「喚醒者」先驅一樣，曾經在普雷斯堡文科中學求學。如果說在一八二八年，科拉爾感覺在房間內越來越呼吸不到空氣，到了一八四〇年代，斯洛伐克人則到了得在玻璃罩內求生的地步。即使具備語言共性，有一條方言連續帶從波希米亞和摩拉維亞延伸到斯洛伐克，這樣仍無法形成一個族群。斯洛伐克是由馬扎爾人統治，不是奧地利，而馬扎爾人政府正努力將眾多斯洛伐克人去民族化。相對之下帕拉茲基和沙法里克等住在布拉格的捷克人和斯洛伐克人，是住在一個夢幻般的世界。要阻止不識字的斯洛伐克人變成識字的馬扎爾人，必須有一個具有凝聚力的語言，而捷克語的聖經體不適合。什圖爾不顧他所仰慕的布拉格捷克愛國者以及揚·科拉爾的反對，將斯洛伐克中部的方言變成一個新的標準斯洛伐克語，摻雜了斯洛伐克西部的元素。[50]

什圖爾為了尋找實用的語言而奮鬥，最後得到一個突破性的體悟：科拉爾錯了，斯拉夫人不是單一人群，而是可分成捷克人和斯洛伐克人，就像俄羅斯人、波蘭人和塞爾維亞人是不同的民族那樣。他們是應該要互相合作的手足，但他們的過往歷史和未來軌跡並不一樣。說捷克語的人和說斯洛伐克語的人雖然曾經一起住在一個「大摩拉維亞」帝國，這對法蘭提塞克·帕拉茲基來說是團結兩個民族的經歷，但是對一千年以後的斯洛伐克人而言毫不相干。

古代歷史無疑非常重要。就像譚姆或帕拉茲基寫到捷克人在波希米亞定居的歷史那樣，什圖爾也堅稱斯洛伐克人比其他族群還早來到自己的居住地。[51] 他也同意語言是族群精神的表現，但語言最終沒有決定性的作用。什圖爾脫離赫爾德的語言民族主義，主張語言可以傳達一個族群的精神，但是這個精神的有形證據是族群的歷史，包括他們共同的考驗、信念、價值觀和習性。當一個民族有獨特的歷史，就會有獨特的語言做為一種與眾不同的共同持有物，即使那個語言有很多字詞是跟其他群體共用。

捷克人、摩拉維亞人和斯洛伐克人全都聽得懂彼此說的話，地圖上沒有任何一個點可以清楚區分他們的語言界線。然而，斯洛伐克和東摩拉維亞之間倒是有一條政治界線，界線的兩側呈現了不同的世界：對東邊的斯洛伐克人而言是匈牙利王國，對西邊的捷克人和摩拉維亞人而言則是波希米亞王國。自從摩拉維亞帝國滅亡後，發生了很多事，其中最重要的便是宗教改革沒有動搖天主教在斯洛伐克的主導地位。

這讓信奉新教的斯洛伐克人成為早期斯洛伐克民族運動的領袖這一點顯得格外有趣。他們在自己的民族裡屬於極少數族群，但卻跟捷克人有共通點，因為捷克愛國者把首位新教徒揚·胡斯視為民族英雄，與他們有相似的宗教理念。比起自己的同胞，這些斯洛伐克人跟私下信奉新教的帕拉茲基等捷克人更為親近。這點之後會改變。在科拉爾的時代，早期的斯洛伐克民族主義者佩戴的是路德派的衣領；兩個世代之後，斯洛伐克民族主義的領袖穿得則是天主教的長袍（一九三九年，他們之中的約瑟夫・蒂索神父〔Jozef Tiso〕因為人稱「波希米亞下士」的希特勒的恩惠，讓斯洛伐克獲得表面上的獨立地位）。

儘管遇到這些初期的挑戰，捷克斯洛伐克統一的概念當時仍繼續存在，就連什圖爾也堅稱合作可以帶來很多好處。在各種反對聲浪之下，依舊有一個模糊的概念在兩個民族之間迴盪，認為有某個重要的東西將捷克人（還有摩拉維亞人和斯拉夫裔的西利西亞人）跟斯洛伐克人連結起來，或許能為雙方創造一個共同的未來，像是聯邦國家。[52]這樣的想法會不斷地吸引人，也是基於某些實際的理由：在四周的龐大帝國包圍下，波希米亞要是獨立，似乎太渺小了，行不通。跟其他說著非常相似的西斯拉夫方言的民族聯合進而賦予彼此的力量，是各自完全獨立所無法擁有的。

※

喚醒什圖爾心中斯洛伐克認同感的馬扎爾民族主義侵略性很強，不是源自強大的力量，而是源自深沉的恐懼。赫爾德也大大影響了當地剛形成的民族主義知識界。他雖然預測斯拉夫人會有光明燦爛的前途，卻也在一七九一年寫到，幾百年後，匈牙利人將被大量斯拉夫人、德意志人和羅馬尼亞人所淹沒，不復存在。[53]當越來越多人知道這個觀點以後，原本只有一小群對語言充滿熱忱的人感興趣的民族主義，在仕紳階級之中變成一種群眾運動。他們決心要讓人們天天使用匈牙利語，以確保赫爾德的預測不會成真。[54]

在十九世紀初，科拉爾和什圖爾的觀點在斯洛伐克人之間沒引起什麼迴響，但是對匈牙利的民族主義者來說，這些觀念有如飛進乾枯大地的星星之火，準備要點燃斯洛伐克民族主義的燎原烈焰。這不只限於說斯洛伐克語的人。匈牙利的南部住了很多南斯拉夫人；東邊的外西凡尼亞有好幾百萬名羅馬尼亞人；塞爾維亞人幾百年前就移居到沙法里克在一八二〇年代教書的新沙德，成為這座城市的主要人口；匈牙利西南部大部分都屬於克羅埃西亞－斯洛沃尼亞王國（這個王國已經跟匈牙利統一七百年）。克羅埃西亞的仕紳階級會說德語、拉丁語和通俗克羅埃西亞語，但是因為古老的政治權利而有強健的身分認同感。他們跟匈牙利人一樣有國會，也跟匈牙利人一樣票選由哈布斯堡家族當他們的國王。

此外，還有德意志人。匈牙利愛國志士跟捷克人一樣，在他們王國內的每一座城鎮幾乎都會面臨到自信滿滿的主流德意志文化，包括首都普雷斯堡（今布拉提斯拉瓦）、厄登堡（Odenburg，索普隆〔Sopron〕）、卡蕭（Kaschau，科西策〔Kosice〕）、歐芬（Ofen，布達〔Buda〕）和佩斯。此外，鄉村地區也有德意志人深信自己的生活方式比較優越，沒有人知道應該如何讓他們自願同化成為馬扎爾人。有一個德意志農夫便告訴愛國者，他要活得像人類，不要跟動物一樣。匈牙利可以提供什麼樣的經濟和文化給他？[55] 對方也坦承，這時確實無法提供什麼。在一八二二年，維也納有二十六個書商，布拉格有十個，但是整個匈牙利王國只有十二個。[56] 王國境內道路狀況差、工業幾乎不存在、貧窮肆虐。

接下來的幾十年，匈牙利民族主義者彷彿歷經了躁鬱症的兩極拉鋸戰，起初他們先是瘋狂投入各種異想天開的計畫，然後開始精疲力盡，懷疑這一切的努力是否真能逆轉情勢，但是接著又從沮喪的深淵中重新找回信念，就這樣不斷反覆起伏。仕紳階級的意志漸漸被消磨殆盡，到了該世紀晚期，他們已進入消極被動狀態。他們占據政府官職，把重心放在不讓其他民族崛起，而非創造統一、現代的馬扎爾民族。

馬扎爾人的狂躁和絕望能量比捷克愛國者還龐大，因為斯拉夫人在波希米亞（和整個中東歐）占多數，而馬扎爾人在自己的國家卻是少數民族。[57] 帕拉茲基等捷克愛國者可以滿足地看著布拉格穩定轉變成一個多數人都說捷克語的都會城市（有一部分是受到了現代化過程的驅使）；相對的，布達佩斯雖然也以差不多的速度喪失其德意志樣貌，但是在廣大的北方、東方和南方，馬扎爾化的過程在占多數的「異族」之中卻進展得極度緩慢。[58]

啟蒙普世主義和民族主義之間的衝突，在匈牙利也比較明顯，因為想要散播馬扎爾文化，就必須否定其他人群使用自己的語言受教育和辦公的權利。在波希米亞，捷克和德意志運動從來沒有試圖完全同化對方，捷克人和後來的德意志人的主要目標，只是要讓在家說捷克語和德語的人認同各自的民族運動而已；相較之下，匈牙利的民族主義者覺得自己若不遏止異族元素，就會被異族元素打壓。匈牙利語堅守自己的地位（特別是在城鎮），但是滅亡的恐懼感從來不曾消失。[59]

話雖如此，匈牙利愛國者絕對不是純粹毫無寬容心的民族主義者，而是一群主張理性、非武力的人。所以，歷史語言學家費倫茨・卡津齊（Ferenc Kazinczy）為匈牙利做的事雖然和多布羅夫斯基和榮曼為捷克人做的事相同，卻自稱為世界主義者。就像真理可以從告解中探知那樣，真理是開放給所有的民族。上帝不容許以另一個語言的消亡為代價，換取他的語言的普及！他的摯友之中有德意志和塞爾維亞詩人，而且他也堅持住在外西凡尼亞的女兒要學習羅馬尼亞語。他的好友約翰・基斯（Johann Kis）也將兒子送到普雷斯堡／波佐尼學習斯洛伐克語。然而，卡津齊勉勉強強才成功讓書面匈牙利文起死回生，因此希望這個語言受到保護。特別令他不安的是，接受匈牙利文化的人內心可能還是德意志人。他在一封信件中寫道：「比起馬扎爾化的德意志人，我更愛德意志的德意志人。」[60]

有關斯拉夫人勢力越來越大的傳言，破壞了對多元性的容忍度，因為匈牙利知識分子擔心自己永遠無法住在一個安安穩穩地屬於自己的國家。在傾注全力打造匈牙利國家這方面無人能敵的貴族改革家伊什特萬・塞切尼（István Széchenyi）身上，我們可以感受到悲觀與樂觀之間的衝突。他跟卡津齊一樣也是個中庸理性的人，但是絕望卻從未完全離開他。一八二九年六月，塞切尼在日記中坦言：「每一天，我都越來越確信赫爾德是對的，匈牙利民族很快就會不復存在了。」就連這位可能是最偉大的愛國者，也是把匈牙利語當外語學習，使用德文寫日記。他隔年寫道：「我對匈牙利的狀況已經覺悟。它已經徹底死了，被德意志的知識所淹沒。」[61]

更糟的是，匈牙利境內的斯拉夫人似乎跟各地的斯拉夫人團結一心，可能會裡外齊力推翻匈牙利。[62] 一八三〇年代的文獻顯示，俄羅斯曾派密使行遍東歐，在人們心中種下與俄羅斯結盟、做為大斯拉夫帝國核心的希望——斯拉夫民族是手足，尼古拉沙皇則是他們的領袖。[63]

他們其實不用走遠，就能找到斯拉夫人崛起的證明。作家加博爾・德布倫泰（Gábor

Döbrentei，一七八六年到一八五一年）在一八〇六年造訪布拉格時，去了義大利劇院，但他注意到：

> 這裡也有捷克劇院。這座城市對波希米亞來說，就像佩斯對我們的國家一樣。但，這裡比較快樂。布拉格的人說捷克語的頻率比說德語還高，可是在佩斯，人們大部分都發出德語的噪音。而且，哪裡有匈牙利的劇院！我們如果不努力一點，外族肯定會壓制我們。我尊敬德意志地區的德意志人，但是只要有人配不上我的故土，只會放縱自己、壓抑匈牙利文化，這種人我愛不了。[64]

赫爾德的思想賦予這種怨恨的基本架構一個「更高的意義」。人一定要住在自己的祖國，那裡的麵包、塵土、甚至空氣似乎都是自己的。但，假如外族統轄公共領域，在商貿和政府機構都毫不羞愧地自由使用他們的語言，這樣的祖國算什麼？在匈牙利人自己的土地上，說德語的人竟然成了主人。一八〇八年，詩人亞歷山大・基斯法魯迪（Alexander (Sandor) Kisfaludy）寫信給費倫茨・卡津齊：「為了匈牙利語，我已經準備好要把那些開開心心依靠匈牙利的麵包和空氣過活、卻不想學匈牙利語的人從我的祖國趕走……在匈牙利當個匈牙利人真是不幸，如果我的內心沒感受到這種痛苦，我可能會懷疑自己是不是瘋了。」[65]

在十九世紀，「家園」（homeland）一詞漸漸指涉「從最深沉的意義來說屬於自己的地方」，其他民族的人無論他們的祖先何時在此定居，都是之後才出現的新移民，必須適應當地的風俗。這一

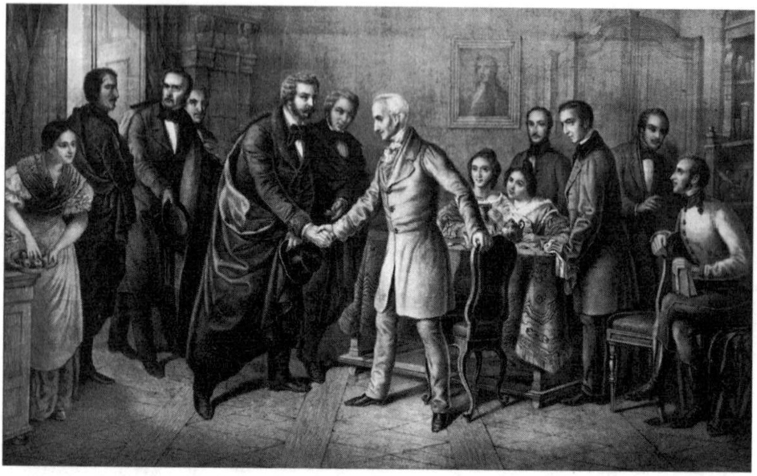

圖 3.3　費倫茨．卡津齊和卡羅伊．基斯法魯迪（Károly Kisfaludy）碰面（一八二八年）。
來源：索馬．彼得里希（Soma Orlai Petrich）的畫作。
Petőfi Literary Museum, Budapest.

點也適用於克羅埃西亞，雖然他們的貴族在好幾百年前就基於互惠來到馬扎爾王國。一八二〇年代，匈牙利愛國者開始主張是他們的祖先「接納」了克羅埃西亞人，讓這些「客人」來到匈牙利，所以他們為何羞於使用匈牙利語這個讓他們擁有法律和自由的人群所說的語言？[66]十一世紀的克羅埃西亞人毫不質疑匈牙利語的優越地位，因此破壞和平的不是匈牙利人，而是拒絕馬扎爾化的克羅埃西亞人。

從這些論點中，我們可以看見用語方面出現革命性的轉變，「馬扎爾人或屬於匈牙利民族的人」在「他們」的國家擁有某種優先權，這是「族裔觀念」在匈牙利出現的最早跡象之一。人們第一次認為一個民族不單單指涉貴族。[67]就跟波希米亞一樣，匈牙利也出現了用虛構和半真半假的中世紀傳說故事來編造的民族歷史，聲稱「本地人」和外人（尤其是德意志人）之間自古以來就存在敵對關係。匈牙利愛國者說密茨凱維奇是馬扎爾人，有些捷克斯拉夫語言學家則聲稱拉丁語源自斯拉夫語。[68]

⁂

赫爾德所帶來的影響，就是把這種對本土人事的特殊權利的執著描述成普世、恆久且符合全體人類利益。於是，匈牙利人渴望控制自己的土地這一點，似乎就沒那麼庸俗。[69]另一方面，十九世紀也是歐洲偽造者的黃金時期，有些愛國志士曾為了非常庸俗的目的賺了很多錢。卡爾曼・泰利（Kálmán Thaly）和薩繆爾・利特拉蒂・奈邁施（Sámuel Literáti Nemes）這兩位匈牙利人曾經賣了數十份據稱源自中世紀的文獻而獲利，這些文件看起來真實到連今天的歷史學家也會弄錯。[70]奈邁施的目的並不是要改變對過去的理解，而是為了發點小財。到最後，販賣民族服裝、鄉土飲食或體操協會設備（好加強民族的體格）的商人；販售內容充滿政治宣傳意味的書籍和報章雜誌的出版商；以及販賣七彩徽章和旗幟、倉庫堆滿各種庸俗製品的製造商，都讓銀行金庫發了愛國財。

然而，本質上來說，早期的民族運動無關物質方面的自利。卡津齊、帕拉茲基或科拉爾其實不用辛辛苦苦這麼多年，順從當時的局勢變成德意志人、融入歐洲的主要文化之一即可。許多世代以來，要進入波希米亞的菁英階級，就表示要在文化上把自己德意志化；對波蘭東部、說烏克蘭語或白羅斯語的人來說，成為波蘭人也是為了同樣的目的。為了在社會往上爬，這個代價似乎不大（對大部分的人而言，這根本不算什麼代價）。然而，這些波希米亞人並沒有把自己描繪成創造歌德和席勒的那個文化的傳承者，雖然他們的德語甚至說得比捷克語還要好，卻還是努力從零開始產出自己的捷克詩詞，甘願被嘲笑成帶有語言潔癖的怪異狂熱崇拜者。今天，他們產出的東西（如科拉爾的十四行詩）很多似乎沒有特別價值（除了被當成有趣的歷史殘跡）。

要將這些「喚醒者」概括而論不容易，但是「宗教崇拜」的外表提供了一些線索，讓我們知道是什麼在背後驅使他們。他們自稱接受了「民族主義神職」，擁有想向他人「傳教」的教士性格，會守護神聖的事物、宣揚真相、救贖靈魂。放棄攀升社會階層所能帶來的「好處」，不僅合乎情理，更是必須做到，因為這樣是在遵循只有他們才能明白、他們用生命誓言要實現的神聖計畫。沙法里克在一八一七年寫給捷克朋友時說：「人類之所以身為人類，是為了能夠為理念而死。」他的人生使命就是恢復祖先的名譽。[71]

愛國者在成為民族主義者之前，就已經因宗教熱忱而出名。榮曼想當一名教士，最後變成學者；多布羅夫斯基當上了神父，但想成為傳教士；揚・科拉爾是一位神職人員；後來的南斯拉夫愛國者約瑟普・尤拉伊・史特羅斯梅爾（Josip Juraj Strosmayer）是一位主教；後來成為現代克羅埃西亞民族主義之父的安特・斯塔爾切維奇（Ante Starčević）也曾修習神學，準備成為神職人員。[72]他們每一個人都是知識分子，大部分出身不高，就像在馬廄誕生的救世主。拒絕成為德意志人不僅不合乎情理，還相當具革命性，使命是為了把歷史導到正確的路途。

這些愛國者來自多語混雜的地區，因為家庭背景而跟其他族群有所連結，在自己的團體中則處於邊緣地帶。斯洛伐克和波蘭居民通常是天主教徒，但是揚・科拉爾和帕維爾・沙法里克這兩位斯洛伐克啟蒙家卻是路德派信徒，而第一本波蘭語字典的作者薩繆爾・林德（Samuel Linde）和現代波蘭的建國者約瑟夫・畢蘇斯基（Józef Piłsudski）也是。林德來自波蘭最西邊的普魯士屬托恩／托倫（波蘭語：Toruń），畢蘇斯基來自立陶宛東疆。蕭邦的父親是法國人、母親是波蘭人；吟遊詩人亞當・密茨凱維奇出生在立陶宛的邊陲地帶，是邊疆中的邊疆。馬薩里克的父親是不識字的斯洛伐克車夫，母親是教他用德語禱告的摩拉維亞人。他出身自波希米亞王國的東緣，住在支持德意志文化的一名猶太工業家的土地上。他的妻子是美國人。克羅埃西亞有兩位偉大的民族主義者的父母是德意志人，還有另外一位民族主義者非常反塞爾維亞人，但他的母親卻是塞爾維亞正教徒。[73]

除此之外，關於民族的重要思考往往也不是發生在該民族「自己」的領土，而是其他地方，包括維也納、布達佩斯、巴黎。波蘭浪漫主義的思想是由男男女女所「想像」出來的，他們很多人來自立陶宛和烏克蘭，但是住在巴黎，在法語環境中活動。外人可能會以為，斯拉夫民族認同的基本成果是由德意志學者做出來的。武克・卡拉季奇、林德和多布羅夫斯基產出他們的塞爾維亞語、波蘭語和捷克語字典時，都是在維也納，他們的社交圈跟德意志菁英的社交圈（包括蘭克、歌德和格林兄弟）有所重疊，而且彼此之間通信時使用的是德文和法文；柳德維特・蓋伊和揚・科拉爾還在當牧師時，會一邊漫步走過基本上是德意志城市的布達和佩斯，一邊使用德語腦力激盪現代南斯拉夫和捷克斯洛伐克的概念；[74] 法蘭提塞克・帕拉茲基出版前幾冊波希米亞史的時候，是用德文書寫；就連一個世代之後的馬薩里克也是完全使用德文書寫自己的早期著作。

一八三〇年代的波蘭民族主義詩人可以算是「烏克蘭」學派，因為他們是從家鄉烏克蘭的歷史獲得波蘭民族主義的靈感；由密茨凱維奇（他說自己的祖國是立陶宛）領頭的立陶宛詩人「大軍」是用波蘭文創作，當中包括伊格納齊．克拉舍夫斯基（Ignacy Kraszewski），而波蘭中部則沒有出現可比擬的天才詩作；波蘭浪漫主義時期的頂尖歷史學家約阿希姆．萊萊韋爾（Joachim Lelewel，地位等同捷克的帕拉茲基）同樣來自立陶宛，他在當時以波蘭人為主要人口的維爾諾／維爾紐斯（今天的立陶宛首都）開啟職業生涯。[75]

對志同道合的熱血傳教士來說，十九世紀初是個令人興奮的時期。我們可能會說他們擁有「跨國」網絡，但是他們大部分其實都只有在同一個國家生活和工作，那就是奧地利帝國。雖然如此，他們還是跟當時的歐洲知識分子一樣，可以輕鬆在世界各地移動，前往巴黎、羅馬或莫斯科，滿足自己無窮的好奇心。諷刺的是，這些在複雜多元的環境中蓬勃發展的人最後卻提倡簡單，甚至是單一。他們是會說多種語言的單一語言主義者，在生活中使用許多不同的語言，卻堅持他們自認己身所屬的文化，偏好使用單一語言。[76]

因此，這些愛國者就跟許多忠誠的信徒一樣，並非生下來就屬於某個民族，而是在拒絕一切誘惑之後，選擇了自己的民族。他們把這個選擇描繪成天生的、必要的，是洞視真實自我身分的結果，奉獻餘生向同胞傳遞理念。但，他們聲稱這個議題不是一個選擇。說捷克語的人不必選擇，只需要承認——承認自己深層的身分。然而，只有愛國者能揭露這個身分的存在。邊緣地位導致他們深刻察覺到自己的民族認同，那是語言（更別說身分認同）不曾被質疑的人無法感受的。他們過著雙重疏離的人生，被當成外人（因為父母是異族或宗教信仰為小眾），因此他們想要成為克羅埃西亞或捷克斯洛伐克民族的一分子，但是這個渴望卻使他們被嘲弄，對方往往是他們自己的家人。

這項志業需要自我犧牲，但終究不是全然無私。這些愛國者在發掘、喚醒一個人群的同時，也是找回自我，以便回應世界各地的民族主義知識分子所面臨的兩難：仍舊使用他們兒時在家說的語言的庶民，或者是不會說該語言的菁英階級，他們都有疏離感。民族運動讓他們感覺自己完整了。發掘並現代化這些語言，讓跟自己卑微的根源變得疏遠的他們可重新建立連結，說明了他們為何喜愛蒐集史詩和民謠。除此之外，他們指派自己為監護人，在守護他們「重新發現」和「創造」的民俗文化的同時，找到了有意義的使命。[77]

⁂

在從波羅的海到亞得里亞海之間的廣大地區所興起的民族故事當中，波希米亞和匈牙利的民族故事居於核心，兩者都受到約瑟夫二世的語言改革激發，並且都有一群學者辛辛苦苦「喚醒」沉睡的民族。匈牙利不一樣的地方在於，那裡的民族主義不久便開始堅持領土上的所有人在語言和文化方面都應該變得跟匈牙利人一樣。[78]人們也說，在種族概念出來之前，匈牙利人便組成了共同的「種族」。身為啟蒙自由思想家的貴族愛國志士相信，住在匈牙利境內的每個人無論說什麼語言、信什麼宗教，都能變成匈牙利人。相較之下，捷克愛國者一直都知道波希米亞住了兩個民族，他們只要求捷克人不臣服於德意志人。

這兩個故事相同的地方是，兩者都聲稱自己是給予該區域名字的民族——捷克人和匈牙利人——才是土地的最早拓居者，可分別回溯到斯拉夫部族在七世紀、馬扎爾部族在九世紀來到這兩個地區的歷史。語言上的巧合，恰好助長了他們的論點：捷克人的當地語言稱波希米亞為「*Čechy*」，讓波希米亞感覺上是捷克人的土地，而波希米亞的德意志人只是客人，因為他們的祖先來得比較晚。

兩個不同的社會群體提出類似的主張。大部分隸屬於德意志文化的波希米亞貴族沒有成功捍衛捷克人的權利，於是便有其他族群接下拯救民族的志業，那就是農民和小鎮出身的人。捷克運動也重新定義向上的社會流動，希望讓說捷克語的人獲得跟說德語的人一樣的尊重。在捷克王國裡，族群上屬於捷克人的平民不該有不能擔任的職位。於是，這個運動在短短幾個世代內，開始記錄捷克人在政府機構任職的人數，以及持有土地和銀行存款的捷克人比例。在匈牙利，貴族民族主義者爭取的是他們這個階級的權利，因為貴族一直以來都是他們對「民族」的定義。因此，他們當中的自由主義者的目標是，把這個占了匈牙利中部人口百分之十的大團體（波希米亞貴族則只占人口的百分之一到二）所擁有的權利，逐步地轉移給其餘持有土地的成年男性人口。

這些運動的思想雖然大大挑戰了哈布斯堡帝國的框架，之後也將阻礙它成為有效率、堅決行事的現代國家，但是這些自命的愛國者基本上並不主張脫離帝國。然而，稱呼這個國家為「帝國」其實有點誤導人。法蘭茲將自己的領土取名為「奧地利帝國」，重點不是要創造一個可以比擬英國、法國或甚至俄羅斯帝國的帝國實體，而是純粹不想在用語上落居下風。[79] 哈布斯堡家族從來沒有把「建造帝國」視為強大或充滿自信的計畫。反之，他們希望盡力控制住自己已經擁有的疆域。

chapter

4 民族認同的奮鬥：從理念到運動

想讓自己的人群變成偉大歷史推動者的匈牙利和捷克愛國者，面臨了同樣的根本挑戰：民族需要靠口語存活，因此他們必須復甦已經有無數代沒在上流文化使用過的語言。儘管他們瘋狂努力做到這點，進展卻十分緩慢，尤其是在波希米亞。即使到了一八三〇年代，英國旅人喬治・格雷格仍發現「波希米亞語」是「只有最卑微、最受到鄙視的農民才使用的方言」。他訝異地寫到，當地的大學「沒有任何一堂課是用這個地方的方言來教授」。[1]

假如格雷格有花時間造訪大學圖書館或河川對岸的波希米亞博物館，他或許會注意到，自己這樣黯淡的描述不完全準確。博物館有發行捷克語寫成的期刊，當地也有出版幾冊帕拉茲基的歷史著作（是用德文寫成，但是充滿愛國情懷），但是最了不起的或許是那四冊的捷克語－德語雙語字典，是以語言為基礎的民族必須具備的根本。這是一些為了文字而活的人花了數十年努力所得到的成果——這些「字」有很多還是他們發明的。

雖然約瑟夫二世推動學校改革，但在整個波希米亞境內，農民和小鎮居民仍依靠參雜德文字的粗俗捷克語來講述基礎概念，遇到比較複雜的概念就沒有詞彙可以表達。耶穌會的約瑟夫・多布羅夫斯基和比他年輕的夥伴約瑟夫・榮曼在創造新式捷克語時，有幾個不同的做法。他們經常回頭翻找那些曾經令譚姆深感興趣的古書，把因為塵封已久而被遺忘的字詞找出來，收進字典。[2]不過，他們也有從其他斯拉夫語挪用一些詞彙，做為己用。當時的捷克語缺乏「空氣」和「自然」這兩個詞，因此他們借用俄文的「*vozduch*」和「*priroda*」，發明捷克文「*vzduch*」和「*příroda*」。同樣地，波蘭文的「*podmiot*」和「*wiedza*」變成捷克文「*podmět*」和「*věda*」，意思是「主題」和「科學」。因為他們很熟悉其他斯拉夫語言，所以他們把這些新字變得聽起來像捷克語，而這些字都經過了時間的考驗，今天在布拉格的街頭仍聽得到。

在匈牙利，新教貴族兼學校督學的費倫茨・卡津齊也做了類似的事，從古代文獻找出被遺忘的字詞、自創新字、清除當地語言參雜的拉丁文，並將拼字系統和文法變得簡化統一。他和他的文字匠友人總共發明了一萬個新詞彙。[3]卡津齊還將外國文學翻譯成匈牙利文，並在一七九〇年代初期贊助最早一批的莎士比亞作品。然而，在一七九四年他的生產力正值高峰時，奧地利政府因為卡津齊涉嫌參與由法國大革命所啟發的一場雅各賓（Jacobin）計謀，而將他逮捕。把主謀處以絞刑後，他們把他和他的「共犯」關進監獄七年。[4]卡津齊出獄之後，付出更多的努力要彌補「民族軀幹這段時間的懶散委靡與倦怠」。數十年後，就連批判的人也承認若不是他，匈牙利文學不會開出新的花朵。一八一四年，他的翻譯已經出了九冊，此外他還寫了很多散文和詩詞。浪漫主義詩人和歷史小說家也加入他，從過去尋求靈感，頌揚曾經征服匈牙利的本土部族，同時喚起對德意志人的反感。[5]

語言創造出來後必須要有人使用，而在這方面，波希米亞和匈牙利的發展有所分歧。波希米亞愛國者出身卑微，大多是神職人員，後來才信奉民族主義，但是他們沒有錢也沒有政治權力可以推廣自己的語言；匈牙利愛國者則是貴族，可以利用他們傳統的議會來做出改變。由於這個階級在奧地利跟鄂圖曼打仗時，揚言要向普魯士投誠，約瑟夫便放棄在他們身上強加德語。他的弟弟利奧波德維持了現狀，並將匈牙利的王冠帶回了普雷斯堡。一七九〇年，議會重新召開，宣布民族語言是國家大事；兩年後，匈牙利語變成文法學校的一般科目。[6]

接下來的幾十年，普雷斯堡／波佐尼及在各縣集會的貴族努力追求把匈牙利境內所有的商業交易、公共場所和人口全部馬扎爾化。他們跟約瑟夫一樣認為拉丁文是個問題，約瑟夫認為這會阻礙奧地利成為現代國家，他們則相信這會妨礙現代匈牙利民族的形成。從一八〇五年開始，各縣可以使用匈牙利文和拉丁文跟王家機構通信，匈牙利語和拉丁語也在議會中並行使用。一八三〇年，馬扎爾語變成所有公務人員的必備語言；一八三五年，其用途延伸到法庭，成為拉丁文之外的選項，並且也是所有公文的第二種可使用語言；自一八三九年起，國會對王室的致詞必須以當地語言起草；隔年，當地語言取代拉丁文，成為政府和國會使用的語言。神職人員必須學馬扎爾語，所有名冊必須在三年內用馬扎爾語彙編完畢，跟約瑟夫給匈牙利人學會德語的年限一樣！一八四三年，馬扎爾語變成政府、國會、行政和公立學校唯一可以使用的語言，但各縣早在那之前就把這個語言做為行政和教育的語言。[7]

波希米亞也有一個議會，雖然參與議會的那些貴族、鎮民和神職人員稱自己為波希米亞人，卻幾乎沒有人認為自己是捷克人。無論是捷克人或德意志人的民族主義，貴族都不感興趣。他們彼此之間說話和通信都是使用法語，並經常去德意志的文化和高等教育機構。此外，他們的團體認同和權力也不像匈牙利貴族那麼大。雖然有少數愛國志士要求維也納當局尊重波希米亞的權利，布拉格的議會卻甘於哈布斯堡在一七九〇年代給予的小特權；哈布斯堡雖然權力受到削減，但仍持續實行瑪麗亞・特蕾莎在一七四九年施加的中央統治。[8]

一八〇三年在佩斯以及一八二〇年在布拉格成立的兩間國家博物館，點出了這兩個地區在局勢上的差異。一八〇二年，匈牙利的費倫茨・塞切尼（Ferenc Széchenyi）伯爵捐贈了他豐富的藝術、地圖、手稿、錢幣和書籍收藏，「讓我親愛的家園和同胞使用受惠，永遠不會收回」。五年後，匈牙利國會認可佩斯博物館為自治機構，將以前的一棟大學建築做為博物館所在地，並向匈牙利各縣尋求捐獻。三十年後，議會投票同意幫忙興建一棟宏偉的新古典建築，在一八四六年完工（匈牙利政府在一八一三年買了那塊地）。[9]

一八二〇年，弗朗茲・安東・科洛拉特（Franz Anton Kolovrat）和卡斯帕爾・斯特恩伯格這兩位伯爵在布拉格成立了波希米亞博物館，做為文化堡壘來捍衛家園的民族認同，不受維也納當局中央化政策的影響。他們也支持捷克愛國志士、關心波希米亞的權利，因為他們是世界主義者。斯特恩伯格把博物館設置在他位於布拉格小城的宮殿，但在一八四七年，館藏又移到另一位貴族的宮殿，最後在一八九〇年代才換到現在的地點，也就是布拉格舊城上方的文才廣場（Wenceslaus

GRÓF SZÉCHENYI ISTVÁN 1825-dik évi nov. 4-ikén Pozsonyban az országgyülés kerületi ülésében a magyar akademia
megalapitására egy évi jövedelmét (akkor 60 ezer forint) felajánlja.

圖 4.1 塞切尼伯爵捐贈一年收入成立匈牙利學院（一八二五年）。
來源：文森佐．卡茨勒（Vinzenz Katzler）的畫作，
Via Wikimedia Commons

Square）。

前面說過，法蘭提塞克．帕拉茲基曾向斯特恩伯格提議，可以利用博物館來推廣捷克文化，發行自己的科學館刊。所以，民族運動一開始就好好利用了這個原本具有地區性但不帶有民族主義色彩的機構。博物館是在一八二七年開始發行館刊後，才變成向捷克人傳遞自身歷史相關知識的主要途徑。

一八三一年之後，博物館的理事會以塞爾維亞為範本成立一個特殊的基金會（*Matice Česká*），用來推廣捷克語。由於這個時期的言論審查很嚴格，帕拉茲基聲稱基金會的目的是要出版「實用、學術、純文藝的捷克語好書」。博物館也有贊助圖書獎，並出版了字典和一本百科全書。因為有保守派貴族的支持，帕拉茲基得以消弭他是在宣傳民族主義的疑慮（這在梅特涅的反動時期是嚴重的

政治罪）。[10]

可是，跟匈牙利不一樣的是，波希米亞議會對自己的博物館不感興趣，因此資金大部分是來自小型捐贈者，反映了捷克民族主義更廣大、「民主」的根基。到了一八四〇年，博物館已經有五百二十二位創始成員和一千七百三十五個小型捐贈者，其中約有百分之四十的援助來自天主教神職人員，雖然這場運動之後傳遞的訊息會因為胡斯深刻影響了捷克民族主義的論述而越趨反教會。波希米亞貴族財力雄厚，卻比匈牙利仕紳階級貢獻得少上許多。比如說，塞切尼的兒子伊斯特萬（Istvan）在一八二五年捐獻了一年的收入給之後將以匈牙利博物館的學術研究為基礎的匈牙利學院，總共六萬弗羅林，他的三位貴族朋友則總共捐了五萬八千弗羅林。在波希米亞，只有少數貴族捐款給布拉格的博物館，金額介於一百到一千弗羅林。[11]

整體而言，波希米亞貴族對政治沒什麼興趣，不管他們是不是捷克人。政治行動（立法收稅來維持學校）是由維也納當局推動，波希米亞的貴族、神職人員和鎮民總是毫無異議地接受他們的政令。一八三六年九月，有智力障礙的奧地利皇帝斐迪南一世（一八三五年到一八四八年）在布拉格被加冕為波希米亞國王之後，貴族開始比較常出席議會，但是他們計謀不讓通常是捷克人的城鎮代表或農民有任何代表權。從這方面來看，他們是反民族主義的。[12]

⁂

匈牙利議會的貴族覺得自己不僅代表他們的階級，也代表一個歐洲民族，想要將自己的民族認同感擴張到其他社會階層。可是，當他們思考自己這片土地的國際情勢時，卻有兩個議題困擾著他們。第一，如果他們不奮力推廣馬扎爾語、遏止所有競爭者，匈牙利民族就會消失；但是第二，如果他們不為匈牙利落後的經濟做點什麼，這片土地永遠比不上西歐大國。

這些貴族到英格蘭旅行，對所見所聞的一切羨慕不已，無論是英國仕紳和他們富裕自信的生活方式，抑或是一天可生產數千雙鞋子的忙碌工廠。一八二二年，一名愛國者米克洛什・韋塞萊尼（Miklós Wesselényi）男爵這樣向朋友描述他的印象：「玻璃工廠、煤礦和鐵工廠一間接著一間，整個地區被火焰和濃煙包圍，宛如最後審判的場景。」東、西印度公司那些有著數百艘船隻和倉庫的碼頭，還有通往城市的道路，都令他震驚不已。他說：「我感覺自己像個穿著禮拜服裝的小鎮商人，僵硬得很滑稽，一動也不敢動。」[13]

激進的匈牙利貴族跟捷克愛國志士一樣，致力「喚醒」人們的民族主義，但是這個詞對他們來說有特別的意涵。匈牙利貴族和波希米亞的「喚醒者」一樣，透過文學和語言讓農民和小鎮居民接受自己屬於偉大民族的一員，但匈牙利貴族也從更務實的方面下手。例如，偉大又博學的改革推動者兼戰爭英雄伊什特萬・塞切尼伯爵，看著遼闊的匈牙利穀物種植區，發現那裡的勞工和土地生產力極低。他提出顯而易見的解決方法，包括將農民從勞役中解放出來、允許在市場販售土地、讓地主和農民有興趣進行多元化種植和提高生產力。貴族的土地如果可以出售，信貸市場就會形成，地主可以尋求貸款以改善經濟，而解放農民則可以釋出他們的勞力。塞切尼估計勞役的生產力只有自由勞動（無論是受雇於人或在自己的土地上耕作）的三分之一。[14]

凡是對匈牙利有益的事情，都讓塞切尼充滿了興趣。完成大學學業之後，他到國外旅行，特別留意科學和科技方面的種種。一八二五年到法國參與查理十世的加冕盛事時，他花了一些時間研究米迪運河，萌生調節多瑙河的想法。後來，他說服負責的哈布斯堡官員（駐匈牙利大臣約瑟夫大公），讓他相信沿著多瑙河從佩斯航行到伊斯坦堡進行的考察深具價值。接著，成立多瑙河航行委員會，十年後完成這項計畫。在英國，他發現上流階級會利用社交俱樂部，透過讀書、討論或談生意等活動聚在一起互相成長。因此，他在一八二七年根據這樣的模型在佩斯成立了一個「俱樂部」（Casino）。大約十年後，英國旅行家茱莉亞・帕多（Julia Pardoe）描述了她對那裡的印象：

> 球類和撞球室都裝潢得很棒；整個一樓是只有貴族和以學問博大精深的的人士才能加入的「民族」俱樂部；上面那層樓則是商業俱樂部，成員為商人和跟這座城市的商業有關的崇高人士；地下室是餐廳，聽說是佩斯最棒的餐廳，供應的餐點品質非常好。

隨著專業職業的興起，這種機構先後出現在匈牙利和波希米亞各地，這兩個王國的政治圈都是源自俱樂部。[15] 一八三三年，匈牙利共有二十九個俱樂部和讀書會；一八四八年，這樣的俱樂部已經有一萬個以上的成員。在民族運動中跟塞切尼是死對頭的拉約什・科蘇特（Lajos Kossuth，一八〇二年到一八九四年）說，這些俱樂部是「很厲害的工具，沒有任何東西像它一樣強大」。[16]

帕多的觀察證實，只有受過教育、靠德語進行便利溝通的人才能擁有這樣的俱樂部生活。然而，令人訝異的是，愛國運動在一八四八年之前就已經有廣大的社會參與，除了最上層的貴族，還有階級高低不等的其他貴族及城市居民（很多從事自由職業）。他們全都在馬扎爾機構受過教育，成為以本土語言寫成的戲劇、期刊和百科全書的主要觀眾和讀者。到了一八六〇年代，佩斯已經有消費者和音樂相關的俱樂部；醫生、地理學家和賽馬賭博玩家的協會；提升匈牙利猶太人工藝與農業技能的俱樂部；天主教信徒的協會；還有支持作家或對托兒有興趣的人組成的協會等。佩斯和布達也都有女性俱樂部。[17]

令人驚訝的是，這些貴族不但願意跟平民百姓組成同一個民族，還推廣會破壞自己受保護的世界的改革措施，承受土地和勞動市場所帶來的壓力。所有人都知道貴族的生活形態從未改變過，現在卻必須承擔這些壓力帶來的風險。然而，民族主義的意識形態已經深植於這個團體，要他們為了一個從不曾存在過的匈牙利放棄特權也沒關係。[18] 塞切尼斥責那些抗拒改變的人，說貴族特權導致家園虛弱，讓這個國家無法成長甚至保衛自我。

政治上，主流的仕紳階級或多或少有激進自由主義思想，以法律平等為共同的社會願景，希望人人都有相同的權利，包括移動、嫁娶和買賣。但，他們也有同等的義務。貴族和神職人員都不能享有免稅的特權，這樣一來，國家就有能力疏浚河川、挖掘排水系統、造橋鋪路、興建學校和圖書館、資助科學研究。

然而，這些改革想法越是鮮明，一個基本的困境越是消磨了這些貴族的心：他們沒有國家機器可以實踐這些改革和義務。匈牙利的兩院國會雖一直存在著，各縣的行政管理也一直都在貴族的控制之中，但是到頭來，這個國家的命運最終還是掌握在一個以異族城市為首都的異族王朝手中。就以貿易為例。對匈牙利人而言，王國跟奧地利的關係好比殖民地跟中央的關係。一八四一年，奧地利一共生產了價值兩千九百萬弗羅林的工業產品，其中有兩千七百四十萬輸出到匈牙利；然而，奧地利從匈牙利進口的商品中工業產品只占不到百分之二，其餘幾乎全部都是農產品和原物料。[19]這樣的關係惡化了匈牙利的落後程度（跟奧地利和波希米亞相比，而奧地利與波希米亞又比德意志西部和北部還不繁榮）。從西歐到東歐，各地的發展程度一路下滑，匈牙利差不多位於中間的位置。

塞切尼是一位天主教大貴族，曾經當過哈布斯堡帝國的官員。他是溫和派，希望匈牙利和奧地利能找到共存之道。他認為，大貴族的政治霸權可讓匈牙利平穩過渡為較獨立的國家，防止帝國當局跟地方貴族發生暴力衝突。[20]塞切尼的對手拉約什·科蘇特是一個來自窮苦仕紳家族的路德派律師，三十歲時因為擔任一名寡婦的代理人（他替她管理莊園）而進入國會。他漸漸聲名大噪，成為天才絕頂卻十分危險的政論家，因為被懷疑企圖推翻政權而被關在獄中多年。

⁂

科蘇特和塞切尼的政治風格雖然截然不同，但是在有關民族政治的重要問題上，他們想法是一致的。兩個人都假定，過去的匈牙利在政治和文化上都帶有匈牙利色彩，並希望廢除給予貴族和神職人員特權的封建制度，以打造公民的民族，或是像科蘇特所說的，「自由的土地和自由的人民」所組成的民族。這層認知也是族裔式的，因為他們兩個人都認為，賦予民族身分給那些說斯洛伐克語或羅馬尼亞語的文盲農民是毫無道理的。[21]

克羅埃西亞是個不一樣的案例，其貴族階級早在這個王國於一一〇六年自行決定加入匈牙利時，權利就獲得了保障。然而，匈牙利自由主義者當中的激進分子（包括科蘇特）頂多只願意承認克羅埃西亞的自治權利。科蘇特在一八四七年向議會致詞時表示：「這裡只有一個民族，我永遠不會承認匈牙利的神聖王冠底下有除了馬扎爾人以外的民族。」幾年前，議會便要求克羅埃西亞的官員在三年內學會馬扎爾語。[22]

塞切尼除了擔心匈牙利出現民族對抗時所引發的激烈情緒，也擔心窮人對抗富人會造成同樣的狀況。他批評科蘇特發表的煽動性言論，認為那可能會招惹維也納做出報復舉動，更糟的是維也納可能唆使匈牙利的其他民族反抗馬扎爾人。[23]只要稍微回想一下歷史，科蘇特應該就會想起來，哈布斯堡的啟蒙統治者利奧波德曾允許匈牙利南部的塞爾維亞人召開民族議會，塞爾維亞人在議會上要求跟克羅埃西亞一樣享有特殊的地位。[24]當時的哈布斯堡統治者也可以使出這種分而治之的手段來控制匈牙利（之後就會看到，他們確實也這麼做了）。

然而，約瑟夫的德意志化措施引起匈牙利仕紳極大的恐懼，導致他們看不見這個潛在的危險。在把舉目所及的每一個文化和教育機構全部去德意志化之後，他們變得很執著於泛斯拉夫主義的威脅（傳言這是俄羅斯幕後操縱的結果），因此不小心喚醒了王國境內斯拉夫人的民族主義，使之開始傳播。[25]一八一五年時，匈牙利境內剛出現的斯拉夫愛國者還是自稱「Hungari」，表示自己是匈牙利王國忠誠的屬民，但是在接下來幾十年，他們開始形成民族認同，南部的稱自己為塞爾維亞人，北部的稱自己為斯洛伐克人。[26]一八三三年，一些不具名的克羅埃西亞作家埋怨，在短短六年內佩斯從原本好像位於德意志中部的城市，轉變成一個「馬扎爾黃金國」。本來為了溝通方便而說德語的人，現在遭到鄙視，因此許多人不再說德語，因為說匈牙利語、當馬扎爾人才是流行趨勢。那些堅持自己既可以說斯拉夫語、又可以當個好屬民的人，跟現實有所脫節。[27]

馬扎爾忠誠派對斯洛伐克人或克羅埃西亞人的論點左耳進、右耳出，其實就跟約瑟夫二世對他們的祖先所抱持的說法聽而不聞一樣。住在法國的人難道不說法語嗎？這個論點也跟民主政治有關：沒有一個共同的語言，公民無法參與共同政體的事務。可是現在，其他民族主張語言也是他們一項不可或缺的傳統（就像他們的祖父母曾跟約瑟夫說過的那樣）。所以，何不把匈牙利變成一個多民族的國家？[28]

在這段期間，來自克羅埃西亞的柳德維特・蓋伊（一八〇九年到一八七二年）剛好到佩斯念法律，看見馬扎爾語取代了德語和斯拉夫語言。他感覺自己的族群受到很大的威脅，因此在國家圖書館花了很多時間閱讀有關克羅埃西亞古老過往的古書，並做了許多筆記。匈牙利人開玩笑說他要準備征服匈牙利，蓋伊則回說他只是在捍衛克羅埃西亞。他寫了一首詩，警告同胞不要讓馬扎爾人壓迫他們：「我們寧可團結起來，一起赴死，也不要讓人奪走我們的語言。」[29]

一八三〇年，蓋伊結識比他年長十六歲的斯洛伐克人揚・科拉爾，他們馬上就發現彼此志同道合，常常一起走路健行，討論如何為自己的同胞做好迎接民族主義種種挑戰的準備。科拉爾對蓋伊闡述了「斯拉夫互惠」的概念：斯拉夫人是由許多部族組成的同一個族群，每一個部族都必須犧牲一點東西，才能一起強大。[30]科拉爾希望斯洛伐克人接受捷克語詞彙，以便擁有共同的民族生活；蓋伊則開始思考克羅埃西亞人可以怎麼樣調整自己的語言，好跟其他南斯拉夫人——特別是塞爾維亞人——共同生活在同一個國家。對於聲稱所有匈牙利的屬民都必須說匈牙利語的那些人，他直言不諱地譏諷：「馬扎爾人在一片斯拉夫海洋中只是一座小島。這片海洋不是我創造的，但是你們要小心，以免被淹沒吞噬。」[31]

捷克和斯洛伐克愛國志士把他們希望統一的大族群稱作「捷克斯洛伐克人」或「捷克斯拉夫人」，蓋伊則把他希望聯合在一起的南斯拉夫人稱作「斯拉夫克羅埃西亞人」，後來稱為「伊利里亞人」。「伊利里亞」是一個古字，指的是巴爾幹半島西部的一塊地區，拿破崙一八〇九年曾在這裡創造傀儡政權，首都設在盧比亞納（Ljubljana）。在這個政治實體中，法國人曾向斯洛維尼亞、克羅埃西亞和塞爾維亞民族推廣當地文化，意味著南斯拉夫人可以一起住在同一個國家中。[32]蓋伊採用了這個大概念，再結合赫爾德所說的「語言造就族群」。

回到札格雷布後（今天，這裡是閃耀的克羅埃西亞首都；當時，這是一個落後的外省），他面臨一個問題，那就是伊利里亞的人應該用什麼語言。他提議使用大部分克羅埃西亞人和所有塞爾維亞人都會說的什托方言（Štokavian，「što」的意思是「什麼」）。然而，這對克羅埃西亞人來說是個痛苦的選擇，因為這表示他們得犧牲有著豐富文學遺產的札格雷布方言。但，為了吸引其他南斯拉夫人（尤其是塞爾維亞人）一起建立共同的政治生活，蓋伊願意這麼做。他提議的語言將成為標準的伊利里亞語，就像馬丁・路德的德語變成德意志人的共通語言一樣。

克羅埃西亞人因為被迫馬扎爾化而產生騷動，讓蓋伊統一伊利里亞人的努力有了成果。一八四七年，他的期刊《達妮察》（*Danica*）已經有超過一千人訂閱；隔年，「伊利里亞人」控制了克羅埃西亞國會，以克羅埃西亞語取代拉丁語。[33]在札格雷布的主廣場，學童把匈牙利教科書扔進一個巨大的火堆。然而，由於維也納當局不願帝國發生任何重組，因此這些計畫暫時沒有辦法帶來任何成效。雖然如此，「伊利里亞人」這個概念已經牢牢地奠定了南斯拉夫民族的團結心，同時將克羅埃西亞人為了共同福祉所做出的自我犧牲變得高尚。這場運動並沒有想要破壞君主制，就連最激進的伊利里亞人也認定哈布斯堡帝國會繼續存在。此外，他們的計畫只在知識分子之間流傳，沒有接觸到大眾。[34]沒有人知道各地的南斯拉夫人對統一會有什麼看法，尤其是被鄂圖曼人統治的那些人。

就在那些地方，出現了另一個追求南斯拉夫統一的不同觀點，提倡者是蓋伊在維也納學術界的熟人——塞爾維亞歷史語言學家武克・卡拉季奇。卡拉季奇早在幾十年前就已經將塞爾維亞語標準化，使用的也是什托方言。他在一八三〇年代寫到，不管是穆斯林、正教徒或天主教徒，只要說這個方言的人其實都是塞爾維亞人。他為他們設想了共同的未來，範圍包含科索沃、馬其頓、塞爾維亞、波士尼亞和克羅埃西亞，以及匈牙利其他住著南斯拉夫人的地區。在第五章，我們將詳細談到，在一八四八年的革命之前，克羅埃西亞、匈牙利和達爾馬提亞等哈布斯堡帝國的南斯拉夫人，以及波士尼亞、塞爾維亞等鄂圖曼帝國的南斯拉夫人之間，會漸漸形成緊張情勢，因為雙方意圖使用相同的方言統一相同的族群。這兩種趨勢讓人們得以想像在一九一八年成立一個南斯拉夫國家，但這個國家統治起來也因此極為困難。

※

在一八四八年革命以前，匈牙利的民族奮鬥經歷了三個階段。第一階段從一七八〇年代延續到一八三〇年代，愛國者在這段期間創立了馬扎爾文化機構，以便阻撓哈布斯堡把他們變成德意志人的計畫；第二階段從一八三〇年代延續到一八四〇年代，他們利用政治機構設想促進經濟發展的民族政治；接著在第三階段，他們不小心激起自己企圖馬扎爾化的族群做出反應。到了一八四八年，克羅埃西亞、斯洛伐克、塞爾維亞和羅馬尼亞的愛國者全都已經開始捍衛自己的文化和政治權利。波希米亞的奮鬥比較單純：愛國者要求捷克語受到尊重，進而希望捷克的人也跟著獲得尊重。他們推翻了「不想當僕人的捷克人就得變成德意志人」的這個觀念。跟匈牙利一樣，波希米亞是因為哈布斯堡企圖利用德語學校直接管轄這個地區，才展開民族鬥爭。然而，捷克人在這期間從來不曾像匈牙利的斯洛伐克人或羅馬尼亞人遭遇馬扎爾化的那樣，面對嚴重的去民族化威脅。

如同前面說過的，波希米亞各地都有成立文化機構，除了密集的學校網絡，還有許多劇院、附設圖書館的波希米亞博物館以及波希米亞皇家學會。但，這些機構即使是用捷克語，它們創造或服務的觀眾在文化上卻屬於德意志人。因此，絕大多數都不是貴族出身的捷克愛國者便滲入這些機構，在裡面為他們的文化和語言拓展空間。可是，他們獲取的每一點進步都經歷了激烈的抵抗。

就以教育為例。一七九〇年代，匈牙利議會開始規定學校必須使用「民族」語言教課，沒有任何力量能夠駁斥這點。自從瑪麗亞．特蕾莎的時代，波希米亞的初等教育便一直穩定成長。一七八七年，各類學校共有兩千兩百二十一所；到了一八二八年，這個數字已增加到三千兩百五十二所。[35]雖然在波希米亞的捷克地區，學校用的是捷克語，但是他們的目的還是一樣，只是為了讓學生靠自己的語言識字，方便之後教他們德語。此外，學校是由天主教會經營，教導的觀念是懼怕上帝與神意加持的政府權威，而不是要愛自己的捷克家園。在一八五九年以前，當局禁止成立捷克中等學校，因此愛國者只得努力在現有的學校爭取增加一點點用捷克語教學的時數，還得說把捷克語學好是為了正確地學會德語拼字！[36]他們不僅利用國家認可的既有機構，還利用國家認可的觀點來支持自己的立場。

雖然這是浪漫主義的高峰期，但是這場硬仗一點也不浪漫。捷克人在城市的人口越來越多，他們希望教育想要從商的年輕人，因此愛國者便滲入波希米亞的產業促進協會（由波希米亞貴族在一八三三年創立），鼓動成立捷克職校。當局在一八四七年四月關閉相關組織之前，已經有超過兩千名商人進行捐獻。這場運動的領導人物阿洛伊斯．特洛伊（Alois P. Trojan，一八一五年到一八九三年）和弗蘭蒂塞克．瑞格（František L. Rieger，一八一八年到一九〇三年）便在一八六〇年代之後的自由主義時代，以捷克政治家的身分善加運用這次動員愛國者的寶貴經驗。[37]

除了學校，散播愛國訊息第二有效的方式便是劇院。自古以來，一直都有劇場會在中歐各地巡迴演出，透過使用本地語言的表演來賺錢。但，民族運動希望控制大城鎮的舞台。約瑟夫二世很早就藉由建設劇院來達到這個目標，從巴登、格拉茲（Graz）、倫堡／利維夫（德語：Lemberg／波蘭語：Lwów／烏克蘭語：Lviv）、卡薩（Kassa，斯洛伐克語稱科西策）到赫曼施塔特（Hermannstadt，羅馬尼亞語稱西比由〔Sibiu〕）等地。在一七八三年，布拉格也興建了議會劇院（Estates Theater，又稱作諾斯帝茲劇院〔Nostitz Theater〕），開幕之後正好可以演出莫札特的歌劇《唐．喬凡尼》（*Don Giovanni*）的首演。這裡每個星期都會演出一次捷克語作品，門票總是售罄，預示了之後的發展。然而，這棟建築將掌控在德意志人手中兩個世代。捷克演出者在一七八七年被趕出劇院，於是便向約瑟夫陳情，獲准在今天的文才廣場設置自己的舞台，因為是木製的，所以被稱作「小屋」。小屋在兩年後關閉。

捷克劇院先驅跟歷史學家帕拉茲基和字典作家榮曼一樣，出身都很卑微。其中，揚．奈普姆克．斯捷潘內克（Jan Nepomuk Štěpánek，一七八三年到一八四四年）原本也受過神職人員的訓練，但是後來找到新的使命，除了當演員，也當提詞員、會計、經理、翻譯、劇作家和製作人。斯捷潘內克一八〇四年在布拉格的小城建立了一座捷克劇院，但在五年後被禁。一八一二年，他和其他熱忱的人創立一個業餘舞台，演出以愛國為題材的戲劇，台下總是座無虛席，但是只有在星期天和假日演出。從一八一二年到一八二三年，斯捷潘內克贊助了六十九場捷克語表演；之後，他換到諾斯帝茲劇院，在一八三四年之前指導了超過三百場捷克語表演。[38]

這場運動的神職人員（如榮曼）砲轟斯捷潘內克，說他把沒格調的維也納風格作品帶到布拉格，沒有發掘出人們的「道德能量」，此外也沒有發展悲劇。[39]可是，他本來就是生意人，而且他給了人數越來越多的捷克觀眾想要的東西：英勇的強盜劇碼和童話故事，在極度幽默好笑之餘，還成功碰觸德意志和捷克之間的關係。[40]在他的其中一齣喜劇裡，德意志角色因為不懂捷克語而發生許多倒楣事，但是在最後的「快樂結局」中，年輕的捷克人和德意志人結婚了。數十年後，維也納出現一段激烈的民族主義衝突，導致聯姻的概念引起暴動。

斯捷潘內克的作品雖然以喜劇為主，但他卻是一個非常認真的地方領袖。他共同管理一間供養寡婦和孤兒的機構，還有一個濟貧協會。此外，他還在布拉格創立一間孤兒院。在一八二一年，他被選為布拉格榮譽市民，並獲頒皇家政令。他的朋友用一齣清唱劇頌揚他的付出。但，公眾生活跟文化產出是無法分開的，他在一八二〇年代對抗企圖將捷克作品趕出諾斯帝茲劇院的頑強人士，同時也持續將他最喜愛的西歐語言（包括德語）歌劇翻譯引進。[41]

在布拉格的教育機構畢業的學生，以古老的巡迴劇場傳統為基礎，確保斯捷潘內克所帶動的風氣傳到首都以外的地方。儘管政府有實施審查制度，波希米亞和摩拉維亞鄉村地區的各個城鎮仍有輕鬆活潑的捷克戲劇演出，雖然有些是將維也納喜歌劇翻譯成捷克語，但是也漸漸取代德語作品。愛國者心中充滿樂觀，因為儘管文化和官僚菁英是德意志人，但他們的觀眾證實了，白山戰役之後仍有一群捷克中產階級存活下來，他們也會購買布拉格波希米亞博物館越來越受歡迎的捷克館刊。[42]

這些小鎮社區的居民因為公共生活之故，很多人都會德語，但是這並未引起深層的忠誠感；相較之下，捷克語是他們在親密的家庭中會說的語言。他們前去觀看從他們的家庭生活延伸出去的戲劇，那就像是一個「巡迴劇場民族」，人們聚在一起唱歌、立刻聽懂各種典故，並對重要的事物點頭表示認同，無論那件事好笑或悲慘。笑點一個接著一個出現，定義了這個社群：捷克人才聽得懂笑話，會無法克制地大笑，而比他們「優越」的那些人卻是滿臉困惑。[43]

雖然如此，捷克運動在對抗值不值得受尊敬的概念和控制權的過程中，進展還是十分緩慢。波希米亞和摩拉維亞的所有劇院仍掌握在德意志人手中。宛如雪片般飛來的陳情書雖迫使帝國當局准許人們在布拉格建立捷克劇院，但是他們完全沒資助一毛錢。要他們支持「民族主義」的活動是不可能的，而且當局希望兩個族群能互相合作，就像在布拉格的議會劇院一樣，同一位演員可以出演德語歌劇，也可以出演捷克語歌劇。[44]然而，最終還是沒有任何力量能夠阻止波希米亞的機構分裂。捷克愛國者一逮到機會，就會盡快跟德意志人分割，先是在劇院的場域，接著便是文化、科學、經濟、宗教和政治等各個場域。

⁜

十九世紀初，劇院也在佩斯和普雷斯堡這兩座匈牙利城市興起，馬扎爾語的演出快速取代德語作品。然而，到了一八三〇年代，已經沒什麼需要奮鬥的了，因為假如匈牙利運動想要擁有匈牙利劇院，議會直接就同意了。畢竟，控制這個機構的仕紳政治菁英就是民族運動的推動者，他們已經將活動場域換到公眾舞台上，像是科蘇特最新發表的演講，或是他跟立場較溫和的反對派針對政治改革進行的辯論（這些占滿了報紙版面）。

到了一八三〇年代，匈牙利運動已經在想像要如何掌控和建立可以媲美英國或法國的民族國家政府，兩、三個世代以後的捷克政治家也會抱持這樣的想法。此時，匈牙利和捷克運動都在渴望對方視為理所當然的事物。捷克愛國者欽羨地看著匈牙利王國各地冒出一間間博物館、高中、俱樂部和劇院，馬扎爾民族主義者則對波希米亞這個帝國境內經濟發展最先進的地區所擁有的城市、工業、道路、橋梁和都會繁華感到羨慕不已。

波希米亞很久以來一直位於貿易路線的交會點，在無數個小鎮和城市之中，擁有古老的工業、多元集約的農業以及受過教育的勞動人口。從約瑟夫二世在位的時候開始，我們就能看出波希米亞成長飛快，不到一個世代就改頭換面。摩拉維亞的亞麻織布機數量從一七七五年的八千七百六十九台，一路上升到一七八〇年的一萬零四百一十二台，最後來到一七九八年的一萬四千三百四十九台；摩拉維亞紡織業的工人數量，則從一七八〇年的二十八萬八千人左右增加到一七八九年的五十萬四千人。玻璃、羊毛、棉花和文具製造業在十八世紀晚期也有所進步，農產品的產量變得更多。產量提升帶來了地區和跨區市場的擴張，接著又帶動溝通交流，促使人們從村莊移動到成長中的城鎮。[45]

同一時間，匈牙利從鄉村轉為現代化的過程極度緩慢，但還是可以從像伊什特萬・塞切尼這樣的少數工作狂憑著強大意志所實現的改革當中看出成果，其中最壯觀的莫過於一八四九年連接布達與佩斯的「鏈橋」，由蘇格蘭工程師設計、希臘資本建成。然而，在一八三〇和一八四〇年代，匈牙利自吹自擂的改革國會除了推行促進商業糾紛相關訴訟的措施之外，沒做什麼促成現代化的事情，他們主要的成就是堅決在教育體系中使用匈牙利語。[46]

匈牙利仍舊以生產力不佳的農業為主要產業，就連提出現代化的想法都面臨極大的法律阻礙。領主的土地不可買賣，新興工業也無法運用農民的勞力，因為農民是地主的奴僕，被綁在土地上。塞切尼知道農業用地必須吸引貸款才能興盛起來，但即使在一八四八年領主權被廢除了以後，匈牙利也沒有吸引很多外國人前來投資。西方信貸市場傾向贊助比較繁榮的地區的運輸和工業，而不把錢投在低度發展國家的農業。[47]

匈牙利國會花了無數時間起草了一份封地所有權登記法（Urbarial Act），希望改變地主和農民之間的關係，但是到最後，這項法案根本沒什麼效力，還是由個別地主自行決定要不要讓農民脫離他們的封建義務。整體而言，他們沒有興趣做這件事。到了一八三〇年代，貴族階級的企業家精神已經式微，貴族不是透過資本密集化提高產量，而是透過越來越依賴的強迫勞力（robot）。改革過程十分緩慢，因為儘管有這些愛國情懷，改革的本質還是跟科蘇特、塞切尼和費倫茨・戴阿克（Ferenc Deák）代表的階級利益衝突。科蘇特雖然是個很會煽動人心的演說家，試圖把大眾關注的議題聚焦在鄉村存在的剝削關係，但是在一八四八年之前，他成功在國會中動員的族群只有窮困的「拖鞋」貴族。一八四三年到一八四四年，國會中的上下議院都要求調整區隔匈牙利與哈布斯堡其他區域的內部關稅，但是卻沒有成功。[48]

當時，匈牙利只有一兩間現代工廠，還有人數大約三萬名的新興工業工人階級。工業產量雖然比約瑟夫統治時期多了四倍，卻只占整個哈布斯堡帝國總產量的百分之七，而匈牙利的面積占帝國疆域百分之四十以上。此外，哈布斯堡帝國又比英國或比利時等西歐國家落後許多。匈牙利的都市人口約為六十萬人，跟貴族人口差不多。然而，由於工業主要掌握在幾個擁有龐大產業的最高層貴族手中，且最有利可圖的商品是穀物，所以跟企業精神和代表機構有關聯的市民階級仍勢力薄弱。佩斯和布達在一八四八年成為首都時，人口已成長到十五萬，但是下水道系統和現代公園才剛設立；那個時候，只有一半的街道有鋪路和裝設照明。[49]

波希米亞和匈牙利之間的發展情況最驚人的差異或許是在教育。在一八四〇年代，波希米亞王國有超過百分之九十五的學齡兒童有上學，因此到了一八五〇年代，不識字的問題已經解決。在一八六九年的匈牙利，只有百分之四十七點九的學齡兒童真的有去上學，而整個人口的識字率只有百分之二十七點二。[50]但，教育在這兩個地區的民族奮鬥中扮演的角色並不同。由於匈牙利菁英階層控制了國家行政，他們便持續利用學校（雖然數量比波希米亞少）進行馬扎爾化，因此到了一九〇〇年，已經沒有任何一所高中教授斯洛伐克語；反之，由於波希米亞政府偏好德語教育，捷克運動建立每一所高中都必須努力爭取，這讓他們有越來越高的熱忱，耐心卻越來越少。

到了一八四〇年代，看著劇院或學校教科書描繪捷克人的生活，已無法滿足識字的捷克人。他們想要在經濟、政治和文化上毫無拘束地過著捷克人的生活；他們上咖啡館或俱樂部時，不應該因為他們說著自己祖先的語言就遭人側目。可想而知，這個渴望現在除了愛國者與殉道者以外，更透過小鎮菁英傳播到平民之中。不過，除了愛國者付出的努力，這場運動也受到現代化的無形力量所驅動，特別是城鎮的成長與發展。或者，也可以用另一種方式解釋：在一八四〇年代，捷克的民族主義者其實是被一道在他們身後達到巔峰的大浪推著前進，而他們無法控制也無法理解產生這道大浪的力量。

數百年來，人口和經濟的成長一直都很緩慢穩定，菁英階級占據著城鎮，他們講的語言對周圍農村人口來說很陌生。[51] 在這樣的情況下，來到布拉格學習手藝或進入官職的年輕捷克人學會新環境所使用的德語，他們的家庭也跟著變得「德意志」。捷克人逐步湧入城市，初來乍到的人很快就被德意志文化吸收。城市不是為了周遭的鄉村（更不是為了外國市場）而存在，而是為了封建菁英。這個情況不只發生在波希米亞。在波希米亞之外，也可以找到被德意志人支配的布拉提斯拉瓦／普雷斯堡（斯洛伐克人的居住地）和盧比亞納／萊巴赫（Laibach，斯洛維尼亞人居住地的德文地名）以及被波蘭人支配的維爾諾／維爾紐斯（立陶宛人和白羅斯人的居住地）和利維夫（Lwów／Lviv，烏克蘭人的居住地）。

波希米亞不同的地方，在於它的都會居住密度越來越高，還有在一八二〇和一八三〇年代透過路基堅固的道路和新建的橋梁將城鎮連接在一起。除此之外，在一八二七年到一八三六年之間，歐陸出現第二條鐵路，把上奧地利和波希米亞南部連接起來，並從波希米亞南部開闢水路往北通向布拉格。維也納到布爾諾（Brno）的蒸汽火車在一八三六年開始行駛，而布拉格到布爾諾的路線則在一八四〇年開通。電報也在同一時間興建完畢。[52]

隨著封建制度漸漸式微、城市和鄉村之間的貿易出現成長，村莊變成了城市中產階級商人和工匠的客戶。都市面積越來越大，來到都市的工人沒多久就多到難以輕易被德意志文化吸收。同一時間，商業不斷擴張，能夠使用捷克語跟鄰近村莊居民溝通的工匠與商人，比只會說德語的同業更具優勢。整個過程現在逆轉了。城市不再把從鄉村湧入的人口德意志化；反之，隨著說捷克語的人如狂潮般湧入，這些新來的捷克人反倒開始將城市去德意志化。

政治學家卡爾．杜意奇（Karl W. Deutsch）跟這個領域中其他來自波希米亞的頂尖學者一樣，以溝通便利的面向討論了民族主義的這個現象。一旦社會變得越來越都市化與現代化，跟某個龐大的人群溝通，會比跟其他人群溝通來得相對有效率和有利可圖。**那個人群就是一個現代民族**。當都市出現越來越多每天都會說某一種斯拉夫語的人，學校、信貸機構、股份公司、法律事務所等機構便會開始服務這群人，協助完成文化、商業、政治、甚至純粹社會方面的各項業務。為了移除語言這層溝通隔閡，酒吧、餐廳、廣告、商店櫥窗和街道標示等也都出現捷克語的版本——簡單來說，就是一個捷克世界。[53]

但，這不是故事的全貌。城市漸漸跟鄉村融合，變成文化生活的中心，讓民族文化可以復甦繁榮。城市不僅是以更有效率的方式做生意的地方，也是在宗教組織的拉力慢慢衰退的背景下，產出和發現意義的地方。想要理解自己的存在的人，從在眼前形成的民族中就能找到答案：民族變成價值的來源，變成一個基本的美德，是其他美德的源頭。它變成用來改革宗教的架構（例如馬薩里克所提出的思想）、支撐其他所有要求（無論是關於社會、文化或性別）的要求，更成為值得為它而活、為它而死的理想。[54]

這就是愛國者數十年來所要宣揚的理念，現在終於成為潮流。但是極為諷刺的是，儘管都市環境變得越來越現代，過去的痕跡被抹除，三、四層樓高的建築取代了數百年歷史的老屋，說捷克語的人卻被教導應把自己想成一個古老、淵源悠久、原始且不可或缺的民族。傳統的村莊生活改頭換面的同時，民族運動也在捷克人心中創造了嶄新的激進形象，把他們形塑成一個超越歷史的群體，跟幾百年前曾經住在這裡的騎士、宗教改革者、古老氏族領袖有所關聯。

這場運動巧妙地掩飾了這個矛盾之處。在該世紀中葉之後，市政當局修復了布拉格的舊城門，特別突顯哥德式的樣式，把城門變得比原本更「純粹」（也就是更「古老」）的哥德式風格。然而，讓民族的過去服務現在的民族主義的過程並不是理所當然。首先，捷克民族主義者堅持使用法式、而非德式的哥德式模型。但，他們又費心修復文藝復興建築，因為這些比較能反映出他們想要捕捉的捷克光榮時期。[55]

從該世紀中葉開始，民族主義在波希米亞快速成長，因為它能同時回應人類最現實和最不現實的需求，在人們以金錢和職業想像未來的重要關頭給予支持，但也協助他們尋找意義，使得金錢和職業感覺只是次要的。赫爾德認為被壓抑的族群具有神定的命運，這樣的觀念透過不斷擴張的教育體系，以及政府官員必須熟悉捷克語的要求而傳播開來。[56]這形成了集體不滿的火苗，接著透過民族運動的書籍、手冊和繪畫當中所描述的詩歌、傳說和歷史助長成熾熱的怒火。

推動民族建構的現代化過程可能是結構性的，卻也不像機器那樣自動，把數以千計的愛國者所做的一切變得毫不重要。那些家喻戶曉的領袖會為了特定成果而利用各種機構。捷克歷史學家米羅斯拉夫．赫羅赫（Miroslav Hroch）曾說過，小型民族的建立過程會經歷三個階段，第一個階段要創造知識資源，第二個階段要在愛國者之中塑造支持團體，第三個階段要透過大規模運動傳播民族理念。在第二個階段，學校單位保持警覺是關鍵。第一次世界大戰前，維也納住了約十萬名說捷克語的人，因此焦慮的德語當局便利用法律和經濟手段壓制捷克教育，避免維也納變成一座捷克城市。[57]反之，若非因為捷克運動資助教育，北邊的布拉格和布爾諾就不會變成捷克人的城市。在南斯拉夫和東斯拉夫地區也有出現這種吸收過程，只是發生得晚一點：一九〇〇年，從塞爾維亞－克羅埃西亞地區移民到義大利的里雅斯特的人之中，只有百分之五聲稱自己每天使用的語言是塞爾維亞－克羅埃西亞語，因為絕大多數移民都說義大利語；在烏克蘭地區出生、後來搬到利維夫的人，只有百分之二十七說烏克蘭語，其他絕大多數說的是波蘭語。[58]

在捷克地區，民族和社會發展之所以互相強化，是因為民族和社會壓迫剛好重疊。許多個世代以來，說捷克語的人一直感受到強烈的不公，因為擁有地位和財富的人通常都是說德語的人，而且想要跟他們一樣就必須學會說德語。有野心要改善自己生活、說捷克語的人，對民族主義的接受度很高，因為民族主義的真理使他們的理念顯得高尚，並透過法蘭提塞克．帕拉茲基的散文和揚．科拉爾的詩詞等針對過去所做出的論點，解釋了現在的不公現象：斯拉夫人向來追求民主與和平，德意志人卻不是如此。

圖 4.2　布拉格民族劇院動土儀式（一八六八年五月十六日）。
來源：Zlatá Praha 33 (1908), 378. Via Wikimedia Commons

不過，他們採取的回應是競爭，不是革命。從十九世紀初的那幾十年開始，捷克人慢慢儲存、募集資源並累積資本。到了十九世紀晚期，他們已經擁有可觀的波希米亞工業和商業；第一次世界大戰爆發前夕，捷克人在銀行和儲蓄帳戶中已擁有超過二十億克朗（整個奧地利的儲蓄帳戶僅有六十三億克朗）。[59]

在追求經濟平等的同時，捷克人也努力爭取掌控政治和文化機構。布拉格有德意志和捷克俱樂部，但從一八五〇年代起，捷克俱樂部完全讓德意志俱樂部相形見絀。[60] 一八六八年，捷克民族劇院終於開始動土，但這不像匈牙利的劇院那樣由國家資助，而是靠無數捷克人捐獻的金錢所建成。一八六二年，捷克人雖興建了一個較小的臨時劇院，但現在位於夫爾塔瓦河（Vltava river）河岸邊的新文藝復興建築，卻要等一八八一年六月才會開放演出捷克作曲家貝多伊齊·史麥塔納的音樂。兩個月後，火災燒毀劇院內部，又有更多捐款湧入，多到主辦單位必須叫捷克人停止送錢過來。[61]

此時，捷克民族主義是各色人等一起奮鬥後的成果，他們只希望自己在說父母親那一輩的語言時，能獲得基本的尊重。在劇院的動土儀式中，法蘭提塞克．帕拉茲基對著一大群觀眾憶起四十年前截然不同的光景。當時的愛國志士曾開玩笑地說，假如他們正在開會的那個房間坍塌了，捷克民族就結束了。他說，現在除非是天空塌了才會發生這種事（但是他補充說，那樣的話我們的敵人也會滅亡）。他錯了。就算他那群歷史學家和歷史語言學家所在的房間坍塌了，還會有另外一群背景相同的愛國者取而代之，他們同樣也是農民、工匠、磨坊主或教師的子女。不是身分地位較低的每個人都會變成捷克愛國者，但是早期的捷克愛國者全都窮過。[62]

匈牙利愛國志士的社會背景完全相反。他們屬於仕紳階級，不但在社會上占據似乎是他們應得的地位，還創立或控制學校、博物館和大學等機構，完全沒遭遇反抗。他們在自己的國家受到絕對的尊重，從一七八〇年代開始努力把這個國家馬扎爾化。

到了一八三〇年代，他們已經把佩斯變成「馬扎爾黃金國」，但是仍不滿意。如果說捷克民族主義者想在波希米亞獲得平等的地位，匈牙利人則是想在歐洲受到尊敬。令他們困擾的不只有這個國家的落後，像是路況極差的道路、骯髒汙穢和過時的農業技術，他們也無法複製西歐仕紳的生活方式，尤其是英國仕紳。從一八四〇年代開始，這成為匈牙利政治階級一切政策背後的驅動力：追求與西歐仕紳在數量與品質上相似的生活用品。[63]所以，在一八四八年至一八四九年的革命之後，匈牙利民族主義變得排外，沒有提拔說匈牙利語的農民、協助他們往上爬，而是打壓平民的教育權、甚至是平等權，把焦點放在實踐匈牙利自治，盡可能不受到維也納的干預。

因此，一八四八年以前，匈牙利和捷克民族運動的方向並不相同。匈牙利的仕紳愛國者可以把焦點放在治理國家的現實問題，捷克人則得努力爭取語言和文化平等，讓自己在社會中獲得平等地位。儘管如此，兩個地方的民族領袖都認同自由主義。自由主義跟族群民族主義完美地疊合，因為這個意識形態聲稱要在人類可以完全實現自己性格的地方解放他們——那個地方就是民族。

在合理化歷史這方面，兩者遇到的挑戰截然不同。匈牙利貴族聲稱自己才是匈牙利王國及其法律的實質所有者，他們是匈牙利的「民族」。他們在一八四八年之後的幾十年遇到的挑戰是，如何把這個觀念延伸到王國境內其他人群（無論是否為族群），但是，他們沒有成功。

捷克愛國者面臨了不一樣的挑戰。波希米亞歷史上隸屬於德意志，他們沒有貴族背景，也沒有跟匈牙利國會媲美的政治機構。布拉格的波希米亞議會主要是由反民族主義的波希米亞貴族組成，因此他們需要一套健全的思想，才能把這場運動放上穩定的政治軌道。這套思想把愛國者認為捷克民族擁有的獨特美德全部融合在一起：捷克的人在幾百年前曾經捍衛自由，並自由選擇跟神聖羅馬帝國結合，而現在找到了另一個方向。捷克政體未來的最小疆界很明顯，就是波希米亞領地、這場運動稱作捷克王國的地方。可是，完整的民族不是也有包含說的語言跟波希米亞捷克語密切相關的人群，如西利西亞人、摩拉維亞人，或許還有斯洛伐克人嗎？無庸置疑的是，不管捷克人建構什麼樣的民族，這個民族應該自治，即使名義上隸屬於哈布斯堡的主權。64

想要強盛，捷克運動需要大規模的動員。運動領袖雖然跟典型的自由主義者一樣，對普遍選舉權有所疑慮，但是他們不能單純鄙視下層階級，因為若不是平民百姓的運動，捷克運動就什麼也不是。多虧現代化，捷克運動的民族理念快速散播到各個階級，比其他任何地方還鮮明地演示了民族化的過程。一八四〇年代開始，這個越來越現代的世界基於各種因素變成捷克生活的舞台，這些因素有的充滿理想（自我犧牲和美德的意識形態），有的很現實（創造屬於捷克人的生意和機構所能夠帶來的利潤和就業機會等有形益處）。捷克民族跟所有的民族一樣都是人類的產物，但是在創造民族的過程中形成了一股動力，到了這個時候已經跟歷史上其他成功的任何運動一樣強大無比、難以阻擋。

chapter 5

叛亂民族主義：塞爾維亞和波蘭

塞爾維亞位於中東歐極南邊，屬於東正教；波蘭位於極北邊，絕大多數人口信奉羅馬天主教。塞爾維亞貴族在中世紀晚期鄂圖曼人征服這個國家之後，便消失了，持有土地的菁英階層變成穆斯林；波蘭王國一直延續到一七九五年，在那一年被普魯士、俄羅斯和奧地利瓜分，但是其仕紳階級仍繼續存在。因此，塞爾維亞人幾乎都是農民，但波蘭卻保留了重要的領導階層，控制並持有土地，且主導政治好幾百年。有一位很有影響力的政治學家曾經說，塞爾維亞和波蘭屬於不同的文明，一個東方、一個西方，因此幾乎沒有人會想把這兩個國家放在一起比較，看看其中一方幫助我們了解另外一方。[1]

然而，這兩個國家（更貼切地說是這兩個社會）其實從現代民族主義之初、捷克和匈牙利學者對語言產生極大熱忱的那段時間，就具有結構方面的相似點。塞爾維亞人和波蘭人也熱烈地推廣自己的民族理念，雖然有些人是透過學術，但最有效、最浮誇、最廣布的方法則是武力。從十八世紀晚期開始，有數以萬計的塞爾維亞人和波蘭人拿起武器，試圖推翻異族統治。這反映一股政治衝動、一種民族不僅要建立語言和文化，也必須奪取領土、創造獨立國家的信念。這個概念對捷克或匈牙利愛國者來說鑾陌生的，因為他們無數個世代以來，都是努力在哈布斯堡王朝的統治下尋求自治。

波蘭叛亂者具有優勢，前幾代的叛亂者來自一七九五年之前、波蘭仍獨立時形成的專業軍隊，還有一八〇七年由拿破崙創立的半自治華沙公國（他們有自己的軍官團、團級單位的傳統和專業訓練）。相較之下，塞爾維亞的叛亂者是游擊隊，幹部從十七世紀晚期開始由奧地利人訓練，為了在邊疆對抗鄂圖曼人。波蘭叛軍要面對歐洲的三大軍事力量，塞爾維亞人要面對的則是左支右絀、漸漸衰敗的鄂圖曼帝國，而且除了奧地利，還有俄羅斯不時提供協助。

波蘭和塞爾維亞儘管有許多差異，卻都擁有一致且有力的民族敘事，讓願意的、不願意的與不在乎的人一起參與和評斷共同的假定——在自己的團體中，誰是英雄、誰是敵人，而誰是叛徒。這兩個民族運動皆有令他們自豪的文學、音樂和藝術傳統，但是領頭的知識分子卻選擇放下筆墨、扛起槍枝，履行沒有人可免除的義務。這些敘事一直延續到二十世紀。一九四〇年代，兩個民族的反納粹勢力都出了顯赫的作家，他們犧牲了自己的性命，他們的作品至今仍在波蘭和塞爾維亞的學校教授。

這些敘事源自兩個民族更深層的相似點，違背影響力深遠的民族主義理論，那就是許多波蘭人和塞爾維亞人在現代民族觀念出現之前，就已有民族意識了。在一八〇〇年，具有民族意識的波蘭人超過一百萬人，但是在鄂圖曼人的領土，從馬其頓和科索沃往北、往西穿越塞爾維亞人的土地和波士尼亞，一直到克羅埃西亞的邊界，具有民族意識的南斯拉夫人數量卻多上好幾倍。很驚人，這些信奉東正教的斯拉夫人幾乎全部都不識字。相形之下，波希米亞會讀會寫的人口雖然較多，但在一八〇〇年左右，具有民族意識的人數頂多只有數百或數千人。波蘭和塞爾維亞的例子顯示，大規模的民族意識不一定要等現代化（諸如印刷文化或現代道路等被認為應該具備的基礎設施，得以把一群陌生人變成一個現代民族）之後才出現。[2]

波蘭和塞爾維亞的民族意識程度這麼高，有不同的成因。由於波蘭仕紳階級（Szlachta）在一七九五年波蘭失去主權之後還存在於社會之中，他們仍意識到自己過去曾有過的權利，這一點從「沒有我們的參與，就不要替我們做決定」（"nic o nas bez nas"）這句話就看得出來。波蘭仕紳通常識字，尤其是最上層那些通曉多種語言且熟悉歐洲政治和文化趨勢的階級。[3] 在接下來的世代，他們之中有許多人搬到城市，演變為波蘭的知識分子，成為該民族的領導階層，背負著政治忠誠的深刻道德義務。許多貴族雖然不得不跟侵略勢力合作，但是他們得說明為什麼選擇合作（而不是支持武裝陰謀）對「民族」的貢獻更大，這因此使他們不是羅曼諾夫或哈布斯堡帝國完全能夠信賴的代表。

塞爾維亞民族主義的思維就沒那麼好描述了。一八〇〇年，受到鄂圖曼人統治的塞爾維亞農民頂多只擁有一些基本權利，跟塞爾維亞貴族之間的連結從很久以前就已不復存在。[4] 這些塞爾維亞人知道，在邊界另一頭的貝爾格勒，有好幾十萬名住在哈布斯堡軍事地區的同胞享有土地和自治權，但是這卻難以成為他們起身反抗鄂圖曼統治的動力。[5] 這些人和其他數百萬名南斯拉夫人的民族認同源自不同的地方，包括持續存在、負責孕育歷史記憶的塞爾維亞和保加利亞東正教會，還有南斯拉夫農民（特別是塞爾維亞）喜歡在晚間歌唱古代英雄史詩的習俗（這個習俗可回溯到好幾百年前，告訴他們自己屬於什麼族群）。他們不用等帕拉茲基這樣的歷史學家出現，就知道自己的民族及其獨立地位值得他們付出生命。這樣的訊息透過人們記得滾瓜爛熟的民謠一代又一代地傳下去，而在一七九〇年代，他們得到了做出行動的大好機會。

※

對奧地利、俄羅斯和普魯士來說，波蘭的罪過源自政治而非軍事。這三個勢力在一七七三年第一次瓜分衰弱的波蘭之後，新的波蘭領導階層出現了。這個領導階層有趣的結合中歐和西歐的治國方式進行立憲，在十八年之後創造了代議政府，行政權力掌握在薩克森韋廷王朝的世襲國王手中。在這之前，俄羅斯原本一直會干涉波蘭國王的選舉，現在國王不用選舉了，且可以委派自己的大臣，使俄羅斯發揮的影響力變小。新的立法機關靠多數決來通過法律，終止了整個貴族得全體一致同意才能通過立法的自由否決權，進而讓外國勢力（尤其是俄羅斯）不再可以透過買票阻撓改革。[6]

波蘭憲法是世界上出現的第二部憲法，跟美國憲法一樣採分權制度，行政、立法和司法各有自己的權責。憲法起草人希望將波蘭變成一個現代社會，並保護占總人口比例八成以上、時常受到領主嚴苛管轄的農民。領主保有當地的主權和土地，勢力還是很大，而仕紳階級的特權則被削弱。窮困的仕紳喪失了投票權，就連小鎮和鄉村的地主也能獲得完全公民身分，因此無論階級或族群，任何人都有可能變成這個民族的一員。[7]

這部憲法喚起民族主義絕對的順從，因為波蘭的獨立「比生命和個人的幸福更加重要」。[8]然而，它也具有自由主義的精神，顯示中東歐的現代國家不見得會帶來專制統治。波蘭將成為君主立憲制的國家，留給社會大量權力。基於這個原因，湯瑪斯．潘恩（Thomas Paine）、埃德蒙．伯克（Edmund Burke）及新成立的美利堅共和國的許多人都十分讚揚這份憲法。[9]起草人意識到自己的社群將有危險，在一七九一年五月三日趁多名代表因復活節假期缺席的時候，以歡呼的方式匆匆通過憲法。財力不差的貴族和城鎮居民大力支持這份憲法，因為一個較開放公平的社會可以讓他們得到好處；反之，窮人和極為富有的仕紳權貴則沒有那麼支持，因為那會削弱他們古老的身分特權。從全國來看，這部憲法受到壓倒性的支持，一七九二年二月舉行的地方議會中，除了其中一場否決，其餘全數批准波蘭新的法律基礎。[10]

然而，俄羅斯沙皇凱薩琳二世和普魯士國王弗里德里希．威廉（Friedrich Wilhelm）很快就做出行動，要防止這部憲法實現強化波蘭的承諾。一七九二年五月，超過十萬名俄軍入侵波蘭，普魯士在幾個星期後也出兵。就跟一九六八年鎮壓布拉格之春的軍事干預行動一樣，俄軍說他們是應邀出兵的，也確實如此。四月時，波蘭權貴聯繫凱薩琳，在聖彼得堡簽署了一份「聯盟」法案，旨在恢復先前的狀態。他們在波蘭東部的塔戈維查（Targowica）宣布了聯盟的成立。這些權貴不希望中央壯大，把自己描繪成捍衛波蘭貴族民族「自由」的愛國者。[11]

波蘭軍隊雖然規模小，卻受到了一種新的愛國主義所驅使，這跟後來將以民族之名征服歐洲多數地區的法國軍隊類似。在約瑟夫・波尼亞托夫斯基將軍（Józef Poniatowski）的率領下，六月十八日這支軍隊在布格河取得輝煌的勝利，但將軍的伯父史坦尼斯瓦夫・波尼亞托夫斯基國王（Stanisław August Poniatowski）卻突然決定投降。原來，他的舊情人凱薩琳沙皇告訴他，唯有放棄憲法他才能夠保有王國。國王加入了實行言論審查、終結郵件隱私、迫害改革分子的塔戈維查聯盟。[12]

然而，這些妥協還是無法保護波蘭領土。普魯士想要彌補自己被法國革命軍奪去的土地，準備挖走一大塊波蘭，而俄羅斯同意跟普魯士合作，聲稱該國正在散播革命的病毒。在一七九三年一月的第二次瓜分中，普魯士奪得五萬七千平方公里的土地（一百萬人），俄羅斯得到二十五萬平方公里的土地（住了三百萬人），導致波蘭只剩二十一萬兩千平方公里的土地和四百四十萬名居民。波蘭國會被迫同意外國占領。但，有些改革得以留存，如廢除自由否決權。儘管如此，若不是俄羅斯使節的認可，波蘭也不可能發生任何重大事件。[13]

土地遭到切割也粉碎了發展中的市場。再加上俄羅斯占領軍所要求的高額費用，造成了一場經濟災難，使華沙變成歐洲最貴的地方。同一時間傳來法國激進化以及普魯士屬布雷斯勞和蘇台德山脈動盪不安的消息，讓波蘭人認為反抗或許會成功，是泛歐洲革命的一部分。華沙突然變成祕密結社的溫床，這些組織跟到接壤的薩克森避風頭的改革者保持聯繫，其中包括胡戈・科萬塔伊（Hugo Kołłątaj）和伊格納齊・齊亞文斯基（Ignacy Działyński）。他們希望跟群眾連結。[14]

圖 5.1 吊死叛國者的肖像（一七九四年）。
來源：收藏於華沙國家博物館的古赫丹
（Jean-Pierre Norblin de la Gourdaine）畫作，
Via Wikimedia Commons

最後觸發全國起義的導火線，是俄羅斯打算開始徵召波蘭人入伍的計畫。[15]安東尼・馬達林斯基將軍（Antoni Madaliński）違抗軍令，把軍隊帶到克拉科夫，跟先前曾在法國和義大利宣傳波蘭叛亂的美國革命英雄塔德烏什・柯斯丘什科（Tadeusz Kościuszko）會面。一七九四年三月二十四日，柯斯丘什科在克拉科夫中央廣場的大批群眾面前起誓成為起義領袖、宣布全面動員，並誓言要做到三件事情：人人自由（也就是單一不可分割、沒有階級區分的波蘭民族）、波蘭領土完整和人民自治。[16]

起初，波蘭軍隊勝利不斷，其中最著名的是四月四日在克拉科夫北邊的拉茨瓦維采（Racławice）所進行的戰役，拿著鐮刀的農民戰勝了俄羅斯人的槍枝。短短幾個星期，波蘭人崛起，解放了立陶宛、波蘭中部和西部被普魯士占領的城鎮。由於華沙的軍械庫存放了大量武器，因此這座城市是起義成敗的關鍵。在四月十七日，華沙居民發動叛變，激戰兩天後解放了該城。那年的春夏兩季，柯斯丘什科努力加強首都的防禦工事，並建立國家統治委員會，安插溫和派在其中。但，激進分子主導了市政府，他們公開吊死涉嫌協助瓜分勢力的波蘭人。[17]

到了六月，波蘭軍隊已跟俄羅斯、普魯士和奧地利軍隊交戰過，但是卻開始敗退。首先，奧地利拿下克拉科夫、桑多米次（Sandomierz）和盧布林（Lublin）；接著，俄羅斯攻下維爾紐斯，圍攻由波尼亞托夫斯基親王防守的華沙。西北邊普魯士境內的波蘭人解放城鎮、引開普魯士軍隊，帶來短暫的喘息空間，但在東邊，新的一支龐大俄羅斯軍隊出現，十月十日在華沙南邊取得決定性的勝利。

在那場戰役中，七千名波蘭人對上一萬六千名俄羅斯人，柯斯丘什科受傷被俘。城裡的波蘭雅各賓組織反抗軍守城到十一月初，最後一萬四千名守軍仍不敵俄羅斯三萬大兵。俄羅斯人開始屠殺士兵和平民，報復五個月前波蘭人殘殺落單求饒的俄羅斯人的行徑。[18] 有三萬波蘭士兵逃往南方，一部分被俘，一部分在鄉村漸漸解散。經過了八個月，共和國戰敗，但這個民族被重建了。[19]

至少，未來的歷史著作這樣描寫。這些書籍強調人們對政治獨立的支持來自波蘭四面八方和各個社會階層。若把目光拉遠來看，柯斯丘什科起義是歐洲最早反抗外國統治的大規模武裝事件，是近代民族第一次起身堅守自己的主權，對抗侵略軍隊。一七九二年的法國全民動員事件（levée en masse）緊接著發生，表明不分階級的民族動員具有強大的力量。大約有十四萬名波蘭人加入改革軍，還有十萬人參加農民軍。此外，另有數千人加入各地民兵。該世紀稍早，波蘭成為俄羅斯實質上的保護國時，軍隊根本不存在；現在，軍隊象徵人民對獨立的要求，步兵會穿特徵明顯的制服，包括海軍藍的夾克和銀色肩帶，還有「匈牙利風格」的白色長褲和鞋子。[20]

這場起義也標誌了一次關鍵的政治變化。國家元首不是國王，而是廣受歡迎的柯斯丘什科。他不是選舉選出來的，而是由共謀者挑選，是所有希望波蘭自由的人無庸置疑的領袖。[21]有人稱這些政治改革為波蘭革命，但是它並沒有牽涉到暴力。波蘭雅各賓執行處決不是基於階級理由，是要處罰叛國賊。改革運動仰賴仕紳，特別是鄉村地區普遍存在的溫和派勢力。這些轉變跟政治有關，也跟社會有關：農民獲得人身自由、不會從土地上被驅逐，勞役也減少了四分之一到二分之一。[22]

雖然如此，有人可能會覺得波蘭沒有叛變說不定會更好。第二次瓜分後，這個國家還是很大，要是沒有人一氣之下開了一槍，波蘭或許還撐得下去。但，也有證據顯示，波蘭無論做什麼都無法避免被瓜分。倫敦的《泰晤士報》在聽說一七九一年五月的憲法之後相當驚訝（消息在三個星期後由柏林的信差送達），預測這件事「很可能會催生某個非常強大的聯盟來推翻它」。到最後，波蘭可能「成為自己愛國主義的受害者」。[23]

所以，弔詭的是，愛國主義似乎會造成自我毀滅。然而，愛國主義無法遏止。儘管權貴當中的領導人物和許多仕紳都願意替外國勢力做事，但是到了一七八〇年代，波蘭政壇已出現一股力量，要求建立一個治理得當的國家。這股力量並不是掌握在某個人或某團體的手中，而且最終連搖擺不定的國王也屈服了，決定加入塔戈維查聯盟，誤以為這樣就能挽救改革。同樣地，柯斯丘什科和其他領袖也只是代表眾人的觀點，他們會做出行動是因為俄羅斯就要摧毀波蘭這個國家。而且，他們認為自己會贏，因為在一七九二年的年初，普魯士理論上還是他們的盟友，而奧地利則似乎忙著關注法國的動態。[24]

無論是當時或之後，波蘭人都不認為一七九〇年代初期的革命活動是不當或有勇無謀。他們的基本認知是，如果不奮鬥，波蘭這個民族就無法繼續存在。即使如此，只要看看其他東歐民族，就會讓人想問這場奮鬥是否真有必要武裝。捷克人和斯洛維尼亞人並沒有反覆起義，卻還是保有自己的民族。可是，他們的情況從根本上就與波蘭不同。他們幾乎或甚至完全沒有獨立建國過；反之，波蘭在一七七三年曾經是歐洲最大的國家之一。但，就像倫敦的《泰晤士報》所說，這是個「地理位置十分不幸的國家」。[25]不像西班牙、瑞典和英國，波蘭沒有海洋保護，四面受敵。

這場起義失敗之後，在群眾的記憶裡成為一次差點成功的「武裝行動」，讓許多波蘭人強烈地相信，自己可以透過軍事或準軍事的武力達成目標。波蘭日後出現的叛變（一八三〇年、一八四六年、一八六三年和一九四四年）跟一七九〇年代的起義一樣，都是受到可能性與必要性的驅使，認為這個偉大的歐洲民族有可能也有必要捍衛自己。但是，這些事件都沒有參雜純粹理性的思慮。要生存，就要奮鬥。中東歐其他民族的民族敘事並不存在這樣根深蒂固的叛變思想（塞爾維亞除外）。

雖然如此，改革和叛變並未受到普遍的支持。儘管柯斯丘什科承諾賦予農民人身自由，鄉村地區很多人仍保持懷疑的態度。[26] 對大部分族群上屬於波蘭人的人而言，「波蘭」一詞沒有任何意義，雖然柯斯丘什科基本上受到歡迎，但是很多鄉村居民並不在乎他所做的一切。沒能成功與百姓連結使得未來的叛變行動陷入困境，平民基本上把這些事件視為仕紳與知識分子的活動。一八四六年爆發武裝叛變時，雙方的疏離感甚至大到波蘭農民選擇維護奧地利政權，將領主的頭割下來獻給哈布斯堡當局，以示效忠。說德語的「占領者」似乎比跟自己同族群的地主還令人感到親近。

※

俄羅斯、普魯士和奧地利在經過充滿爭議的協商、彼此差點打起來之後，終於同意如何分贓。他們在一七九五年進行第三次瓜分，將波蘭完全從地圖上抹除。在條約額外的一項條文中，他們誓言要「消弭可能喚起波蘭王國曾經存在的記憶的一切」。現在，「殲滅」已經生效，這個王國的名字將「永遠」埋沒。這項條文的意圖很明顯會引起反感，因此三國同意將它保密。[27]

他們也覺得需要公開合理化自己的行為，但跟近代強國發布的征服宣言不同。不像一九三九年的德國和蘇聯，他們沒有聲稱自己是要從波蘭的統治下解放任何族群（如德國人或烏克蘭人）。一七九五年的普魯士王國並不是德意志人的民族國家。除了聲稱要鎮壓波蘭的「雅各賓主義」，這些強權還扭曲似是而非的歷史論點，好得到自己想要的領土。俄羅斯表示要奪回曾經屬於基輔羅斯（Kievan Rus）的土地；普魯士只是要回波蘭聯邦好幾百年前篡奪的土地；奧地利則說，它要重拾匈牙利王室過去在波蘭南部的領土，因為哈布斯堡家族自一五二六年就持有那塊地區。[28]

這些強權必須隱藏自己想要抹滅波蘭王國一切痕跡的意圖，顯示他們得顧及當時興起的一套合宜標準，因為波蘭消失在世界上的時候，有一個現代觀念問世了，主張民族應該自己統治自己。倫敦的《泰晤士報》說第三次瓜分是犯罪行徑，並哀嘆波蘭人「嘗到了自由的甜美」，現在又被趕回「專制」的奴隸體制。[29]有一家法國報社說，一七九五年的瓜分是不道德的，「嚴重侵犯了所有神聖的事物」。[30]一七七二年和一七九二年的兩次瓜分被認為還算合理，因為俄羅斯先前在鄂圖曼帝國得到疆土，所以要透過彌補普魯士和奧地利才能恢復歐洲平衡；但，最後這次瓜分卻使一個古老的王國滅亡了，且這個國家並非地處遙遠所以其中的暴力事件不會影響歐洲，它位於歐陸的核心。這產生了「波蘭問題」，是在整個十九世紀成為歐洲人宣揚自由主義的自決原則時，將反覆提起的焦點。[31]

因此，最後這次瓜分不僅違背良知，還創造了良知。一八三〇年到一八三一年的起義又失敗了以後，波蘭流亡者湧入巴黎、布魯塞爾和倫敦。他們象徵一種新的歐洲人，沒有自己的國家、喪失家園和自由、被迫活在外族的統治下，而且這個外族隨著時間過去越來越囂張自滿。一些具有影響力的奧地利人（其中有很多屬於波蘭裔）痛斥哈布斯堡家族參與這起「世紀大罪行」。[32]一八六〇年代，奧地利的外交大臣約翰·雷希伯格伯爵（Johann Rechberg）對於奧地利共謀那次瓜分深表遺憾，呼籲讓波蘭復國（當然，是要跟哈布斯堡的領土聯合統一）。唯一拒絕承認波蘭消失的大國，竟是位於大陸邊陲的鄂圖曼帝國！[33]有一個在波蘭十分受歡迎的傳說是，蘇丹每年接見各國使節時，總會嘀咕「利奇斯坦」（也就是波蘭）的大使還沒來。[34]

德意志地區的人總說波蘭是個「混亂」的國家，無法發展，因此維也納和柏林的官員認定波蘭會輕易接受他們安排的秩序。可是，結果出乎他們意料。波蘭仕紳大部分都願意配合，但是過渡期並不順遂。波蘭的「混亂」有一部分源自仕紳階級的自治傳統，他們除了持有大片地產，也擁有組成聯盟和在地區議會中管理自我事務的權利。諷刺的是，現在困擾新統治者的正是波蘭改革者希望遏止的「過多」的地方自由。但，波蘭農民也沒什麼值得慶賀的，因為多年來關於土地和自由的承諾並沒有兌現，特別是在俄羅斯控制的地區。

一七九〇年代是整個大陸都動盪不安的時期，統治波蘭的三個強權沒有時間安定下來。奧地利和普魯士得先後應付大革命和拿破崙的法國，幾乎沒有停戰的時候，且得到的回報越來越少，致使波蘭愛國者希望法國能幫助他們恢復主權。除此之外，在這十年間，波蘭也確立了自己獨立運動的長久特色：獨立雖然跟波蘭的自治權有關，但是這場鬥爭也可以發生在離波蘭很遠的地方。一七九二年，有些波蘭領袖離開波蘭，在薩克森的安全環境中進行謀畫；現在，波蘭士兵到國外參加外國軍隊，希望推動波蘭的獨立目標。法國大革命的宗旨是普世自由，這也成了波蘭奮鬥的精神。波蘭愛國者聲稱自己是為了「你我的自由」而戰。

一七九七年，曾在一七九二年和一七九四年的軍事活動中表現優異的波蘭將軍亨利克・東布羅夫斯基（Henryk Dąbrowski）創建一支由逃離奧地利軍隊的波蘭人所組成的法軍部隊。這個點子開始流行，在接下來的五年，共有兩萬五千名士兵加入這些「波蘭軍團」，他們在許多戰線上打仗，尤其是義大利。這些人的肩章寫有「自由的人都是兄弟」的字樣，還有人為他們寫了一首歌，後來變成波蘭國歌：「只要我們尚存，波蘭決不滅亡。」然而，不像歌詞所傳頌的英雄那樣，許多人最後並沒有回到故鄉。例如，一八〇二年拿破崙派兩千六百名軍團士兵前往海地鎮壓一場奴隸叛變，結果只有三百人生還。[35]

幾年後，拿破崙戰勝普魯士和奧地利，從他們的波蘭領土切割出一個小國，稱作華沙公國（一八〇七年到一八一五年），擁有自己的政府和替法國在西班牙和俄羅斯打仗的軍隊。軍隊的領袖正是一七九二年的征戰英雄波尼亞托夫斯基親王，他鼓勵這位法國皇帝走南路到莫斯科，但這個建議未被採納。波蘭人在拿破崙的大軍中死傷慘重，但是他們仍繼續待在拿破崙身邊，跟他一起在一八一三年萊比錫的諸民族之戰中慘敗。在那場戰役中，波尼亞托夫斯基在準備新一波的攻擊時溺死在鵲河（Elster River）裡。然而，波蘭人為自由而戰的傳說卻越傳越廣，雖然他們是替外國強權在離波蘭領土很遠的地方打仗：一八〇九年奧地利攻擊華沙公國時，波蘭軍隊卻在西班牙打仗（一九四四年，波蘭傘兵降落荷蘭時，華沙市民正起義反抗德國人）。

拿破崙在一八一五年戰敗後，歐洲強權齊聚維也納，將波蘭領土歸還給俄羅斯、普魯士和奧地利。但，他們也宣布連同首都華沙在內的波蘭中部是一個「王國」，由俄羅斯的亞歷山大一世（Alexander I of Russia）統治。亞歷山大一世還為「他的」領土頒布了一部憲法。[36]

然而，這位俄籍的波蘭國王因為未能維護這份文件保障的權益，惹怒了波蘭愛國者。不久，人民怨聲載道，抱怨言論審查，抱怨自治體制被破壞，抱怨政府只因人民回憶波蘭人曾擁有的種種自由，就將他們逮捕和驅逐。例如，當局因為維爾紐斯的學生在牆上寫了「一七九一年憲法萬歲」就懲罰他們。[37] 波蘭文化在那些年蓬勃發展，且跟波希米亞和匈牙利一樣，愛國志士開始撰寫自己的歷史、編纂字典。然而，波蘭民族主義把焦點放在他們應該在自己的國家能夠享受得到的權利。詩人密茨凱維奇甚至嘲笑捷克人對語言「癡迷」。

到了一八三〇年，他那一代人的耐心已經用盡，於是波蘭的軍校學生在那年十一月對俄羅斯統治者發動起義。結果相當悽慘。波蘭人原本擁有的不完美權利，現在被完全剝奪，包括密茨凱維奇和蕭邦在內的許多知識分子都離開波蘭，在巴黎形成「大移民潮」，人數多達一萬名左右。[38] 在這之後，波蘭人在被占領的家園所做出的民族主義訴求很簡單：具有民族意識的波蘭人無法接受主權喪失，所以純粹透過維持波蘭身分認同來表達自己的「民族態度」。[39] 由於他們的政治自由越來越少，波蘭民族主義變得越來越具文化色彩。

從某方面來說，這些民族主義者的任務比波希米亞的還簡單，因為波蘭不久之前都還是一個歐洲國家，所以比較不需要費力從過去創造傳說。波蘭不但有過國家，擁有國王、政府、軍隊、大學和文學，還有書寫這些事物的傳統，可回溯到好幾百年前。在一八〇〇年，關於波蘭這個國家及其文學的歷史文獻非常多，還有不曾中斷的文學傳統描述了幾十位傑出的政治、軍事和文化人物。[40] 國家雖然不在了，波蘭仕紳階級卻還在。這就表示，他們不需要塑造基本的民族意識，而且如前面所說的，具有民族意識的人在一八〇〇年已超過一百萬名，跟少少幾千個具有民族意識的捷克人大相逕庭。

布拉格的愛國者散播從非常古老的捷克歷史當中擷取出來的概念，以在自己的時代喚起對民族的驕傲；而同一時期的波蘭則出現一個神話，既無可否認，又矛盾不已。沒錯，曾有英雄率領大規模起義反抗三個強權，但若不是某些波蘭人跟這些勢力串通起來對付其他波蘭人，波蘭不可能倒下。這樣的思維不僅僅是歷史遺產，更替十九世紀的波蘭人提供了現成的腳本：跟奧地利、俄羅斯或普魯士合作的人，繼承了曾摧毀共和國的叛徒的衣缽。一八七六年，有一個評論家發現，「民主派」對其他貴族實在太過疑心重重，時不時就指控他們重演塔戈維查聯盟。他發明了「叛國狂」（treasonmania）一詞。例如，在一八四八年革命期間，亞當・波托茨基親王（Adam Potocki）跟奧地利軍隊的將領協商之後，讓古老的克拉科夫免遭無意義的破壞，結果馬上就被指控為叛徒聯盟的繼承者。[41]但不到兩年，奧地利就因為波托茨基參與造反行動而將他逮捕。

儘管沒有人知道當個忠誠的波蘭人標準，且不信任感依然普遍，波蘭人還是繼續秉持著過往自由的精神組織起義。每一代都有人發動武裝起義，有時反的是奧地利（一八四六年），有時反的是奧地利和普魯士（一八四八年），有時反的是俄羅斯（一八六三年）。十九世紀晚期，波蘭偉大的民族領袖約瑟夫・畢蘇斯基展開了革命生涯，對俄羅斯當局發動恐怖行動，像是襲擊火車和偷取現金添購武器。不久，政治傾向偏右的敵對陣營便指控畢蘇斯基不負責任，是個叛國者。[42]可是，他

＊譯註：杜馬（Duma）是俄羅斯帝國的下議院。

們自己也犯下更嚴重的勾結罪行：他們的領袖羅曼．德莫夫斯基（Roman Dmowski）是俄羅斯杜馬的議員。＊在大部分的政治文化中，互相誹謗很常見，因為這能讓人快速得到權力。然而，鮮少有哪個地方的政治圈像波蘭一樣，將叛國視為極其嚴重的指控。波蘭政治人物必須加以駁斥，絕不能被列入威脅國家存亡的內賊行列之中。

這些起義最後都失敗了，一部分原因在於，主導的仕紳階級無法成功跟廣大群眾建立連結，另一個部分原因則是，不可能驅逐擁有警力、官僚和越來越強大的軍隊的現代國家。此外，帝國政體還有政治宣傳的優勢。例如，在加里西亞起義中，奧地利當局自稱是農民的保護者，鼓勵農民起身反抗地主，因為許多地主都跟造反有關。說波蘭語的農民跟自豪的波蘭地主已經疏離太遠，好像屬於兩個不同的族群，因此農民願意殺害地主。這些叛變還讓人想到另外一個問題，那就是把波蘭的機會浪費在有勇無謀的造反運動，可能體現舊聯邦最糟的特質。這類問題又激起更多叛國的指控和反指控。

⁂

除了波蘭，只有匈牙利存在一大群具有民族意識的仕紳。跟波蘭一樣，匈牙利的愛國仕紳所面臨的挑戰，就是如何把民族意識的觀念傳遞給大多不識字的農民。但是，跟波蘭相反的是，匈牙利的政治實體——匈牙利王國——依然存在，雖然國王是哈布斯堡家族的成員。王國境內，由匈牙利仕紳所掌控的機構蓬勃發展，其中包括議會和學校，後者負責培養孩童對匈牙利民族的責任感。困難點是如何在農業為主的鄉村地帶建立更多學校，把愛國訊息傳播到不說匈牙利語的地區。

相形之下，塞爾維亞的愛國者所面臨的挑戰，是鄰近的民族沒遇過的。塞爾維亞已經好幾百年沒有自己的王國，而在這幾百年間，塞爾維亞貴族漸漸消失，有的戰死沙場，有的移民離開，有的伊斯蘭化，有的窮困潦倒。鄂圖曼人基本上沒有強制人民信仰伊斯蘭教，但是他們會將有權勢的職位保留給穆斯林，並將土地分發給他們，以鼓勵異教徒改宗。地主、官員和富人通常都是穆斯林，信奉東正教的農民則是地位次等的佃農。[43] 難以想像基督徒獲得任何有權力的職務或是指使任何一個穆斯林（無論是在經濟或政治方面）。因此，塞爾維亞的民族領袖都是來自比較成功的畜農和村莊名人。

不管富不富有，塞爾維亞人都擁有民族認同感。從比例來看，說塞爾維亞語的人自認是塞爾維亞人的比例，可能比說波蘭語的人自認是波蘭人的比例還多。這件事令人納悶，因為塞爾維亞人沒有自己的政治機構，也沒有如波蘭或匈牙利的菁英，在鄂圖曼帝國境內，就連最有錢的塞爾維亞農民也不識字。即使如此，在這片廣大的地區，會說塞爾維亞語的人儘管可能互不認識，仍覺得彼此之間有所連結。

這有一部分可能跟塞爾維亞東正教會有關。這是鄂圖曼人唯一准許保留的機構，為東正教信徒帶來獨立的司法機關以及塞爾維亞人（而非希臘人或保加利亞人）的身分認同。塞爾維亞東正教會接收了過去塞爾維亞王國幾乎所有的民政部門，並將塞爾維亞國王列為聖人，保存對那個王國的記憶。謙卑的信徒每天都受到提醒，記得他們的統治者曾經跟自己說著同樣的語言，而且應該再度恢復統治。佩奇（Péc）牧首區（君士坦丁堡牧首底下的一個東正教塞爾維亞分支）便把自己管轄的地區稱作「塞爾維亞土地」。從一五五七年開始，這個地區包含以前的塞爾維亞、科索沃以及更北邊位於匈牙利的一些地方。[44]

然而，同樣重要的還有一種沒有任何機構可以控制的文化形式，那就是自古以來就一直存在的民俗史詩傳統。塞爾維亞人會圍成小圈圈或聚集在自己家中，聆聽使用單弦樂器古茲拉琴伴奏的詩歌。這些歌謠是背誦出來的，演唱時間可以延續好幾個小時。歌謠被一代傳過一代，因為這能替人們帶來慰藉，是他們理解迫害的一種方式。最著名的是充滿戲劇張力的「科索沃系列」，內容講述了塞爾維亞在中世紀的榮光，最後描述一三八九年六月二十八日塞爾維亞軍隊在科索沃跟鄂圖曼大軍交戰、英雄們在戰場上犧牲生命的事蹟。

這一天確實發生過一場戰役，是鄂圖曼帝國往北擴張領土期間進行的數場戰役之一。真實的歷史其實並不光彩。塞爾維亞王國在最後一位偉大統治者杜桑於一三五五年去世後開始式微。一三八九年六月，在塞爾維亞大公拉扎爾的率領下，各諸侯在科索沃平原（原意為「烏鶇的平原」）跟蘇丹的軍隊交戰，拉扎爾和蘇丹都戰死了。這場戰役並不具有決定性。蘇丹的繼任者在地位鞏固之後，逼迫拉扎爾的遺孀接受他的統治。她的女兒奧莉薇拉（Oliviera）進入蘇丹的後宮，她的兒子斯特凡（Stefan）則為蘇丹打仗。例如，在一三九六年，斯特凡便在尼可波利斯（Nicopolis）跟匈牙利交戰，為姐夫打了勝仗。同時，拉扎爾被塞爾維亞教會封聖。在接下來的一百年，鄂圖曼帝國不斷往北、往西擴張勢力，塞爾維亞原本的領土全數落入鄂圖曼人手中。[45]

被外族統治的事實讓當地人始終無法釋懷，因此不到幾個世代，就開始出現史詩神話，為塞爾維亞人帶來安慰和希望。在這些神話中，拉扎爾不是個失敗的君主或受害者，而是充滿美德的烈士，自主接受死亡。十九世紀初，偉大的語言學家武克．卡拉季奇將塞爾維亞吟遊詩人傳唱的歌謠謄寫下來，裡面說到有一隻從耶路撒冷飛來的灰鷹，是上帝之母派來的使者。牠給拉扎爾兩個選擇，分別是天堂的帝國和人間的帝國，如果拉扎爾選擇後者，所有的鄂圖曼人都會死。但，他選了天堂，因為人間的帝國是短暫的，而天堂是永恆的。於是，他跟手下一起戰死。然而，這個神話並不完整，拉扎爾充滿正念的選擇無法解釋當時的東正教徒為何要接受次等地位的悲慘待遇。因此，史詩將內容加以擴充，承諾塞爾維亞人未來將獲得救贖，逃離外族的邪惡統治。

塞爾維亞教會保存了科索沃系列歌謠。拉扎爾成為聖人，暗殺蘇丹的米洛斯．奧比利奇（Miloš Obilić）也是。拉扎爾的遺骸由一間科索沃修道院的修士保管著。鄂圖曼帝國察覺到這些神話的力量，試圖加以控制，像是在一五九五年焚燒位於貝爾格勒弗拉查爾丘（Vracar Hill）的聖薩瓦（St. Sava，塞爾維亞的主保聖人）的骸骨和其他聖物，導致群眾支持一場反抗鄂圖曼人的起義，一直延續到一五九七年。[46] 土耳其軍隊還經常將聖人的壁畫和雕像挖掉眼睛，這些聖人在塞爾維亞通常是中世紀的國王和王后。農民知道這些行為是要切斷他們跟聖人神聖力量之間的連結，進而斬除他們身為基督徒和塞爾維亞人的身分認同。[47]

然而，科索沃的故事依舊一代傳過一代，無人能夠制止。這些在家中傳唱的詩歌，或許是歐洲史上一個民族進行過最有成效的消極反抗了。語言學家武克．卡拉季奇在一八一〇和一八二〇年代到這個地區四處收集民謠歌曲時，發現每個塞爾維亞家庭都有一把古茲拉琴，很難找到不會彈這種樂器的人。這些故事被寫下來之後，經過擴充與修飾，跟真實歷史人物和事件之間的差異又更大了。雖然這些故事可強化塞爾維亞人的認同，但它們從來不是「純粹的」塞爾維亞。其中的英雄人物也出現在馬其頓和保加利亞的史詩，為那些地區興起的民族運動形塑認同感。[48]

因此，史詩傳統以及不曾中斷的塞爾維亞（還有保加利亞）東正教會這兩者的存在，讓塞爾維亞人（還有保加利亞人）即使不識字，也知道自己的民族認同是什麼，不需要民族愛國志士或赫爾德的思想來告訴他們自己是誰或民族敵人是誰。不論意圖為何，毀壞民族神聖圖像只讓許多塞爾維亞人團結起來，他們的怒火一直流傳至今。十九世紀出現的塞爾維亞和保加利亞國家將透過學校教科書訓練來控制對這些事物的記憶，但是基本的認同模式已在當時確立下來。以塞爾維亞的例子來說，這個認同橫跨了廣闊的地區，延伸到克羅埃西亞地區的邊緣。[49]

塞爾維亞或其他任何位於巴爾幹半島的民族國家，都不是和平形成的。這些國家都將在戰爭中誕生，通常會牽扯到想要擴張勢力範圍、削弱鄂圖曼力量的俄羅斯。然而，塞爾維亞也因為另一個帝國勢力的牽涉而獲得好處，那就是奧地利。從十六世紀初開始，奧地利便贈與塞爾維亞難民軍事邊疆地區的土地，以換取他們保護那片土地不受攻擊的承諾。但，他們也會帶這些武裝農民（Wehrbauern）跟常規的邊防軍到邊界的另一頭進行突襲。

一七八八年，瑪麗亞．特蕾莎的兒子約瑟夫二世不明智地加入俄羅斯的軍事行動，一起對抗鄂圖曼人，「要替全人類報復土耳其野蠻人」。他從鄂圖曼境內召募志願兵，並在一七八九年協助攻下貝爾格勒。[50]但，控制慾強又帶有軍國主義傾向的約瑟夫堅持要親自指揮軍隊，結果很快就遭遇挫折。他在隔年去世之前，就面臨到匈牙利內亂以及普魯士在北疆所做出的威脅舉動。

他的繼任者利奧波德跟鄂圖曼人談和，因此恢復先前的狀態。然而，約瑟夫已經永遠影響了塞爾維亞民族運動：他訓練的五千名游擊隊員形成一群塞爾維亞戰士的核心，在一八〇四年發動叛變，反抗鄂圖曼人，原因是耶尼切里軍團長期治理不當——原本屬於菁英軍人的耶尼切里階級，已經演變成貪腐嚴重的傭兵部隊，靠劫掠和收稅為生。戰鬥在那年一月爆發，有四名耶尼切里叛徒決定讓叛變夭折，於是處死多達一百五十名的塞爾維亞領袖，把他們的頭顱插在竿子上。[51]起義初期，由豬農卡拉喬爾傑．彼得羅維奇（Karadjordje Petrović）率領的塞爾維亞人得到蘇丹的認可，攻打蘇丹再也控制不了的當地貪腐政權。

卡拉喬爾傑原本來自塞爾維亞的舒馬迪亞（Sumadija），後來在一七八七年跟家人一起逃到哈布斯堡境內。在哈布斯堡帝國的一個塞爾維亞單位接受訓練之後，他軍階越來越高，還參與了一七八八年的軍事行動。恢復和平後，他回到家鄉，變成一個有錢豬農。隨著耶尼切里軍團的統治變得越來越嚴苛，他也添購軍火武器，前往舒馬迪亞各地鼓吹叛變。[52]起義爆發後，在蘇丹從波士尼亞派來的兵力協助下，很快就取得一連串的成功。然而，這些叛變者表明，戰鬥的目的是要重建塞爾維亞國家，導致鄂圖曼帝國和塞爾維亞的合作宣告破裂。塞爾維亞的傳統教誨告訴這些叛變者，唯有透過獨立才能實現正義，因此他們開始跟帝國其他地方的塞爾維亞人一起為獨立而戰，遠至蒙特內哥羅的塞爾維亞人也加入了。一八〇五年八月，叛軍擊敗一支鄂圖曼軍隊。卡拉喬爾傑請求哈布斯堡統治塞爾維亞的基督徒，讓他們脫離「土耳其人的奴隸制」，但是由於奧地利統治者忙著應付法國帶來的難題，所以拒絕了他的請求。若非如此，歷史可能會出現很不一樣的發展。[53]

一八〇七年，塞爾維亞人成立最高委員會來治理被解放的地區，隔年選出卡拉喬爾傑做為領袖，使用「沃伊沃德」（voivode，意為民族領袖）這個世襲的頭銜。[54]於是，卡拉喬爾傑開啟了王朝，將在接下來一百年孕育第一批南斯拉夫國王。在一八〇九年的一場演說中，他在描繪自己的願景時提及科索沃神話。他說：「科索沃的基督徒希望再次治理自己的土地，但有兩度遭到阻礙。然而，現在土耳其帝國的斯拉夫地區幾乎全部都解放了，我們希望科索沃也將迎接自由的一刻。」然而，由於理應最能提供塞爾維亞協助的俄羅斯正忙著應付拿破崙發起的全歐洲衝突，鄂圖曼軍隊最後還是奪回塞爾維亞的領土，卡拉喬爾傑在一八一三年逃到奧地利。[55]

然而，這片土地並未綏靖成功，因為塞爾維亞人依舊維持武裝，不願意向鄂圖曼統治者和解。他們持續的抵抗換來殘酷的報復行為。[56]一八一四年，有將近兩千名婦孺被賣為奴隸，另有約三百人遭到折磨與殺害，其中大部分遭到刺刑，在貝爾格勒被公開刺死在長長的木樁上示眾。死亡的過程會持續好幾天，有些不幸的受害者甚至試圖激怒路過的土耳其人，希望他們開槍射死他們，終結他們的苦難。但，塞爾維亞人的怒火很快就燒盡了，有些難民也回到當地，包括在第一次起義擔任沃伊沃德、驍勇善戰的米洛斯．歐布雷諾維奇大公（Miloš Obrenović）。他隸屬於反對越來越獨裁的卡拉喬爾傑的團體。[57]

一八一五年七月，歐布雷諾維奇率領第二次起義，很快就解放塞爾維亞中部（鄂圖曼帝國的貝爾格勒帕夏里克＊）的許多地區。[58]由於拿破崙戰敗了，俄羅斯有餘力提供協助，因此歐布雷諾維奇跟鄂圖曼人談條件的時機相當成熟。他獲得實質上的自治權，得到最高領袖的地位，也就是塞爾維亞大公。貝爾格勒成立一個由十二位名人組成大法官的最高法院，塞爾維亞官員也擁有收稅和管理該地區事務的權力。耶尼切里階級不得擁有土地，塞爾維亞人則全數被赦免，可以保留武器。四年後，鄂圖曼帝國在握有任命權的情況下，正式賦予了塞爾維亞「公國」自治權。同一時間，歐布雷諾維奇發現對手卡拉喬爾傑從匈牙利溜回來，下令將他拘捕處決，把他的頭送給蘇丹以示效忠。[59]

歐布雷諾維奇透過巧妙的操弄，在一八三〇年之前獲得完全自治，包括成立軍隊的權利，雖然嚴格來說，這個國家在一八七八年以前仍臣屬於鄂圖曼帝國。[60]除了卡拉喬爾傑的兒子亞歷山大坐在王位上的那一小段時間，歐布雷諾維奇的王朝一直持續到一九〇三年。那年，軍官因為不滿米洛斯・歐布雷諾維奇懦弱的後代亞歷山大，和他所選擇的名聲敗壞的王后人選，殺害了這對王室夫婦，並將卡拉喬爾傑的孫子拱上王位，是為塞爾維亞國王彼得・彼得羅維奇（Peter Petrović）。

在這個新的塞爾維亞國家，土地分配跟族群有很大的關聯。在一八三〇年代初期，穆斯林喪失

＊譯註：帕夏里克（Pashalik）是鄂圖曼帝國的行政區單位，首長稱作帕夏（Pasha）。

持有農地的權利，必須在一年內把鄉下和小鎮的地產賣給塞爾維亞人；他們只被允許住在鄂圖曼帝國有駐軍的六座城市。[61] 鄂圖曼人不能擁有土地，自然也就造成大量穆斯林離開塞爾維亞地區，他們大部分都遷往波士尼亞或馬其頓等鄂圖曼帝國的其他區域。出走浪潮可回溯到十八世紀的奧地利－土耳其戰爭，並在一八〇四年和一八一五年的起義期間加速，因為塞爾維亞軍隊將穆斯林從他們奪取的領土中驅逐出去。這造成的結果是，塞爾維亞的伊斯蘭教消失了。從世紀之初到一八七四年，塞爾維亞公國的穆斯林人口從五萬人以上減少到五千人以下。這個國家就是要成為塞爾維亞人和基督徒的國家：一八四〇年代，對國民身分的認知確立了，穆斯林不被視為國民。[62]

穆斯林離開公國的同時，正教徒則開始湧入。這股潮流也可以回溯到十八世紀晚期，當時的正教徒（像是卡拉喬爾傑一家人）會從赫塞哥維納和科索沃等較窮困的地區，搬到多瑙河畔相對肥沃的土地以及薩瓦河（Sava river）和摩拉瓦河（Morava river）谷地。歐布雷諾維奇王朝之後在貝爾格勒掌權，促成數萬名正教徒從鄂圖曼人掌控的地區（主要是波士尼亞）遷移至此。[63] 結果是，波士尼亞變得更伊斯蘭化，而塞爾維亞則幾乎完全都是東正教人口。政府在分配原本由穆斯林持有的土地時，分配得相對平均，因此避免了大型莊園或擁地菁英階級的出現，這跟波蘭截然不同。

經過一番「族群清洗」的公國，將在數百年的外族統治（也就是人們眼中的「奴隸制」）之後，為龐大獨立的塞爾維亞奠定基礎。一八四四年，歐布雷諾維奇的內政大臣伊利亞．加拉沙寧（Ilija Garašanin）在流亡的波蘭貴族亞當．耶日．恰爾托雷斯基（Adam Jerzy Czartoryski）的協助下，製作了一份稱作「大綱」（Nacertanije）的照會，希望塞爾維亞將領地擴展到中世紀皇帝斯特凡・杜桑（一三三一年到一三五五年）曾經占領的地區。這包含鄂圖曼帝國的許多領土，因為杜桑的疆域有延伸到馬其頓、波士尼亞和阿爾巴尼亞。「大綱」表示，塞爾維亞人擁有建立這樣一個國家的「神聖歷史權利」，把鄂圖曼帝國中任何良好可用的原料一磚一瓦地取出來建立國家。[64]

但是現在出現了一個問題，那就是塞爾維亞人究竟是誰。貝爾格勒帕夏里克的塞爾維亞人擁有高度發展的民族意識，他們很清楚其他塞爾維亞人在幾個世代以前遷移到鄰近哈布斯堡帝國的匈牙利和克羅埃西亞。他們也知道波士尼亞住著正教徒，並相信那裡的穆斯林其實是基督徒後裔，在這幾百年間改宗了伊斯蘭教（稱作「背教者」）。他們還知道遙遠的過去曾經存在塞爾維亞人的國家。因此，他們的情況跟德意志或捷克運動類似：他們也相信，這個新國家的國界，至少是先前的某個政治實體最廣的國界。問題是，國界還可以擴展到哪裡？原本的國界就夠了嗎？跟德意志和波希米亞一樣，回答這個問題的是一群語言學家，而當中最著名的就屬卡拉季奇，他相當於捷克的約瑟夫・榮曼，除了跟歌德有書信上的往來，也認識格林兄弟、利奧波德・蘭克以及克羅埃西亞的柳德維特・蓋伊，因為他們在維也納有共同的社交圈。他得出的結論跟蓋伊類似，卻也非常不同。

卡拉季奇在一八三六年發表一篇文章〈四處各地的塞爾維亞人〉寫到，所謂的塞爾維亞人就是說著赫塞哥維納東部方言的變體的一群人，而他二十年前出版過這個方言的字典，將之標準化。他的主張對塞爾維亞人來說相當具有顛覆性，因為這表示他們得拒斥當時最受歡迎的書面語模型，也就是使用好幾百年的教會文本。現在，人們書寫的文字就是他們所說的語言。一般的塞爾維亞人雖不需要赫爾德告訴他們自己的民族是什麼，但卡拉季奇把「人民」（Volk）＊的語言視為這個族群的靈魂，就可看出塞爾維亞民族主義有受到這位德意志哲學家的影響。

赫塞哥維納東部的方言為什托方言，有許多地區性的變體，除了塞爾維亞的塞爾維亞人幾乎都說這個方言之外，蒙特內哥羅、波士尼亞和大部分的克羅埃西亞人口也是。[65] 柳德維特・蓋伊在創造伊利里亞人的計畫中，也是選擇以這個方言為標準語言，因此打從一開始，塞爾維亞人和克羅埃西亞人對於誰是塞爾維亞人、誰是克羅埃西亞人的概念便有所重疊，包括克羅埃西亞的部分地區和波士尼亞的許多地方。卡拉季奇認為，說什托方言的天主教徒和穆斯林是塞爾維亞人，他們的祖先改信了，但是很容易就可以重新改宗。據說，有人看到「屬於土耳其信仰」的塞爾維亞人在斯圖代尼察修道院（Studenica Monastery）親吻塞爾維亞國王斯特凡的遺骨，還向他禱告獻禮。[66] 這些「塞爾維亞穆斯林」被認為跟基督徒一樣懷有千禧年希望，相信這位聖人將帶著救贖重返。

伊利亞・加拉沙寧祕密撰寫的「大綱」便是這樣理解塞爾維亞的人，其綱要內容一直引導國家政策到第一次世界大戰之後。塞爾維亞正慢慢收復失地，應該要涵蓋很大一塊地區，包括杜桑皇帝從前位於塞爾維亞、科索沃、波士尼亞和赫塞哥維納的領土以及蒙特內哥羅，還有斯拉沃尼亞、達爾馬提亞、延伸到的里雅斯特的亞得里亞海沿岸地區、土耳其邊界的克羅埃西亞和大部分的匈牙利

＊編註：Volk特指十九世紀末以來受（德意志）種族觀念架構的人民／民族認同，除了定義誰屬於民族，也定義了誰不屬於民族，此種民族認同隨後由納粹擴散。進入蘇聯時期後，Volk也有東歐式「人民民主」政權的人民之意。

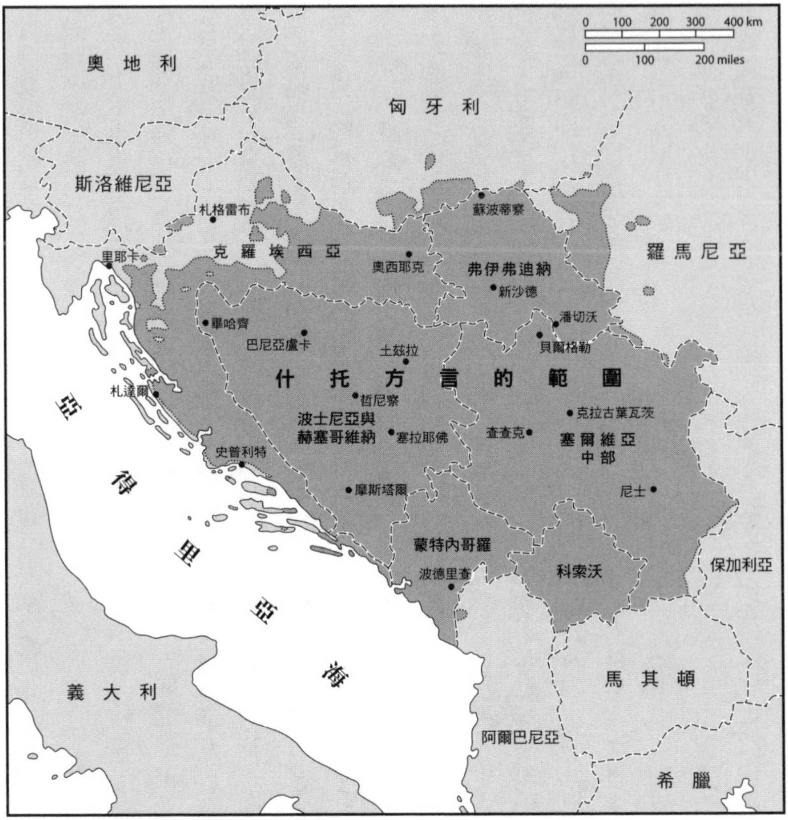

地圖 5.1 什托方言的塞爾維亞－克羅埃西亞變體之分布範圍。

南部。這些還只是被認為毫無疑問屬於塞爾維亞人家園的地區！阿爾巴尼亞和馬其頓或許還有更多塞爾維亞人的土地。[67]

武克．卡拉季奇跟柳德維特．蓋伊一樣是個學者，致力想要了解是什麼連結了廣大地區的人。他不提倡強迫歸化，更別說驅逐或「族群清洗」。[68]但，他倒是說，自己的發現是以理性為基礎，因此就算說著什托方言的克羅埃西亞人不認為自己是塞爾維亞人，他的論點依然成立。卡拉季奇知道克羅埃西亞的愛國者並不接受他的詮釋，但是他相信時間久了，他們也會稱自己為塞爾維亞人，否則他們會變成沒有名字的族群。德意志人和匈牙利人雖然信奉好幾種宗教，但卻無疑是兩個明確的族群，「塞爾維亞人」（也就是說什托方言的克羅埃西亞人和穆斯林）如果因為自己用不同的方式崇拜上帝，就認為自己是不同的族群，會被外族嘲笑的。[69]

卡拉季奇和柳德維特．蓋伊之間最主要的差異在於，前者的思想比較容易理解，使用了人們對自己的稱呼，並納入一個有名字的國家所留下的傳統。相形之下，根本沒有人稱自己為伊利里亞人。此外，克羅埃西亞知識分子開始害怕自己的民族不是會被併入匈牙利，就是會被併入塞爾維亞（特別是匈牙利在一八六七年變強了之後）。因此，一八六〇年代以降便出現一個獨立的克羅埃西亞民族運動，不把重點放在異想天開的語言統合上，而是放在從真實的克羅埃西亞歷史中衍生而來的克羅埃西亞權利。儘管如此，後來稱作「南斯拉夫主義」的伊利里亞主義從未完全消失，因為它有現實方面的優勢。跟塞爾維亞結合（無論以什麼形式）可以保護克羅埃西亞人不受到匈牙利、奧地利和義大利的威脅，因為這些國家全都覬覦克羅埃西亞的人口和領土。

✳

塞爾維亞民族主義的語言跟波蘭民族主義有共同的基本預設。「自願」融入外族統治的帝國是不可能的。塞爾維亞人沒有選擇鄂圖曼的統治者，波蘭人也沒有選出俄羅斯的君主，而且這些外族統治者鮮少尊重當地的權利和傳統。一七九五年，波蘭占領者甚至誓言抹滅波蘭王國曾經存在的記憶。那個時候，鄂圖曼統治者已占領塞爾維亞人的土地超過四百年，這個國家不再有自己的貴族階級。然而，人們依然知道自己的權利是什麼。兩個地方的人都把外族占領者視為透過武力、而非權利取得權力的篡位者。

雖然如此，波蘭人也調適了。在數個世代的外族統治中，有數不清的貴族、仕紳、城市人和老百姓忠心地以士兵或官員的身分服務新政權。瓜分波蘭的強權維繫了當地的秩序，並促進了經濟發展（尤其是普魯士）。可是，就像塞爾維亞，只要一有機會重申主權（例如一八一五年以前的拿破崙統治、一八六七年之後的奧地利統治，或是一九一七年至一九一八年帝國滅亡之後），馬上就有眾多支持者出現，迫切地想要建立國家機構。這些帝國建立了外表看似穩定有秩序的國家，但那只是暫時的休戰。

叛變的念頭有不同的來源。對十九世紀初期和中期的波蘭人而言，自己曾經有一個國家的記憶猶新，那個國家保障的自由雖然可能不完美，卻依舊存在於知識分子的家族故事中。沒有人會說那不值得爭取。塞爾維亞則有叛變的傳統，要反抗外族統治的不公。這些叛變者被稱作法外之徒

（hajduk或četnik），後來接受奧地利的訓練。對塞爾維亞來說，獨立也變成毫無疑問的價值，尤其是因為塞爾維亞起義獲得了成果（在希臘也是如此，還有後來的瓦拉幾亞和摩爾達維亞這兩個多瑙河地區的公國）。

民族主義者會重新撰寫早期的歷史，以符合他們的獨立要求。這在塞爾維亞很容易做到，因為關於十四世紀王國和君主的歷史並沒有留下書面紀錄。但是在波蘭，沒有人鑽研龐大的文獻，愛國者的怨氣聚焦在塔戈維查聯盟的幫兇身上，認為他們是徹底的叛國賊。然而，他們其實屬於波蘭愛國者，屬於反動分子，迫切想要保護被一七九一年五月三日通過的憲法所威脅的當地特權。當時的憲法改革是否能夠改善波蘭的地位，是爭論至今的議題。要是波蘭人心甘情願地接受俄羅斯在十八世紀稍早所建立的保護關係，或許之後就不會被瓜分。[70]雖然如此，塔戈維查聯盟總之是破壞了波蘭試圖靠一七九一年憲法來實現的自治（這份憲法至今仍受到讚揚，有專屬的國定假日）。現在回頭看，史評強調的大多是不屈服的精神，沒有考量到波尼亞托夫斯基國王等人是如何梳理各種困難的可能選項，試圖為國家帶來部分且相對有益的結果。

在塞爾維亞，幾乎沒有人會質疑這些叛變的邏輯。一方面，獨立運動似乎是平民百姓自然而然產生的力量，若不是被某個團體（像是卡拉喬爾傑的追隨者）領導，也一定會有另一個團體出面（如歐布雷諾維奇的同黨）。另一方面，叛變會成功似乎無庸置疑。被鄂圖曼帝國委任統治塞爾維亞地區的人，因為索求無度，反而造成帝國衰弱。塞爾維亞漸漸壯大，最後竟也慢慢變成奧地利這個塞爾維亞曾經的恩人所擔憂的對象。

波蘭和塞爾維亞相似的地方在於，異族統治帶來普遍的不公感受，促使人們謀反（有的屬於不常規的軍團，有的則是常規軍隊），而且兩地的起義都創造出延續好幾個世代的傳奇，直到二十世紀和第二次世界大戰仍然流傳著。一七九〇年代柯斯丘什科起義的基本概念是，叛亂者比穿著帝國制服的官員更具合法性。波蘭和塞爾維亞的民族主義是最純粹的早期反殖民主義形式。兩個世代後，阿克頓男爵（Lord Acton）說，波蘭一七九一年的憲法（及其受到壓制的事件）「喚醒了歐洲的民族性理論」。[71]

宗教概念被用來支持兩地的民族運動，在塞爾維亞比較容易，因為他們的教會帶有民族色彩，也透過塞爾維亞世俗權力的擴張而強化。波蘭的天主教階級制度警告不可對合法權威做出暴力行徑。但是，兩地的基督教傳統都提供了想像和要求重生與復甦的語言，也就是「彌賽亞主義」。兩地也都兼容並蓄地結合了民族和神學意象——這在塞爾維亞比較容易，因為聖人清單中包含塞爾維亞王室成員。波蘭人之後也會將一位王后和數位君主封為聖人，他們還將耶穌的母親變成「他們」的女王，他們最偉大的吟遊詩人則聲稱波蘭是萬國基督。

這樣的訊息想說的是，波蘭人是為了全人類的自由而奮鬥。波蘭人願為其他族群的自由而死（在義大利和後來的匈牙利），其他族群也應該把波蘭人的奮鬥視為自己的目標。一八三〇年的起義被平定之後，波蘭思想家充滿絕望，這使得他們的民族主義帶有一種飄渺的特質，在整個歐洲來說很不尋常。[72]儘管如此，復甦波蘭的基本要求在其他地方也獲得迴響。在整個十九和二十世紀，波蘭和塞爾維亞愛國志士除了努力在巴黎和莫斯科等外國首都向廣大民眾爭取支持，也直接跟外交

圖 5.3　「以上帝之名，為你我的自由而戰。」
（一八三〇年起義旗幟）
來源：波蘭軍隊博物館 / GFDL CC-BY-SA 3.0 or CC-BY 2.5.

官員交涉。值得注意的是，即使外國援助遭到中斷，波蘭和塞爾維亞人為「民族自由」奮鬥的決心仍持續存在。叛亂民族主義的傳統說明了波蘭和塞爾維亞政府為什麼在一九三九年和一九四一年決定抵抗德國勢力時，還能消弭深刻的政治隔閡，受到自己人民廣大的支持，儘管從理性的角度來看，他們沒有戰勝的機會。奮鬥造就了這兩個民族，而且失敗的結果比成功的結果更能夠形塑他們。

PART 2

帝國的衰亡與現代政治的興起

chapter 6

沒人要理的溫和派：一八四八年的中東歐

一八四八年的民主革命打破集體希望的速度之快，是歐洲人在那之前和之後都未曾經歷過的。二月和三月時，法王透過偽裝的方式逃離憤怒的人民。之後，歐洲各地的群眾紛紛起身反抗自己的王公和國王，以前所未見的方式連成一氣，好像全都照著同一個腳本行動。曾經導致無數場戰爭的民族或宗教分歧似乎不再那麼重要，就連「東方」和「西方」這樣的區分也變得次要。時下最流行的詞彙叫做自治。群眾要求得到權利與民主，迫使信奉君權神授說的君王撤退或協商，類似事件在義大利、法國、德意志中部、波希米亞、普魯士和奧地利屬的波蘭地區以及匈牙利全境（包括外西凡尼亞）都有發生，甚至延伸到更東邊，例如名義上仍在鄂圖曼統治之下的瓦拉幾亞和摩爾達維亞公國（今日羅馬尼亞的核心）。在這個廣大的地區，各地的歐洲人都在述說同一個故事，那就是他們要脫離封建制度，在民主制度下過更好的生活。假如國王和王公倖存下來，他們就得立憲，就像英國和荷蘭那樣。

然而，早在四月的時候，民主運動就已開始揭露群眾之間原本幾乎沒人想過存在著的分歧。先前受到震驚的王公開始反攻，利用各種資源，有的傳統（如訓練有素的軍隊），有的新穎、出人意料。對哈布斯堡家族來說，幾乎每一個民族群體都可以變成他們鎮壓德意志和馬扎爾民主派的盟友。不過，他們也利用了階級之間的分裂，挑撥農民跟城市的自由派，讓城市的自由派跟郊區的無產階級反目成仇。中歐在一八四八年爆發屠殺事件時，哈布斯堡家族還扮演起猶太人及其地產的捍衛者，對付聲稱猶太人跟他們的族群敵人站在同一陣線的都市暴民。這個家族不只是舊秩序的護城河，還是生命與自由的保衛防線，要反抗漸漸形成的新秩序，因為這個新秩序除了提倡自由主義和民族自決，還帶來族群之間頑強不已的仇恨。

到了一八四八年秋天，哈布斯堡家族和其他地方的君王已重振旗鼓，不過最終的勝利要到一八四九年的春夏兩季才會實現。那時，帝國當局將關閉奧地利選出的國會，並在從哈布斯堡帝國境內招募的克羅埃西亞、奧地利德意志、塞爾維亞和羅馬尼亞兵力的協助下，鎮壓匈牙利的民主革命。試圖建立民族國家的匈牙利民主派跟這些民族之間的爭執實在太過激烈，使這個地區變成族群清洗的舞台，馬扎爾人、塞爾維亞人和羅馬尼亞人的軍隊透過驅逐其他族群、焚燒他們的村落來奪取領土。

從封建制度轉為自由民主的過程竟然如此困難，令人們十分吃驚，因為哈布斯堡的臣民原先並不曉得這個地區的複雜程度這麼高。歷史學家約瑟夫．雷德利希（Joseph Redlich）後來寫到，言論審查和內部交流不足導致帝國的各個臣國對彼此完全不了解。關鍵的高等教育幾乎不存在，而對菁英階級來說，「國家幾乎就等同於德意志人的奧地利」，他們假定政府會從維也納進行統治，毫不關注蘇台德和阿爾卑斯山地區的「異族」居民。他們幾乎不了解捷克人和南斯拉夫人，也沒有人預期這些人群會要求獨立。[1] 中東歐的居民只有在頭一次為了爭取自由而開始打交道之後，才漸漸認識彼此。

自由革命

哈布斯堡帝國的革命火花，最早出現在東部一個梅特涅稱作「亞細亞」的地方，從維也納沿多瑙河往下游走，便會來到這個當時屬於匈牙利、今天位於斯洛伐克的地區。三月三日那天，當時最厲害的群眾煽動者拉約什．科蘇特在波佐尼／普雷斯堡議會上發表一場激昂的演說，聲稱他效忠哈布斯堡帝國，但也撻伐政府治理不當，導致當地面臨破產。他堅稱，專制統治必須終止，現在該是帝國各地的代表機構上場的時候，匈牙利王國將擁有自己的特殊地位。[2]

這種言論從來沒在公開場合出現過，傳到維也納時自然引起一陣騷動。國家財政確實搖搖欲墜，因為歉收、水災和人口快速增長的緣故，各地缺乏買得起的糧食和薪酬高的工作可以支持工人與他們的家庭。結果，一八四六年和一八四七年發生糧食暴動，被強大的武力所鎮壓。[3] 不斷成長的城市無產階級吵著要改革和代表權，卻發現封建政體無法促進理性和有生產力的發展，就像被迫替主人勞動的那些農民所遭遇的一樣。

在三月十三日一個陽光普照的初春早晨，下奧地利的三級議會在維也納召開例會，其中一些自由主義代表決心爭取新聞自由、民兵和可處理預算等急迫問題的統一帝國議會。破曉前，就有數千名學生和都市勞工在舊城區遊晃，大力要求實施民主。革命是這樣開始的：當局反應過度，叫來了士兵，結果士兵沒多久就困在狹窄巷弄組成的迷宮，遭到四面八方飛來的石頭攻擊。有人開了一槍，招來更多石頭。更多槍響傳出，雙方都有死傷。但，市政當局不願發動鎮壓抗議所需要的全面武力，於是士兵撤退。

在鄰近的霍夫堡，梅特涅親王和超級保守的將軍阿爾弗雷德．溫迪施格雷茨親王（Alfred Windischgrätz）督促意志薄弱的皇帝消除殘餘的異議勢力，但是斐迪南和他的顧問決定採取懷柔政策。梅特涅喬裝後逃往英國，皇帝不久便取消限制公共結社和言論。奧地利記者頭一次可以觸及工人或知識分子，而不只有政府官員這個主要讀者。最早成立的民主機構有國民警衛隊（National Guard，約三萬人）和學院軍團（Academic legion，約七千人）等。[4]

斐迪南承諾會給自己的子民一部憲法，並指定溫和派的弗朗茲．皮勒斯多夫男爵（Franz von Pillersdorf）來管理自由主義者組成的看守政府。三月十六日，皇帝巡視學院軍團的一個單位，替他們的自由感到振奮，但卻對使他們跟其他奧地利人有所區別的利害關係一無所知，更別說他們彼此之間的隔閡了。隔天，維也納大學的激進民主主義者兼天主教神父安東．費斯特（Anton Füster）執行一項令人悲傷的任務，埋葬在先前的衝突中過世的五位學生。維也納的新教牧師和首席拉比也加入了送葬行列，即使在數十年後，這肯定也會是非常進步的一幕。費斯特後來寫道：「舊約和新約在自由的旗幟下一起行走。」能夠看到年輕的革命分子「團結友愛」地合作，不管是德意志人、義

圖 6.1　維也納革命（一八四八年五月）。
來源：平版印刷師傅F・維爾納（F. Werner）的作品，
Via Wikimedia Commons

大利人、波蘭人、波希米亞人、伊利里亞人、達爾馬提亞人、摩拉維亞人、馬扎爾人或克羅埃西亞人，真是令人開懷。[5]

聽說維也納的革命後，匈牙利的政治階級在發表民主言論時變得更加堅定，而他們通常是在佩斯、布達和波佐尼／普雷斯堡的咖啡廳和酒館聚會時發表這些言論。在三月十五日這個或許是匈牙利史上最受到慶賀的一天，有超過兩萬人聚集在布達總督府門前，逼迫這個匈牙利最高行政機關接受基本的自由要求，包括廢除審查制、成立國民警衛隊和由人民選出國會。抗議領袖是一小群年輕的知識分子，領頭的是二十五歲的詩人山多爾・裴多菲。他說：「我們發誓我們不要再當奴隸！」這番話使追隨者激昂不已。

兩天後，皇帝斐迪南指派信奉自由主義的地主拉約什・巴塔尼（Lajos Batthyány）為匈牙利獨立政府的領袖，他隨即開始根據一八三一年比利時的範本立憲。帝國當局決定做出行動，不是因為布達和佩斯出現大規模群眾動員，而是因為謠言指出裴多菲正在組織農民軍。[6] 完成的草案列出了由有頭銜的貴族所組成的上議院及由持有土地的男性所選出的下議院。這表示，有大約百分之七到九的成年男性擁有選舉權，比一八三二年的英國選舉權比例還高。在獨立的法庭上，國民人人平等；人身和財產的安全擁有保障；所有的稅金特權和土地買賣的限制都將廢除；不同的基督教教派也都是平等的，但是猶太教除外；農民將獲得人身自由，勞役以及跟居住地有關的一切限制也都會廢除。這部憲法透過國王本人（也就是奧地利皇帝），維持匈牙利與奧地利的正式連接，國王保有發動戰爭的權力。但，法律沒有明確寫出這兩個國家要如何共同安排國防和財政。斐迪南在四月十一日簽署憲法後，匈牙利成為萊茵河以東第一個君主立憲國。[7]

該國國會比維也納的革命分子、甚至是中東歐所有想要掌權的人（包含正在法蘭克福準備立憲的德意志自由主義者）走的更遠。其他地方的民主派要求把封建制度轉變成現代制度，但在匈牙利，封建制度——即古老的議會——卻是自己轉變成現代制度。貴族自己通過了限制特權的措施，但是他們這麼做是為了阻止鄉村發生更大的動亂。在哈布斯堡帝國各地，農民已不再履行世襲的勞動服務，甚至有人傳言領主的宅邸遭受暴力攻擊。

此時，皇帝斐迪南為奧地利制定的憲法讓他有權利否決立法，並進行對貴族和富人較為有利的間接國會選舉。結果，這更進一步地激化政治意見，學生再次走上街頭，要求終結所有的階級和身分特權。皮勒斯多夫政府於是把投票權擴增給除了零工和僕人以外所有的成年男性，但是這又引發更大規模的抗議示威。在那之後，政府承諾實行完全的男性選舉權。[8] 新選出的國會現在成為制憲國會，但這就是維也納革命的高點了。朝廷害怕暴民發動攻擊，於是躲到挺哈布斯堡的保守城鎮因斯布魯克（Innsbruck）。

維也納的革命勢力出現分裂，激進的共和派越來越強大，溫和派則式微。例如，中產階級的國民警衛隊減少到七千兩百人，比較極端的學院軍團則依然強大。在領導階層方面，激進的民主主義者占上風，其中包括年輕教授約瑟夫・戈德馬克博士（Josef Goldmark）與阿道夫・菲什霍夫博士（Adolf Fischhof）。在奧地利政壇打滾數十年的菲什霍夫之後將成為在維也納國會要求教育與新聞自由、陪審制以及奧地利各民族互相協調利益的第一人。學生仍持續透過示威對政府施壓、點名失寵的大臣，菲什霍夫則掌控了一個「安全委員會」（Committee of Safety）來運作維也納事務，這一切都讓人想起一七九〇年代的巴黎。[9]

除了激進的維也納公民，政府也被各個民族逼得節節敗退。除了馬扎爾人，捷克人和斯洛維尼亞人也吵著爭取權利；義大利統一運動遍及整座半島的同時，倫巴底和維內托（Veneto）這兩個省分準備永遠脫離奧地利，就連剛選上的教宗庇護九世（Pius IX）也支持他們，呼籲斐迪南交出義大利領土，還派遣一萬六千名士兵保衛波河（Po river）邊界。[10] 革命分子（他們之中有些人帶著教宗的肖像）將奧地利軍隊從米蘭趕走，迫使帝國最優秀的野戰指揮官拉德茲伯爵約瑟夫・拉岱茲基

（Joseph Graf Radetzky von Radetz）在三月二十三日之前撤退到四個孤立無援的據點。他的多族群軍隊撐了下去，但有一些義大利士兵選擇逃兵。

維也納的自由主義者面臨了窘境。一方面，他們的政治理念傾向支持義大利民族統一，但是在另一方面，他們不知道如果所有的民族都開始爭取獨立，奧地利會變成怎麼樣。帝國肯定會慢慢瓦解的。對像拉岱茲基這樣的保守人士而言（這位波希米亞貴族喜歡用捷克語跟士兵交談），義大利跟波希米亞或匈牙利一樣，無疑是哈布斯堡領土的重要組成，必須繼續維持這個狀態。這樣的觀點在宮中盛行，宮廷人物都警戒地觀察事件的發展。到了夏天，皇帝在因斯布魯克的避難處出現一支祕密顧問團（camarilla），決心以最快的速度恢復專制君主制。

大公妃蘇菲（Sophia of Bavaria）是顧問團的核心人物，有著鋼鐵般的意志。蘇菲是斐迪南的弟弟法蘭茲．查爾斯大公（Archduke Francis Charles）的妻子，人稱宮中「唯一的男人」，對皇帝那年稍早做出的妥協感到羞恥不已。她後來跟一位將軍這麼說：「我寧願失去我的孩子，也不願忍受向一群學生投降的恥辱。」[11]她的丈夫似乎猶疑不定，但拉岱茲基和溫迪施格雷茨等軍官，及想建立一個以理性治理的強國的君主派官員都支持她——特別是溫迪施格雷茨的小舅子施瓦岑貝格伯爵（Count Schwarzenberg），以及才華洋溢的法律思想家弗朗茲．施塔登（Franz Stadion）、加里西亞總督巴哈（Bach）和侍衛長洛伯科維茨親王（Prince Lobkowitz）。[12]

除了軍隊和官僚，這些策畫者還有兩個優勢協助他們重申哈布斯堡的權力。第一個優勢是蘇菲十七歲的兒子法蘭茲．約瑟夫從小就為當皇帝做好準備，蘇菲相信他忠誠、有紀律、有天賦。斐迪

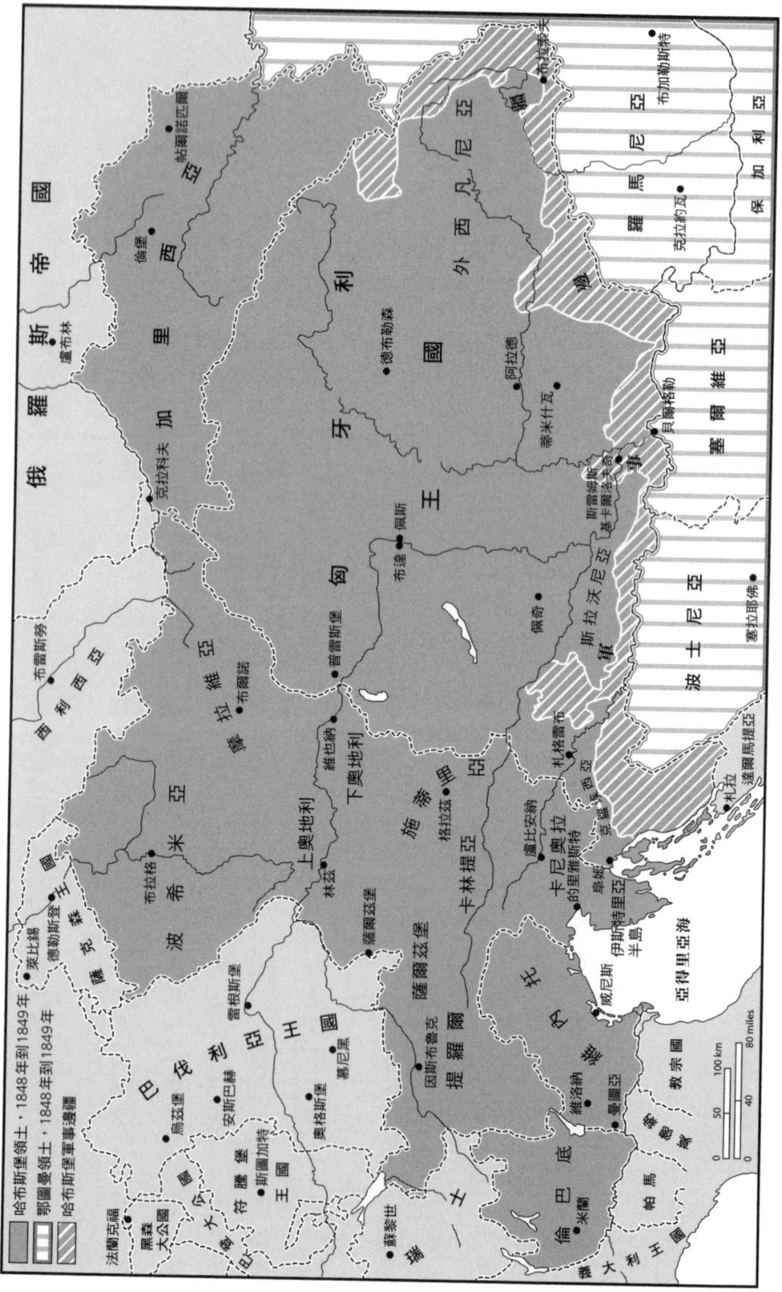

地圖 6.1 約一八四八到一八四九年的中東歐。

南在一八四八年四月向「暴民」做出的承諾並未波及到他，他之後將憑意志把帝國各地區統一起來。

第二個優勢是帝國本身的多元。學生和無產階級革命分子在城市裡做出越來越激進的要求，因此斐迪南為了順從農民，便廢除農奴制。但，帝國的民族分歧提供了更大的可能。馬扎爾仕紳曾經要求自治權，而巴納特的塞爾維亞人和外西凡尼亞的德意志人則有自治的傳統，因此從一八四八年的三月開始，羅馬尼亞人和斯洛伐克人（西歐人完全不曉得的群體）也開始吵著要自治。然而，最動盪、所以也最能帶來希望的，則是克羅埃西亞這個位於匈牙利境內的王國。克羅埃西亞的貴族知道自己的祖先在十一世紀自願跟匈牙利簽署條約，他們有的人是自由派，許多則極為保守，但無論屬於哪一派，所有貴族都對來自匈牙利新首都佩斯的傳言——要把匈牙利（包含克羅埃西亞）變得「單一而不可分裂」——感到驚駭。

匈牙利的領袖承認克羅埃西亞的獨立存在，但不承認匈牙利的其他地區，如斯洛維尼亞或同時住了塞爾維亞人和克羅埃西亞人的軍事邊疆。四月通過的法律沒有提到少數群體的權益，並將匈牙利語訂為王國的官方語言。拉約什．科蘇特知道匈牙利境內有許多「種族」，但是他擔心承認任何一個民族都會造成行政區被畫分得更小。在他看來，塞爾維亞人、斯洛伐克人、羅馬尼亞人、德意志人或克羅埃西亞人的權利是封建制度的「有害遺風」。他和其他自由主義者計畫根據法國模型將國家中央集權化，這樣匈牙利的每個人都會包含在匈牙利民族裡。連匈牙利人之中的政治溫和派也拒絕讓步，而當調解克羅埃西亞人和羅馬尼亞人的實際辦法真的出現時，卻又來得太晚。[13]

幸運之神在三月時眷顧哈布斯堡王朝，克羅埃西亞總督的位子出現了空缺，因此斐迪南在克羅埃西亞貴族的保守分子和伊利里亞愛國者柳德維特．蓋伊的建議下，選擇約瑟普．耶拉契奇（Josip Jelačić）為新任總督。他是一名未婚的職業軍官，跟他統領的部隊一起生活，把部隊當成活著的目的，而這支部隊正是軍事邊疆的菁英護衛隊（Grenzer），結合了克羅埃西亞人、塞爾維亞人和蒙特內哥羅人。[14] 四月時，耶拉契奇也當上邊疆克羅埃西亞分隊的中尉陸軍元帥和最高指揮官。他是一個克羅埃西亞民族主義者，札格雷布舊城的中央廣場今天還有他的雕像。但是同樣重要的是，他還是一個伊利里亞人，跟友人蓋伊一樣，希望建立一個由哈布斯堡統治的大型南斯拉夫國家，容納天主教的克羅埃西亞人和東正教的塞爾維亞人。因此，他對西邊的克羅埃西亞人和東邊的塞爾維亞人的呼籲，威脅到匈牙利在南部疆界的統治。

早在三月時，哈布斯堡官員就計畫對匈牙利重新施加中央統治，但表面上仍對匈牙利的立憲政府保持忠誠。耶拉契奇也扮演雙面人，一方面同意帝國官員的提點，說他嚴格上要服從匈牙利政府，另一方面則因為蘇菲大公妃的祕密顧問團勢力越來越大，所以他知道當他違抗匈牙利政府，他為皇室帶來的價值也會增加。因此，他拒絕按照慣例宣誓效忠，開始肅清札格雷布的匈牙利官員。[15] 透過一個反對一切馬扎爾事物的聯合運動，他得到克羅埃西亞各階層的支持，包括貴族、保守派與激進派的知識分子以及農民。[16]

三月時，克羅埃西亞札格雷布議會試圖做到波佐尼議會曾經為匈牙利做過的事：決意推行自己的外交政策，創造克羅埃西亞人的銀行、軍隊和大學，並通過零星自由和民族權利，像是公民在法律上人人平等，還有在天主教教會、學校和行政機關使用克羅埃西亞語。他們跟匈牙利國會的起草人一樣，以自己在過去擁有的領土權做為提出要求的依據。五月時舉行了間接選舉，約有百分之二點五的男性人口參與。即使如此，克羅埃西亞國會還是跟從前那個以貴族為主的國會不一樣，而且也有針對現代改革進行投票，如廢除貴族和神職人員的稅金以及農奴制。[17]

接著，克羅埃西亞的立法者將革命的眼光轉移到民族問題上。更重要的是，耶拉契奇告訴克羅埃西亞國會，這其中涉及到的不只文化和語言，現在正是結合帝國所有斯拉夫民族的時機。他的主張跟街頭的要求一樣。札格雷布的學生說：「帝國人口明明有半數是斯拉夫人，但是我們卻一再被壓榨折磨。你知道沒有民族性的自由是什麼嗎？就像沒有靈魂的軀體。」[18]

在東方，匈牙利的塞爾維亞人在獲得自由沒多久，就已經開始安排集會。他們的革命委員會選擇年輕的哈布斯堡官員喬爾傑・斯特拉蒂米羅維奇（Djordje Stratimirović）到佩斯的匈牙利政府，要求政府承認他們。被告知匈牙利政府不可能受到承認之後，他誓言要到別的地方獲得認可，科蘇特於是譏諷地說：「如果是這樣，我們只好比試一下。」這名匈牙利領袖並不知道，匈牙利的塞爾維亞人從疆界另一頭的塞爾維亞公國那裡得到了武裝志願兵，而且貝爾格勒的奧地利執政官知情並同意了。[19]

五月時，哈布斯堡的塞爾維亞人在東正教總主教約瑟普・拉賈契奇（Josif Rajačić）的領導下，在位於軍事邊疆的斯雷姆斯基卡爾洛夫奇召開「民族議會」。他們選出邊疆一支軍團的上校斯特凡・舒普利卡奇（Stephen Šupljikac，又名Vojvoda Šupljikac）做為民族領袖，所以這個地區稱作弗伊弗迪納。當地人口組成約三分之一是塞爾維亞人、將近四分之一是匈牙利人、四分之一是德意志人，另有零星的克羅埃西亞人、斯洛伐克人和羅馬尼亞人。但是，塞爾維亞人聲稱自己擁有哈布斯堡數百年前承諾給予的權利，其中最重要的就是選出沃伊沃德的權利。舒普利卡奇發誓立憲，六月時跟一些塞爾維亞人一起到札格雷布跟克羅埃西亞人結盟。[20]

他們出現在克羅埃西亞的首都時，氣氛十分歡樂，可明顯感受到泛斯拉夫的團結。六月五日，塞爾維亞總主教拉賈契奇在天主教主教的陪同下，讓耶拉契奇宣誓「保護威嚴的奧地利皇室、我們共同的福祉、甜美的自由、我們的民族、三元王國的尊榮與榮耀」。[21]克羅埃西亞國會想出一個概念，要建立一個更龐大的伊利里亞省，凡是斯拉夫人居住的區域都給予廣泛的自治權。這是伊利里亞主義（後來稱作南斯拉夫主義）第一次被大規模展現出來，並因為從一開始就清楚辨識出敵人而獲得最大的成功。耶拉契奇死前回憶起南斯拉夫人期望他將領土一路解放到伊斯坦堡。[22]

在這場會面之後，耶拉契奇陪同塞爾維亞人和克羅埃西亞人組成的代表團到因斯布魯克的哈布斯堡朝廷，當時匈牙利政府的成員才剛離開，堅信皇室會繼續尊重他們的四月憲法。[23]皇帝甚至交給匈牙利首相巴塔尼一些便箋（「宣言」），希望打消他的擔憂：首先，不接受外西凡尼亞的德意志人和羅馬尼亞人獨立；次之，把保衛軍事邊疆的責任交給他，而不是克羅埃西亞政府；第三，終止耶拉契奇的克羅埃西亞總督的職位。

最後一個宣言並未阻止耶拉契奇的訪問，因為他不知情。皇帝警告這位克羅埃西亞領袖不要嘗試獨立，並給他機會好好說一番。據說，耶拉契奇凱慷慨激昂地表示對奧地利的熱忱，連皇后和大公妃蘇菲都落下淚來。在回家的路上，耶拉契奇才在一個外省郵務站聽說自己已經不再是總督，但是在同一時間，他又收到機密消息，說朝廷仍舊站在他那邊。朝廷的運氣也有所改善。陸軍元帥拉岱茲基剛攻下維辰札（Vicenza）這個位於維內托政區的城市，重新建立起供應線，而且計畫在義大利北部擴展攻勢。[24]

匈牙利人在六月十日要維護自己在斯雷姆斯基卡爾洛夫奇對軍事邊疆的掌控時，碰到令人不悅的意外。被驅趕了之後，他們訝異地看見朝他們開火的塞爾維亞部隊升起跟他們一樣的帝國旗幟、穿著跟他們一樣的制服。率領他們的是二十六歲的上尉喬爾傑・斯特拉蒂米羅維奇，也就是反抗科蘇特的那個人。他的匈牙利對手亞諾什・赫拉博夫斯基將軍（Janos Hrabovszky）在指揮彼得羅瓦拉丁（Petervarad）的駐軍時，他正根據塞爾維亞主要委員會（glavni odbor）的指令行動。雙方都聲稱自己具合法性，斯特拉蒂米羅維奇遵從的是哈布斯堡帝國的法律，赫拉博夫斯基則是遵從匈牙利憲法。斐迪南皇帝為了持續扮演雙面人，提拔了兩邊的軍官。[25]

這場戰鬥是武裝勢力第一次以族群之名奪取中東歐的領土，結果造成該地區最早的族群清洗事件。[26]要計算死傷是不可能的。可以確定的是，兩邊都有出現殘暴行徑的故事，說是另一方先動手，且除了對婦女和長者犯下不可言說的暴行（包括將受害者「毀容」），還做出羞辱性極大的儀式性舉動。實行族群清洗的人讓這個地方充斥恐怖氛圍，因此沒人敢再回來，他們放火燒屋，把還活著的屋主扔進火堆，並慫恿旁觀者一起施暴。[27]這些暴力更加悲慘，是因為這裡自從十七世紀與鄂圖曼破壞力強大的戰爭之後終於重新有人拓居，且融合許多民族，包括塞爾維亞人、羅馬尼亞人、德意志人、斯洛伐克人和保加利亞人，無論他們是信奉天主教、東正教或新教，全都和平地定居在此。族群清洗的人也有計畫重新拓居和人口轉移，缺少的就只有實行這些事情的時間。[28]

革命導致匈牙利內外都出現屠殺事件。[29]在佩斯，群眾在四月中開始攻擊猶太人的商店，不過警方設法恢復了控制。有些人說，誘發暴力的原因是不想付租金給地主，而這些人有的是猶太人；有些人則說，中產階級煽動攻擊是為了轉移大眾對於激進社會要求的注意力。例如，在一八四八年三月，暴民便接收到一個訊息，那就是地主若非面臨猶太人的不公平競爭，他們肯定會調降租金。此外，猶太人也跟小資產階級不喜歡的政治思想有關，像是「極端」共和統治。這預示了中東歐之後會發生的事：在當時，共和主義或許是第一次因為跟猶太人聯想在一起而喪失權威。[30]

在北邊的波佐尼／普雷斯堡，有十名猶太人在四月二十四日遭到殺害，另有約四十名猶太人受傷。暴動者很年輕，來自中下階級，在當時的紀錄中被稱作「烏合之眾」。他們大部分都是學徒和雇工，覺得革命承諾要解放猶太人會威脅到他們。比方說，在三月十五日之前，猶太人不能當守夜人或拉車的，但是到了隔天，他們卻出現在市政廳，在國民警衛隊裡服務。因此，基督教鞋匠感覺身分地位突然提升，又突然下降：他們獲得站崗的權利，結果卻要跟猶太人分享這項殊榮。巴塔尼和科蘇特的應對方式是，將猶太人「請出」這個服務與安全委員會。有些猶太領袖希望阻止更進一步的暴力，便撤銷完全解放的要求。[31]

看見自由主義的政府向暴民屈服，讓許多猶太人感覺被背叛。巴塔尼不願意為他們承擔風險，只是不斷重複猶太人放高利貸及分離主義等過去的陳腔濫調，合理化群眾對他們的憎恨。但，巴塔尼叫委員會的猶太成員繳回武器時，有些人拒絕了。一名目擊者說，先前向他鞠躬的猶太人做出「充滿男子氣慨的反抗」，惹惱這位自傲的達官貴人。短短幾週，匈牙利的屠殺事件平息了，但卻接著發生在波希米亞和德意志地區，幾乎有人提到猶太人會被解放的地方都爆發屠殺。[32]

波希米亞

赫拉博夫斯基將軍準備攻擊斯雷姆斯基卡爾洛夫奇，較為人所知的親王阿爾弗雷德・溫迪施格雷茨將軍則在對波希米亞的首都布拉格展開全面攻擊，讓士兵跟學生較量，兩邊都有德意志人和斯拉夫人。但，那裡的衝突沒有匈牙利來得暴力，殘忍暴行的故事不多。死者總共四十三人左右，其中包括溫迪施格雷茨的妻子、施瓦岑貝格伯爵的姐姐艾莉歐諾（Eleonore，遭流彈打死）。傷亡人數可以精準計算出來，顯示衝突有所克制，不過也是因為只有從六月十一日延續到六月十七日，發生期間不長。然而，對哈布斯堡各地發生的革命來說，這次衝突非常關鍵，是革命第一次遭遇挫折，也是重振旗鼓的專制主義者重新確立權威的第一個跡象。

革命因為溫迪施格雷茨的攻擊，畫上令人震驚的句點，但是在三月初，這場實驗其實有個吉利的開始，郵車每天都會捎來某位義大利君主或德意志諸侯前一天下台的消息。祕密政治團體會到布拉格的咖啡廳不定期會面，嚷著做出行動，可是梅特涅還在掌權，無望舉行大型集會。於是，一個自稱「廢止」（"Repeal"，仿效愛爾蘭先前的同名協會＊）的團體廣發邀請函給「誠正的捷克人」一起在三月十一日星期六到聖瓦茨拉夫浴場（St. Václav baths）碰面，因為那裡是這座城市少數可以容納大量群眾的非宗教空間。[33]

這些早期的波希米亞民主派沒有代表任何政黨，因為當時不存在政黨。他們分成自由和激進這兩種傾向，後者通常比較強勢。法蘭提塞克・帕拉茲基等走跳已久的知名捷克愛國志士，都沒有參加第一次集會，因為集會的訴求同時帶有民族和社會主義色彩，要求捷克人獲得平等待遇，但是也要求公正對待勞工。一千位左右的出席者都很年輕，想法團結一致，要打破政治專制主義的枷鎖。他們很有勇氣，在革命尚未遍及維也納前便做出明確違法的事。主辦人包括一個屋頂工、一個旅館老闆、一個磨坊主、好幾位學生和一名律師。[34]

邀請函並沒有將德意志人排除在外，但是由於布拉格大部分是捷克人，且出席者多半來自社會邊緣，所以捷克人（尤其是向上流動的學生）成為了核心。早期的革命領袖當中的德意志人通常是激進分子，為了改變社會願意支持捷克人的語言權利。[35]

他們向皇帝提出請願，要求承認波希米亞的兩個民族，但只有捷克人是「原始的，因此對領土擁有至高無上的權利」。起草人要求「捷克王冠」的所有疆土都要實施民主制，包括波希米亞、摩拉維亞和奧地利的西利西亞。這是最早公開爭取「波希米亞權利」的呼籲，主張波希米亞王國以民族主義為導向的政治秩序基礎，必須是一七四〇年的疆界及其法律的完整性。[36]事實上，波希米亞王國這個行政單位在一七四九年特蕾莎推行改革時就已不復存在，歷史上也從來沒有這三個屬地的中央國會。

提出這項要求的捷克民族主義者從浪漫的古文物迷，變成活躍的政治屬民。提到捷克人這個民族所擁有的權利時，他們其實也不再關注任何可以回溯到一七四〇年前後的法律文件的事物，畢竟從來沒有任何一位君主跟捷克人進行協議。但，愛國志士把族群上屬於捷克人的人對波希米亞的權利回溯到君主之前的時代，也就是七世紀來到此地的西斯拉夫捷克和摩拉維亞部落。他們強調語言方面的巧合，將「波希米亞」和「捷克」這兩個詞的捷克文寫起來一模一樣這點當作理論依據，進而使波希米亞王國屬於捷克人的概念變得很自然。可是，對於只會說德語的人而言，這個論點很難理解，因為德語所說的「Böhmen」，數百年來一直是德意志的一省，這點似乎也同樣理所當然。[37]

然而，這項訴求不只跟民族權利有關。就跟札格雷布、布達佩斯或維也納的革命分子所起草的憲法一樣，他們也要求得到公民的自由與社會權利，如：新聞自由；獨立司法；人身的不可侵犯性；宗教自由；取消地主封建特權；撤銷世襲的農奴制；法律面前人人平等；適當的教師訓練。早期的草案還提出了更激進的要求，像是公開保障的薪資和工作，但這些沒有出現在最終版。諷刺的是，隨著革命成功、原本的統治當局做出退讓，比較謹慎的自由力量反而有勇氣公開堅守自己的看法。[38]

＊譯註：愛爾蘭的廢止協會（Repeal Association）成立於一八三〇年，目的是希望廢除大不列顛和愛爾蘭為了成立大不列顛和愛爾蘭聯合王國所通過的《一八〇〇年聯合法令》。

三月十九日星期天，代表團搭乘一輛特別的火車將請願內容帶到維也納，沿途受到群眾的歡呼。皇帝斐迪南承諾為波希米亞的各個領地建立統一政府，並在學校和政府機關實行民族平等，細節將在憲法中明定。[39]波希米亞人知道，匈牙利國會當時正在起草聖斯德望屬地的憲法，因此對於斐迪南不同意在布拉格召開議會感到失望。儘管如此，在經歷數十年的壓迫後，自治的可能性仍讓他們興奮不已，學生和城鎮居民成立民兵保衛新秩序，報章雜誌也蓬勃發展，代表了多元的政治光譜。

然而，在當時，對政治看法不一似乎不太重要，波希米亞充斥著這片土地的繽紛色彩，捷克和德意志地區都看得到紅色和白色的陽傘和蝴蝶形領結。三月十八日，大部分人口都說德語的溫泉小鎮卡爾斯巴德（Karlsbad）被紅白兩色妝點，女人和小孩都別了帽章。報紙上寫到，捷克人和德意志人是「一體」的，擁有共同的國王和歷史，一起為同一片故土受苦。布拉格的德意志人似乎認同捷克語在公共事務上更為突出。最重要的，是每個人對民主未來充滿了熱忱，藉由舞蹈、帽子和可頌來歡慶。[40]體力勞工、學生、作家還有旅店老闆和農夫都跑去支持在聖瓦茨拉夫浴場初期集會期間建立的「民族委員會」，而愛國遊行的成員既有天主教神父，也有新教牧師和猶太拉比。三月二十四日，布拉格有數十位德意志和捷克作家說，這些新獲得的自由讓他們心情振奮，將捷克語提升到平等的地位並不會破壞他們的團結。[41]

然而，從三月下旬開始，鼓動者（有些來自波希米亞之外）在波希米亞的德意志人之間激起相反的希望：他們屬於一個龐大的德意志國家，範圍從北海和波羅的海，從阿爾卑斯山和亞得里亞海。這是「波希米亞王國」的願景無法比擬的。有人問到波希米亞捷克人的權利在哪裡，得到的回答是，新的德意志國家將會是一個聯邦，承認個別地區的獨立，就像一個巨大的瑞士。可是，高傲和恐懼開始出現在德意志的言語之中：捷克人真大膽，以為自己在某個德意志省分的人數比較多，就能擁有特殊地位！波希米亞的德意志自由派弗朗茲．舒素卡認為，捷克人會被更高等的文化吸收。[42]

波希米亞的問題是，不可能跟瑞士一樣區分各個族群。蘇黎世住著德意志人，日內瓦住著法國人，但是波希米亞中部的城鎮則是各族混雜。三月時沒人想過的小議題，現在影響巨大。例如，國民警衛隊要使用什麼語言？因為無法達成妥協，警衛隊便分裂為德意志協和隊（German Concordia）與捷克和睦隊（Czech Svornost）。學生分裂成條頓尼亞（Teutonia）和斯拉維亞（Slavia）兩個協會，捷克人會穿著古時候的服裝，用古老的斯拉夫語打招呼。任何組織或時尚風格都出現民族色彩。捷克人不允許配戴德意志帽章的人進入民族委員會。結果，德意志人離開委員會，創造一個「憲法俱樂部」（Constitutional Club），但因為那被視為一個泛德意志組織，捷克人也成立自己的泛斯拉夫組織「斯拉夫菩提」（Slavic Linden）。[43]

最敏感的問題就是應該掛什麼樣的國旗，因為這象徵族群對土地的所有權。四月初，有一個來自德勒斯登的學生建議在布拉格掛黑紅金三色的國旗，因為他曾在維也納的聖斯德望主教座堂看見這樣的旗幟升到尖塔，但是捷克人不接受；反之，造訪維也納的克羅埃西亞人曾驚駭地看見，德意志的民族顏色高掛在主教座堂和宮殿，讓他們感覺自己眼中的首都變得很陌生。他們喜歡奧地利愛國主義的概念，但是他們在奧地利德意志人身上看到的東西十分新奇，威脅了他們才正漸漸體認到的民族認同。

德意志人則是痛苦地體認到，民主——也就是人民的力量——運用在波希米亞時，意味著什麼。布拉格這座他們預想有三分之二的人口是德意志人的城市，經歷了歷史上最大的轉變，變得宛若捷克人的城市，整個過程只花了幾個星期。捷克人帶著他們不應該有的自信，用自己的語言唱歌與遊行、表達斯拉夫認同，讓享有特權的人感覺受到威脅和疏離。捷克人把布拉格當作自己民族的存亡關鍵，德意志人則被少數群體的地位所威脅，這樣夢魘般的存在連自由主義也無法提供出路。[44]

四月初，德意志其他地方的自由主義者看出這個問題的全貌。法蘭克福預備國會的領袖忙著準備統一國家時，發出邀請函給德意志各地的政治名人，以協助選出負責立憲的機構。在波希米亞，他們找上了帕拉茲基，但是他卻令他們大吃一驚，因為他說自己其實是「斯拉夫血統的波希米亞人」，發誓永遠服務自己的小族群。他寫到，波希米亞歷史上的諸侯跟德意志曾產生連結，但人民並沒有，因此波希米亞王國領地（*koruna Česká*）仍保持完整，沒受到王室過去跟神聖羅馬帝國之間的關聯所影響。假如德意志人統治自己的時機來臨了，那麼他們必須承認捷克人也有自治的權利。

身為民主派的帕拉茲基擔心，德意志自由主義者會把奧地利納入新成立的德國，然後毀掉哈布斯堡帝國，讓東歐的其他小族群自生自滅。那樣的話，斯拉夫人、羅馬尼亞人、馬扎爾人、希臘人以及其餘德意志人（如外西凡尼亞的德意志人）就會任由俄羅斯的擺布，而俄羅斯致力成為「天下唯一霸主」，只會持續讓更多人臣服在專制統治下。歐洲人朝民主未來邁進的同時，奧地利將擔起保護小族群免受東方強權侵略的任務。接著，他寫下他最知名的一段話：「假如不是已經存在這樣的政體，為了歐洲和全人類的福祉，一定要創造出一個奧地利帝國。」[45]

這句話衍伸出奧地利－斯拉夫主義（Austro-Slavism）這個政治立場。帕拉茲基將德意志人和馬扎爾人歸為受到俄羅斯威脅的人群，但是他也努力保護斯拉夫人不被德意志人和馬扎爾人稱霸。多年來，他不斷對抗德意志人在波希米亞的支配地位，他從十幾歲就開始跟匈牙利有著的幾十年密切連結，也使他知道匈牙利的自由主義者認為斯拉夫人不配擁有自己的民族，最好的選擇就是被馬扎爾化。現在，德意志人和馬扎爾人的民族國家有可能實現，使得傳統的德意志和馬扎爾優越感變得比以往更危險。

所以，帕拉茲基很支持在克羅埃西亞和波蘭催生的計畫，那就是在布拉格舉行議會，讓中東歐各地的「斯拉夫」代表一起討論如何鞏固斯拉夫民族的統一。對議會的熱忱很快就在布拉格的活躍人士之間蔓延開來，其中包括斯洛伐克人帕維爾．沙法里克。四月下旬，來自維也納的德意志委員會前來霸凌捷克人，要他們支持德意志統一時，他們的熱血變得更加沸騰。在布拉格的民族委員會，雙方互相嗆聲，奧地利德意志人恩斯特．希林（Ernst Schilling）挑釁捷克人，說他們想要毀了奧地利。隔天，捷克記者波羅弗斯基的《國家報紙》（*Národní noviny*）詳細介紹了這個斯拉夫議會，很快地聯繫了包括來自帝國境內斯洛伐克、塞爾維亞、波蘭、斯洛維尼亞和克羅埃西亞地區的從政者。他們同意捷克人的計畫，要在六月初舉行議會。

那一天逐漸來臨，烏克蘭人、塞爾維亞人和克羅埃西亞人搭乘火車抵達布拉格。一位德意志詩人寫到，這座曾經相當文明的城市變得跟古代的「商隊驛站」一樣，有「許多穿著奇裝異服和非歐洲的特有服裝的怪人」出現。波希米亞轉變成不曾想像過的異國樣貌，讓德意志人感覺到，如果哈布斯堡帝國真的從維也納的國會進行民主統治的話，他們會有什麼後果。德意志人會變成少數，注定因為被同化而漸漸走向滅絕。然而，捷克人的感受完全相反，公民自由與民主的可能性使他們感到前所未有的自由。他們不再害怕展現自己的斯拉夫認同會被鄙視，而布拉格似乎也越來越變成他們的了。[46]

然而，這些新的感受和樣貌並不是自動發生的。他們並不是基於喜好才選擇當捷克人，而是因為這些新得到的自由讓他們有道德上的義務要這麼做。斐迪南在三月十五日宣布他意圖批准波希米亞進行憲政統治時，記者波羅弗斯基呼籲捷克商家把德語招牌換成捷克語招牌。面對德意志人的抗議聲浪，波羅弗斯基寫說他追求的是公義，不是憎恨。他還說，他希望終結布拉格是德意志城市的觀念。捷克人沉睡了兩百年，但是他們並未滅亡。他們跟德意志沒有關係，而是跟奧地利有關係。在那裡，他們跟伊利里亞人和波蘭人的斯拉夫同胞一樣具有人數上的優勢。[47]

這類言論在德意志人心中引起的恐懼感，事後來看似乎有點過頭了。無論是在當時或之後，波蘭人、捷克人和克羅埃西亞人都太過分歧，無法共同對抗德意志和匈牙利的勢力，更別說哈布斯堡政體的軍事力量了。波希米亞王國的族群和地域本身都過於複雜，要形成和匈牙利類似的地位只不過是擺盪在夢境與幻覺之間。就像捷克人不想隸屬於德意志一樣，許多摩拉維亞人和西利西亞人也不想隸屬於波希米亞，無論他們說的是德語、捷克語或波蘭語。到了一八四九年年初，摩拉維亞召開議會起草一份自由憲法，宣布捷克人和德意志人是平等的，並宣告摩拉維亞為獨立省分。[48]

然而，無論是住在波希米亞王國的哪個地方，各地的捷克人仍有足夠的團結力，抵抗要把他們納入德意志的一切行動。五月三日，捷克人打斷德意志人準備選出法蘭克福制憲國會的會議，雙方的衝突延燒到布拉格的街頭。由於猶太人也被視為德意志人，他們的店家便成為暴民攻擊的目標。民族煽動者鼓吹民眾，印製歌曲，在歌詞中諷刺德意志人殖民了和平的捷克土地，是永遠的壓迫者。最後，波希米亞所有說捷克語的地區都放棄參加德意志國會選舉，因此六十八個區只有十九個派出代表前往法蘭克福。[49]

民主自由證實了德意志人和捷克人對各自的政治未來帶有無法相容的期許，但那不是波希米亞革命失敗的原因。最直接的原因，其實是駐守在布拉格附近的一支訓練精良的奧地利駐軍，他們的統帥是波希米亞自己的將軍溫迪施格雷茨，他屬於哈布斯堡的保皇派，象徵了舊政體的生存意志。他是在一八四八年三月力促梅特涅繼續掌權的少數人之一，一直維持暴力鎮壓革命的立場。他跟大公妃蘇菲一樣，覺得皇帝跟人民妥協很丟臉，並越來越相信自己被上天選為帝國的救星。[50]

在布拉格，溫迪施格雷茨因為前幾年鎮壓棉布印花工的罷工事件，已經惡名昭彰；一八四八年五月，他提早度假回來，幾乎令所有人感到失望。他幾乎是一回來就開始打亂城市街頭的平靜，毫不間斷地進行操兵和閱兵。溫迪施格雷茨還找來增援，在市中心張揚地檢視部隊，並在城市上方的丘陵放置大砲，市民派代表表達抗議後，他仍拒絕撤掉。有人說他好像在統領一支外族侵略軍，他回答他唯一在乎的事情就是如何服侍奧地利的皇帝。接著，他斷然拒絕發給學生兩千把步槍和八萬發子彈的要求。他說，這些學生已經跟現實脫節。[51]六月十一日星期天，捷克的學生民兵和睦隊碰面商討抵抗「反動」再現的對策。

最後，這群學生決議隔天在布拉格中心的一場戶外天主教彌撒徵求支持者，彌撒是由一位著名愛國志士的哥哥揚・阿諾德神父（Jan Arnold）所主持。那個地方現在叫做瓦茨拉夫廣場（Václav Square），但是當時稱為馬市。四千名學生和失業勞工所組成的群眾開始疏散後，他們跟在附近的火藥塔巡邏的士兵起了衝突。[52]就跟三個月前的維也納一樣，有人開了槍，出現了死傷，叛亂者開始豎立路障。約有三千人拿起武器，大部分是工人和學生，但是也有店家、官僚和女性。大學變成他們的指揮中心。

溫迪施格雷茨的決心、技能和三比一的人數優勢讓這場叛變沒有任何贏面，帝軍很快就占了上風，控制住交通路線。第二天，他們沒有戰鬥就拿下了大學；六月十七日，戰鬥結束，雖然在那之前，將軍曾在河的對岸朝叛亂者的據點開砲（或許是妻子的死令他憤慨）。[53]儘管如此，跟巴黎和米蘭以及後來的維也納和佩斯相比，四十三死和六十三傷的數字感覺沒那麼嚴重。

溫迪施格雷茨關閉了斯拉夫議會，雖然議會的四百名代表努力不觸怒皇室，而且成員之間極為分裂，例如：西利西亞人想跟波蘭人（而非捷克人）聯合，以維持獨立；此外，沒有人知道要怎麼安排波希米亞的自治。在奧地利砲手把目標對準議會代表口中所說的「古斯拉夫的布拉格」時，帕拉茲基則在奮力消弭彼此之間的差異。他說，斯拉夫人是熱愛和平的古老人群，過去受到德意志人壓迫，但是現在「輿論被當作上帝的聲音說出來」，被束縛的斯拉夫人開始崛起。奧地利會轉變為「各民族的聯邦，所有人都能享受平等的權利」。[54]

有些德意志人知道，溫迪施格雷茨的砲轟將會摧毀布拉格的民主實驗，因此向叛亂者提供協助，但是這些人屬於少數。大部分的德意志人都很感謝這位將軍將他們從斯拉夫的威脅中拯救出來。法蘭克福國會甚至請求普魯士、巴伐利亞和薩克森的政府派兵保衛波希米亞的德意志人，捷克人開始擔心，新的德意志民主國家會用強硬的手段併吞波希米亞。[55]

布拉格當局宣布戒嚴，哈布斯堡政體似乎仍舊不受到人民的憲法所束縛。總督圖恩男爵（Baron Thun）來自一個古老的波希米亞家族，屬於溫和派，六月時曾試圖調解，結果卻被叛亂者囚禁（帕拉茲基親自替他說情，才讓他被釋放）。他關閉布拉格的民族委員會，肅清國民警衛隊，但是沒有成功創造一個獨立於維也納之外的波希米亞臨時政府。雖然如此，奧地利國會選舉仍在八月舉行，代表著手在匈牙利以外的地方起草哈布斯堡帝國的憲法，先是在維也納，後來當局勢在秋天變得危險之後，則改在摩拉維亞的克羅梅日什（Kremsier）。

反動勝利：奧地利與匈牙利

七月下旬，八十二歲的拉岱茲基元帥在義大利北部擊敗皮埃蒙特軍隊，八月六日順利進入米蘭。維也納市民歡欣鼓舞，毫不哀嘆這些對民主制的傷害。有人舉辦舞會，作曲家約翰・史特勞斯

（Johann Strauss）則為拉岱茲基創作一首進行曲，維也納的新年演唱會至今仍會演奏這首非官方的奧地利讚歌。奧地利詩人法蘭茲．格里帕策（Franz Grillparzer）將這位陸軍元帥頌揚為救世主，而首屈一指的喜劇作家約翰．內斯特羅伊（Johann Nestroy）則在《烏鴉角落的自由》（*Freiheit im Krähwinkel*）這部作品中嘲笑革命分子太過天真。奧地利的德意志人不僅想要成為德意志的一部分，還很享受成為帝國人民，在國家內部統治許多省分和人群，讓他們得到自己的高等文化所帶來的好處。然而，克羅埃西亞人、塞爾維亞人和羅馬尼亞人也很樂意支持他們的帝國理念，因為這能阻止馬扎爾自由主義者形成民族國家。[56]

哈布斯堡在波希米亞和義大利取得勝利後，朝廷回到維也納，領導人物急著重新開始進行統治。帝國境內的動盪大部分只發生在都市地區，沒有觸及權力的核心。由於革命分子致力於建立君主立憲制，因此他們讓宮廷繼續掌控大臣的任命權，被任命的大臣通常是保守派人士。政府機構完好如初，包括大臣委員會和官僚體制，且在整個危機期間，只有一支奧地利軍隊叛亂。[57]就連本應屬於革命分子的國民警衛隊也時常成為維持秩序的可靠力量，特別是當中產階級開始擔心自己的財產遭受攻擊時。

哈布斯堡加強控制的同時，不可避免地會跟匈牙利出現激烈的較勁。四月憲法因為皇帝本人同時也是匈牙利國王，而與奧地利政府有所連結，但是卻沒有明確寫出匈牙利和奧地利要如何共同承擔國防與財政，也就是一七一三年跟匈牙利領地締約的國事詔書最關注的兩件事。二元帝國要怎麼招募新的軍隊？另外，匈牙利政府沒有想要負擔龐大的國債，而且由於匈牙利有自己的國防和財政大臣，並不關注整個帝國的事務，因此奧地利政府在八月三十一日宣布，匈牙利違反了國事詔書，所以四月憲法無效。奧地利禁止匈牙利做出對塞爾維亞人和克羅埃西亞人不利的軍事活動，並下令軍事邊疆應臣服於維也納的國防部。[58]

五天後，皇帝恢復匈牙利的對手約瑟普・耶拉契奇的克羅埃西亞總督職位。在維也納宮廷的悄聲支持（包括武器的提供）下，耶拉契奇一個星期後帶著三萬大軍進入匈牙利。他沒有權力宣戰，於是聲稱自己是要終結「叛變」。[59]耶拉契奇的性格雖然很有魅力，卻沒有一流的戰地指揮才能，因此九月二十九日匈牙利人便在布達西南方四十公里的地方擊退了他的軍隊。

同一時間，匈牙利的首都正在發生更重大的事件。九月二十五日，斐迪南任命匈牙利大貴族倫堡伯爵弗朗茨・菲利普（Count Lamberg Ferenc Philipp）為哈布斯堡在匈牙利的軍隊統帥。伯爵對匈牙利人的理念並無敵意，而且可能有辦法以統帥的身分區隔帶有敵意的陣營。首相巴塔尼亟欲跟他談談。然而，拉約什・科蘇特譴責倫堡伯爵為入侵者和叛國賊，並在九月二十七日下令匈牙利軍隊不要聽從他的指示（科蘇特是九月二十一日成立的國防委員會的領頭）。倫堡伯爵在九月二十八日穿著便服前去會見巴塔尼時，一群暴民認出他，擋下他的馬車，把他砍死，然後分掉他沾滿血跡的衣服片段。這下，斐迪南發布宣言解散匈牙利國會，將匈牙利置於軍事統治下，並指派耶拉契奇為哈布斯堡在匈牙利的軍隊統帥。在那之後，任何站在匈牙利那邊的人都會被當成反抗陛下的叛變者對待。[60]

這些哈布斯堡試圖推翻匈牙利政府的舉動，觸怒了維也納的革命分子，因為他們把匈牙利視為守護民主制度的盟友，而且大體上，奧地利德意志人都很支持匈牙利管東斯拉夫人的努力。十月初，匈牙利軍隊把耶拉契奇逼到疆界另一頭的奧地利。他撤退到維也納，因此哈布斯堡的戰爭大臣拉圖（Latour）派出帝軍支援。其中一名軍官雨果．布雷迪（Hugo von Bredy）要去清除學生革命分子掌控的車站，但是他的部隊卻因遇到猛烈砲火而撤退。在戰鬥的過程中，學生搶到兩座大砲以及布雷迪的軍刀和帽子。手持斧頭、鐵橇和鐵棍的暴民決心不讓帝軍援助耶拉契奇，跑去攻擊政府官員。拉圖被亂棒打死，頭顱遭鐵鎚擊凹，血肉模糊的屍首被吊在路燈上十四個小時，路人會用手帕沾他的血，或是把他的血塗抹在武器和衣物上。群眾除了從軍械庫拿走毛瑟槍，還竊取中世紀的頭盔和歷史文物，包括土耳其人的彎刀。[61]

朝廷再次逃離維也納，這次逃往摩拉維亞的奧洛摩茲（Olomouc）。隨行的有國會成員，包括所有的捷克代表，使得德意志人更加懷疑捷克人是雙面人（十月二十二日，國會在摩拉維亞的克羅梅日什重新召開）。帝軍把維也納留給革命分子，當地氣氛變得極為激進，導致數萬名地主逃離這座城市。[62]

十月十六日，斐迪南將包圍維也納的軍隊交給溫迪施格雷茨指揮，他的工兵很快切斷了水源和燃料。最後通牒期限到了以後，他便展開猛烈砲擊和全面性的地面攻擊。耶拉契奇從東邊加入攻擊行動，他的邊防軍當中有穿著火紅長袍的蒙特內哥羅人，在近身搏鬥時拿下三十個左右的路障。溫迪施格雷茨的部隊清除了工業郊區的反抗勢力，在十月二十七到二十八日的夜晚砲擊內城。期間，在聖斯德望主教座堂的尖塔眺望的人看見東邊來了兩萬五千名匈牙利人，但是他們沒有看見的是耶拉契奇在郊區攔截了援兵。溫迪施格雷茨最後終於在十月三十一日攻入內城，帶來狂亂的血腥恐怖，聲稱曾經以為可以跟匈牙利人聯合在一起的維也納人，違背了先前的投降條件。[63]

溫迪施格雷茨解散了國民警衛隊和學院軍團、重新實行審查制度，並逮捕了兩千名革命分子，處決其中二十五人。被處決的其中一人羅伯特・布魯姆（Robert Blum）是個備受尊崇的民主政治人物，從法蘭克福前來造訪維也納。布魯姆身為德意志國會成員，應該享有豁免權，因此他因叛國被判死刑這件事激起了對哈布斯堡家族長期的憤慨。將軍的小舅子施瓦岑貝格親王十一月成立一個新政府，但他不是反動分子，允許克羅梅日什國會繼續制憲。施瓦岑貝格秉持著約瑟夫二世的精神，支持中央化的改革，要透過德語和德意志文化加強帝國。[64]十二月，他實現了大公妃蘇菲的願望，說服斐迪南讓位給才剛滿十八歲的侄子（蘇菲的兒子）法蘭茲・約瑟夫。法蘭茲・約瑟夫完全沒有承諾要進行憲政統治，他從這場漫長的混局中得到的教訓，就是他的權力需要靠一支忠心的軍隊來維護。

※

在一八四八年到一八四九年的冬天，耶拉契奇帶著南斯拉夫邊防軍返回匈牙利，跟其他反對匈牙利統治的部隊聯合，其中包括帝軍的一些單位，但是也有非正規兵，特別是來自多族群的南部、東部和北部地區的克羅埃西亞人、塞爾維亞人、羅馬尼亞人、德意志人以及人數較少的斯洛伐克人。

跟波希米亞一樣，匈牙利的各族群起初互相合作，一起創造新制度，但是沒多久，彼此之間的差異便開始浮現。三月二十一日，羅馬尼亞的知識分子要求自己的人民被當作一個民族對待，擁有平等的權利。在那之前，外西凡尼亞的封建政體只承認德意志人、馬扎爾人和賽克勒人，儘管羅馬尼亞人的人口超過一百三十萬，是當地最大的族群。[65] 現在，羅馬尼亞人跟匈牙利改革者起了衝突，因為對方把他們視為匈牙利臣民。不過，他們也跟德意志人爭執布拉索夫／克隆斯塔特（羅馬尼亞語：Brașov／德語：Kronstadt）這座城市的掌控權，並為了在東正教教會的特權跟塞爾維亞人有衝突（塞爾維亞人和絕大多數的羅馬尼亞人都是正教徒）。然而，羅馬尼亞人、德意志人和塞爾維亞人現在暫時聯手對抗新成立的匈牙利國家。

羅馬尼亞運動令時人最為震驚，因為這就像空穴來風。突然間，一個原本沒人聽過的民族竟開始舉行群眾集會。例如，他們一八四八年五月三日到十五日在布拉日（Blaj）的集會，便吸引了兩萬五千到四萬名支持者，匈牙利當局千方百計都阻止不了他們。這次集會吸引了各行各業的人，他們來自外西凡尼亞各地，但是也有一些來自鄂圖曼帝國的摩爾達維亞公國和瓦拉幾亞公國。集會提出的要求，包括廢除農奴制和羅馬尼亞獨立。旁觀的德意志人和匈牙利人對這麼龐大的群眾可以如此有紀律，感到相當佩服：密集的集會人潮像是星型的軍營般，形成數個從中心向外發散的光芒犄角。[66]

同樣在五月，斯洛伐克知識分子召開一場大規模集會，要求承認他們的族群進行自治和使用母語的權利。他們提議將匈牙利王國轉變成各民族擁有平等權利的國家。他們也集結了由志願者組成的武裝單位，但是人數比塞爾維亞或羅馬尼亞的少，部分原因是，斯洛伐克的改革者通常是路德派教徒，而農民大部分是天主教徒，民族意識未發展得很好。特別是在斯洛伐克東部，比起斯洛伐克的政治自治權，農民更關心封建制度能否廢除。儘管如此，匈牙利的領袖仍拒絕跟斯洛伐克或其他任何民族代表進行協商，無論他們的運動多麼強大。[67]

九月，當局試圖徵召羅馬尼亞人到匈牙利軍隊，結果各種爭執演變成內戰。其中一座城鎮有十三人因為不願被徵召而失去性命。同一時間，帝軍鼓勵羅馬尼亞人和德意志人反抗匈牙利人，並且裁減外西凡尼亞的匈牙利國民警衛隊的軍備，以防他們消滅羅馬尼亞人和德意志人。此外，帝軍也召募數千人進入新的羅馬尼亞邊防軍步兵團，這些部隊很快就開始根除和殲滅喀爾巴阡山（Carpathians）山麓下的匈牙利居民，做出各種恐怖的惡行，見證者把他們比做十三世紀的韃靼人。[68]

驅使他們做出這些暴力行為的情感因素來自對滅亡的恐懼，而這些恐懼則來自無法證實真假卻又難以遏止的傳言，包括：維安單位猖獗地虐待平民；匈牙利軍隊屠殺羅馬尼亞人；羅馬尼亞農民屠殺匈牙利地主。[69]施暴者放火燒屋、砍殺被抓到的士兵及不慎被他們碰見的平民，聲稱他們自己才是受害者，會做出凶狠的行徑只是為了自衛。看似英雄、充滿風範的領袖一一出現，願意在日益升溫的屠殺中率領實行族群清洗的人，因為他們知道如果自己不出面，會有更激進的人物起身。

住在這些地區的居民面臨了他們未曾遭遇過的兩難，無法預作準備。對於占領某座城鎮的帝國當局所下達的指令，他們不得不聽從，但如果匈牙利軍隊隔天拿下了這座城鎮，他們又會被控叛國。其中一方的英雄對另一方來說是殺戮者，這樣的說詞變得越來越激烈，如果不祭出嚴懲就好像在叛國。

就拿拉斯洛·恰尼（László Csányi）為例，他是匈牙利的大臣和外西凡尼亞的總督，在奧地利帝軍終於在一八四九年秋天撲滅革命的最後一點灰燼後，遭到處決。在匈牙利的文獻裡，恰尼是一個英雄和烈士，象徵自由主義的原則和平民戰勝軍事統治的事蹟。可是，恰尼反對妥協，設立法庭即刻處決那些純粹想重申自身族群一直以來所享有的權利的德意志人。對外西凡尼亞的德意志人來說，同時身為路德派牧師和知名教育家的史蒂芬·路德維希·羅斯博士（Stephan Ludwig Roth）的例子特別令他們難受。他聽從奧地利當局的指令，在家鄉梅申（Meschen）附近的十三個村落成立政府。然而，他並不是民族主義者。在一八四二年，他曾經寫過一篇文章提倡多元文化。在他看來，匈牙利的德意志人、馬扎爾人、羅馬尼亞人、猶太人、亞美尼亞人和吉普賽人全部生活在同一塊土地上有益於彼此，每個民族都是匈牙利這片森林的「一棵樹」，有自己存在的目的。不過，他確實很擔心德意志人在外西凡尼亞的存亡，鼓勵德意志人從德意志西部遷移到那裡，令馬扎爾民族主義者大為驚恐。

匈牙利軍隊從奧地利人手中拿下梅申後，逮捕了羅斯，將他判處死刑，雖然統帥其中一支匈牙利軍隊的波蘭人約瑟夫·貝姆將軍（Józef Bem）曾保證會保他平安。他的一名牧師朋友插手干預，恰尼卻以族群清洗的典型誇大口吻說，羅斯做了「滅亡匈牙利民族」的事情，值得死上十次。恰尼十月被吊死前，否認自己「為了祖國」所做的一切。[70]

羅馬尼亞貴族伊萬・德拉戈斯（Ioan Dragoș）跟羅斯一樣屬於溫和派，是匈牙利國會忠心的成員。他答應帶著科蘇特的和談條件前往羅馬尼亞民族委員會，希望達成既能滿足匈牙利人，也能保障羅馬尼亞人文化權利的妥協。然而，科蘇特沒有下令匈牙利部隊尊重德拉戈斯為了到阿布魯德（Abrud Banya）跟羅馬尼亞領袖進行協商所爭取的停火協議，因此當匈牙利部隊對這個融合了羅馬尼亞、德意志和匈牙利人口的礦業城鎮發動突襲時，德拉戈斯被懷疑是雙面人，遭到私刑處死。在接下來的幾天，匈牙利部隊逮捕、處決了曾經跟德拉戈斯說過話的羅馬尼亞領袖，雖然他們得到保障安全的承諾，希望跟科蘇特在他位於德布勒森（Debrecen）的總部談和，但他們還是被處死，純粹是因為談和者很容易下手。突襲阿布魯德的匈牙利部隊也對羅馬尼亞百姓做出瘋狂的暴行，「掠奪、搶劫、強暴任何年齡和性別的平民」。[71]這些事件導致祖先曾經和平共存無數世代的成千上萬個匈牙利人和羅馬尼亞人產生疏離。現在，他們深信另一方試圖進行的任何和解都是陷阱。

外西凡尼亞的族群戰爭造成四萬人死亡、一百個村落被蹂躪，塞爾維亞弗伊弗迪納的人口銳減，花了三十年才恢復。皇帝法蘭茲・約瑟夫在摩拉維亞跟沙皇尼古拉一世（Tsar Nicholas I）見面時，幾乎是五體投地拜託對方派兵支援，這場殺戮才停止。俄羅斯大軍在五月和六月跨過匈牙利的邊界，使反對匈牙利政府的兵力數量增加一倍以上，迫使最後一批匈牙利軍隊七月時在維拉戈斯（Vilagos）投降。接著，帝國當局展開報復，聲名狼藉地處死了十三名匈牙利將領，其中有四人並非馬扎爾人，還有好幾人匈牙利語說得並不好。他們把首相巴塔尼變成代罪羔羊，在十月六日將他

圖 6.4　斯洛伐克志願兵和他們的孩子。
來源：平版印刷師傅F・維爾納的作品，
Domová pokladnica 5 (1851), 241. Via Wikimedia Commons

處決，因為他用三種語言下達開火的指令。另有許多人被吊死或射死，數百人遭囚禁。這樣的懲罰太過嚴重，讓馬扎爾人在接下來許多年疏離了奧地利統治者。[72]

然而，這場戰爭也讓匈牙利所有族群彼此疏離，包括馬扎爾菁英階級以及外西凡尼亞的羅馬尼亞人和德意志人，還有南方的克羅埃西亞人和塞爾維亞人。不到一個世代，就有學者把這場互相殘殺的衝突冠上一個在那之前不曾存在的詞彙——種族戰爭，也就是族群之間的戰爭，不僅包含族群清洗，還涉及到大規模互相屠殺城鎮居民的行為。匈牙利人把一百六十八個斯洛伐克人吊死在樹上，但是那些死去的人唯一犯的罪就是為自己的國土戰鬥。[73]

✳

可是，把匈牙利恢復秩序之後，哈布斯堡家族完全沒有獎勵幫助他們存活下來的那些民族。年輕的法蘭茲．約瑟夫反而重新在維也納實行獨裁統治，拒絕跟克羅埃西亞人、塞爾維亞人、羅馬尼亞人或斯洛伐克人討論自治。[74]他也丟棄了奧地利民選的克羅梅日什國會所起草的憲法，接著推行由天賦異稟的保守派改革者弗朗茲．施塔登所制定的憲法。但是，仔細思索過後，他覺得連那個憲法都讓他覺得自己讓出太多權力，所以他把那也廢除了，力圖重新確立革命前所實施的中央集權統治。外西凡尼亞、克羅埃西亞和軍事邊疆都脫離匈牙利，同時也有新的行政區創造出來，讓整個地區直接由維也納管轄。匈牙利王國的官方語言改回德語，推翻了幾十年為了促進方言而做出的努力，大量德意志和捷克官員湧入被鎮壓的聖斯德望屬地。原先保護匈牙利的關稅屏障取消了，當地人必須繳納龐大的稅金。

之後將會看到，強迫的方式頂多只能暫時解決匈牙利問題，最終證明不可能違背超過半數人口的意願和利益來統治這個龐大的國家。在一八四八年到一八四九年的革命中浮上檯面的問題，會需要比單純的軍事和官僚力量還複雜的回應方式。

問題的其中一個面向跟社會有關：大部分的哈布斯堡臣民都在土地上勞動，但這些人大部分都沒有持有土地。他們是以生產力不佳的方式受到雇用的佃農，沒什麼機會可以發展或利用自己在農業或其他專業的技能。在這方面，哈布斯堡家族在一八四八年三月採取了一個精明的舉動，吸走革命的許多能量。皇帝斐迪南擔心鄉村發生大規模動亂，便廢除了勞役制，也就是農民每個星期都要為地主貢獻勞動的傳統制度。藉由這種方式，他暫時削弱了農民這股政治力量，同時強化了哈布斯堡家族會保護土地耕作者的觀念。跟一七八〇年代一樣，改善農民生活的不是當地菁英，而是皇室。

包括捷克人帕拉茲基在內的自由主義者不信任農民和都市的無產階級，因此反對將他們納入代表機構。沒有財產的他們被認為無法自我治理。結果是，哈布斯堡帝國許多地區的農民都很高興奧地利軍隊從一八四八年的夏天開始戰勝，因為對他們而言，革命是都市的知識分子和貴族所支持關注的議題，對鄉村沒有好處。此外，由於軍隊大部分是穿著軍服的農民所組成，這些文化保守的忠誠多數直到最後都為政體提供了所需要的穩定性。[75] 雖然如此，土地問題大體上仍未解決，因為即使廢除勞役，農民還是沒有土地。這個問題會在後來的幾十年在許多地方成為現代化的阻力，直到一九四〇年代發生共產動亂為止。

然而，皇室和自由主義的革命分子都沒有找到辦法解決首次完整呈現的民族衝突。歐洲人在一八四八年以前就知道波蘭和塞爾維亞不安寧，兩地都是要反抗外族的帝國統治。然而，沒有什麼人體認到哈布斯堡所屬的波希米亞和匈牙利存在複雜的族群性，或意識到這可能產生的糾紛。[76] 現在可以明顯看出，廣大領土的人口混雜造成了無法相容的未來願景。一八四八年到一八四九年所發生的一切，並沒有改變匈牙利政治階級的想法，他們依然認為匈牙利必須是個統一的馬扎爾國家，任何民族都不能得到特殊地位；同樣地，波希米亞的德意志人和捷克人所想像的未來，似乎怎樣也不可能結合。沒有任何事情可以說服德意志民族主義者（無論是奧地利境內或境外），奧地利德意志人注定成為聯邦奧地利的小族群之一。從一八四八年到第一次世界大戰，聯邦奧地利正是捷克綱領的核心基礎。

坦白說，中東歐地區的大部分居民並不關心這些難以調和的觀點，會關心的通常是城鎮居民和參與政治的知識分子。但，到了這個階段，我們可以看出這個群體裡出現了一種趨勢，將成為長期存在的問題。溫和派想要團結波希米亞的德意志人和捷克人，或者是外西凡尼亞的匈牙利人和羅馬尼亞人，但並沒有占上風。相反地，新的民主制度讓激進派出現優勢，他們會主張自己的民族遭受存亡威脅，激發人們的恐懼心理。在布拉格，一八四八年三月分裂公民團結心的每一步都跟萌生的焦慮感有關，像是捷克人在德意志變成少數的焦慮，或者德意志人在波希米亞變成少數的焦慮。歷史教導人們，少數民族的命運就是被同化後消失。就連不識字的人也有基本的聖經閱讀能力，知道許多古國現在只剩下名字。

諷刺的是，波希米亞之所以會爆發衝突、造成死傷，跟族群淵源一點關係也沒有，反而是年輕的捷克和德意志民主派一起合作，要反抗溫迪施格雷茨將軍的挑釁。可是，治安恢復後，人們（尤其是德意志人）卻只記得這件事完全跟族群淵源有關，象徵了德意志人和斯拉夫人無法調解的衝突。在雙方的記憶裡，捷克人死在德意志人手中，德意志人則為了阻止斯拉夫帝國的建立而死。[77] 布拉格的斯拉夫議會其實毫無權力，卻強化了德意志人認為斯拉夫人正轉為積極侵略的想法，相信若不阻止，斯拉夫人就會建立一個從波希米亞一直延伸到黑海和更多地方的國家，吞沒、扼殺德意志人、馬扎爾人和其他非斯拉夫民族。這樣的意象在無數個敘述中不斷延續，設定了捷克人和德意志人延續到二十世紀的關係模式。[78]

在一八四八年之後出現的故事中，斯拉夫人也被描寫成奉行利己主義、跟自由為敵以及違抗啟蒙思想。衝突結束後不久出版的德意志和匈牙利文獻，把「泛斯拉夫」的捷克人描繪成反德意志和反馬扎爾的機會主義者，從不承認自己的真實身分，有時戴著某一頂面具，有時戴著另一頂。自由主義的學者兼神父安東．費斯特寫到，捷克人在德意志的波希米亞裝得像德意志人，但一進入捷克人的區域就丟掉那樣的偽裝。[79] 數十年來，許多匈牙利菁英都有感受到斯拉夫人的威脅，一八四八年到一八四九年的革命，只是更加強他們的看法。在抵抗塞爾維亞人、斯洛伐克人和克羅埃西亞人的挑戰之後，他們的革命最後被俄羅斯軍隊鎮壓。被一個既親密卻又遙遠的外來敵人所威脅的那種感受，將形成一八六〇年代奧地利、德意志與匈牙利認知與和解的基礎，這是一八四九年的秋天想像不到的。

chapter 7 使哈布斯堡帝國無法改革的改革：一八六七年的妥協

一八六七年，皇帝法蘭茲・約瑟夫在匈牙利的政治人物和他自己的受託人協商了數月後，通過匈牙利與奧地利之間的妥協，把哈布斯堡帝國分為東西兩半，宮廷分別設在布達佩斯和維也納。奧地利這一半沒有統一的特性，由德意志人、斯拉夫人和義大利人所組成，後來被稱作「內萊塔尼亞」（Cisleithania），意思是萊塔河以西的地區。東邊這一半也有相當複雜的族群組成，包括馬扎爾人、羅馬尼亞人和斯拉夫各民族，但是對匈牙利的菁英階級來說，這裡是他們歷史上的王國，他們現在決心把它轉變為一個現代民族國家。

這個妥協或許是史上出現過最驚人的民族命運大逆轉。不到二十年前，效忠帝國的軍隊曾經鎮壓匈牙利軍隊、處決許多將軍和政治人物，並將這片土地降格成省分，由藐視歷史權利的維也納官員統治。在哈布斯堡家族眼裡，擁有自己一套傳統和權利的匈牙利已不復存在，奧地利把自己的民法和嚴格的審查制度延伸到萊塔河另一頭。涉及那場「叛變」的貴族失去了自己的莊園，有些人再也沒重新獲得土地。大動干戈地懲罰匈牙利，是為了讓他們牢記奧地利的力量，可是到頭來，法蘭茲．約瑟夫才是該受教的人，學到了謙遜的教訓。

在一八四八年到一八四九年，帝軍除了布達佩斯，也鎮壓了米蘭、布拉格和維也納的革命，因此這位年輕的皇帝相信，是武力讓他的國家恢復了在歐洲政治上的卓越地位，單靠武力就足以進行統治。但，他在一八五〇年代推動的秩序常被稱為「新」專制主義，因為他並沒有完全恢復梅特涅那個時代的做法。法律之前人人平等的原則仍保留下來，世襲農奴制也沒有恢復。儘管如此，包含貴族在內的哈布斯堡臣民卻無法參與政治，法蘭茲．約瑟夫只依靠一小群顧問協助統治。這讓奧地利的地位及其產出收益的能力下降。

邁向立憲體制

這位天真皇帝特別努力要掌控外交政策的一切，而且挑選高層官員時，是根據他們的社會背景，不是他們的能力。但，他的自信和慣常的猶豫不決，最後卻帶來外交孤立與軍事災難。外交孤立的起因，源自法蘭茲對克里米亞戰爭（Crimean War）處理不當。戰爭在一八五四年爆發，原因是俄羅斯派兵進入多瑙河的摩爾達維亞和瓦拉幾亞，聲稱要保護那裡的基督徒，接著又摧毀一支土耳其艦隊，造成巨大的傷亡。英法兩國派兵到克里米亞，希望遏止俄羅斯的擴張，結果一場血腥的衝突爆發，持續了兩年，期間大量運用電報和鐵路等現代科技。沙皇尼古拉一世五年前才在匈牙利挽救哈布斯堡的勢力，因此他希望法蘭茲．約瑟夫至少要釋出善意。結果，他得到消息說，法蘭茲也派兵進入摩爾達維亞和瓦拉幾亞，企圖併吞這兩個省分。現在，英法兩國改成阻止奧地利。俄羅斯不能犧牲鄂圖曼人來壯大自己，奧地利也不能。可是，法蘭茲．約瑟夫沒有跟英法結盟，而是維持武裝中立的立場，導致奧地利跟每個國家都疏離了，尤其是俄羅斯。[1]

在這場衝突中，有一個勢力得到好處，那就是小小的皮埃蒙特－薩丁尼亞（Piedmont-Sardinia），即統一義大利的催化劑。一八四八年到一八四九年，皮埃蒙特－薩丁尼亞在為了爭奪哈布斯堡掌控的倫巴底和維內托所發動的戰爭中慘敗。現在，它那精明的外交大臣加富爾伯爵（Camillo Benso di Cavour）投入這個國家少少的資源以攻打俄羅斯。加富爾跟法國的拿破崙三世私下會面後，同意激怒奧地利對皮埃蒙特發動攻擊。接著，法國會支援自己的新盟友，兩國一起將哈布斯堡家族趕出義大利北部。這個計畫在一八五九年四月奏效了，皮埃蒙特在奧地利邊境集結兵力，奧地利要求他們退兵卻遭到拒絕，於是向皮埃蒙特宣戰。

皮埃蒙特和法國在兩場野蠻的戰役中擊敗哈布斯堡軍隊。索爾費里諾（Solferino）發生的殺戮事件令人極為震驚，使到當地出差的瑞士商人亨利．杜南（Henry Dunant）覺得自己必須發動國際救援，保護受傷的士兵，因此成立了紅十字會。拿破崙三世也被血腥的暴力激怒，同時擔心義大利崛起得太突然，於是沒有完全擊退奧地利，而是跟法蘭茲達成協議，強迫奧地利割讓倫巴底，但允許它保留維內托。

法蘭茲親自指揮了索爾費里諾的部隊，知道這次失敗是他自己造成的。他漸漸明白，他不能只靠幾個高層官員協助他治理國家。奧地利無法從他在一八四九年繼承而來的破產僵局中脫身，反而加重了問題。從那時候到一八六六年，奧地利的國債多了三倍，這個國家越來越依賴巴黎和倫敦的貨幣市場，因此債權人希望透過代表機構，看見政府會負起責任的證據。就連奧地利的武裝中立政策也帶來很大的代價，被迫把鐵路便宜賣給外國銀行家。政府試圖要為一八五九年的戰爭募資時，國家財政已經幾乎崩潰。[2]皇帝發現自己別無選擇，只能尋求其他力量一起經營國家。

可是，他不打算分享自己的權力，甚至不允許顧問說到「憲法」這個字。[3]他計畫邀請重要人物、大地主、大貴族和富有的中產階級與會協商，提供如何讓國家產出更多收益的意見。哈布斯堡帝國的土地雖然在一百年前進行過重整，卻還是混雜極為多樣的地產，有數種不同的法律體制。最根本的問題就是土地的架構方式。他們展開為期七年的協商，期間皇帝在兩個想法之間搖擺不定，不確定是要透過某種聯邦體制來承認這個國家的多元，還是要採取老約瑟夫皇帝原本的做法，由維也納的官僚進行中央集權統治。保守派菁英（特別是波希米亞和波蘭貴族）支持前者，而奧地利德意志的自由主義者則贊同後者。匈牙利的仕紳階級介於中間，他們大體上屬於自由主義者，希望在匈牙利境內實施中央集權，但拒絕從維也納統治匈牙利的一切企圖，即使是使用最自由開明的體制進行統治。

改革在一八六〇年的春天溫和展開。首先，法蘭茲從帝國各地親自挑選了三十八位貴族和上層中產階級，組成「加大版」的帝國議會，接著指派波蘭貴族阿格諾爾・羅穆亞爾德・戈烏霍夫斯基（Agenor Romuald Gołuchowski）做為第一任首相，他從一八四九年開始擔任加里西亞總督，在烏克蘭西部擁有龐大領地。

在維也納，戈烏霍夫斯基展現了忠誠精明的哈布斯堡政治家的特質，超越民族、寬容又有良知。但是，擔任加里西亞總督時，他卻偷偷保護波蘭人的利益，不讓新興的烏克蘭運動公諸於世，拒絕把加里西亞分成波蘭和烏克蘭兩區。雖然堅持官僚在公開場合要使用德語，他卻悄悄將奧地利和捷克官員汰換成波蘭人。倫堡（利維夫）的大學仍有強烈的德意志色彩，因為那是奧地利政府創立的，但是戈烏霍夫斯基允許克拉科夫的亞捷隆大學（Jagiellonian University）再次完全波蘭化。[4]由於戈烏霍夫斯基對外表示自己是奧地利人，因此「真正」的波蘭愛國者說他是叛徒。然而，跟其他同階級的人一樣，他從未放棄波蘭獨立，他安插波蘭官員便為加里西亞之後的波蘭自治做好準備。他後來告訴加里西亞議會，放棄獨立不是波蘭人的本性。[5]不過，一個世代後，他的兒子阿格諾爾・瑪利亞（Agenor Maria）成為哈布斯堡的高層外交官，協助哈布斯堡家族捲入跟塞爾維亞的衝突。

起初，法蘭茲皇帝在一八六〇年三月交付給帝國議會的任務包括決定預算、審核結算和蒐集國債數據。然而，討論很快就延伸到其他領域，因為財政問題無法跟治理問題分開。保守派的戈烏霍夫斯基認為從中央移交權力、允許每個王國或省分在歷史疆界內自由發展是正確的。但是，他不認為所有的民族都是平等的，覺得有高低之分存在：文化上較優越的波蘭人、德意志人、匈牙利人、捷克人和克羅埃西亞人，比斯洛維尼亞人、斯洛伐克人、塞爾維亞人和魯塞尼亞人高等。[6]

戈烏霍夫斯基很快就在來自匈牙利、跟他同一個階級的人身上找到共識。他們的角色至關重要。匈牙利占據整個帝國超過一半的大小，因此它的代表比較多，有六個人（波希米亞只有三個）。但，他們也有極為強大的民族認同感，拒絕學奧地利使用「特許和敕令」等詞彙，而是堅持使用匈牙利的「法律和權利」。雖然保守到了極點，他們卻堅決要恢復匈牙利憲法。匈牙利有些人認為這些貴族愛做夢，但是他們卻成功拉攏奧地利和波希米亞的志同道合夥伴，共同捍衛「歷史和政治的獨特性」。7

但，他們也直覺地知道帝國面臨更深沉的挑戰。匈牙利伯爵哲爾吉・麥拉特（György Majláth，保守派人士，其學者和法官家族的淵源可追溯到九世紀）在對帝國議會發表演說時，反思了若要在整個哈布斯堡境內培養愛國心，多個世紀以來發展出的多元制度、習俗以及知識和物質財產，會使得這項任務十分艱難。他說：「祖國不能像敕令一樣用頒發的。」想要塑造團結心，必須在現有的基礎上建立，說服帝國每一個臣民沒有任何事物比他們跟哈布斯堡家族的連結更重要。這樣一來，「對整個帝國的愛國心」自然就會產生。不過，他和其他匈牙利權貴也使用較為極端的論點，警告他們溫和的提議如果不被接受，可能引發革命。8

一八六〇年四月，法蘭茲恢復了匈牙利境內的政府，也就是布達佩斯的民族議會，同時也恢復各縣及大部分的自治權。匈牙利再度被承認是一個政治實體。那年夏天，在戈烏霍夫斯基的領導下，貴族起草一份法蘭茲・約瑟夫將在秋天發布的文件，稱作「十月憲法」（October Diploma），由各省議會指派的代表組成維也納國會，皇帝將把立法權以及徵稅和舉債的權利分享給國會。十月憲法尊重帝國的各個群體，承諾會將不屬於中央的權限全部轉移到各省議會。法蘭茲・約瑟夫很滿意，他寫信給母親，說奧地利現在有一個「小國會」了，但權力還是牢牢握在他手中。9

事實上，帝國議會的那幾十位貴族已為代議政府取得皇帝無法收回的勝利。匈牙利王國復甦了，再度恢復由各地仕紳在傳統的縣進行自治的體制，並將匈牙利語變回政府機關使用的語言，為一八六七年成熟的二元制做好準備。非馬扎爾的官僚離開了，王國古老的機構也再次重現，像是布達佩斯的「財務總管」（tavernicus）以及當地的司法機關。匈牙利的統治體系跟匈牙利以外的地區有非常明確的差異，因此人們開始會以萊塔河為界，把兩邊的地區稱作內萊塔尼亞和外萊塔尼亞（Transleithania），大致上指的就是奧地利和匈牙利。維也納的帝國議會將西半部領土視為權限領域，並自認是匈牙利國會的對等夥伴，因此更確立了這樣的區別。[10]

然而，對匈牙利人來說，這樣還是不夠。他們極度想要恢復一八四八年的四月憲法所寫到的那些自治權。戈烏霍夫斯基和那六位大貴族雖然打破了哈布斯堡的專制政體，讓匈牙利重新出現在地圖上，匈牙利社會卻沒有公開頌揚貴族，而是譴責他們與奧地利領導人勾結。一個英國的自由主義者在一八六一年寫道：「他們使盡一切方法來阻止亞伯特．阿彭伊（Albert Apponyi）、麥拉特和其餘人等參與奧地利政治生活的復甦。」就連約瑟夫．厄特沃什（József Eötvös）和費倫茨．戴阿克等溫和派自由主義者也沒有參與這樣的安排。[11]

然而，新憲法也無法平撫匈牙利以外的地區。德意志的自由主義者聲稱，新的省級法令仰賴的是「反動」的封建原則，給予大地主特別多的權力。他們尤其厭惡天主教會在教育、稅金和家庭法所持續享有的特權，當他們把奧地利跟其他德意志國家相比時，不滿的感覺逐漸升高。例如，普魯士有一個國會和牢固的世俗秩序，使得理應是德意志領先大國的奧地利顯得落後。而且，在索爾費里諾的慘敗事件之後，哈布斯堡家族在義大利已不再有影響力。[12]

皇帝的回應方式，就是把戈烏霍夫斯基換成安東．施麥林（Anton von Schmerling），他是一個受歡迎的自由主義者，和高層官僚關係深厚，偏好由維也納中央控制的有限代議制國家。[13] 一八六一年二月，施麥林發布了以一八六〇年十月的憲法為基礎來制定的「帝國憲法」，將帝國議會擴充為兩院制的立法機關，上議院由皇帝指派，下議院由省議會選出。

這個體制依然跟德意志自由主義者的理念差得很遠。新的立法機關沒有權利責問大臣，也不能批准國家預算，而且沒有保障新聞和宗教自由。他們不知道，這些缺點就是這個體制原本的設計。法蘭茲希望帝國議會成為一個具有某些代議特性、但不會妨礙政府做事的顧問機構，他把一切算得好好的，以確保地區議會和代表院（即下議院）是由大地主控制。[14]

非德意志人說，這個憲法含有族群歧視。選區界線對德意志選民比對斯拉夫選民還有利，而當局也採取相關措施確保這一點能維持下去。說捷克語的人雖然占了波希米亞人口的三分之二，但是由於選區界線被操縱，再加上維也納對不在乎民族（但是在文化上屬於德意志人）的貴族施加壓力，導致一八七〇年代波希米亞的代表絕大多數都是德意志人。[15] 一八六三年，捷克人和波蘭人不願意繼續支持，波希米亞、摩拉維亞、西利西亞和加里西亞議會不再派代表到帝國議會。克羅埃西亞人也跟進。但，他們的憤慨跟匈牙利人相比不算什麼，因為匈牙利人感受到的不只是族群歧視，還有維也納對匈牙利制度的不尊重。

在一八五〇年代晚期，哈布斯堡的新專制主義警察國家出現某種鬆懈狀態，匈牙利人常公開表達異議，例如他們會刻意張揚地穿著馬扎爾服裝。歷史紀念事件開始引發小型示威活動，像是費倫茨·卡津齊的百歲冥誕。卡津齊在一八三〇年代去世時，大部分的人都遺忘了他，但是他現在卻被視為第一位現代的匈牙利文學英雄，人們大批湧入紀念現場。一八五九年，有超過一百二十個地方舉辦這些類宗教性的活動，通常是以這位詩人的半身像為中心，並由口頭上被稱作「教士」的官員舉行國歌的演唱。[16]

隔年的三月十五日，佩斯的學生舉辦一八四八年革命的紀念活動，讚揚當時托斯卡尼和莫德納的群眾反抗哈布斯堡的行為。四月初，一名抗議學生被射殺，布達佩斯約有四分之一的人口出席他的葬禮。同一個月，估計共有八萬人參加了伊什特萬·塞切尼的葬禮，人們說，是奧地利政權將他逼上絕路。反十月憲法的公開示威遊行一直持續到秋季，除了學生之外，有產貴族、中產階級、都市無產階級和許多農民也參與其中。到了一八六〇年代初期，消極反抗儼然成為匈牙利人生活的一部分，最有效的形式是逃漏稅。[17]

當地政府在一八六一年春天允許匈牙利國會選舉，但是又拒絕派代表到維也納帝國議會。溫和、睿智但剛毅的費倫茨·戴阿克毫無疑問是他們的領袖，他譴責十月憲法和二月的帝國憲法，認為那些都是「專制力量」所為。施麥林政府把匈牙利當成奧地利的一個省對待，而匈牙利政治菁英無論立場偏左或偏右，都要求恢復他們的憲法，不是做為奧地利的「餽贈，而是建立在互相協議……【以及】法律和公義之上」。他們不需要法律史學家提醒他們，匈牙利在一七二三年接受國事詔書時，便是締結了一份契約。當時匈牙利承認查理六世的女兒瑪麗亞·特蕾莎的繼任權，而查理六世也承諾會維護匈牙利及其土地的所有權利、自由、特權、習俗和法律。[18]如果法蘭茲・約瑟夫希望匈牙利承認他的統治是合法的，他就得遵守那次協議的精神。

結果，皇帝決定解散匈牙利國會，試圖將這個地方恢復成軍事統治。施麥林向他保證匈牙利一定會退讓，但是他大錯特錯。因為有十月憲法，政治生活變成合法的，傳統縣治機關和匈牙利國會的選舉喚醒了左右光譜的所有政治立場。人們推動無數「運動」，要求實施立憲統治，匈牙利很快就成為帝國有史以來最大的問題。由於匈牙利在帝國疆域內占比很大，馬扎爾人拒絕派出代表這一點便導致帝國議會無法運作。一八六一年四月召開議會時，三百四十三名代表只有兩百零三人出席。同一時間，馬扎爾激進分子正向法國和義大利索取武器，並跟匈牙利流亡者聯繫，這些流亡者則鼓勵加富爾和拿破崙三世運用武力解決僵局。[19]

此時，匈牙利人從意想不到的人那裡得到支持：奧地利的德意志「憲政黨」（一個自由主義的團體）認為，安撫匈牙利最能夠保證斯拉夫人不會在帝國境內占據優勢。他們在皇帝屈服群眾代表的要求時緊張地觀望，知道選民如果擴張，斯拉夫人的地位也會。一八六三年開始，絕大多數的德意志代表都聲稱，有必要跟布達佩斯建立共識，才能在他們自己的土地上確立憲政體制。在那之後，反斯拉夫的潛在動機成為德意志與匈牙利政治菁英的合作基礎。[20]

※

普魯士此時正漸漸將奧地利擠出德意志，使得德意志自由主義者必須在帝國內部找到盟友的壓力變得更大。一八六三年，普魯士的新任首相俾斯麥靠著機智，勝過了法蘭茲．約瑟夫企圖在德意志政治上做出的提議。法蘭茲想在哈布斯堡的統領下建立一個德意志聯邦，因此他召喚其他德意志諸侯到法蘭克福討論這項提案。俾斯麥認為支配德意志的不是普魯士，就是奧地利。他說，其中一方不是屈服，就是被迫屈服。因此，他說服普魯士國王杯葛了這場會議。巴伐利亞或巴登等較小的德意志邦國知道，自己沒有普魯士就不能行動（普魯士那時已經掌控富裕的萊茵蘭），俾斯麥的暗中破壞讓哈布斯堡的計畫還沒啟動就夭折了。

這是德意志和中歐命運的轉捩點，且取決於俾斯麥的意志。普魯士的威廉很相信建立在先例與歷史的正當性，如果不是俾斯麥近乎偏執地勸說他，威廉可能真的會去參加法蘭克福的會議，一個比較鬆散的德意志統一形態便可能形成，跟一八七一年誕生的德國很不一樣。德意志各諸侯比較想把各邦國變成更緊密的聯合體，反對中央集權。威廉國王非常想去那場會議，沒去成法蘭克福一事讓他瀕臨情緒崩潰邊緣。

一八六四年下旬，法蘭茲．約瑟夫對自己的首相已經快要失去耐心。施麥林沒有改善國家財政，而對匈牙利的擔憂也蒙蔽了他對未來的思考。在這位皇帝的心中，他的疆土少了維內托或加里西亞等邊陲地帶（他把這些稱作「邊境」）也能存活下去，但少了匈牙利可就不一樣了。哈布斯堡王朝的問題必須透過馬扎爾人解決，不能不管他們。一八六四年十二月，法蘭茲．約瑟夫透過中介人聯繫費倫茨．戴阿克，想了解匈牙利人協商的條件。[21]

現在，戴阿克必須戰勝自己陣營的絕大多數人，因為他們認為匈牙利和奧地利只能透過統治者本人建立關係，否則就必須組成兩個不同的國家。讓這一切難上加難的是，匈牙利人極其痛恨現在這位君主，因為他處決了匈牙利將軍和從政者，但他們只是起身捍衛斐迪南皇帝在一八四八年四月保障的憲法。塞切尼（就連他的對手科蘇特都說他是最偉大的匈牙利人）曾說，法蘭茲．約瑟夫「散發人血的臭味」。[22]

法蘭茲．約瑟夫在一八五七年造訪布達佩斯時，驚訝地發現，自己無論去到哪裡，都感受到人們對他幾乎不隱藏的厭惡。他原本預期自己會被當成一位睿智的君主來迎接，可是情況比他想像得還糟糕許多：尷尬的布達佩斯市議會詢問溫和派貴族約瑟夫．厄特沃什，他們應該為皇帝出巡安排什麼樣的慶祝活動，厄特沃什卻建議把警察總長吊在那座知名鏈橋的柱子上，這樣可以讓賓客印象深刻、讓匈牙利人開心，而且不用花很多錢。法蘭茲的女兒蘇菲在參訪期間生病去世時，匈牙利人絲毫沒有任何同情。人們竊竊私語說，那個小女孩是為了一八四九年遭到處死的將軍而犧牲，只是皇帝身邊第一個付出代價的近親。不過，他們倒是很可憐蘇菲的母親，也就是來自巴伐利亞的皇后伊莉莎白，因為她相當欣賞「自由獨立」的匈牙利貴族，甚至決心學習匈牙利語。

可是，費倫茨．戴阿克如果完全聽從這些隨心所欲的貴族同胞，他根本無法進行協商。奧地利和匈牙利只能透過皇帝本人建立連結，這個概念在維也納完全沒有市場。然而，維也納也必須跳脫自己的期望，不能堅持這個國家非得是一個正統的帝國，沒有一個組成部分，可以保留與其他組成部分本質上的差異。「帝國」這個詞在德意志政治人物心裡會產生強而有力、極為深沉的共鳴，難以抹滅，可是想要推動有成效的改革，似乎不得不將帝國分成更小的單位。[23]

雙方能夠鼓起勇氣踏入政治領域的真空地帶，是因為他們都害怕其他結果。捷克人吵著要讓波希米亞自治，這樣一來那裡的德意志人會變成少數；克羅埃西亞人和塞爾維亞人想在匈牙利擁有自治的空間，但是這樣一來，匈牙利王國的整體性就會被破壞；維也納和布達佩斯的菁英分子也很擔心帝國之外的斯拉夫力量，因為俄羅斯才剛鎮壓一場波蘭起義，在巴爾幹半島越來越強大，令人害怕一個茁壯中的斯拉夫帝國可能侵占哈布斯堡的領土。有一點變得比以前還清楚，那就是匈牙利菁英跟內萊塔尼亞的德意志菁英擁有同樣的焦慮，也因此擁有同樣的利害關係。[24]

儘管如此，反對聲浪依然高漲，戴阿克只好採取合理做法，告訴皇帝匈牙利會以一七二三年匈牙利議會接受的國事詔書做為協商基礎。哈布斯堡家族必須尊重這份文件，因為這建立了他們土地的統一和完整性，並由歐洲大國所簽署；從維也納的觀點來看，它能讓奧地利跟匈牙利連結起來，共同安排國防、外交和財政議題。但是，這也迫使皇帝接受加冕、維護匈牙利的古老體制。[25]

到了一八六五年，雙方已經達成大致共識。戴阿克在布達佩斯匿名發表一篇重要的「復活節」文章，宣稱帝國維持完整是非常好的，並說他會為了保留一八四八年的憲法而修改憲法。[26] 那年夏天，法蘭茲任命了匈牙利的各個新領袖，十月憲法的起草人之一哲爾吉．麥拉特成為首相。施麥林完全沒有被知會，看了牆上所寫的字便自行請辭。皇帝稍微偏離了中央集權，但他沒有明確的目的地。

維也納政府的新領袖理察．貝爾克雷迪伯爵（Richard Belcredi）是來自摩拉維亞的義大利裔貴族，也是一位保守派和聯邦主義者。皇帝解散了帝國議會，終止其運作。在匈牙利，他恢復了國會和仕紳在各縣統治的傳統制度。匈牙利的立法者在十二月開會時，戴阿克發現他的陣營占了絕大多數，他的「談話派」（Addressers）有一百八十人，年老的保守派有二十一人，而反對任何提議的則有九十四人。[27]

但是，貝爾克雷迪的家鄉摩拉維亞和波希米亞王國的其他地方呢？捷克民族主義者說，他們也應該跟匈牙利人一樣，恢復自己的傳統權利。但是，跟匈牙利相比，波希米亞的世襲菁英（也就是貴族）並沒有團結的組織，他們大部分都隸屬於德意志文化，認為波希米亞是哈布斯堡的一個省，至於帕拉茲基和他的女婿瑞格等主要的捷克從政者則是平民百姓，堅持他們口中所說的波希米亞國家權利。雖然波希米亞王國的疆界曾經改變過，最近一次是在一七四〇年，但是他們仍說波希米亞擁有古老的歷史完整性，哈布斯堡必須加以尊重。最後，打破波希米亞僵局並且扭轉整個帝國命運的，是哈布斯堡在一八六六年的夏天恰好在波希米亞打的一場仗。導火線是俾斯麥。

俾斯麥雖然極為保守，卻也認為不可能壓制普魯士和其他地方的民眾渴望德意志統一的心理。民族主義在德意志已是勢不可擋，但是他力圖把這股力量用來創造一個由普魯士主導的民族國家。為了擁有凝聚力，他希望這是一個以新教為主的國家，而這就表示奧地利不能加入，因為那裡的人口和王室都是天主教徒。因此，奧地利便要扮演中歐盟友的角色，負責背負從前的任務，將德意志文化延伸到東方的斯拉夫地區。[28]那是奧地利和其他地方的德意志自由主義者向來追求的目標，俾斯麥也支持。然而，第一步是要把奧地利逐出德意志邦聯。

一八六四年，這位普魯士首相誘使奧地利一起加入一場軍事活動，把什列斯維格（Schleswig）和霍爾斯坦（Holstein）這兩個公國從丹麥手中搶過來。這件事完成之後，他又在兩年後利用這些省分的繼承問題，在波希米亞東部的薩多瓦和科尼格雷茨（Königgrätz）附近跟奧地利宣戰。普魯士訓練和裝備都較為精良的軍隊，透露了奧地利現代化的限度。奧地利無法取得快速射擊步槍，因此當他們的士兵在射擊過後站著重新裝子彈時，普魯士士兵就從隱蔽的位置使用準確的後膛步槍將他們殺得片甲不留。普魯士每死一人，奧地利就死三人。這次戰敗再次顯現法蘭茲·約瑟夫在國防政策方面的無能：因為他的猶豫不決，奧地利有很多軍隊都滯留在義大利北部這個戰略意義沒那麼重要的地區。

奧地利在軍事技術方面比不上普魯士，也可歸咎於奧地利可悲的財政狀態。[29] 這個國家雖然人力和自然資源都很充沛，但施麥林的偽自由主義中央極權政體卻無法榨取符合帝國需求的收入。讓維也納的問題更加嚴重的是，債權人感覺奧地利是由一個不怎麼勝任的君主所統治，他的政權充滿貪汙和偏袒。前任皇帝斐迪南旁觀局勢，說他可以比這位理應要比他能幹的侄子做得還要好。

匈牙利和德意志自由主義者對上斯拉夫人

維也納的德意志自由主義領袖並沒有馬上察覺自己的國家衰退的速度有多快，從原本的德意志領先國家變成了局外人。[30] 他們的國家不會變成包含奧地利和波希米亞的大型德意志自由主義國家，而是頂多在俾斯麥的小德意志國家之外，成為自由派的奧地利。但是，要怎麼在多族群的國家中維持德意志人的支配地位？奧地利究竟是什麼？歷史沒有提供確切的答案，但是似乎可以肯定匈牙利並沒有包括在內，而奧地利和波希米亞的德意志人跟匈牙利菁英擁有共同的利益關係，都想在文化上支配國家內部的各個斯拉夫團體。問題在於要如何將使用自由主義原則控制斯拉夫人的行為合理化。

這其中的矛盾似乎無法解開。一方面，自由主義意味著將自治權擴張給受過教育、擁有地產、能夠進行理性決策的人，無論他屬於哪一個族群；另一方面，無論是在個別的屬地或統一的帝國，德意志人都是不斷變少的少數。這個危機在一八四八年布拉格這座「德意志城市」突然遭到斯拉夫化的時候，就已經出現過，但是現在將近二十年後，危機又以不一樣的形式出現。捷克人不是外來的斯拉夫民族主義者，而是帝國內最優秀的自由主義者，是受人尊敬的中產階級紳士，會說流利的德語，卻又惱人地堅持他們屬於另一個族群。

捷克民族主義者別無選擇地只能信奉自由主義，因為若沒有支持自治的論點，他們就沒有任何依據了。有一些貴族支持捷克運動，但是除此之外，這個運動的領導人物都是農民或磨坊工人的兒子，革命性地聲稱，民族權利在人民身上，而這群人民（在這個地區已是「民族」的同義詞）有這個權利是因為他們是好幾百年以前定居波希米亞的部落的後裔。所以，捷克政治人物老是提到波希米亞的國家權利，真正的意思其實是捷克人對波希米亞地區的所有權。因此，他們是激進自由主義者，想把選舉權延伸給每一個成年男性，在伍德羅．威爾遜登場的幾十年前就已經提倡民族自決，因為在波希米亞，他們的選票永遠比德意志人多。

因此，維也納自由主義者想要反對捷克人的自治權，就只能提出文化和帝國主義的論點，也就是保護文明不被一項致命的挑戰摧毀。他們把捷克人描繪成不講理的民族主義者，聲稱自己是在追隨老約瑟夫的腳步，要利用一個高等文化統一領土，而這個文化剛好是德意志文化。然而，這過時的主張現在乘載了更新的種族歧視俚語。就拿一八四八年的財政大臣、資歷優秀的自由主義者卡爾·路德維希·布魯克（Karl Ludwig Bruck）為例，他說奧地利的命運就是成為多瑙河盆地「一切文明舉止的問題」的中心，各地的語言（羅馬尼亞語、塞爾維亞語、烏克蘭語和斯洛伐克語）只是一種工具，用來教育東方部族德意志的觀念和看法。這個主張自然傳到了哈布斯堡的疆域外，奧地利會「透過公正合理的行為」替德意志國度贏得羅馬尼亞和塞爾維亞。[31]

自由主義者施麥林的朋友、同時也是一八六一年二月憲法起草人之一的約翰·瑞特·佩爾塔勒（Johann Ritter von Perthaler，一八一六年到一八六二年）把斯拉夫人叫做「小民族」。他寫道：「奧地利人知道德意志元素對帝國有多重要，如果他的政治理念帶有歐洲色彩，他仍會力圖壯大德意志人，因為帝國在這方面擁有最強的核心和最健康、最強大的能量，可以振奮全身。」當局請藝術家漢斯·加塞（Hanns Gasser）為維也納的銀行和證券交易大樓（一樓就是中央咖啡館＊）創作十二座雕塑，頌揚「帝國的民族」。他認為斯洛維尼亞只是「半個民族」。[32]

然而，這個自由帝國主義也是為了阻擋各種威脅。奧地利曾經為基督教世界抵擋鄂圖曼人，現在則要替文明抵禦「俄羅斯野蠻人」。虛構作品和學術文獻將德意志文化描寫成受過啟蒙的文化，而斯拉夫人則是異類，喜歡飲酒、偷懶，是必須加以約束管教的被殖民者。然而，跟阿爾及利亞或印度等殖民地的居民不同，捷克人和斯洛維尼亞人等斯拉夫民族住在殖民帝國祖國的核心地帶。[33]

但，這些「斯拉夫人」分裂嚴重，完全沒有帶來聯手的威脅。一八六六年八月，摩拉維亞的貝爾克雷迪在維也納召開第二次比較小型的斯拉夫議會，邀請了波蘭人戈烏霍夫斯基及克羅埃西亞主教史特羅斯梅爾（英國自由主義者威廉·格萊斯頓〔William Gladstone〕說他是他所知道最令人佩服的三個人之一）。出席者還包括捷克的自由民族主義者瑞格和他的岳父帕拉茲基。[34] 這些斯拉夫發言人（他們其實只為自己著想）想出了一個改革帝國的合理辦法，那就是把它分成五塊：阿爾卑斯山地區兩塊，再加上波希米亞王國領地（波希米亞－摩拉維亞－西利西亞）、加里西亞王國以及匈牙利－克羅埃西亞。可是，他們在這件事或其他任何提議上，都無法達成共識。波蘭人認為他們跟維也納一對一協商對自己更有利，而之後證明事實的確是如此。為了掌控多族群的加里西亞，維也納的波蘭代表在一八六七年將會支持哈布斯堡跟匈牙利的妥協，渾然沒把克羅埃西亞的自治要求放在心上。波蘭的菁英分子將允許馬扎爾人統治匈牙利的克羅埃西亞人，這樣他們就能統治加里西亞的烏克蘭人。斯洛維尼亞人也拒絕了這項提議，認為他們的需求沒有被充分滿足。[35] 結果，捷克人是唯一支持聯邦主義的族群。

儘管意見如此分歧，維也納的報紙仍持續提及「斯拉夫人」，好像他們是連成一氣的敵對聯盟。捷克自由主義者被民族主義「蒙住雙眼」，所以在一八六〇年代選擇杯葛帝國議會，而不是承擔民主責任，還虛偽地跟波希米亞貴族階級的封建公爵和諸侯結盟，要阻撓（德意志自由主義的）

進步。然而，對捷克自由主義者而言，他們選的路感覺很合理。他們看見匈牙利人透過消極反抗的方式所實現的成就，因此杯葛帝國議會；他們會跟波希米亞貴族合作，是因為選舉權對貴族較有利，再加上德意志自由主義者對捷克人的權利懷有惡意，他們沒有其他人可以求助。[36] 維也納媒體透露出反斯拉夫主義典型的矛盾之處：他們認為斯拉夫人具有不明確的深沉力量，透過跟外國結盟，隨時準備用來對付德意志人；但是同一時間，他們又覺得斯拉夫代表太過情緒化和無秩序，無法想出正經的辦法，因為他們的「本性」無法組織任何事物。

匈牙利的自由主義菁英感覺得出來維也納自由主義者既高傲又害怕的心理，於是使用誘人的反斯拉夫語言，向法蘭茲．約瑟夫提出掌控匈牙利的訴求。以久拉．安德拉希（Gyula Andrássy）為例，他是繼費倫茨．戴阿克之後，匈牙利最重要的政治人物。作為一八四八年到一八四九年革命期間的軍事領袖，他因為逃到法國而逃過死刑，並因自己的貴族身世而接觸了法國菁英圈。一八四九年，哈布斯堡官員曾對這位帥氣貴族的肖像處以絞刑，因此巴黎沙龍的女士都叫他「被吊死的美男」。他也相當鄙視斯拉夫人，說他們在帝國境內營造出「多數的假象」，儘管實際上他們確實占了人口的一半以上。[37] 一八五八年，安德拉希趁特赦的機會回到匈牙利，靠著自己的魅力、機智和

＊譯註：維也納的中央咖啡館（Café Central）創立於一八七六年，是十九世紀許多知識分子喜歡聚會的地點，被譽為全世界最美的咖啡館。

天生的政治技巧，很快就變成戴阿克所信任的手下，也是一八六六年到一八六七年間跟哈布斯堡家族協商時最重要的一股力量。

安德拉希來自今天的斯洛伐克，認為將帝國聯邦化會導致斯拉夫人占上風。他說，波希米亞根本沒有國家權利，因為波希米亞王冠在一六二七年就廢除了，最晚也在一七四九年瑪麗亞・特蕾莎改革波希米亞首相職務時，便已不復存在。安德拉希在寫給皇帝的備忘錄中表示，一六二〇年捷克人在白山戰敗相當不幸，但是要重新創造之前存在的條件是不可能的。[38]

安德拉希在爬到哈布斯堡外交大臣這個職位的漫長過程中，特別努力不要讓斯拉夫人團結在一起，不但拒絕將帝國聯邦化，也不接受在匈牙利以外的內萊塔尼亞形成任何聯邦。法律和文化論點先後出現。成立這個國家的文件——國事詔書——是匈牙利跟奧地利的協定，不是跟奧地利的各個族群簽訂的。但，犧牲國事詔書不僅會使匈牙利疏遠，也會導致帝國失去最強大的基礎，即德意志人。德意志人將失去他們的歷史任務，也就是把文化下層的人變得更好。安德拉希寫到，如果奧地利不再實現這個目的，它不僅會被逐出德意志，也會被逐出文明的歐洲。[39]這樣的話，奧地利德意志的各省以及柏林和慕尼黑都會哀嚎。

安德拉希巧妙地呼應了奧地利德意志民族主義的邏輯。來自施蒂里亞的一位重要的德意志自由主義者莫里茨・凱塞費爾德（Moritz von Kaiserfeld）一八六六年寫信給一個匈牙利代表，提到負責整個帝國的國會所存在的問題：這樣的國會將一直會是「爭奪民族霸權的戰場，這種機構不可能有純粹的政治多數」。他所說的「政治」表面上不帶有民族性，像是德意志或馬扎爾；而斯拉夫民族主義關心的是語言權利，所以不算政治，而是不理性的偏執。他寫到，如果有機會，在地理和政治上充滿分歧的斯拉夫人將利用這樣的帝國議會，「統一和建立自己在整個帝國的霸權」。一家代表德意志自由主義思想的維也納報社寫到，斯拉夫人雖然位居歐洲中心，「卻跟歐洲始終相異，在藝術、科學、工業、貿易或知識的創作上沒有做出任何值得注意的貢獻」。[40]

前陣子在德意志人眼中還是異類東方人的匈牙利人，變成了他們的夥伴。奧地利－匈牙利不單純是政治實體的兩半，還是兩個類似的文化戰場，一個是德意志人對上捷克人和斯洛維尼亞人的戰場，另一個是馬扎爾人對上羅馬尼亞人、斯洛伐克人和南斯拉夫人的戰場。安德拉希最後這樣總結應採取二元制的理由：「你們管好你們的斯拉夫人，我們就會管好我們的。」有一個優雅的政治結構可以跟這些不優雅的文字相稱。除了加里西亞和達爾馬提亞，內萊塔尼亞大部分都屬於歷史上的德意志，而占優勢的也是德意志人，本質上就是少了俾斯麥帝國的德意志國家，地域相當廣闊。就連加里西亞也有強烈的德意志文化，在切爾諾夫策（Czernowitz）和利維夫／倫堡都有奧地利德意志基礎的大學。匈牙利則有似乎無法改變的疆界（因為這些疆界可回溯到好幾百年前的聖斯德望聖冠）以及非常自信和團結的統治階級。德意志的自由主義中產階級很受到匈牙利自由主義仕紳的凝聚力、自豪與「高貴感受」所吸引。匈牙利向奧地利的德意志人證實，一個透過意志團結起來的族群能克服一連串的挫折和困難。[41]

不確定的妥協

雖然如此，這個奧地利和匈牙利共同利益的邏輯思維，並不是讓一八六七年分裂帝國的妥協無可避免的原因。決定權握在法蘭茲．約瑟夫手中，宮廷中包括他母親在內的重要人物也都警告他不可跟任何人達成協議。帝國務必維持一體。但，一八六六年夏天發生了兩起非常個人的偶發事件，促成了奧地利和匈牙利之間的協議，一件事來自德意志，另一件事來自皇帝自己家中。

在科尼格雷茨戰役之後，法蘭茲．約瑟夫還是不確定自己應該接受普魯士的裁定，還是試圖恢復哈布斯堡在德意志的力量（或許可以跟法國結盟）。他任命了一個很了解德意志卻不了解奧地利的外交大臣貝斯特伯爵弗里德里希．斐迪南（Friedrich Ferdinand von Beust），他是德勒斯登的自由主義者，擔任薩克森國王的大臣好幾十年，熱愛英國的憲法形式，並且是一位新教徒（跟其他奧地利領袖不一樣）。貝斯特伯爵數十年來代表柏林大使館被派往巴黎和倫敦，累積了很多廣闊的視野，也正是因為他對奧地利一無所知，他才能夠在繁雜細節之中，看見更懂奧地利的人所看不見的簡單解決辦法。最根本的事實是，匈牙利在一八四八年到一八四九年差一點就毀了帝國，因此一定要加以通融。[42]

貝斯特伯爵沒有率領奧地利重返德意志，因為奧地利的財政如此危險，那是行不通的。但他確實有提升德意志在哈布斯堡帝國境內的族群優勢，他也承認沒有匈牙利人的配合，這不可能做到。

他的自由主義性格比較接近戴阿克和安德拉希，而不是跟波希米亞封建菁英結盟的捷克自由主義者。沒多久，他便接下維也納和布達佩斯政治階級普遍關注的「斯拉夫問題」。一八六七年一月和二月初，法蘭茲．約瑟夫召開一場非同凡響的帝國會議，貝斯特跟政府首腦貝爾克雷迪一決雌雄，終於解決了這個議題。

貝爾克雷迪想要藉由召開由各地議會自由選出的帝國議會，把奧地利變得更斯拉夫、更聯邦主義。這個舉動會創造一個由斯拉夫人所控制的立法機關。確實，在那個時候，斯洛維尼亞、克羅埃西亞、波希米亞和波蘭的議會代表都是使用他們自己的語言，儘管出席的德意志人往往聽不懂。在貝斯特看來，這項計畫會威脅帝國的本質，因為它沒考量到民族問題的本質便是零和。任何重組都會對某一個族群較為有利，而對帝國命運來說，最重要的族群就是德意志人，他們是官僚和軍隊裡的主要力量，並且擁有最龐大的財富和工業，即使在他們屬於少數的波希米亞也是一樣。疏離斯拉夫人所付出的代價會小很多。既然政府無法滿足所有人，它就必須仰賴最有活力的族群，而除了德意志人之外，就只有馬扎爾人符合。[43]

法蘭茲．約瑟夫同意跟匈牙利進行協議，但這個重大的突破來得並不容易。他接受貝爾克雷迪的請辭時，眼眶泛著淚。貝爾克雷迪擔心，讓德意志人和匈牙利人這兩個在帝國兩半都屬於少數的族群握有支配權，奧地利的立憲生活會成為幻影。可是，法蘭茲．約瑟夫沒辦法再拖下去了。帝國無力支付普魯士在科尼格雷茨戰役之後索取的三千萬基爾德（荷蘭貨幣）賠款，而國際貨幣市場又把信貸跟憲法重組變得密不可分。奧地利債券以只有平均價格的百分之四十五買賣，是歷史新低。44

※

頑強的久拉．安德拉希曾經是法蘭茲．約瑟夫想處死的男人，後來卻很有可能在說服皇帝二元制的好處時，發揮了最大的影響力。在皇帝是否可以繼續擁有軍事和外交發言權的這個問題上，他讓法蘭茲放了心，並跟其他匈牙利領袖一起向皇帝保證匈牙利不會推翻君主制。然而，這些依然無法說明安德拉希為什麼能夠影響這位寧可不跟他有任何往來的皇帝。答案就在皇后身上。

在一八五四年嫁給法蘭茲．約瑟夫之前，伊莉莎白曾經在家庭教師亞諾什．麥拉特（Janos Majláth）的指導下學習奧地利歷史。亞諾什是前面提過的麥拉特家族的一員，也是一個住在慕尼黑的流亡者，給伊莉莎白講了很多匈牙利數百年以來的英雄奮鬥故事。皇帝和皇后一八五七年在布達佩斯經歷了那場悲劇之後，伊莉莎白提出想要學匈牙利語的驚人要求，但她的丈夫不允許，說這個語言太難學了。可是，她還是去做了。兩人在一八六六年的春天拜訪布達佩斯時，每個人都很訝異，因為皇后竟然以流利的匈牙利句子和完整段落，向匈牙利首席主教和國會說話。

我們知道，她不只從書中學習匈牙利語。兩年前，伊莉莎白基於不明的原因請一個沒人認識、心地溫暖的鄉下女孩伊妲．費倫茨（Ida Ferenczy）來當她的侍女。費倫茨得到皇后的信任，兩人從早到晚都用匈牙利語交談，令宮廷人士大為惱火，尤其是伊莉莎白那位很討厭她的婆婆蘇菲，因為她偏袒的是捷克人。科尼格雷茨戰役之後，伊莉莎白親自照顧受傷的匈牙利士兵，當士兵讚美她說起匈牙利語毫無口音時，她說這都多虧了伊妲。伊妲確保伊莉莎白的信件都有送到安德拉希、戴阿克和其他理念受到她支持的貴族手中，但背後的原因不完全清楚。她對匈牙利的認同感超過她對其他民族的關注，當她的丈夫在義大利的事情失利了，她跟安德拉希說她很難受，但是當匈牙利的事情失敗了，她卻說她難過得要死。[45]

如果沒有伊莉莎白的個人干涉，當時的危機將會帶來某種解決辦法，但卻不會是一八六七年扭轉哈布斯堡命運的妥協。在一八六六年夏秋兩季，她成了匈牙利菁英的「狂熱工具」，讓帝國的命運看起來好像取決於能否安撫匈牙利。[46] 她還承諾，法蘭茲如果恩寵匈牙利，她就讓他得到婚姻中的親密感。一八六七年六月，安德拉希和首席主教總算在布達佩斯舉行的一場盛大儀式中，將聖斯德望王冠放在法蘭茲．約瑟夫的頭頂上。九個月之後，他們的最後一個孩子瑪麗．瓦萊麗（Marie Valerie）出生了。

經過了十八年，非法的權力空窗期終於結束，匈牙利跟國事詔書重新連結。身為王后和國王的伊莉莎白與法蘭茲．約瑟夫每年都會到匈牙利待上幾個星期，而伊莉莎白待的時間更長，以確保自己的孩子學習這個王國的歷史與文化。她曾跟午宴賓客（他們全都來自匈牙利，沒有一人來自內萊塔尼亞）說，要是真的做得到，她和丈夫絕對會讓一八四九年被處死的匈牙利士兵和從政者起死回生。[47]在妥協生效之後，她在床頭掛了戴阿克的畫像，就這樣掛到自己離開人世；十年後，她在戴阿克的葬禮上公開表示哀慟，稍微引人非議。

圖 7.2　法蘭茲・約瑟夫和伊莉莎白在布達佩斯接受加冕
（一八六七年六月）。
來源：埃德蒙・圖爾（Edmund Tull）的畫作，
Via Wikimedia Commons

妥協使帝國被分成都由中央統治的兩半，擁有同一個外交、國防和財政大臣。與共同利益有關的事宜（包括國債、關稅、貨幣和某些間接稅）將會每十年由雙方國會派出的六十名代表進行協商。匈牙利的憲法恢復了，國會和內閣受到指派，安德拉希則被任命為政府首腦。匈牙利必須負擔帝國共同財政的百分之三十，雖然這個比例每十年會重新協定一次，但是在一九一八年以前都沒有變過。匈牙利流亡者的圈子認為，這項或其他任何跟哈布斯堡的協議都很羞恥，但是隨著時間過去，可以看出這是很棒的協議，因為在帝國衰敗的那幾年，外萊塔尼亞已經能夠生產百分之三十五點四的國家收入，而內萊塔尼亞則是百分之六十四點六。[48]

匈牙利國會在三月通過妥協，但維也

納會發生什麼事無法確定。大臣貝斯特解散波希米亞和摩拉維亞議會、重新選舉以確保德意志人占多數後，一個較小型的國會召開了。[49] 兩國國會的代表在八月和九月安排好經濟事務後，政府在十月將妥協實施方案的立法帶到帝國議會面前。

現在就只剩下內萊塔尼亞制憲的問題，也就是一八五九年重組的最後一步。德意志自由主義者利用自己的優勢，向皇帝要求他在七年前完全沒想過的改革，得到的產物「十二月憲法」確立了財產與人身的神聖性、郵務隱私權、法律面前人人平等，以及言論、集會和思想自由。有關司法權的法律確保了分權，保護個人權利的帝國法庭成立了，帝國議會也成為真正的國會，得以立法。[50] 十二月憲法的一大限制，就是皇帝持續掌控軍隊和外交政策。哈布斯堡王朝的奧地利成為君主立憲政體，卻從未演化成民主制度。

⁂

妥協為帝國的兩半提供了穩固的法律平台，可鞏固國家，讓經濟穩定成長。從一八六七年到一九一四年，國家的收入增加三倍，年成長率介於百分之二點六到二點八。匈牙利的農產品輸出增加了，工業化也加速，雖然還是落後波希米亞和奧地利，但這樣的進展仍然很了不起。在一八五〇年代，每年平均興建兩百五十公里的鐵路，但是在一八六七年之後，這個數字提高到六百。在一八六六年至一八七三年，匈牙利銀行裡的資產翻了三倍以上。[51]

假如不是第一次世界大戰，妥協方案會繼續在一九一八年之後為哈布斯堡領土提供法律和秩序的基礎。然而，妥協其實一開始也有帶來緊張的局勢。匈牙利人從來就不滿意次等夥伴或甚至同等夥伴的地位，他們也希望帝國的權力中心是在布達佩斯，而不是維也納。

一八六七年，帝國的多數民族是斯拉夫人，帝國兩半的斯拉夫政治人物變得極為疏離。[52] 捷克人、克羅埃西亞人、塞爾維亞人和斯洛伐克人說，他們在一八四八年到一八四九年的革命挽救了哈布斯堡，現在卻被拋棄；後三個民族曾經任由被赦免的叛亂者所擺布！在匈牙利，只有克羅埃西亞人受到承認，而那還是因為克羅埃西亞王國過去的完整性；其他「民族」則被併入「不可分割的匈牙利民族」。權利不適用於整個民族團體，完全只適用在個別公民身上，政府也沒有體認到保護當地方言的需求。[53] 內萊塔尼亞憲法對德意志族群的尊重高於其他族群，雖然沒有把德語設定為官方語言，卻也不允許德語做為國家優勢語言的地位受到挑戰。所有的族群團體（*Volksstamme*）都有平等的民族和語言權利，但什麼是組成族群的要件以及國家會怎麼保護它們，憲法卻沒有明定。

在帝國兩半，妥協都沒有滿足民族政治菁英自治或者透過法律保護自身文化的渴望。這兩個王國不一樣的地方是，匈牙利政府積極地把自己的人民馬扎爾化，而奧地利政府則大致對民族議題無感。奧地利甚至在一八六九年通過一個學校法，只要學校有四十人或以上的學生住在指定地區方圓四公里內，每個民族都有權利建立自己的學校。然而，這項規定通過了以後，捷克人並沒有把功勞歸給奧地利政府，而是把這視為理所當然。隨著捷克人的識字率漸漸名列全歐洲的前茅，捷克菁英也越來越不滿自己無法像匈牙利人那樣擁有民族自治。[54] 捷克人的領袖瑞格說妥協是「不自然的不公義」，捷克人普遍將十二月憲法形容成「虛假」。

捷克人開始消極反抗，是在一八六三年部分杯葛維也納帝國議會時，但從一八六八年開始，捷克代表大規模缺席維也納國會，並將行動擴張到波希米亞和摩拉維亞議會。伴隨著公開的示威抗議活動，在一八六八年十月，事情嚴重到政府針對布拉格及其周邊社區強制實施圍城。捷克政治變成後來所說的「議會外反對」。一八六八年到一八七一年，這場運動在鄉村舉行了超過一百場的群眾集會，稱作「營」，參與者共有一百到一百五十萬人。抗議者要求得到波希米亞的國家權利、選舉權、教育和斯拉夫團結。維也納當局試圖透過逮捕參與者和扣押報紙來鎮壓運動，但這些做法明顯違反才剛熱騰騰印刷好的憲法。[55] 我們將在第九章談到，一八七一年將出現有望平撫捷克人且受到法蘭茲．約瑟夫支持的辦法，結果卻因為奧地利德意志人和馬扎爾人的反對而沒有推行。馬扎爾政治人物擔心，對西邊（內萊塔尼亞）的民族做出任何讓步，將鼓勵匈牙利的各民族提出自己的要求。

妥協讓這個帝國繼續苟且偷生，卻消除了它可以稱自己為帝國的任何假稱。帝國沒有一個「帝國中心」，也無法有效掌控東邊那塊超過帝國一半面積、漸漸變成民族國家的地區；同一時間，內萊塔尼亞則變成一個部分去中央化的領土集合體。然而，奧匈帝國雖然不算帝國，卻是受到帝國主義能量所驅動，德意志和馬扎爾菁英都想征服斯拉夫人、讓他們改宗「更高等」的文化。優越和恐懼感一起率領這個國家向前進，同時也往下走。一八七八年，奧匈帝國占領波士尼亞－赫塞哥維納，接管更多斯拉夫人。這背後的信念是要把文明帶到另一個愚昧的地區，但是從表面上來看，它就是下定決心不要讓這個地區被越來越壯大的塞爾維亞所控制。可是，不可能把波士尼亞人變成奧地利人或匈牙利人。這個帝國在改革的同時，把自己變得更無法改革；面積擴大的同時，使自己越來越沒自信；進入帝國主義時期的同時，卻比從前更不像個帝國。

chapter 8

一八七八年柏林會議：歐洲的新族群民族主義國家

近幾十年來，「漫長」十九世紀的概念變得流行起來，是指從法國大革命到第一次世界大戰的這段期間。另一個附屬的概念則是指一九一八年到一九八九年的「短暫」二十世紀。問題是，這個短暫的二十世紀除了兩次暴力衝突和兩個極權帝國的興衰之外，沒什麼連貫之處。這個概念的意涵是，二十世紀結束後，歐洲將恢復到被第一次世界大戰中斷前的發展狀態。可是，我們仍然不曉得二十世紀最後的終點在哪裡。無論終點在哪裡，似乎都會牽涉到民族國家的重振，並由願意善加利用民粹民族主義的政治人物所驅使。那麼，講述歐洲二十世紀的歷史時，或許從民族自決的奮鬥來看會比較合理，記得使用這個詞的不只朱塞佩．馬志尼（Giuseppe Mazzini）和威爾遜等自由主義者，還有法西斯分子（如希特勒和科諾留．科德雷亞努〔Corneliu Codreanu〕）和共產主義者（如列寧）。如果說，二十世紀跟民族自決有關，那麼說二十世紀真正的開端是一八七八年並一直延續到我們的時代，會是一個很好的論點。

一八七八年，歐洲主要強權的代表在新德意志民族國家的首都齊聚一堂進行協商，這場會議跟第一次世界大戰之後在巴黎舉行的另一場更知名的會議（目的是要消除殖民主義和推動民主），有著相同的特徵。在一八七八年的柏林，政治家確立了四個民族國家的國界、憲法、元首，乃至於公民的權利與義務。這四個國家就像一九一九年的波蘭和捷克斯洛伐克，必須在帝國衰亡後創造出來，才能穩定歐洲的勢力平衡。現代的保加利亞、蒙特內哥羅、羅馬尼亞和塞爾維亞就在一八七八年七月獨立建國。

然而，為了達成平衡，柏林會議的政治人物違背了民族主義的精神，沒有把多數住著東正教南斯拉夫人的一個地區分給塞爾維亞。那個地區就是民族錯綜複雜的波士尼亞－赫塞哥維納，奧匈帝國被允許在一八七八年占領這塊土地，不為別的，就只是為了確保塞爾維亞不會得到它。維也納和布達佩斯的政治人物認為存在著一個「龐大的南斯拉夫國家」很可怕，尤其是這樣一個國家可能變成俄羅斯親密的盟友。

有些人把塞爾維亞受到阻撓的擴張決心稱為「領土收復主義」（irredentism），但是這雖然是正確的，卻又很誤導人。[1] 這樣的描述是正確的，因為塞爾維亞人覺得自己的國界外還有其他必須納入塞爾維亞的塞爾維亞人；但這也很容易誤導人，因為這似乎暗指塞爾維亞很不尋常。可是，事實上，每一個新國家（從「領土收復主義」一詞的起源地義大利和德國開始）都信奉領土收復主義，因為它們都想「收復」自己民族的領土。例如，皮埃蒙特－薩丁尼亞最初不屬於義大利，普魯士也不是德國的。若沒有領土收復主義，就不會有塞爾維亞或其他任何新興的東歐國家（不論是在一八七八年或一九一九年創立的）。因此，不難理解為什麼在一八七八年之後，境內和境外的許多塞爾維亞人會覺得受到奇恥大辱。

然而，這不僅是一種侮辱，還是一個飽受紛擾的帝制國家所做出的怪異之舉，十年前才為了管好帝國境內的斯拉夫人而分裂成奧匈帝國，現在卻又接管幾百萬名斯拉夫人。不過，更有趣卻又匪夷所思的是，決定接受更多塞爾維亞人和克羅埃西亞人以及數百萬名波士尼亞穆斯林的，竟是那位「被吊死的美男」，久拉．安德拉希伯爵。安德拉希在一八七一年成為奧匈帝國外交大臣，自己的家鄉匈牙利當時正努力將數百萬名斯洛伐克人、塞爾維亞人、魯塞尼亞人和克羅埃西亞人變成忠誠的馬扎爾人。在一八六七年妥協之前，馬扎爾從政者曾向這些族群的代表保證，他們的權利會受到法律保障。後來，這些承諾都被遺忘，民族自治的要求被視為在煽動。[2] 奧地利雖然沒有要讓人民變成德意志人，但是德意志自由主義者非常擔心斯拉夫人的數量越來越多。現在，維也納和布達佩斯竟然又接收了三百萬名斯拉夫人，他們怎麼有辦法把這些人變成忠心的公民？

這個故事可以分成三個部分。第一部分是一八七五年的赫塞哥維納叛變（Herzegovinian rebellion），也就是基督徒對抗鄂圖曼統治歐洲的最後一次重要起義。赫塞哥維納及後來波士尼亞的農民所做的一切，產生了之後召開柏林會議的壓力源。第二部分是一八七六年到一八七八年塞爾維亞、蒙特內哥羅和俄羅斯對抗鄂圖曼帝國的血腥軍事活動獲得成功，導致歐洲強權開始擔心俄羅斯的崛起和鄂圖曼勢力的衰退。第三部分則是柏林會議本身，歐洲強權透過這場會議協助創立四個新國家，挽救了和平，也拯救了奧匈帝國。這四個國家都不認為自己是「成品」，而是讓各自代表的民族可以繼續擴張的立足點。

波士尼亞—赫塞哥維納的起義以及鄂圖曼統治的終結

一八七五年的赫塞哥維納起義跟一八四八年革命有很多共通點。突然之間，原本在封建體制底下靜靜躺著、西歐人大體上不曾留意過的族群認同感，被迫浮出檯面。一八四八年突然造成大規模族群躁動的原因，是為了爭取政治和公民權，但在一八七五年的赫塞哥維納，起初的原因則是一場農業糾紛。

動亂從內維西涅（Nevesinje）開始，這是一個才剛收成不佳的村莊。在正常時期，政府會徵收八分之一的稅，但是現在因為鄂圖曼政府面臨嚴重的財政危機，開始出現各種附加稅，有些情況甚至會徵收高達一半的收成。基督教農民眼睜睜看著家人挨餓，自己生產的那一點點收成又得交給穆斯林地主，還有那些從鄂圖曼當局得到收稅權的人（有些是波士尼亞的基督教商人）。[3]

然而，在一八七四年至一八七五年，赫塞哥維納的農民一開始甚至無法收割，因為包稅人（tithe farmer）沒有出現，葡萄和菸葉很多都爛掉了。包稅人終於現身後，卻要求比收成還要多的稅金，因此內維西涅有些農民拒絕繳納。於是，當局找來警察（Zaptiehs）搶劫、毆打、囚禁不服從的人。[4] 這導致有許多農民逃到山裡，但是也有人跨越邊境，進入了蒙特內哥羅（由鄂圖曼宗主所統治的自治公國）和達爾馬提亞（哈布斯堡的領土）。法蘭茲．約瑟夫恰好在當地出巡，因此來自鄂圖曼赫塞哥維納的天主教徒趁機向他喊冤。蒙特內哥羅和達爾馬提亞都住有南斯拉夫人，赫塞

圖 8.1 從赫塞哥維納動亂逃出的難民。
來源：烏羅什．普雷迪奇（Uroš Predić）的畫作，
Via Wikimedia Commons

哥維納人認為這些人跟他們同個族群。不到幾個月，鄂圖曼邊界外便湧入數萬名難民，兩個地區的當局都發起紓困救助。

英國地理學家亞瑟．埃文斯（Arthur Evans）寫到，被鄂圖曼人統治的基督徒遭遇了「雙重限制」，分別是社會和宗教方面的：「這個地區的農民比我們最黑暗的時代的許多農奴都還要窮苦，完全受到穆斯林地主的擺布，就像奴隸一樣。」[5] 基督徒是無法得到人身自由或持有土地的佃農，而那些人數少的穆斯林農民（不到百分之五）則可以獲得自由和土地。[6] 維持治安的是幾乎完全由穆斯林所組成的駐軍，基督徒無法無法倚靠任

何合法權威來維護他們的權利。埃文斯說到，有一支阿爾巴尼亞部隊在行經波士尼亞時射殺天主教農民，卻沒有受到懲罰。鄂圖曼人在波士尼亞－赫塞哥維納已經統治好幾百年，但是基督教斯拉夫人卻將之視為異族，跟穆斯林斯拉夫人不一樣。[7]

波士尼亞的鄂圖曼總督擔心暴力傳播開來，便安排難民領袖從蒙特內哥羅安全回到赫塞哥維納。可是，他控制不了當地的官員。邊防軍騷擾回來的人，而他們回到家後，有好幾人被當地警察殺害。高層官員組成的委員會（赫塞哥維納的長官穆斯塔法帕夏〔Mustafa-pasa〕以及該區的軍事將領塞利姆帕夏〔Selim-pasa〕）害怕事情會演變成全面性的叛亂，於是在仲夏來到此地跟被推選出來的東正教村莊長老見面，提出改革建議，包括使用基督徒做為邊防軍的行政政體。這或許是邁向有限自治的第一階段。他們也承諾會改正當地包稅人和警察的過分行徑。[8]

這些官員是否真能改革當地的徵稅制度，或者是改變基督教農民幾百年來在經濟和文化上的劣勢，依然未解。鄂圖曼的達官貴人過去就多次承諾會改正地方官員的暴行，卻發現自己做不到，因為隨著時間過去，貪腐已經變成一個體系。近年來雖然有人嘗試允許基督徒擁有土地，但當地的穆斯林貝伊（*begs*）＊會直接搶走土地，毫不理會更高的權威。更切中要害的問題是，改革承諾能否贏得過東正教叛變者對彼此述說的科索沃英雄故事。根據這些敘事，和鄂圖曼當局交涉的人都是叛徒。此外，在當地狹義民族主義報刊的煽動之下，蒙特內哥羅和塞爾維亞的民意都很清楚過去幾十年的歷史，也就是武裝起義已漸漸將鄂圖曼勢力推往巴爾幹半島的南邊。

然而，內維西涅並不是隨便一個小村落。就跟許多叛變一樣，這次叛變是在一個普遍存在的問題以極端形式出現時所爆發。鄂圖曼的赫塞哥維納被稱作「石灰岩沙漠」，是一個喀斯特地形的山區，即使在不錯的日子居民仍必須苦撐才撐得下去。[9] 這個省分的其他地方比較有生產力，可以為國家和當地人口創造足夠的收入。從跟鄂圖曼當局派去內維西涅的仲裁委員會碰面時村莊領袖所提出的訴求中，就能感覺得到他們有多絕望。他們要求：

1. 基督教女性不得再被騷擾；
2. 教會不得再被褻瀆；
3. 基督徒在法律面前應得到跟鄂圖曼人同等的權利；
4. 他們應受到保護，不被警察暴力欺負；
5. 包稅人除了有權留下的利潤之外，不得溢收稅款中飽私囊；
6. 政府不得要求勞役，需要勞力時應支付薪酬，「跟在世界各地一樣」。[10]

即使如此，請願者仍是蘇丹忠心的臣民，沒有表現出一絲民族主義的狂熱，他們沒有說到要跟塞爾維亞或蒙特內哥羅統一，也沒有暗示「泛斯拉夫主義」。在起義前夕，摩斯塔（Mostar）的穆

*譯註：一種頭銜，意為指揮官或酋長。

斯林地主和基督教商人曾向蘇丹抱怨財政的管理，但是他們是希望改革、而非取代現有的體制。此外，根據當地一位東正教編年史家的描述，嚴肅的高層委員會在東正教領袖的心中留下了深刻的印象，他們知道全面性的起義將為自己貧困的地區帶來大屠殺。[11]

然而，有其他勢力認為暴力是實現他們利益的理性工具。比方說，就算只是有人提到應該削弱特權，阿迦（agas）＊和貝伊就會派出警察鎮壓。另外，山區會替土匪（有的是當地人，有的來自蒙特內哥羅、達爾馬提亞和塞爾維亞）提供掩護，讓他們靠搶劫為生，破壞當局權威便能為他們帶來好處。當地人會擁護他們，因為他們會打劫富人，保護基督徒農民不受欺侮。七月時，有一幫土匪殘暴攻擊從摩斯塔到內維西涅的商隊，殺死五名穆斯林商人。在這個階段，伊斯坦堡的官員決定，所有反叛行為都必須在有人提到改革之前加以鎮壓。

波士尼亞總督集結了一支軍隊，貝伊也組織了自己的非正規部隊，稱作巴什波祖克（*bashi-bazouk*），藉由焚燒村莊、吊死領袖、強暴婦女、奴役孩童來威嚇農民。至少有五千個農民被殺，一八七六年年底逃離波士尼亞－赫塞哥維納的難民至少有十萬人，最多可能達到二十五萬。兩方都有損傷。舉例來說，在畢哈齊（Bihać），一百九十八個穆斯林村莊有四十一個被燒毀，而兩百九十八個基督徒村莊則有兩百二十三個被摧毀。[12]雙方都毫不留情地對待囚犯，也都從死者身上帶走戰利品。

原本在一個小地方發生的農業叛亂事件，現在不只變成一場內戰，還是一場族群間的戰爭。叛變領袖屬於擁有民族和政治意識的波士尼亞基督教中產階級，包括老師、商人和神職人員，共同組成一個「波士尼亞民族議會」。這些自詡是波士尼亞民族成員的人其實是塞爾維亞人，就像摩拉維亞人覺得自己是捷克人，但是同時又保有地區認同那樣。一八七七年十月，由十個塞爾維亞人、三個克羅埃西亞人和一個俄羅斯人組成的波士尼亞民族臨時政府成立了，想要統一其他塞爾維亞人的土地。[13]

儘管塞爾維亞和蒙特內哥羅政府試圖阻止他們，仍有另外數千名南斯拉夫人加入戰局，包括蒙特內哥羅的部落及來自哈布斯堡達爾馬提亞已經「全副武裝」的男性。喚醒這些人的族群團結心不需要很多政治宣傳，只需要簡單的兇殘暴行傳聞就足夠，而這樣的故事相當多。蒙特內哥羅親王尼古拉（Nicholas）對一名鄂圖曼代表說，蘇丹不能期望他遏止蒙特內哥羅人涉入赫塞哥維納同胞「爭取自由的奮鬥」（他其實正偷偷供給武器給他們）。[14] 塞爾維亞、斯洛維尼亞和俄羅斯的志願兵也湧入，他們都相信南斯拉夫人即將甦醒。他們之中不乏傭兵，甚至是罪犯。

這一切造成的結果是，不住波士尼亞－赫塞哥維納的斯拉夫人將住在那裡的基督徒斯拉夫人視為同胞，而同樣住在那裡的基督徒和穆斯林，卻比從前還更把彼此當作陌生人，儘管他們屬於同一個「族群血統」。[15] 鄂圖曼當局因為把正教徒當成驅逐的目標，派兵追殺他們，因此無心插柳地在他們之間散播「塞爾維亞」意識；相形之下，當地的穆斯林協助鎮壓起義，因為他們擔心現狀會改

*譯註：指擁有大量土地並擁有影響力的人；有些法院人員和衛隊人員亦擁有此頭銜。

變，也怕被基督教鄰居暴力以對。沒多久，幾乎沒有中立地帶存在的空間，叛變者迫害拒絕支持他們的基督徒，雙方都做出了理性的結論，認為跟自己的族群站在同一陣線比置身事外更安全。[16]

奧匈帝國的領袖試圖阻止達爾馬提亞的塞爾維亞人和克羅埃西亞人加入叛變，因為他們懼怕會有民族國家從鄂圖曼帝國分裂出來。外交大臣安德拉希在一八七五年一月寫道：

> 土耳其為奧匈帝國帶來幾乎可說是天注定的功用，因為它維持了巴爾幹各小國的現狀，阻礙他們的民族抱負。若不是土耳其，這些抱負都將砸到我們頭上……要是波士尼亞－赫塞哥維納跟塞爾維亞或蒙特內哥羅合併，或者自己形成新的國家，我們無力阻止，那我們就毀了，我們自己將會變成「病夫」。[17]

安德拉希的這番話，反映了比處境艱難的鄂圖曼帝國還要有組織、富裕且強大的國家，其領袖竟有如此龐大的不安全感。會有這樣的不安全感，是因為奧匈帝國的菁英階層瀰漫著對斯拉夫民族主義的恐懼心理。使用「病夫」一詞，顯示他認為二元帝國可能像鄂圖曼帝國那樣變成「受害者」，被其他勢力（例如俄羅斯）啃掉一塊塊的領土，以便扶植他們的傀儡。他擔心小小的塞爾維亞會占領達爾馬提亞海岸其實並不理性，除非有一個龐大的反奧地利聯盟形成，且其他勢力冷眼旁觀。但，他的擔憂跟社會達爾文主義的興起有關。社會達爾文主義主張，消極被動（或像他所說的「清心寡慾」）的國家會衰亡，因此奧匈帝國必須做點什麼，才能顯得剛強、沾得上邊。他知道帝

圖 8.2 塞土戰爭時期年的塞爾維亞軍隊（一八七六年）。
來源：Military Museum, Belgrade. Via Wikimedia Commons.

國不能喚起「民族熱忱」，而是要採取防禦立場會比較好，需要時可號召臣民捍衛「共同的祖國」。[18]

安德拉希也抱持著馬扎爾菁英階級常見的看法，認為俄羅斯和德國想要讓匈牙利消失。他毫不懷疑地相信是俄羅斯對泛斯拉夫主義的支持才造成赫塞哥維納動盪不安，雖然俄羅斯並沒有害鄂圖曼負債累累，進而迫切絕望地想從荒蕪的土地榨取收益。但，斯拉夫正教徒遭遇的惡行確實在起義開始後使俄羅斯動怒，讓俄羅斯決定插手。一八七六年，造訪達爾馬提亞海岸的一名旅人親眼看到很像在二十世紀會出現的畫面：外國執政官（大部分為俄羅斯人）從大批難民中召募傭兵攻打土耳其。

蒙特內哥羅和塞爾維亞政府受到鄂

圖曼領導階層的混亂所鼓勵，便在一八七六年七月攻擊土耳其的據點。令他們大感驚訝的是，這個衰弱的帝國竟把他們趕走了。雖然如此，反抗鄂圖曼當局的叛變接著又擴張到保加利亞，那裡的鎮壓行動非常兇殘，平民遭受的惡行（又一次地）難以描述，在俄羅斯和西歐引發公開抗議。十二月，俄羅斯、奧匈帝國和英國在伊斯坦堡舉行會議，要蘇丹推行有效的改革，要新上任的阿卜杜勒哈米德二世（Abdulhamid II）做出他不願意或沒辦法實現的諾言。[19]

一八七七年四月，俄羅斯終於攻擊鄂圖曼帝國，派兵從南邊穿越多瑙河流域的公國，導致戰爭肆虐整座巴爾幹半島。俄羅斯人跟塞爾維亞人和蒙特內哥羅人一樣，遇到意料之外的頑強抵抗，在保加利亞的普列夫納堡壘（Plevna，位於他們跨越多瑙河的南邊三十二公里處）延誤了六個月，但他們接著又重新展開進攻，於是土耳其在一八七八年一月要求停戰。兩個月後，俄羅斯和土耳其在伊斯坦堡近郊的聖斯泰法諾（San Stefano）簽署和約，只有俄羅斯和新的保加利亞國家感到滿意。

《聖斯泰法諾和約》創造了一個由「基督教政府」統治的保加利亞，幅員遼闊，北至多瑙河，南及洛多皮山脈（Rhodope Mountains），東到黑海，西接摩拉瓦河和發達河（Vardar river），包含了塞爾維亞想要的一些地區以及希臘想要的其他地方。奧匈帝國和其他勢力都認為這個保加利亞超級大國是俄羅斯的傀儡之一，擁有巴爾幹半島上絕佳的戰略位置，打通前往伊斯坦堡的道路，使得聖彼得堡距離控制達達尼爾海峽（Dardanelles）只有一步之遙。[20]

然而，《聖斯泰法諾和約》倒是提出一個解決波士尼亞族群衝突的辦法，也就是讓這個地區在鄂圖曼帝國境內得到自治權，有專屬的國會，其中五分之二的席次給正教徒、五分之二給穆斯林、

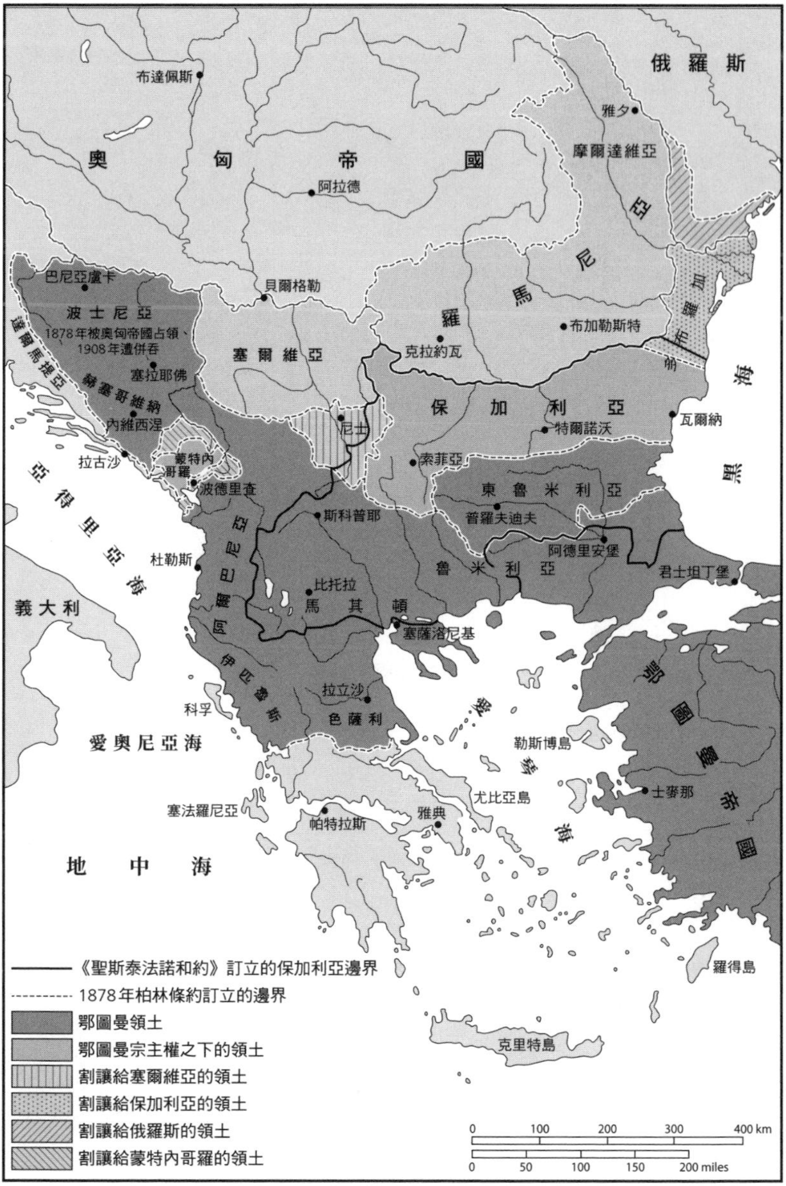

地圖 8.1　一八七八年的中東歐。

五分之一給天主教徒。[21]這跟十九世紀的荷蘭為了在不同的宗教團體之間分享權力與維護和平所安排的差不多（稱作三大「柱」），但是很遺憾，其他強權堅持修改《聖斯泰法諾和約》時，沒有保留這個做法。和約條款格外威脅了奧匈帝國，因為帝國極力想要阻止塞爾維亞和蒙特內哥羅往克羅埃西亞的邊界擴張、呼籲邊界另一頭的哈布斯堡南斯拉夫人統一。對塞爾維亞和蒙特內哥羅來說，這樣擴張似乎很合理，畢竟他們打仗的時候就明確表示希望彼此瓜分波士尼亞－赫塞哥維納。[22]

可是，奧匈帝國和塞爾維亞如果打起來，俄羅斯很快就會加入，進而爆發規模更大的歐洲戰爭。其中，德國首相俾斯麥擔心衝突（尤其是牽涉到俄羅斯的）將破壞他為了鞏固新德意志民族國家所做出的努力。由於其他國家也不想上戰場，卻又都不滿俄羅斯在聖斯泰法諾強化自己的行為，於是便接受俾斯麥的邀請，在一八七八年六月到柏林開一場會，想出新的解決辦法。[23]這次會議確認鄂圖曼在東歐南部的領土減少約一半，並讓塞爾維亞、蒙特內哥羅和多瑙河公國（羅馬尼亞）獲得獨立，同時也讓保加利亞自治。不過，這個保加利亞比《聖斯泰法諾和約》規定的保加利亞疆域小了約三分之二，因為馬其頓和東魯米利亞（East Rumelia）這兩個發生暴行的地方又回到鄂圖曼的統治下（後者由基督教總督治理）。[24]對未來影響最大的是，柏林會議沒有把波士尼亞－赫塞哥維納割讓給塞爾維亞和蒙特內哥羅，而是讓奧匈帝國占領。名義上，這裡還是鄂圖曼的領土，但奧匈帝國一開始就把它當作殖民地對待，並從一八八一年開始在那裡（非法）徵兵。

柏林會議雖然將下一個重大衝突延遲了三十年以上，卻讓所有人都不滿意。蒙特內哥羅和塞爾維亞依然認為他們有權得到波士尼亞－赫塞哥維納，而塞爾維亞也將因為馬其頓（此時回到鄂圖曼帝國手中）而跟保加利亞起爭執。這些新國家用後來被稱作「民族自決」的理由來合理化自己的主張。例如，羅馬尼亞的目標是要擴張到匈牙利境內有羅馬尼亞人居住的地方，同時也要得到俄羅斯在柏林會議拿到的比薩拉比亞地區（Bessarabia），因為那裡住著他們的同胞。然而，他們的論點在當時並未受到認真看待。英國外交大臣索茲斯柏立勳爵（Lord Salisbury）便說：「波茨坦有蚊子，這裡則有這些小國，我真不知道哪一個比較討人厭。」俾斯麥則把巴爾幹半島的從政者比喻為「羊小偷」。[25]

柏林會議迫使俄羅斯遵守沙皇於一八七六年在摩拉維亞對法蘭茲．約瑟夫許下的承諾（雖然沙皇似乎早忘了），也就是不要用鄂圖曼的領土建立一個龐大的斯拉夫國家。可是，怎麼樣算是太龐大？《聖斯泰法諾和約》創造的保加利亞後來又被廢除，使保加利亞現在把外交政策的焦點放在「奪回」失去的領土。因此，這個新國家一誕生就有「現成的領土擴張宗旨，並強烈感受到強權施加給他們的不公」。[26]然而，保加利亞的問題觸及了東方問題（也就是鄂圖曼勢力在歐洲逐漸衰微）的核心難題：如果要建立一個南斯拉夫的國家，疆域應該要多大？伊利里亞人認為它的範圍應該要從克拉根福（Klagenfurt）延伸到黑海。

製造波士尼亞人？

無論這個南斯拉夫國家有多大，總之都超過了奧匈帝國可以容忍的範圍，因為它會變成泛斯拉夫的前哨站，俄羅斯的超級勢力將讓維也納和布達佩斯在思想和武力方面無力招架。因此，在柏林會議時，有了其他強權的支持，奧地利阻止了東疆和南疆那看似難以停止的斯拉夫氣勢。

波士尼亞－赫塞哥維納被占領，是整個地區捨棄多族群國家、追求民族國家的趨勢下，短暫發生的例外。波士尼亞－赫塞哥維納沒變成塞爾維亞的一部分，反而是成為奧匈帝國的附屬物，被稱為「帝國領土」，是維也納和布達佩斯共同治理的唯一地區。當時，人們說這是一個殖民地，是現在已不存在的奧地利帝國中那些帝國派用來發洩的途徑，他們認為波士尼亞人不適合自治，就像孩子需要父母的監護一樣。[27]然而，這個殖民地最終沒辦法單純地透過叛變離開父母。波士尼亞人的反帝國運動最後走上了弒親一途。

嚴格來說，奧匈帝國只會占領波士尼亞－赫塞哥維納到恢復「秩序」為止，在一八七九年四月的新帕札會議上，帝國承認鄂圖曼的主權，並承諾會保護穆斯林的權益。實質統治是由帝國的公務機關進行，也就是負責帝國兩半部的一個共同議會（代表）。因此，奧匈帝國的共同財政大臣、野心勃勃且遊歷廣闊的匈牙利貴族班雅明・卡萊（Benjamin Kállay）成了那裡的總督。[28]卡萊決心留名青史，於是把波士尼亞當成塑造一個民族的實驗室。那時，波希米亞正變成哈布斯堡家族長期的頭痛問題，而匈牙利則比任何人預期的都要難以控制，可是在波士尼亞－赫塞哥維納，官員可以從一張白紙開始，把這裡的居民變成「波士尼亞人」，讓這個人群存在的目的就是對皇室效忠。卡萊的計畫顯示了帝國主義者的傲慢，他寫信給法蘭茲・約瑟夫，說他和官員要為波士尼亞人帶來「文化的庇佑」，將這片土地提升到帝國水準。[29]

帝軍一開始進入波士尼亞時，卡萊有可能猶豫過，因為他們沒有被當成解放軍歡迎，而是遇到渴望自治的穆斯林和東正教民兵所發起的暴力反抗。這起事件持續超過兩個月，導致哈布斯堡軍隊有超過九百四十六人死亡。儘管如此，哈布斯堡的占領似乎提供了全新的機會。所有的波士尼亞人都共同擁有數百年的「歷史」，但波士尼亞基督徒頂多只跟塞爾維亞人和克羅埃西亞人有著共同的宗教。到了十九世紀中葉，波士尼亞人之間的差異主要是宗教信仰不同，可分成西方教會教徒（*krstjani*）、東方教會教徒（*hristjani*）和穆斯林（*musulmani*）。正教徒和天主教徒之間在經濟或社會方面沒有互相敵對的理由，新政體讓所有人在法律面前都是平等的。[30]

然而，只要細心一點觀察，就能看出形塑波士尼亞團結心的問題從一開始就出現了。基督徒雖然是用宗教定義自己，但是他們卻把穆斯林看作外族，稱他們為「土耳其人」，即使這些人幾乎都是斯拉夫人，也跟他們說同樣的語言。從這樣的描述可看出一個深沉的認知障礙：即使鄂圖曼人不再是統治者，穆斯林仍被認為跟鄂圖曼民族密不可分。[31] 中東歐時常有這種狀況，那就是民族的自我需要仰賴「他者」才會完全甦醒。

這種跟穆斯林有所區別的感受，使得波士尼亞的正教徒相信，自己跟匈牙利或塞爾維亞的塞爾維亞人不只是兄弟，他們就是塞爾維亞人，跟塞爾維亞人有著同樣的歷史，都曾活在「土耳其人」的壓迫之下。塞爾維亞民族認同感開始在波士尼亞正教徒之間生根，哈布斯堡當局面臨了他們在義大利或較近期的波希米亞曾經遭遇的問題：民族主義煽動者開始傳播「同一個族群的人應該擁有自己的國家」的訊息。來自塞爾維亞的訊息說，波士尼亞的正教徒應該隸屬於一個南斯拉夫人的國家，而這個國家的中心應該是塞爾維亞。

卡萊的任務便是要抵制這樣的訊息，而他的資歷正好能夠勝任這項工作。一八三九年他生在一個非常古老的匈牙利貴族家庭，精通土耳其語、俄語、希臘語和塞爾維亞語等許多語言。他的母親是塞爾維亞人，因此他曾經在匈牙利住著塞爾維亞人的地區競選官職。他不僅研究過塞爾維亞人的歷史，還出了一本同主題的書。[32]卡萊也很了解波士尼亞，因為他在一八七一年夏天曾經在當地四處旅行。他甚至想出一個理論：波士尼亞人共同擁有的一種深切民族認同感可以回溯到中世紀初期，但是不久後便遭到「東方專制君主鎮壓」，持續數百年。這深沉的波士尼亞意識只需要被重新喚醒，便能取代泛克羅埃西亞和泛塞爾維亞的「異想天開」。

然而，他從匈牙利的視角詮釋這個省分的思想最後將自取滅亡。他認為波士尼亞有著像匈牙利仕紳階級那樣的古老統治階層，並相信持有土地的穆斯林「貝伊」可以將系譜一直回溯到中世紀的「波格米勒」（Bogumil）貴族——他們信奉一種神祕的基督教派，不受到羅馬或君士坦丁堡的掌控，其後裔在被鄂圖曼人征服之後，據說為了保有土地而改宗伊斯蘭教。他認為，在恰當的情況下，貝伊會回歸基督教。[33]

他會把希望寄在波士尼亞的穆斯林身上，還有一個實際的理由：他們對土地有著獨特的連結。不像天主教徒或正教徒，他們並沒有外來力量支持他們的民族主義，但是他們其實也有反抗鄂圖曼人以爭取波士尼亞獨立的歷史。一八三一年，穆斯林在胡笙．格拉達什切維奇（Husein-Kapetan Gradaševi）的領導下發動叛變，反抗蘇丹馬穆德二世（Mahmud II，一八〇八年到一八三九年）打算從伊斯坦堡強制實施集權統治的計畫。假如要存在一個波士尼亞民族，就必須要從這樣的感受起頭。同樣重要的是，穆斯林是文化、行政和經濟的領導力量，而且他們很習慣統治別人。卡萊做了其他殖民統治者所做的事：經由一個權威受到認可的團體來進行統治，不然另一個選項會是社會革命。

有了這個團體做為他的主要支持者，卡萊利用民族主義者認為可以形塑一個民族的事物（語言、共同的歷史感和民族象徵），來創造出波士尼亞的民族認同。學校成為思想灌輸的主要工具。在鄂圖曼人統治期間，教育是交由個別宗教團體來處理，但卡萊提倡讓不同信仰的人一起接受教育，崇尚地區認同感，尤其是傳說中的波格米勒教會，因為這個被認為源自古代的波士尼亞教派比後來出現的宗教分歧更早存在。[34]他還推廣當地的塞爾維亞－克羅埃西亞方言（「波士尼亞語」，*Bošnjak*），在一八八三年宣布為官方語言，並在一八九〇年使用西里爾（Cyrillic）和拉丁字母出版了這個語言的文法（民族主義者後來在一九九〇年代重印這部著作）。官方詞藻把該地區的人口稱作波士尼亞人，這個詞的意義向來都不明確，有時被用來代表整個地區的居民，有時只有指涉其中一個族群。一八七五年的東正教叛變者便以此來描述自己。

卡萊看似反塞爾維亞又反克羅埃西亞，卻同時仰賴穆斯林地主階級，促使波士尼亞認同感在穆斯林知識分子之間綻放，他們非常能夠接受自己源於封建貴族因此「天生」就是波士尼亞人的概念。[35]例如，塞拉耶佛市長一八八六年寫到，「偉大的穆斯林」波士尼亞克人（Bosniaks）是祖國的第一批愛國者，從波士尼亞的穆斯林領袖格拉達什切維奇在一八三一年打敗大維齊爾（輔政大將軍）的那場起義就能證實。這位市長身為公共政治人物，也順從當時的族群民族主義，禁止任何人提到穆斯林是「土耳其人」（也就是外族）。

但，即使是這些早期的波士尼亞穆斯林民族主義者，他們使用這個新的波士尼亞認同的時機也不一致。有時候，他們會用波士尼亞克人指稱波士尼亞所有的人口，有時候則單指穆斯林；有時候，他們會稱自己的團體是穆斯林，有時候則稱作波士尼亞克人。此外，不是所有穆斯林都會接受這個新的身分認同，他們仍用宗教來描述自己，有的人傾向認為自己是塞爾維亞人，有的人傾向認同克羅埃西亞，還有一些人認為自己是南斯拉夫人，甚至也有人不怎麼在乎民族認同（很可能占大多數）。[36]無論穆斯林在一八九〇年代有什麼感受，卡萊已成功在波士尼亞穆斯林之間完成認同塑造的第一步，這在接下來的一百年將持續進行，直到一九九〇年代的反穆斯林種族滅絕行動才完全成形。

同一時間，在許多波士尼亞基督徒的眼裡，接受塞爾維亞或克羅埃西亞認同的穆斯林不算是完全的塞爾維亞人或克羅埃西亞人，除非他們「回歸」基督教。這跟住在匈牙利的猶太人的窘境類似，在鄰人的眼中，這些猶太人只有改宗基督教才能變成完全的馬扎爾人。信奉東正教和天主教的人，絕大多數都不接受卡萊所定義的波士尼亞認同，並在一九〇七年（卡萊過世四年後），成功讓塞爾維亞－克羅埃西亞語被承認為當地的官方語言。只有穆斯林才覺得「波士尼亞語」是一個獨立的語言。[37]

對東正教和天主教的波士尼亞人而言，族群認同在奧匈帝國占領前的那幾年便開始扎根。

一八六九年，鄂圖曼人推行學校改革，意圖散播鄂圖曼公民的民族意識，結果卻讓剛成立的塞爾維亞學校和教會區加倍努力強化塞爾維亞的民族意識。一八七八年被奧匈帝國占領後，正教徒和天主教徒利用新統治者給予的自由，個別創立了政黨、雜誌和協會，以駁斥波士尼亞認同的概念。塞爾維亞人甚至為自己教派的學校印製教科書，要激發學童對塞爾維亞故土的愛。這時候，邊界已開放給克羅埃西亞和住有塞爾維亞人的匈牙利，因此東正教神職人員帶著浪漫色彩的民族主義進到波士尼亞。這些神職人員協助學校教育，但是也在塞拉耶佛成立了一個協會推廣「塞爾維亞人」這個名稱，後來也跟匈牙利的塞爾維亞青年組織（例如位於新沙德的組織）建立聯繫。[38] 來自哈布斯堡克羅埃西亞的方濟各教士也為塞拉耶佛的天主教徒創立類似的協會。

年輕時，卡萊曾翻譯過約翰・彌爾（John Stuart Mill）的《論自由》（*On Liberty*）；現在，他當家的立憲政體幾乎無法遏止有關塞爾維亞歷史或克羅埃西亞民族意識的討論，儘管當局嘗試擾亂民族主義者——在他統治的第一年，被關閉的塞爾維亞學校比新開放的還多。此外，他的政體還運用了哈布斯堡帝國高度法制化的審查制度，因此在一九〇六年的前半年，波士尼亞最大的報社《塞爾維亞文字》（*Srpska Riječ*）的編輯因為刊登「過頭」的民族主義內容，而上了法庭二十二次。審查員將報紙內容刪去了七千七百一十三行。[39]

然而，這些擾亂的舉動並沒有效果，反而更加刺激人們對塞爾維亞的情感，特別是占領者公開推廣自己的天主教信仰時。當局建造了許多天主教教堂，包括位於塞拉耶佛的主教座堂；在占領的前六年，塞拉耶佛天主教人口從八百人成長到三千八百七十六人。[40] 耶穌會教士過來後，跟許多哈布斯堡官員一起推廣克羅埃西亞民族主義。克羅埃西亞裔的天主教將領約瑟普・菲利波維奇（Josip Filipović）率領帝國占領軍來到此地，他最早做的事情之一，就是逼東正教人民說出反抗領袖是誰，讓他的手下加以逮捕處決。

遲至一九〇二年，帝國領地的官員有將近九成來自外地，而在當地官員之中，塞爾維亞人的數量最少。即使是捷克或波蘭裔的哈布斯堡官員，也能夠流利使用當地語言，他們繳交了許多關於政治態度的報告，使得波士尼亞人成為地球上最受到密切監視的族群。塞爾維亞學校受到最密切的監督，但是正教徒在任何地方都感覺自己被間諜大軍追殺，任何「有著塞爾維亞思想和感受」的人所說的一字一句都會被記下。[41]因為都市計畫師和建築師很多都是捷克人，所以更讓波士尼亞人感覺自己臣服在殖民力量之下。環狀大道和法蘭茲・約瑟夫大帝大道出現無所不在的哈布斯堡黃色灰泥公家建築，短短幾十年間，波士尼亞城鎮的中心都變得像帝國其他省分的城鎮。[42]道路和鐵路將帝國領地跟奧匈帝國連接在一起，讓帝國的製造產品可以輸入，同時減緩當地產業發展。

教育是歐洲已開發社會的重要指標，但卡萊在這方面卻受限極大。他只蓋了一百七十八間公立學校，幾乎沒有改善這個地區的識字率（一九一〇年，不識字人口的比例仍有百分之八十七點四，穆斯林偏高）。舉例來說，一八八八年的年度預算只有百分之零點七用在初等教育，雖然政府強烈鼓勵父母送小孩去上學，但是卻沒有規定他們這麼做。不過，卡萊確實有花錢推廣一流的中等教育，雖然也做得非常有限。哈布斯堡占領波士尼亞期間，只有建立三所高中、一所技職學校和一間師範學院。[43]

然而，這些計畫到頭來對帝國十分不利。教育賦予學生工具，使他們了解到哈布斯堡的統治實際做了什麼。他們發現，這些占領者並沒有改善當初導致赫塞哥維納在一八七五年發動起義的那些問題。在卡萊的統治下，仍有百分之九十的地主是穆斯林、百分之九十五的農奴是基督徒，因此他再怎麼努力推廣波士尼亞人的共同歷史也沒有意義。[44]塞爾維亞反對者很容易就能把他們的民族解放運動（即統一波士尼亞和塞爾維亞）描繪成是要在族群的基礎下，將農民從經濟迫害中解放出來。一直到一九〇六年卡萊死後，當局才改變無論農夫收成多少都要繳交什一稅做法，改成以十年平均收成來計算稅金。

政府實行一些措施，大大改善農業，包括改善別利納（Bjelina）低窪地區的排水、調節內雷特瓦河（Narenta river）的河道、鼓勵使用肥料和提供獸醫服務等。農業生產量從一八八二年的五十四萬五千噸提高到一八九八年的一百三十四萬六千七百噸。可是，農民的生活還是很悲慘，很多人無法準時繳交租金給地主。國家同意以百分之四點五的利率貸款給農民，協助還債，最長可達五十年。[45]然而，這項「改革」雖然對農民的生活沒有多大的改善，卻被地主階級視為威脅，催生了穆斯林政治組織和民族意識的成長。

奧匈帝國掌控了波士尼亞－赫塞哥維納，卻進入雙輸的局面。如果當局想要促進秩序與發展，他們就得利用地主階級，因為他們是唯一具有原始資本主義者潛力的族群。於是，他們固化社會結構，同時試圖推動發展。但，少數擁有企業家精神的穆斯林地主，面臨了當局維繫的封建政體所帶來的局限：依然有效的鄂圖曼法律讓農民對自己耕作的田地有很大的權利，包括種植品項和種植方式的決定權。另一個局限是，匈牙利的保守人士非常密切監視波士尼亞，反對任何可能影響波士尼亞地主權利的舉動（例如讓基督徒佃農獲得土地的改革），擔心匈牙利的農民會有樣學樣。基於這個原因，當初導致一八七五年暴動的農業問題並沒有解決。[46]

就像在波希米亞一樣，所有可以族群化的財物和組織都被族群化，既有的宗教和經濟生活區別被確認與延伸，也就是指，農民往往是基督徒。東正教元素在經濟方面快速成長，往往多虧了進行區隔的機構。在一九一四年，波士尼亞－赫塞哥維納的二十六間塞爾維亞銀行擁有一千萬克朗的股本，十間克羅埃西亞銀行擁有三百萬克朗、八間穆斯林銀行擁有四百萬克朗。到了一九一二年，這裡共有三百三十七個塞爾維亞協會，其中包括四十七個體育協會和一個重要的文化機構（*Prosvjeta*），可資助塞爾維亞學生和幫助學徒找到工作。這個機構跟哈布斯堡的新沙德、札格雷布、拉古沙（Ragusa）和塞爾維亞的貝爾格勒等地的塞爾維亞文化組織密切合作。[47]

在奧匈帝國占領的那些年，有數萬名穆斯林離開這個省，一來是為了避免被徵兵，二來是因為他們在越來越伊斯蘭化的鄂圖曼帝國感覺比較自在。他們在波士尼亞的人口從百分之三十九降到三十二（天主教徒從百分之十八升到二十三，而正教徒則一直維持在百分之四十三）。一九〇八年，穆斯林民族組織（Muslim National Organization，MNO）已經成為主要的穆斯林黨派，當地有一百二十四個穆斯林協會。由於穆斯林是少數，穆斯林民族組織必須跟克羅埃西亞或塞爾維亞的黨派結盟。一九一八年以前，會讓塞爾維亞政黨想跟穆斯林合作的唯一原因就是成立共同的反奧地利陣線，他們的基本要求是波士尼亞自治。[48]

儘管如此，卡萊讓波士尼亞各個族群互相尊重的程度，還是比歷史上的其他政體做得還要好。這是當時全東歐對族群議題最中立的政府。一九〇二年造訪當地的美國記者W．E．柯蒂斯（W. E. Curtis）寫道：「不同宗教信仰的人友好地往來，互相尊重、互相寬容；法庭管理得很有智慧與誠正，無論宗教或社會地位為何，每一位公民都能得到正義。」[49]

這名外人敏銳地評估了波士尼亞社會的表象，卻沒有感覺到深沉的民族主義暗潮及其控制人們情緒的力量。穆斯林的人數和相對勢力雖然衰滅了，但正教徒仍覺得自己臣服於穆斯林主導的社會，同時年輕人對外族統治越來越沒耐心，開始形成祕密組織（如青年波士尼亞），想要終結外族統治。塞爾維亞在經濟發展這方面做得雖然比奧匈帝國更少，識字率也更低，但是對波士尼亞正教徒而言，那裡似乎可以給他們救贖。因此，波士尼亞的現代化其實對帝國很不利，就跟其他殖民環境一樣，這只是更加劇（而非削弱）了社會的不平等以及當地人之間的文化和族群差異。[50]可以看出這點的是，少數的成功案例之一（意即少數天賦異稟的農家子弟受到很好的教育）利用奧地利的體制，加入串謀網絡，射殺了該體制的頭頭。這個學生就是普林西普，而他的受害者是斐迪南大公。青年波士尼亞的民族主義者讓農民問題成為鬧得沸沸揚揚的轟動事件，因為農民問題強大地融合了民族主義和社會冤屈，以反抗那個被認為明顯該負起責任的帝國。

歐洲的新族群民族主義國家

如果說，奧匈帝國想要把波士尼亞－赫塞哥維納變成全歐洲仰慕的展示品，那麼柏林會議的強權則是希望透過新成立的國家，向全世界展現歐洲的高水準。俾斯麥首相同意法國的威廉．韋丁頓（William Weddington，俾斯麥在其他時候將他視為死敵）所說的，認為這些新國家應保障所有公民的宗教自由和法律平等。他們的堅持跟這些國家的革命性格有關：柏林會議的政治家使用族群原則，合理化了這些國家的創立。例如，保加利亞便是保加利亞人（也就是保加利亞基督徒）的國家。這些新國家的出現犧牲了鄂圖曼帝國，不過保加利亞仍位於鄂圖曼的宗主權之下，直到一九〇八年他們的領袖才單方面改變這個狀況。[51]

舊秩序是帝國的秩序，受到偏愛的是帝國的人民，但他們不屬於特定的族群。幾百年來，曾經有數百萬名斯拉夫人成為忠心的鄂圖曼、哈布斯堡或羅曼諾夫子民，甚至進入統治菁英階層。然而，新的統治群體被想像成無法隨意參與的團體，因為你生來就是保加利亞人或羅馬尼亞人，要不然就不是。因此，一七七四年強權在庫楚克開納吉（Kuchuk Kainarji）簽訂條約，聲稱要保護鄂圖曼人統治下的基督徒的權益時，這個舊體制被提升到新的層次，柏林會議幫助確立了二十世紀保護少數族群的原則。[52]然而，由於在十九世紀晚期和二十世紀初期，人們對民族性有更進一步的認識，新族群民族主義國家內的少數族群地位，比鄂圖曼帝國內的基督徒地位還要充滿緊張。

強權會允許這些新國家出現，是為了維持難以平衡的歐洲勢力。他們寧可這些地區繼續受到鄂圖曼帝國控制，也不要落入俄羅斯手中。因此，承認族群淵源是主權國家的基礎，其實不是出於尊重；柏林會議的政治人物甚至明明白白地表達出自己對這些新興國家的鄙視，例如英國首相班傑明・迪斯雷利（Benjamin Disraeli）就認為塞爾維亞人是一個小型的半野蠻群體。[53] 儘管鄂圖曼帝國的衰弱讓人無法忽視興起的民族主義，但是這些強權在處理民族議題時，非常小心且做好保護。首先，他們將歐洲貴族的合法諸侯指派為這些「未成年國家」的監護人。再來，他們規定，保加利亞和羅馬尼亞的顯要所制定的憲法必須保障其他族群的權益。這些初生（但其實很古老）的國家只要有任何不檢點的行為，就會引起各國插手干涉，這懸在心上的威脅導致對強權長期不滿。

因此，保加利亞人被吩咐要從歐洲貴族之中選出一位親王，但他不能是歐洲強國統治王朝的家族成員。他們選了巴登伯格的亞歷山大（Alexander of Battenberg）這位德意志親王。在一八七六年到一八七七年的漫長血腥戰鬥期間，有數十萬名非保加利亞人（即穆斯林）逃離此地，雖然歐洲強權沒有要求這些難民回來，但也不希望這些人永遠被排除在外。於是，保加利亞的顯要制定憲法（組織法）時，必須考量到土耳其裔、羅馬尼亞裔和希臘裔的權益，人人都應該要能享受公民和政治權，可以在公家或私人機構工作，包括從事需良好教育的職業。即使是不再住在保加利亞的穆斯林，宗教自由和持有財產的權利也受到保障。其他新國家也同意用類似的方式保護少數宗教和族群團體。[54]

保加利亞是一個領土縮小的傀儡國，仍被俄羅斯占領，因此沒有實質的自治權（一九〇八年之後才有）可以發表抗議。它最關切的事情，就是彌補在柏林會議喪失的領土，而這將影響它之後幾十年的外交政策。塞爾維亞和蒙特內哥羅沒有反對這些新規定，主要是因為過去幾十年來，這些國家的政策讓當地穆斯林的生活很不好過，所以絕大多數的穆斯林早已離開。一八六〇年代貝爾格勒爆發一次動亂後，當局便驅逐了那裡的穆斯林；一八七六年到一八七八年的戰爭期間，有二十五到三十萬名穆斯林被殺，另外有一百五十萬人逃到鄂圖曼帝國深處。對塞爾維亞和蒙特內哥羅而言，這種強迫遷移是他們透過排他建立民族的一部分。到了一八七八年或一八七九年，鄂圖曼帝國已變成以穆斯林為主的國家，穆斯林占總人口約百分之七十五到八十。在接下來的二十年，陸陸續續又有一百萬名穆斯林遷出巴爾幹半島。[55]

奧地利誓言捍衛波士尼亞－赫塞哥維納穆斯林的權利，也確實做到了。如同前面所說的，奧地利因為非常尊重穆斯林菁英的地位，所以保留了舊秩序的社經和法律架構。對塞爾維亞民族主義者而言，奧地利人好像只是接替了鄂圖曼政體，沒有糾正鄂圖曼統治期間的弊病。[56]

然而，羅馬尼亞的政治階層強烈反對讓領土內所有居民都得到公民權。或許，他們覺得自己統治人民和領土的權利不夠安穩。不像保加利亞、塞爾維亞或蒙特內哥羅，羅馬尼亞並沒有什麼獨立建國的歷史，是第一個聲稱以族群為存在基礎的國家。這個國家的人民（即羅馬尼亞人）最早源自何方，似乎不像其他國家那麼清楚，這使得羅馬尼亞知識分子對自己人民的血統感到「過度焦慮」。[57]因此，國家名義上的民族究竟代表什麼？誰可以加以定義？這些問題在羅馬尼亞似乎比在其他地方還重要。由於這裡有古老的反猶大傳統，所以整個過程帶有巴爾幹半島其他地方所沒有的銳利鋒芒：羅馬尼亞的創國先父在定義自己的民族、畫出清楚的自我界線時，排除的少數族群不是穆斯林，而是猶太人。[58]

若非運氣好，這個國家可能根本不會誕生。一切都要回溯到一八四八年春天。當時，瓦拉幾亞和摩爾達維亞公國是歐洲民主革命所觸及最東邊的地區。在法國念書的羅馬尼亞學生（他們的家庭大部分屬於「波雅爾」〔boyar〕這個貴族階級）趕回家鄉，跟都市階級短暫的在布加勒斯特（Bucharest）和雅西（Iași）掌權。這些波雅爾的兒子先前在巴黎參加研討會和沙龍時，汲取了浪漫民族主義，因此要求統一羅馬尼亞人所居住的土地，建立有著立憲政府和公民權利的獨立國家。這些在國外受教育的學生變成羅馬尼亞的民族領袖。[59]

一八四八年六月，瓦拉幾亞通過了看似自由的原始憲法「伊斯拉茲宣言」（Islaz declaration），主張所有公民皆平等、徵收累進所得稅、提倡新聞自由、廢除勞役制度、擴張學校體系好讓每個人都能免費受教育，任期五年的大公可由任何階級選出。公民身分是以族群、而非社會地位為依據，這聽起來好像很激進，因為這表示農民跟波雅爾和城鎮居民都同樣屬於一個民族；可是它也不祥地意味著，菁英階層同意猶太人不屬於這個民族。然而，這個實驗在幾個星期內就因為俄羅斯和鄂圖曼的干涉而中斷。[60]

革命失敗後，仍受到鄂圖曼帝國所統治的瓦拉幾亞和摩爾達維亞公國達成了協議。在保守派的施壓下，自由主義者同意放寬社會改革的要求，把目標放在民族統一的共同綱領。從民族主義者的立場來看，一八五〇年代有一些地方改進了：羅馬尼亞語在學校獲得了地位，農民的勞動義務減少了（雖然沒有完全廢除），國家軍隊（瓦拉幾亞）也開始創建。

幸運的是，此時出現一位領袖人物，他將團結瓦拉幾亞和摩爾達維亞，傾注巨大的精力協助他們現代化。此人就是亞歷山大・庫扎（Alexander Cuza），他是一個比較名不經傳的波雅爾家族子嗣，曾在巴黎大學受過教育。一八五八年，在摩爾達維亞舉行了票數差距極小的選舉之後，他變成支持和反對統一的人折衷選出的候選人。隔年，兩個公國的波雅爾會議都選他為親王。這樣的發展沒人計畫或預料得到，只是事後看起來好像證實了羅馬尼亞的統一力量無法抑制。[61]

奧地利在外西凡尼亞也有羅馬尼亞人，因此並不樂見從這兩個公國傳來的消息。可是，帝國在義大利面臨了軍事挑戰而無力干預。比奧地利強大許多的法國相當支持羅馬尼亞建國，因為它可以在奧地利的巴爾幹半島那側，成為法國的東方盟友。一八六一年十二月，伊斯坦堡正式同意兩個公國統一，庫扎在布加勒斯特組成聯合政府，統一地區性民兵，並將財政和司法體系中央化。然而，在接下來的幾年，反動派的波雅爾阻擋了他利用外國信貸和投資興建鐵路來完成國家現代化的希望。

儘管如此，庫扎在一八六六年退位前，仍有許多重大成就。儘管受到鄂圖曼和俄羅斯的抵抗，他仍徵收了教會的土地（大部分由希臘修士持有）——這些總共占了瓦拉幾亞四分之一、摩爾達維亞三分之一的面積；一八六四年五月，庫扎發動政變，在「人為寡頭政體」的反對下舉行憲法普選，以六十八萬兩千六百二十一票比一千三百零七票獲勝；[62]八月，他頒布一部農業法，讓農民可以擁有土地，大小根據地區而有所不同，平均每戶四公頃，同時也保障他們的人身自由，取消封地費用和稅金。有三分之二適合耕種的土地離開了地主手中。[63]由於改革得很倉促，結果並未達到預期：農民喪失對牧地和林地的權利，結果這些土地都變成波雅爾的財產；此外，他們得到的農地品質通常較差；最後，他們還得每年繳納費用補償土地原本的主人，總共繳十五年。

因此，在之後的幾十年，肉品食用量減少了，許多農民難以過活，被迫替波雅爾工作。所以，農業法到頭來只是強化了地主階級，讓他們繼續坐擁龐大莊園，利用蓬勃發展的國際市場獲得穀物。廉價勞工的供給大幅成長，波雅爾自然沒有推行現代化的動力。一八五九年到一八九九年，羅馬尼亞人口增加了百分之五十四，導致農民原本就很小的農地又被進一步分割。羅馬尼亞就這樣一直維持大型莊園普及與農民階級貧困的狀態，有別於以小型農場為主的塞爾維亞和保加利亞。[64]

庫扎雖然很堅定也很積極，但他不相信自己的能力，對於持續掌握權力沒有表現出什麼興趣。雖然他是個愛國志士，有一顆想要造福羅馬尼亞人的激進的心，但他卻容忍貪腐，還跟他的妻子和情婦瑪麗·歐布雷諾維奇（Marie Obrenović，她的兒子米洛斯〔Miloš Obrenović〕日後會變成塞爾維亞第一任國王）住在一起。庫扎幾乎到處樹敵，包括教會、保守地主、強權（尤其是奧地利、俄羅斯和鄂圖曼），甚至連自由派也是，因為他們認為他太溫和卻又太獨裁。庫扎原本計畫讓情婦的孩子繼位，但這卻導致自由派和保守派形成「可怕的聯盟」。他們在一八六六年二月派軍官到他的私人住所，在槍口下逼迫他退位。[65]

自由派和保守派從政者組成攝政政府，試圖從西方的統治家族當中找一個親王來統治羅馬尼亞。最後，他們選了普魯士統治家族天主教分支的霍亨索倫－錫格馬林根的卡爾（Charles of

Hohenzollern-Sigmaringen）。公投（這再次顯示了當時的選舉制度有多麼不恰當）以六十八萬五千九百六十九比兩百二十四的票數同意這個選擇。[66]

庫扎最後完成的其中一項成就，是一部分以法國為模範的民法，規定只有基督徒才能成為公民。這是羅馬尼亞菁英階層普遍的認知。因此，羅馬尼亞領土上所有的猶太人都被當成外國人，無論他們的家族在這裡住了多久。一八六六年七月，卡爾親王正式批准收錄了這條規定的憲法，同時立法者創造新的罪犯類別「流浪的猶太人」，依法可以將這些人驅逐出境。[67]

羅馬尼亞猶太人特別弱勢的原因是，跟波蘭的猶太人不一樣，他們來到這片土地的時間相對較晚，很容易被描繪成「闖入者」。自從一八二〇年代以來，摩爾達維亞和瓦拉幾亞生產外銷的穀物越來越多，兩地的猶太人口便隨之增加。在摩爾達維亞，猶太人從一七七四年的六千五百人，增加到一八二〇年的一萬九千人，又在一八五九年增加到十二萬五千人。其中，城市的增長狀況特別顯著。例如，摩爾達維亞首都雅西的猶太人口從一八〇三年的三千人左右，成長到一八三一年的一萬七千零三十二人，又在一八三九年成長到三萬人。到了該世紀末，雅西大都市區的總人口為十九萬一千八百二十八人，其中有四萬六千六百九十六人是猶太人。瓦拉幾亞的增長程度較輕微，例如在布加勒斯特，猶太人從一八〇〇年的五千人左右增長到一百年後的四萬三千兩百七十四人。到了一八九九年，羅馬尼亞的城市人口約為一百一十三萬一千人，其中二十一萬五千人（百分之十九）是猶太人。[68]

猶太人為了逃離俄羅斯和加里西亞的悲慘迫害生活，來到摩爾達維亞和瓦拉幾亞，帶來了這兩個公國中大都不識字的人口鮮少具備的技能，並且願意從事羅馬尼亞菁英認為配不上自己的職業（像是商業和銀行業）。沒多久，猶太人就占據了旅店老闆、兌錢商、雜貨店老闆、地毯商、叫賣小販、工匠（如裁縫和玻璃製造商）等中層行業。在整個中東歐，猶太人都從事類似的都市行業，是因為從前就有措施限制猶太人出現在鄉村。

跟東歐其他社會相比，上述這些發展會如此引人注目，原因在於猶太人進入這個國家的速度非常快，不到一個世代，猶太人在某些城鎮就幾乎成為主要族群。猶太人在波蘭已經住了好幾百年，即使在波蘭亡國之後，波蘭愛國者仍把波蘭猶太人視為同族。說這些人是「外來的」，等於是在否認彼此共同生活的古老歷史（而且也需要運用一八八〇年代晚期才出現的種族歧視論點）。可是，羅馬尼亞猶太人大部分都是新來的移民，住在關係緊密的家族社群中，他們的羅馬尼亞語雖然很流利，但卻帶有腔調，且私底下說的是意第緒語，習俗和服裝也跟羅馬尼亞人不一樣。此外，他們來到這裡時，羅馬尼亞身分認同的觀念恰好正在扎根。沒有任何羅馬尼亞菁英會質疑猶太人比羅馬尼亞人還要更古老與獨立，兩者是不同的族群，或者像自由派的內政部長米哈伊爾・科格爾尼恰努（Mihail Kogălniceanu）在一八六八年所說的那樣，因為猶太人的來源、習俗和觀點，所以是「外來民族」。[69]

羅馬尼亞的地位越接近完全獨立，猶太人越是成為系統化排外的「冷屠殺」目標。羅馬尼亞最強大的政治人物、四十八歲的自由派人士揚・布勒蒂亞努（Ion Brătianu）稱他們是傷疤和瘟疫。這裡的政府對猶太人的限制可能比俄羅斯以西的任何歐洲地區還要嚴苛：他們不能住在鄉村、經營酒館、持有農場或葡萄園；他們在城市裡不能擁有房子或動產；他們不得在法庭上做證；他們不能成為教授、律師、藥師、國家醫生或鐵路員工。

庫扎失勢後，當局更加堅定地相信為了民族統一著想，一切差異都得消弭，包括政壇的歧見。無論是自由、民族或保守派的政治人物，都認為羅馬尼亞的獨立比經濟和社會改革重要。[70] 想要合理化羅馬尼亞突然出現在歐洲版圖的唯一方法，就是維護一個有著共同語言和文化的古老族群的權利，但是前一、兩個世代才來到此地的猶太人被認為不屬於這個團體。

然而，羅馬尼亞太過弱小，無法挑戰鄂圖曼帝國（它仍屬於帝國的一部分），因此需要強權的干涉。在柏林會議召開前的那些年，全球開始出現人道干預的論述，意味著這些新民族國家要「加入歐洲」，就必須被拉到「得體」的標準。英法兩國的猶太人不斷抗議羅馬尼亞猶太人未被善待，於是普世以色列聯盟（Alliance Israelite Universelle）的會長阿多爾夫・克雷米厄（Adolphe Crémieux）便在一八六六年前往布加勒斯特替猶太人陳情，願意募集巨額的短期貸款，只要羅馬尼亞憲法能保證宗教信仰不成為阻礙歸化的因素。[71]

然而，克雷米厄的提議不小心洩漏出去，使當地的反猶人士聲稱羅馬尼亞成為一場國際陰謀的受害者。羅馬尼亞的首席詩人米哈伊・愛明內斯庫（Mihail Eminescu）說，猶太人已經顯示自己是個跨地域的民族，被宗教和族群認同感所凝聚。[72] 猶太人是「異族」，想要羅馬尼亞順從他們的意志。人們發起活動，反對「把羅馬尼亞賣給猶太人」，最後導致布加勒斯特的猶太會堂被摧毀。

很可惜，這場族群民族運動的論述排除了兩個明顯的解決辦法，一是促進猶太人融入羅馬尼亞社會的文化，二是建立可以讓基督徒農民擁有更多技能、提高競爭力的制度。繼續維持已經存在好幾百年的排猶制度容易得多，尤其是那些禁止猶太人擁有某類財產或從事某些行業的規定。反猶主義一開始是個選擇，後來變成懶得改的習慣，只是做出這個選擇的族群太過龐大、其認知太不受到質疑，因此躲過了邏輯上將徹底推翻他們的反對聲浪。比方說，自由派政治人物聲稱，他們必須遏止猶太移民的浪潮，才不會在自己的土地上變成「奴隸」，被猶太債主束縛。[73]但事實上，自由派擁有的農地很少，也沒有仰賴貸款。

假如這些菁英真的想要強化羅馬尼亞社會，最簡單的途徑就是土地改革，讓大部分無產的農民擁有土地，使利潤和生產力與他們掛鉤。然而，將羅馬尼亞的落後社經地位歸咎於猶太人擔任的中間人角色（收稅員、商人、兌錢商等），並把這些職業描述成剝削他人、無生產力，進而證實猶太人只能「依靠其他人辛苦勞動的果實過活」，這樣比較容易。從定義上來看，唯一「具有生產力」的階級是農民，而城市人口則混合了各種元素，有的屬於羅馬尼亞人，有的屬於無法同化的「猶太佬」。猶太人雖然識字、有技能、城市化、勤奮認真，卻被描繪成「沒那麼文明」、「汙穢無助」。[74]

羅馬尼亞政治悲劇的地方在於，支持這些觀點的不只有愛煽動人心的烏合之眾與政客，還有羅馬尼亞文學界的重量級人物。愛明內斯庫除了是反猶論戰人士，也是羅馬尼亞的民族詩人和現代語言的創立者，其紀念雕像至今仍矗立在全國各地。一八七九年，他寫到猶太人這個「種族最立即的目標是要得到羅馬尼亞的地產，而長期目標則是要得到這個國家」。這樣使用「種族」一詞，以歐洲標準而言算早期用法，但這十分合理地延伸了愛明內斯庫堅稱猶太人跟羅馬尼亞人本質有所差異的論點。猶太性跟任何外在的感官無關，而是存在於共同的血液之中，因此「本土猶太人」或「羅馬尼亞以色列人」這類說法都是胡言亂語。像這樣的觀點在整個知識菁英階級之中散播開來，被詩人瓦西里・亞歷山德里（Vasile Alecsandri）和揚・赫里亞德（Ion Heliade）、學者波格丹・佩特切伊庫・哈斯杜（Bogdan Petriceicu Hașdeu）和迪奧尼西耶・波普・馬爾提安（Dionisie Pop Marțian）以及自由派的政治領袖揚・布勒蒂亞努和米哈伊・科格爾尼恰努所擁護。布勒蒂亞努開創了這個國家的一個重要政治王朝。[75]

羅馬尼亞在眾多強權的環繞之下，地位十分不穩，因此羅馬尼亞民族主義者認為他們的敵人比猶太人還多。在外西凡尼亞，他們必須跟匈牙利人、德國人、有時還有奧地利政府爭取自己的權利；在摩爾達維亞和瓦拉幾亞，他們必須反抗土耳其人和希臘人分別在政治和文化方面的控制，並先是利用、後來怨恨俄羅斯人提供的「保護」。他們跟烏克蘭人、波蘭人和保加利亞人有領土糾紛，亞美尼亞商人也對他們感到不滿。可是，猶太人特別受到抨擊，因為他們是在羅馬尼亞人的空間內競爭權力，占據了羅馬尼亞持續成長的中產階級想要占有的經濟地位和職業。根據羅馬尼亞人的說法，猶太人透過國際資本主義獲利，而羅馬尼亞農民卻在受苦。歷史學家阿爾伯特・林德曼（Albert Lindemann）曾寫道：「在整個歐洲，【羅馬尼亞的】反猶主義是否最為嚴重尚有爭議；但可以肯定的是，其他地方對猶太人的厭惡並沒有像這裡一樣，成為民族認同如此顯著的一部分，或是如此受到知識分子的擁護。」[76]

羅馬尼亞的獨立地位在一八七八年獲得承認之前，必須接受柏林條約的第四十四條，也就是羅馬尼亞不得基於宗教信仰，讓任何人無法享受公民與政治權，或是無法進入需良好教育的職業或公職。這個條款是中歐和西歐猶太組織辛苦遊說的成果，但是也反映了德國對羅馬尼亞鐵路的興趣。因此，羅馬尼亞不得不在一八六四年庫扎在位時通過的一次憲法修正案中，納入一項布加勒斯特所有黨派都反對的規定。羅馬尼亞立法者拒絕實行修正案的規定，德意志出身的國王便乾脆解散立法機關，創立一個臨時機構，以便修改憲法。於是，這些人修改了第七條規定，允許個別猶太人在經過非常仔細的調查過程之後，得以歸化羅馬尼亞。每一件歸化申請案都需要國會通過特別法案。外國勢力同意這個折衷方案，但是他們是在羅馬尼亞政府針對「鐵路問題」提出一個看起來對柏林財政危機有利的解決方案後才同意。由於羅馬尼亞官僚集體勾結的緣故，在接下來的五十年間，羅馬尼亞的二十五萬名猶太人只有兩千人左右成功歸化。[77]

因此，人道干預對羅馬尼亞猶太人幫助不大，反而讓該國的立法者明白，西方人口口聲聲倡導的宗教自由和法治，有時候只是為了掩飾他們的利益。英國和德意志哪有權力評斷羅馬尼亞？英國在一八五八年賦予猶太人完全的權利，而奧地利和普魯士分別在一八六七年和一八六九年才這麼做。另一個強權俄羅斯則拒絕給予猶太人同等的權利，猶太人甚至為了逃離俄羅斯，搬到瓦拉幾亞和摩爾達維亞。德意志政府在一次全面攻擊天主教時，逮捕了主教、驅逐耶穌會教士，更稱不上是寬容的典範。[78]

羅馬尼亞菁英比其他地方的人還早開始懷疑自由主義的矛盾之處，並傳承這種心態給他們的下一代和下下一代，導致這些後代在一九三〇年代難以抵抗專制和法西斯統治。羅馬尼亞在西方國家的監護下抄襲了西方體制，結果卻造成貪腐、虛偽和鬧劇。民主政治需要有反對派，但是在這個大部分人口都不識字的國家，公民根本無法了解自己有哪些基本的政治選擇。雖然有自稱「自由派」和「保守派」的黨派存在，但他們代表的是國家機器，而對這個國家機器來說，繼續誹謗猶太人比推動改革讓自己的特權受到質疑還要容易許多。愛明內斯庫鄙夷地說，自由主義「把羅馬尼亞變成一個泥沼，西方和東方的社會汙水都排進這個地方」。他和同樣身為作家的伊萬・斯拉維奇（Ioan Slavici）說，自由主義者蠱惑人心，拿「猶太人的錢」資助自己的地產利益，他們願意把羅馬尼亞賣給出價最高的人。[79]

可是，自由主義者（最重要的有布勒蒂亞努和他的外交部長科格爾尼恰努）其實是民族主義者，決心限制猶太人在羅馬尼亞的存在感。布勒蒂亞努在位時，不屬於公民的猶太人遭受奧地利、其他巴爾幹國家、匈牙利或德意志都不曾採取的無止盡歧視。一八八〇年代，政府下令猶太人不得成為藥商、不得在鄉村地區叫賣、不得在商會裡服務、不得向國會陳情、不得在鄉村地區販售酒精、不得擔任兌錢商、不得在羅馬尼亞國家銀行擔任查帳員，且工廠裡的猶太工人占比不得超過三分之一。內政部長不用任何理由就可以把外地人趕出任何地方。[80] 猶太人沒辦法免除兵役，但卻無法成為軍官。即使在學界或商界有著成果輝煌的生涯，猶太人仍隨時可能被逐出這個國家。[81]

久拉．安德拉希等自由主義者正是因為難以理解地畏懼民族主義的力量，而賦予了民族主義本不需要的活力。結果導致他們無法理性運用民族主義。評論家表示，奧匈帝國其實可以支持南斯拉夫愛國者，讓波士尼亞併入塞爾維亞或是哈布斯堡帝國境內的聯邦單位，並以解放者自居。帝國要付出的代價是，承認匈牙利境內的南斯拉夫人是一個民族，放棄匈牙利非得是單一不可分割之現代民族國家的念頭。俾斯麥的例子便顯示，根據新的現實調整舊的架構是有可能的。他所創立的德意志帝國就是聯合各個邦並高效統治的民族國家，在蛻變成新政體的同時，又能尊重古老的自治權利（像是巴伐利亞和薩克森王國）。[82]

然而，匈牙利人就跟波希米亞的德意志自由主義者一樣，只有發現自己將要失去一切的時候才願意妥協，而那要等到一九一八年下旬才會發生。這兩個共同體已經被「想像」得不能再想像了：世俗自由主義者沒有力量改變這兩個地區的基本結構，兩地流行的敘事也讓人只剩下「所有權」的選項可選，也就是把民族與因為掛著同樣名字而似乎理當然屬於該民族的領地（一個是聖斯德望的領地，一個是聖文才的領地）結合在一起。跟塞爾維亞有關的想法令安德拉希害怕不已，因為他知道塞爾維亞人跟馬扎爾人和捷克人一樣，也會宣示領土。差別在於，沒有人知道程度究竟是多大。

不到一年，安德拉希和他的政府便從原本的立場，改成在一八七八年七月柏林會議的立場，轉變幅度相當大。[83]不久前，輿論原本還反對納入波士尼亞－赫塞哥維納，安德拉希打算支持鄂圖曼人的統治。本來，他和其他匈牙利菁英都不希望有更多斯拉夫人進入帝國，是聽說塞爾維亞和蒙特內哥羅在一八七六年反抗鄂圖曼，他的政府才決定要占領波士尼亞－赫塞哥維納，遏止塞爾維亞和蒙特內哥羅的野心。

從國際的角度來看，柏林會議是通往二十世紀的一大步，甚至可說是揭開二十世紀的事件。這場會議運用了一八三〇年倫敦議定書（London Protocol）創建現代希臘時未明言的原則（把族群當作主權的來源），並將這個原則用來創建四個新的國家。這麼做也間接點出了少數的概念，也就是民族國家內不屬於該民族、需要受到保護的人民。[84]以族群做為統治權利的基礎（後來稱作民族自決），這個概念在一八一五年的維也納並不存在。柏林會議不僅僅是一個中間點，還是破壞那個體系的裂痕。一九一九年的巴黎改變了一件事，那就是讓這個新原則不只成為勉強接受的結果，還是建立一個國家明確、正當且普及的手段。

對東南歐的人群而言，一八七五年到一八七八年發生的事件，具有跟一八四八年在波希米亞發生的事件同樣的意義：在一開始的起義後，一連串的事件發展很快地迫使人們做出自我認同的選擇。在波士尼亞－赫塞哥維納，正教徒仍自稱為波士尼亞人，但是他們也越來越渴望跟蒙特內哥羅或塞爾維亞結合；至於天主教徒則選擇親近奧地利，比從前更明確地認為自己是克羅埃西亞人。[85]宗教認同是起點，但不是終點。一八七五年起義的參與者知道自己是透過宗教而團結起來，一起對抗「占領者」，也知道他們依循了該世紀稍早發生過的戲碼，即塞爾維亞和希臘的基督徒發動起義、從鄂圖曼領土當中建立起自治區的那段歷史。然而，宗教不是問題本身。叛變者在意的不是禮拜或教義受到壓迫，而是感覺自己的宗教歸屬是很多人成為奴隸的原因。

波士尼亞認同是否曾有任何機會成為民族認同的一種形式？歷史學家諾埃爾・馬爾科姆（Noel

Malcolm）寫道：「在這段時期，塞爾維亞和克羅埃西亞民族以歷史、語言和宗教這三個基本標準來建立自己的認同感，但是這三者只有宗教適用於波士尼亞這個有著自己獨立歷史的國家。」[86]但事實卻是，歷史（也就是人們對過去的認知）忽略了波士尼亞的界線，專注在波士尼亞的東正教南斯拉夫人認為自己跟塞爾維亞的東正教南斯拉夫人共享的過去。根據史詩的記載，他們共同的歷史可追溯到一三八九年的科索沃戰役，甚至更早以前。

波士尼亞的正教徒和穆斯林對各自的共同體有不一樣的想像，前者透過口傳詩歌講述教友騙過鄂圖曼當局的故事，後者則流傳著穆斯林智取奧地利人的故事。假如在波士尼亞提倡塞爾維亞民族認同的人，是受到中歐各大學流行的浪漫民族主義所啟發、認為語言是一個族群的靈魂，那他們只要向武克．卡拉季奇看齊就可以，因為他的塞爾維亞語字典就是以赫塞哥維納的一個方言為基礎。班雅明．卡萊不可能超越卡拉季奇的思想，他所創立的學校數量就算多了十倍，很可能也無法塑造他想形塑的波士尼亞認同感。

如果說波士尼亞認同有帶來什麼影響，可以說它造就了穆斯林為了不被塞爾維亞和克羅埃西亞民族主義完全同化所採取的反抗策略，這兩個民族都要求自己的成員成為基督徒，或至少表面上是基督徒。波士尼亞和羅馬尼亞的故事有一個共同點，那就是它們都暗示了二十世紀充滿活力的歐洲民族主義專屬於基督徒，即使提倡者本身是明明白白的世俗人物。

奧地利為了挽救自己在這個地區的地位，認為有必要占領波士尼亞，但是這使得「波士尼亞－赫塞哥維納」這個詞後面被打上一個大問號，因為奧地利刻意讓它的未來充滿不確定性。不是只有波士尼亞如此，那些新成立的國家其實個個都是問號，而非解答。塞爾維亞連半完成的民族國家都不算；保加利亞原本在《聖斯泰法諾和約》中得到的領土被裁減了，所以它急切希望收復失去的疆域；至於在新國家之中或許感到最「滿足」的羅馬尼亞，則看見自己所有的邊界都有敵人以及等著被收復的民族故土。柏林會議本身十分矛盾，提出了民族自決的新標準，卻又加以駁斥。

在奧地利，占領波士尼亞－赫塞哥維納導致德意志自由主義者分裂成互相競爭的派系，其中有一支德意志激進黨派後來變成納粹主義的源頭。[87] 安德拉希要負起一部分的責任，因為他強迫國會通過把占領行動合法化的措施——大部分的自由主義者後來都認為是他誤導了他們。他們的反對不只分裂了自由主義，還激怒了皇帝，使得大難臨頭。支持帝國的軍隊鎮壓波士尼亞－赫塞哥維納、造成將近一千人死亡的六個月後，有一百一十二個自由派人士投票反對柏林條約，使法蘭茲．約瑟夫認為他們很不可靠。他們反對他主導外交政策的權力，純粹是基於崇高的自由原則。[88] 因此，他快速消除他們的權力，引發一場認同和意義危機，導致奧地利德意志自由主義從此無法恢復。

chapter 9

納粹主義的遠因：世紀末的匈牙利與波希米亞

法西斯主義是二十世紀興起的一種歐洲意識形態，有多種來源，包括法國的工團主義（syndicalism）和整合主義（integralism）、義大利的領土收復主義、第一次世界大戰後肆虐中歐和東歐的民兵暴力，以及歐洲許多中產階級對社會主義的恐懼和厭惡。但，在眾多造成法西斯主義於一九三〇年代興起的因素之中最強大的一個，就是十九世紀晚期住在哈布斯堡奧地利與波希米亞的德意志人所面臨的處境。一八七一年，俾斯麥創立了一個德意志民族國家，但卻漏掉他們。捷克人充滿自信地把波希米亞變得越來越有斯拉夫味道，但德意志自由主義者雖然在維也納掌權，卻不曉得該如何讓自己的同胞在這個理應屬於德意志古老家園的地區感到安心。於是，他們繼續日常的政治事務，完全不知道到了一八八〇年代，捷克人已經握有波希米亞八成的公家職位，並漸漸掌控布拉格大學這座在中歐最古老的「德意志」文化堡壘。似乎沒有任何東西可以阻止他們。

因此，德意志第三帝國（這個國家聲稱它代表世界各地的德意志人）未來的領袖，會來自哈布斯堡帝國位於因河（River Inn）邊界、直接跟強大的德國比鄰的地區，並不是意外。在那裡，年輕的希特勒每天都有機會佩服和欽羨德國這個新國家，他們的民族似乎能夠掌握自己的命運。就跟所有最糟的羞恥一樣，希特勒感受到的羞恥是他自己強加在自己身上的：他的父親阿洛伊斯（Alois Hitler）是哈布斯堡的關務官員，協助管理帝國跟新成立的德國之間的邊界。在被俾斯麥創立的國家所遺漏的三千萬名德意志人當中，奧地利和波希米亞的德意志人最痛苦，知道德意志問題尚未獲得解決。所有階級的德意志人都有產生這樣的感覺，連馬克思主義領導的工人運動也深刻感受到。該運動的其中一個領袖卡爾・倫納（Karl Renner）在希特勒於一九三八年將他的家園併入德意志帝國時，便表達出有些勉強但絕對真誠的滿足。

替奧地利的德意志自由主義者辯護的人可能會說，他們已經盡力了。在一八六七年與匈牙利妥協的不久後，他們破壞了捷克人和德意志人試圖妥協的計畫。一八七一年，保守派的卡爾・霍亨瓦爾特伯爵（Karl Hohenwart）所領導的政府草擬了兩份法案，分別針對波希米亞境內的民族關係和波希米亞在帝國內的憲法地位。前一項法案要讓省級的公家機關推動雙語行政、地方上的機關則使用單一語言，保障少數群體；後一項法案希望恢復瑪麗亞・特蕾莎在一七四九年廢除的波希米亞首相職務。所有不屬於帝國「共同」事務的議題（商貿、財政、公民身分等），都將由位於布拉格的波希米亞議會決定。假如這項計畫奏效，波希米亞就能擁有可跟匈牙利比擬的廣大自治權，而由於這裡大部分是捷克人，波希米亞也將成為一個由捷克人控制的省。

結果，德意志代表憤而離開布拉格議會，維也納的自由派則杯葛當地的帝國議會。暴動接著發生。剛登基不久的德意志皇帝威廉預警，波希米亞的德意志人可能會找他幫忙，他的首相俾斯麥則警告，奧地利的斯拉夫人可能會親近俄羅斯。幾年前，沙皇曾在莫斯科舉辦的一場族群展覽會上告訴一支龐大的捷克代表團，說他們是俄羅斯人的「手足」，可以把俄羅斯當自己的家。捷克人則稱俄羅斯為「斯拉夫人升起的太陽」。外國君主可能會支持他們的理念讓捷克人更加有信心，卻嚇壞了許多德意志人和匈牙利人，因為他們認為斯拉夫人之間的任何交流都會導致帝國滅亡。霍亨瓦爾特的改革雖然不會影響匈牙利，但馬扎爾菁英還是反對，因為他們想要克制斯拉夫人在整個帝國的影響力，也擔心匈牙利境內的各民族會像捷克人那樣要求共享權力。[1]

這是最後一個認真企圖改變內萊塔尼亞內部憲法的改革，雖然一八九〇年和一八九七年也分別努力過一段時間，想要解決波希米亞德意志人和捷克人之間的關係，但這兩次都失敗了。總之，霍亨瓦爾特落敗，被具有強烈反教權傾向的波希米亞大地主阿道夫・奧爾斯佩格親王（Adolf von Auersperg）率領的德意志自由派政府所取代（保守派的皇帝十分不滿）。[2]

捷克的政治階層持續杯葛從一八六三年就開始杯葛的布拉格議會和維也納國會，但是德意志自由派的大臣毫不理會他們的要求。這實在很可惜，因為捷克人也提倡經濟自由，並且希望縮減封建菁英和天主教會的權力。這兩組自由主義者背負著同樣的政治義務，只差在代表族群不同，因此互相排斥。捷克社會變得越來越都市化（除了語言之外，其他方面都像他們嚮往的社會），德意志人也越來越不尊重捷克領袖，竭盡所能削弱捷克人的政治影響力。維也納政府不公正地畫分選區，以財富標準來限制選民資格，好讓德意志人持續占大多數。[3]

德意志自由派相信，即便他們高尚的生活方式沒強加在斯拉夫人身上，也必會斷絕他們的泛斯拉夫主義。德意志人只有八百萬名，不可能直接併吞人數一千四百萬的斯拉夫人，因此曾在一八四八年擔任激進學生領袖的菲什霍夫便透過用斯拉夫語印製而成的書籍提倡德意志文化的進步。[4]他並不是群族至上主義者，事實上，他屬於較小眾的自由主義派別，希望帝國採取聯邦來解決。一八七八年帶來了另一個希望，捷克領袖瑞格在維也納的自由黨日報編輯的陪同下，前往菲什霍夫位於卡林提亞的莊園。這些人代表了包含德意志人和捷克人在內的多數族群，想要擁有民主政體，希望政治人物可以根據彼此的共同利益（如法律面前人人平等和經濟發展）互相合作。

他們擬定了一份原則聲明，打算召開高層的德意志與捷克會議，但是德意志的自由派領袖愛德華・赫布斯特（Eduard Herbst）卻莫名其妙地破壞協商，說是因為捷克人做了令人髮指的事。原來，在布達佩斯度假時，他聽說布拉格市議會為了紀念不久之前去世的法蘭提塞克・帕拉茲基，以他的名字、而非一位沒沒無聞的德意志顯要人士來命名某座橋梁。當時的人懷疑，赫布斯特是故意利用這件小事來做文章，因為跟捷克人進行任何協議似乎都太過冒險。[5]

赫布斯特的舉動缺乏遠見。當時，百分之六的選民是二十四歲以上的男性，自由主義者認為這個比例一定會增加，而捷克人的力量也將隨之擴張。他們原有機會在彼此都同意的情況下促成擴張，雙方雖然皆會做出犧牲，卻也都會獲益。

假如自由派的德意志人以為自己這次安全過關了，下一關他們又因為自己無法控制的原因，被南斯拉夫人阻礙。哈布斯堡在一八七八年透過外交手腕併吞了波士尼亞－赫塞哥維納，德意志自由派跟匈牙利一起派代表提出抗議。他們的理由很簡單：若帝國接受更多斯拉夫人，要如何維繫德意志人和匈牙利人的支配？此外，當自由派希望完全掌控政府，他們也苦惱於占領後讓國家多出新的預算責任，卻沒有國會得以批准預算。

隔年，奧爾斯佩格總理因為自己黨內的成員不支持這項政策，兩度向法蘭茲．約瑟夫請辭，第二次皇帝答應了。對法蘭茲．約瑟夫而言，這場危機是他甩開討人厭的自由派的好藉口。他特別不滿他們抗議占領波士尼亞的決定，因為那可是他在外交政策上唯一的「成就」。他把組成政府的責任交給少年時期就認識的朋友愛德華．塔夫伯爵（Eduard Taaffe）。在一八七九年六月的選舉中，德意志自由黨（他們內部也因為波士尼亞的議題而分裂）失去了席次，塔夫不靠他們，匆匆拼湊組成了政府，成員有保守派、神職人員和斯拉夫人，包含捷克人！這個組合雖然不安穩，最後卻成為內萊塔尼亞最長壽的政府。塔夫說，他維繫權力的方式，就是讓各民族保持在輕微不滿的平衡狀態中。[6] 塔夫執政的那些年對德意志自由派來說是場夢魘，因為他們為代議政府「奮鬥」了好幾十年，結果卻被對手排除在外，有些對手甚至曾經反對憲法。

捷克人雖然稱不上保守派，更不算是神職人員，但是由於政府承諾會在民族問題上做出讓步，所以他們停止了對政府的杯葛。他們的代表有老有少，在維也納的國會裡組成一個很有紀律的俱樂部，也取得很多成就，尤其以一八八〇年的「斯特雷邁爾法令」（Stremayr ordinance）為甚，成功讓捷克語變成波希米亞行政機關的外部語言（也就是如果來辦事的人說捷克語，官員也必須用同樣語言回應）。另一項成就是，布拉格的卡爾－斐迪南大學（Karl-Ferdinand University）在一八八二年分成捷克語和德語兩部分。這表示，捷克人可以用自己的語言完成最基礎到最高階的教育階段。捷克人也有了更多高中。然而，為了實現這些，捷克人接受保守派的「改革」，強化教會在教育和婚姻中的角色，但這違背了他們的自由主義理念，因此不意外地，德意志自由派人士說他們很虛偽。[7]

在那之後，捷克人費很大的力氣才讓塔夫做出更多讓步。一名捷克領袖說，他對待捷克人就像是「灑麵包屑給雞吃一樣」。捷克民族運動的進展，全都不是透過國會完成，而是靠民間的力量來實現。前面曾經提過，捷克民族劇院在一八八一年才剛啟用不久就被大火燒毀時，布拉格幾乎有一半的居民捐款，讓它得以在兩年後重新開放。一八九〇年，捷克人掏腰包創立自己的科學與藝術學院，因為政府不願資助。[8]

然而，塔夫總理自己也承受很大的壓力。政府已經沒有德意志自由派，因此奧地利在柏林的盟友仔細檢視他的一舉一動，只要有任何東西看起來「親斯拉夫」就發動抗議。因此，塔夫禁止一八八七年民族主義的索科爾運動＊在布拉格舉行的體育慶典，因為其他斯拉夫地區也會派遣賓客前來。[9]此舉疏離了躁動的捷克青年黨，也就是捷克民族黨（Czech National Party）之中不斷成長的激進分子。一八八八年之後他們在捷克俱樂部內部組成了聯盟，要求普選權、地方自治以及把教會踢出學校。他們呼應波希米亞國家權利的意識形態，堅稱整個波希米亞王國都是捷克人的財產。一八八二年，塔夫曾經擴張選舉權，降低投票的納稅條件，因此捷克選民的人數在一八八五年的國會選舉暴增，而德意志自由派失去了將近二十席。[10]

塔夫雖然讓捷克從政者心有不滿，但卻讓德意志人深受創傷。那所被分裂的布拉格大學，被德意志人認為是德意志最古老的大學，讓他們更害怕自己正在走下坡，邁向文化消失的結局。從那時起，德意志教授便把布拉格大學視為學術道路上短暫的中繼站，希望之後轉到波希米亞外的大學任教。[11]但，更慘的是，奧地利的德意志人必須退到一邊，眼睜睜地看著一個現代國家在內萊塔尼亞成形，無法做出任何付出，導致祖國越來越像斯拉夫的國家。

儘管波希米亞行政機關的內部語言仍然是德語，斯特雷邁爾法令卻讓捷克人即使在德意志人主導的地區，也能要求使用自己的語言，在波希米亞兩百一十六個司法區當中，捷克人藉此「滲透」了七十七個純德意志的地區。捷克人在波希米亞的行政和司法部門原本就已人數眾多，現在官員又被要求要會說兩種語言，德意志人因此特別感到焦慮，因為受過教育的捷克人都會德語，可是很少有德意志人會捷克語。斯特雷邁爾法令頒布後，哈布斯堡的德意志人覺得自己不再是德意志的奧地利人，而是奧地利的德意志人。[12]

新勢力加入戰局，雙方的民族主義者不斷較勁，看看在家裡說他們那個語言的人多了多少，雙方擁有的財富又是否增加。德意志人創立了德意志學校協會（*Deutscher Schulverein*），在德意志人屬於少數的地區支持私人學校；捷克人則創立了中心學校基金會（*Ústřední matice školská*），資助德意志地區的捷克教育。到了一八八〇年代中期，捷克人已經創建四個民族工會（Národní jednoty），

＊譯註：索科爾運動（the Sokol movement）在一八六二年的布拉格創立，宗旨是為捷克民族提供體能、道德和知識上的訓練。

要對抗德意志保護協會（Schutzvereine）所做的一切，鞏固波希米亞的「內部殖民」。捷克人也學德意志人成立民族主義體育協會，要加強民族體格，這個運動雖然是由中產階級從政者領導，卻遍及所有社會階級：一八八七年，約有百分之三十的捷克運動員說自己的職業是「工人」。[13]雙方也都有成立自己的農會組織。

雖然如此，還是看得出顯著的差異。波希米亞的語言界線對捷克人越來越有利。舉例來說，在伊格勞／伊希拉瓦（德語：Iglau／捷克語：Jihlava，作曲家馬勒〔Gustav Mahler〕就學的地方）這個說德語的「孤島」，說捷克語的移民比例從一八四六年的百分之九增加到一八六九年的百分之四十四。到了一九〇〇年，波希米亞有百分之六十二是捷克人、百分之三十七是德意志人。[14]所有階級的德意志少數都很害怕自己會被不斷推進的捷克浪潮給吞沒——在這些語言孤島的產業工人很擔心捷克人會接受較低的薪資，把這個地區捷克化。這兩個族群的自由主義發揮了不同的作用：在捷克運動中，激進的捷克青年黨不斷爬升，受到在自由國家才可能出現的公民社會組織所支持；反之，德意志人不知道有沒有任何自由主義組織能保護他們的民族與利益。在內萊塔尼亞各地，國家行政管理階層雖然都是德意志人，但是捷克人一點一滴地滲入，可以看出德意志人正不斷式微。[15]

※

可怕的事情似乎就要發生，德意志自由主義青年在一八八二年到林茲齊聚一堂，表明黨在捍衛德意志人這方面做得還不夠多。老一輩的很明顯對民族問題一無所知，相信德意志人隨著時間過去自然就會占上風，因此採取放任懵懂的態度。黨的高層人士來自大型銀行或鐵路公司的管理階層，早已跟普通人失去連結。[16]叛變者決定仿效捷克人的典範，把族群放第一位，國家放第二位。他們在新的種族主義意義上，將人民看做完整的有機體，包含社會上的強勢和弱勢群體，而他們的政治理念除了重視文化認同，也重視社會安穩，除了提倡向上的社會流動性，也提倡政治選舉權。

他們草擬一份原則聲明，稱作林茲綱領（Linz Program），完全背離自由主義正統派，要求透過生活津貼、意外保險、終結兒童勞工，以及把所有「對人民的生活很重要的經濟組織」國有化等方式，保護人們不被早期資本主義的變化無常所傷。他們的目標是要讓人民不受到剝削及消除道德敗類，包括散播謊言的記者、踩在他人背上致富的奸商等。但，人民不僅需要受到保護，還得被賦予行動的能力。因此，林茲綱領的作者希望所有「德意志部族的成員」（*deutsche Stammesgenossen*，希特勒後來使用「德意志民族成員」〔*deutsche Volksgenossen*〕一詞）都得到投票權。由於擴張選舉權感覺很進步，之後創立奧地利社會民主黨（Austrian Social Democracy）的維克多・阿德勒（Viktor Adler）十分支持這一條綱領。[17]

像這樣的社會和族群要求，自然十分支持家庭產業，以及禁止挨家挨戶兜售。這些對猶太人不利的措施是由原始法西斯主義者格奧爾格・舍內爾（Georg von Schönerer）所提出，希望吸引維也納的工匠協會。三年後，他又附加一項他認為社會改革不可或缺的要求：「消弭猶太人在所有公共生活面向中發揮的影響。」不過，在當時的阿德勒（他是一名猶太人）看來，舍內爾跟他一樣是民族主義者，致力創建「大德意志統一共和國」（grossdeutsch republic），也就是一八四八年民主革命的理想。[18]林茲綱領也要求新聞和結社自由以及政教分離。

這些叛變者最大的遺憾就是被德國遺漏，因此林茲綱領希望跟德國建立更為密切的關係，形成「國際族群」團體，包括補充國內安全網的關稅同盟。為了讓內萊塔尼亞更加德意志化，林茲綱領把波士尼亞－赫塞哥維納和達爾馬提亞歸給匈牙利，並提議跟加里西亞和布科維納（Bukovina）形成鬆散的同盟。其餘的領土都要德意志化，包括奧地利屬的義大利、捷克和斯洛維尼亞土地。由於自由主義在民族問題上採取不可知的態度，因此這是一個既進步又反動的綱領，在助長德意志民族國家的同時，擊退「外語元素在德意志古老土地上越來越囂張的侵略」。綱領上寫到，奧地利和波希米亞的德意志人永遠不會忘記，「千年來，他們跟其他德意志人過著政治統一的生活」。[19]

布拉格和維也納的德意志學生把舍內爾視為先知。後來成為文學評論家的赫曼・巴爾（Hermann Bahr）也是他們的一員，他絕不是冥頑不靈、到處攻擊別人的人，但一八八三年曾經因為嘲弄帝國薄弱的民族主義而遭到維也納大學退學。他後來寫到，他的心「很痛」，因為他想到「奧地利以外的德意志人有【一八七〇年的】色當會戰、俾斯麥和理察・華格納（Richard Wagner），而我們有什麼？我們之中有誰能做點什麼？我只有一個答案：舍內爾」。巴爾的父親說，舍內爾對年輕人產生「邪惡」的影響。[20]

然而，短短幾年內，舍內爾組織不佳、不切實際、吵吵鬧鬧的反猶德意志民族同盟（*Verband der Deutschnationalen*）衰退了，其他新的運動從奧地利自由主義的廢墟中誕生，包括阿德勒的奧地利社會民主黨。此外，也有偏右的潮流出現，那就是基督教社會（Christian Socialism）。這個運動是由充滿領袖風範的卡爾．盧伊格（Karl Lueger）創立，他是來自中下階級的自由主義者，一直在尋找自己的理念。阿德勒的訴求對象是越來越龐大的工業勞工階級，而盧伊格的支持者則是被反天主教的社會民主黨和德意志民族主義者所威脅的中產階級。基督教社會主義者的身分認同是「奧地利」（也就是說，他們較不在乎自己的德意志身分），因此他們反對舍內爾分裂哈布斯堡帝國的訴求。[21]

不過，跟舍內爾一樣，盧伊格（從一八九七年擔任維也納市長直到一九一〇年去世）也煽動了在中產和下層階級相當普遍的反猶主義；在奧地利，反猶主義比在波希米亞更強盛。他很會煽動人心，同時也是個天賦異稟的公共政治人物，把帝都轉變成一個現代大都會，有著一流的公共運輸、學校和排水系統。然而，他毫不羞愧地在群眾集會上運用憎恨的力量，聲稱猶太人會變有錢，是因為他們剝削虔誠又善良的基督徒。年輕的阿道夫．希特勒仰慕盧伊格，他從一九〇六年開始在維也納過著無業遊民的生活。一九二〇年代，一名天主教神父率領基督教社會黨，開始反對希特勒反教會的國家社會主義德意志勞工黨（NSDAP）。然而，因為盧伊格努力把公開詆毀猶太人變得正當化，因此許多基督教社會主義者都讚揚希特勒的成就，尤其是他在一九三八年奪取奧地利時。

然而，斯拉夫人也越來越激進，當時已經完全掌握維也納國會捷克俱樂部的捷克青年黨耐性盡失，導致塔夫的聯合政府在一八九三年瓦解。儘管如此，法蘭茲．約瑟夫仍想在國會創造一個新的多數黨，因為他預測在一八九七年跟匈牙利進行十年一次的「妥協」更新時，會吵起來。一八九五年夏天，他派意志堅定的波蘭伯爵卡齊米日・巴戴尼（Kazimierz Badeni）為總理，他在擔任加里西亞總督期間，成功滿足但也拖延了烏克蘭民族運動的要求。來到維也納之後，巴戴尼知道想要透過國會多數恢復穩定統治，必須解決德意志人和捷克人的糾紛。[22]

因此，為了安撫捷克人，他決定做得比一八八〇年斯特雷邁爾法令更多，提議立法允許捷克語成為波希米亞政府官員「內部」通訊的語言，等於是讓這個王國變成雙語國家，即使沒有人說捷克語的地區也使用捷克語。這條法律在一八九七年的春天頒布時，德意志人發動半個世紀以來不曾出現過的暴動事件，除了布拉格、布爾諾、薩茲（Saaz）、特普利策（Teplitz）、賴興貝格（捷克人則稱為利柏雷治）和埃格爾（Eger），在波希米亞以外的因斯布魯克、維也納、林茲、格拉茲和其他地方也都有發生暴亂。維也納的餐廳出現這樣的招牌：「不歡迎狗、猶太人和捷克人。」德意志代表杯葛議事，導致國會在六月二日關閉，但是九月重啟時，混亂又再度爆發。國會警衛官下令這些難以駕馭的代表不得出席國會三次，這卻只是讓暴亂進一步擴大。十一月二十八日，法蘭茲・約瑟夫接受了巴戴尼的辭呈，德意志學生歡呼慶祝，稱這個下台的總理「波蘭豬」。小說家史蒂芬・茨威格（Stefan Zweig）後來憶道：「野蠻就這樣第一次成功入侵政治界。」[23]巴戴尼乘坐一輛門窗緊閉的計程車逃離維也納。

這條語言法失敗了，換捷克人忿忿不平。在布拉格，捷克人的反應激烈到一八九五年解除的戒嚴得重新實施。說德語的人會有危險，還有無數間商家、協會和咖啡廳被搗毀。十一月下旬，警察開槍射擊捷克示威群眾，造成數十人死亡。[24]暴力事件不斷擴大，聚焦在猶太人的財產上，因為這個人口不到百分之二的少數群體是容易下手的目標。波希米亞的猶太人雖然已經適應當地文化，幾乎都會說兩種語言，但許多捷克民族主義者卻因為他們太「德意志」而討厭他們，而德意志民族主義者則把融入德意志文化的猶太人視為「異族」，無論他們住不住在波希米亞。[25]

捷克和德意志政治人物無法理解另一方為什麼這麼憤怒。捷克領袖一而再、再而三地拒絕接受德意志人認為很合理的妥協：把波希米亞王國分成捷克、德意志和混合地區。為什麼純德意志地區的德意志人必須會捷克語？為什麼就是不能放過他們？可是，捷克人卻反問，有人會分裂法國、丹麥或西班牙王國嗎？然而，在波希米亞以外的地方暴動的德意志人更是令人不解，因為他們沒有受到直接的威脅。歷史學家約翰・阿爾布雷特・瑞斯維茨（Johann Albrecht von Reiswitz）在第二次世界大戰之後寫到，從他那個年代的觀點，不可能會認為巴戴尼的語言法令不利於德意志人的權益。[26]這個法令有可能變成其他雙語地區的折衷範例。他坦承捷克語很困難，但是德意志人為什麼不要求五年的寬限期，而是要暴動呢？學習一種斯拉夫語言不是可以讓他們更了解自己的公民同胞嗎？[27]而且，啟蒙有什麼不好？

可是，對德意志人而言，學習捷克語不是啟蒙。自由黨的諾貝爾文學獎得主特奧多爾・蒙森（Theodor Mommsen）說捷克人是「野蠻主義的門徒」，會導致德意志人的成就陷入「無文化」的深淵。德意志基督教社會黨的阿姆布羅斯・奧皮茨神父（Ambros Opitz）在布拉格的波希米亞議會上，便說捷克語是廚房的語言，而跟他一樣屬於民族主義者的卡爾・赫曼・沃爾夫（Karl Hermann Wolf）更把捷克人比喻成「愛斯基摩人和祖魯人」。有些德意志從政者把話說得比較婉轉，說他們

圖 9.1 布拉格「街頭混戰」的素描（約一九〇〇年）。
來源：取自一張明信片，Via Wikimedia Commons

的語言用在行政事務方面比較精準，但是他們的意思很清楚：捷克語永遠比不上世界級的語言。[28]

這個時候，捷克語已經進步到擴及廚房和農田以外的場所，進入中等和高等教育機構、博物館、劇院，還有一套二十八冊的百科全書；沒多久，布拉格即將展出奧古斯特．羅丹（Auguste Rodin）和愛德華．孟克（Edvard Munch）的作品，並搭配艱深的捷克語藝評。[29] 後來成為布拉格–斯密霍夫市長、同時也是劇作家和劇場導演的阿洛伊斯．柯丁斯基博士（Alois Koldinský），在巴戴尼請辭後幾個星期，對德意志立法者表達了世世代代捷克人的痛苦，用捷克語跟他們說：

> 在這個波希米亞王國領地的議會上，只有我們才有資格抱怨……在戰爭期間敵方領土的敵人，都不會做出像你們那樣的行為。你們鄙視捷克人的一切，而你們毒藥般的藐視將把波希米亞王國變成捷克人的

墓園……你們一代代對捷克民族醞釀的憎惡，是你們對波希米亞王國醞釀的憎惡——對你們來說，波希米亞只是一個省分。[30]

他很不屑捷克語不足以用在專業領域的這種說法，並舉了赫拉德次克拉羅維（Hradec Králové，德語稱科尼格雷茨）一個完全不會說德語的成功商人為例。他說：「我們不是說我們不想學德語。我們不但學德語，還學法語和俄語，而你們卻不想學捷克語、法語或俄語……你們甚至不要你們的官員學捷克語！」[31]

對所有的捷克政黨來說，巴戴尼的語言法令不是妥協，而是和平的最低要求：如果捷克要跟外族共享自己的王國，那個外族至少要尊重當地的語言。匈牙利人和加里西亞的波蘭人在一八六〇年代的專制統治消失後，穩固了自己的文化，而德意志人仍占據官僚和軍事高層職位，還有整個內萊塔尼亞的學術和經濟界。只有捷克人的存在持續受到威脅。捷克青年黨的愛德華．葛雷格爾（Edvard Grégr）寫到，看看任何一個住在城市的捷克人的書櫃，你會發現一百本德語書當中只有一本用捷克語寫成的書，打開任何一個捷克村莊的德語學校大門，你會發現裡面都是捷克兒童。[32]

巴戴尼那個令人不快的法令在一八九九年被取消，德語依舊是波希米亞官員內部使用的語言。皇帝指派的政府首長在沒有國會多數的情況下進行治理，會在捷克人暫時停止杯葛時通過法案，必要時也會運用憲法的緊急條款。這樣的結局不是帝國的終點，而是終點的開始，讓人聯想到一九三〇年之後的德國，其總統保羅．興登堡（Paul von Hindenburg）因為德國國會無法產出多數黨，必須委任多任總理。最後，在一九三三年一月，興登堡指派一個曾在捷克人和德意志人衝突的陰影下長大、把舍內爾當成重要啟發者的奧地利移民為總理。[33]

不過，激進民族主義者沃爾夫才是哈布斯堡帝國的維也納和納粹德國的柏林之間更直接的橋梁。他不僅嘲笑布拉格的捷克人，還在一八九七年跟巴戴尼決鬥，射傷他的手臂。正是因為沃爾夫在德意志人之間受到廣大的歡迎，舍內爾的黨派才會在一九〇一年的選舉中從八席增加到二十一席。隔年，沃爾夫跟舍內爾斷交，一部分是個人原因，一部分是因為身為波希米亞人的他更在乎捷克人和德意志人的衝突，願意尋求說德語的猶太人的支持。一九〇三年，舍內爾替在文化和商業上感受到捷克人威脅的波希米亞德意志勞工創立了一個黨派，也就是德意志勞工黨（German Workers Party），後來成為國家社會主義德意志勞工黨。他稱讚巴戴尼在無意間讓德意志人團結到前所未見的程度。[34]

沃爾夫在一九二五年退休前，把他的「德意志民族黨」跟奧地利納粹黨連結在一起，並在卐字旗幟下接受黨徽。他和經營小本生意的妻子在大蕭條期間受到很大影響，但是他們拿到蘇台德地區納粹運動以及後來德國政府提供的津貼。他在一九四一年去世時榮獲國家榮譽勳章，希特勒青年團（Hitler Youth）的領袖巴爾杜爾．席拉赫（Baldur von Schirach）也發表了一篇紀念演講；阿道夫．希特勒從柏林送了花圈過去，稱讚他是「大德意志理念」的擁護者。[35]

沃爾夫自從一八八〇年代在布拉格成為學生領袖後，就提倡民族大於王朝。他跟其他大德意志的擁護者都知道，沒有任何國家能保護德意志民族，波希米亞和普魯士不能，奧地利更是如此。奧匈帝國無論是什麼樣的帝國，都不是德意志人的帝國。[36]但，這種原始法西斯主義不只是一種信念，也是一種準軍事政治文化。曾經目睹巴戴尼危機和納粹德國衝鋒隊（Sturmabteilung，SA）在一個世代之後崛起的作家史蒂芬·茨威格寫到：

> 希特勒……從德意志民族主義者那裡學到了的衝鋒隊（他們會盲目地向任何人發動無情攻擊），繼承了透過小團體對人數優越但較人道消極的多數黨進行恐怖威嚇的原則。納粹衝鋒隊會拿著橡膠棍棒打斷會議，在夜晚攻擊對手，把他們擊倒在地。他們為國家社會主義黨完成的一切，就像是當年為德意志民族主義者效命的學生團。讓那些學生在大學學生免責權的掩護之下，進行前所未見的暴力行動，順從聽命地組成民兵闖入每一場政治活動。[37]

中東歐的原始法西斯主義

波希米亞的族群紛爭並沒有在捷克政壇催生出原始法西斯主義。事實上，法西斯主義在整個中東歐一直處於邊陲地位，只在德意志人的波希米亞、匈牙利和羅馬尼亞才比較強大。當民族領袖（通常是自由派）跟平民百姓脫節，被偏右的力量鄙視和控訴叛國，法西斯主義便有可能興盛起來。就像林茲綱領的作者們，這些力量大方地在自己的民族主義之中融入社會主義。

維也納的德意志自由派領袖「為了多民族國家的利益，不願高調聲張德意志主義」，對波希米亞的民族鬥爭毫不關心，因此跟波希米亞的德意志人疏離了。[38]這些自由派通常來自高層中產階級，認為支持舍內爾和沃爾夫的下層階級不夠成熟，無法參與政治過程。從德國總統興登堡用來描述希特勒的詞彙（他是「波希米亞下士」），就能聽出這樣的社會菁英主義。希特勒其實不是來自波希米亞，但是在興登堡的眼中，他符合人們對水準不佳的德意志人的刻板印象。一八八二年的林茲綱領是為希特勒和沃爾夫這樣的邊緣人發聲，這些人同時害怕自己民族和社會衰弱，感覺不穩定的地位受到迫切的威脅。他們都還沒達到開始會被人尊重的最低階級，便被踢下社會階梯。

然而，波希米亞的捷克人處境非常不一樣。他們的民族領袖很少有高層中產階級或大地主，這個運動從一開始就包含民族主義和社會向上流動的性質，因此當德意志人說捷克人都是農田和廚房的勞工時，捷克政治人物感覺遭到人身攻擊。新的機構、政黨、學術組織和報社的負責人早在父母或祖父母那一輩就已離開小鎮和農村。一九〇〇年，奧地利國會的捷克代表有百分之四十三點一來自農民家庭、百分之三十六點五來自工人階級。[39]

會出現向上的社會流動現象，是因為捷克人自己成立許多機構（奧地利政府也有幫一些忙），讓周遭世界變得像屬於他們的世界。[40]到了一八五〇年，使用捷克語進行的教育已接近普及，捷克運動在中等和高等教育繼續成長。十九世紀晚期，富有的建築師約瑟夫·赫拉夫卡（Josef Hlávka）為新興的菁英興建了醫院和行政辦公室。這個運動能夠籌錢蓋學校、醫院和博物館，往往是透過捷克人的儲蓄和信貸機構合資得來，顯示這個崛起族群的中產階級財力雄厚。

捷克中產階級在一個原本就很複雜、跟跨區域貿易整合良好的經濟中崛起。波希米亞工業占哈布斯堡帝國的三分之一，礦業和紡織業已有許多代的歷史；這個地區的農業十分多元、資本充足，並擁有養殖漁業等非常古老的產業。資本主義不斷成長，捷克人越來越富有，充裕的社會和物質商品降低了階級衝突，讓第一次世界大戰之前出現的政黨開始合作，包括馬克思黨派。捷克斯洛伐克在一九一八年誕生後，不同理念的捷克黨派持續互相合作。

然而，在民族主義者的心中，資本主義的發展也是抵抗德意志優勢的一部分。波希米亞的捷克人雖是德意志人的兩倍，但是兩個族群之間的財富比例卻幾乎相反。因此，捷克民族主義者要求成立農村銀行、合股糖廠和建立商會網絡，讓捷克人可以爭取影響力。[41] 一位愛國者寫到，捷克公民社會「解放了財富，不必成為德意志人也能致富」。

到了一八九〇年代，在一個越來越多元的公民社會中，任何代表特定社會利益而出現的組織都帶有民族色彩，德意志人和捷克人在任何領域都難以合作，在民族主義者的世界觀裡，族群共存越來越被視為發展的阻礙。要讓捷克人的民族生活安然無憂，最有成效的方式就是建立一個政治上由民族界線定義的國家，這樣的認知形成波希米亞「國家權利」的論點，就連捷克左翼的社會主義者也無法抵擋，如同波希米亞的德意志人無論階級都很懼怕這個捷克論點一樣。[42]

還有一項因素，讓捷克運動可以聲稱自己代表了向上流動的趨勢，那就是這個王國的土地持有模式。這裡的土地跟西歐相反，但跟保加利亞和塞爾維亞以外的中東歐地區一樣，集中在少數人的手中：波希米亞有五百二十萬公頃的土地，其中一百五十萬公頃僅由一百五十一個家族持有；在摩拉維亞，四分之一的土地由七十三個家族持有。[43] 即使是族群上屬於捷克人的大地主，也認為自己屬於德意志和哈布斯堡文化，而這就表示，從政治上掌控波希米亞的計畫有一個正當的藉口，那就是讓「捷克人的土地」服務捷克人。

然而，對波希米亞的德意志人來說，這種模式反而是使他們跟同一個民族的菁英更加疏離的另一個因素，雖然老實說，這些屬於德意志文化的波希米亞諸侯和男爵都住在龐大莊園裡那些通風良好的宮殿，因此很多都不怎麼關心任何形式的民族主義。不過，不是只有波希米亞如此。匈牙利和羅馬尼亞也有類似的土地持有模式，這些地方在一個世代後也出現了重要的法西斯運動。這些國家的農村經濟包含龐大的莊園，在整個匈牙利占了百分之四十五（百分之九十一握在匈牙利人手中），整個羅馬尼亞占了百分之五十。[44] 此外，這裡的民族菁英也十分輕視同族的平民，強化了平民在自己的土地上感覺卻像陌生人的感受——這樣的怨言，不論當時或現在的平民派都曾說過，在希特勒、墨索里尼和理念相同的東歐人所激發的極右民粹主義中也十分普遍。

匈牙利與東南歐的菁英和平民

在十九世紀晚期匈牙利，仕紳階級牢牢地主導著政治，包括位於布達佩斯的政府和所有的國家事務，並聲稱他們的特權可以回溯到很久很久以前。他們的祖先是「斯基泰人」，是個比較優越的外族，曾帶領馬扎爾人離開亞洲，進入中歐的潘諾尼亞平原（Pannonian plain），他們爭取並捍衛了這塊土地，守護只有他們才能夠象徵的匈牙利民族。這片土地上的其他人全都是客人或是世襲奴隸，不一定會說他們的語言。因此，說匈牙利語的農民自然把貴族視為異己，他們受過的教育就是這麼教導他們的。

所以，對大部分匈牙利貴族而言，那些關於土地改革的言論都是胡說八道。他們在守護不可改變的神聖祖產，雖然在總人口一千兩百萬的國家裡，他們只有六十八萬人左右，但他們卻能形塑和利用政治發展來實現自己的歷史任務。[45] 從整個歐洲來看，他們的願景似乎很大膽，要徹底維持封建階級制度，同時又創造一個現代的民族國家。從地方上來說，這意味著這座大陸最古老的莊園自治體制——即傳統的縣——要繼續保留，讓單一貴族家庭控制一或多個村莊中的平民百姓生活好幾百年；從全國的規模來說，這表示皇帝在一八六七年並沒有「賜予」匈牙利一部憲法，純粹只是認可既有的特權。就連國事詔書也不被視為一份合約，而是哈布斯堡家族承認貴族從史前時代就擁有這些權利。

貴族雖是一八四八年自由主義革命的支柱，理論上希望人人都有這些權利，但是在一八六七年的妥協之後，菁英分子大體上不再關心匈牙利民眾。除了因為跟族群或種族優越有關的神話，這也跟政治機器有許多成員來自崇高的社會背景有關：從一八六七年到一九一八年，布達佩斯政府有百分之四十四的成員屬於大貴族，部長官員有三分之一到半數來自貴族家庭。

布達佩斯的統治者仍稱自己為「自由黨」，但其實只是大地主和工業家組成的俱樂部，在中央集權和地方自治之間來回擺盪，沒有恆久的綱領、成員或中央組織。它的存在只是為了管理和干預選舉，並運用偽造、恐嚇和買票等手段，以確保自己始終是多數黨。匈牙利菁英的自由主義包含歐洲啟蒙運動有關進步的觀念，但卻在退化的民族主義氛圍下被重新塑造，使得貴族社會地位的核心被加上了了自由主義原則的外衣。[46]

因此，當整體局勢出現經濟自由主義的風氣時，匈牙利政府執行了包括廢除行會、協商勞工契約和消弭對土地買賣的非難的政策。可是，農產品的價格在一八七〇年代晚期大跌了百分之五十時，政府選擇保護國內經濟、管教勞工，並從一座國內農場和一八七八年的奴僕法開始，讓地主不用針對「輕微」暴力舉動負起責任。這表示，地主如果針對勞工的表現做出常理來說會被視為冒犯「個人尊嚴」的言行時，勞工不得提告。[47]政府之所以會這麼做，只不過是把「下層階級的匈牙利人極度令人鄙視」的思想付諸實踐。

到了一八九〇年代，匈牙利鄉村的生活水準持續下降，農村退回資本主義前的生產模式，法律也隨之跟進。約九十二個偉大的「歷史」家族回歸封建的法律制度，取得王室的保護，讓自己的財產不會被變賣。匈牙利有六分之一的耕地被歸入不得讓與的信託，只能由長子繼承。人數越來越多的匈牙利下層階級現在淪落到新的農奴制，使新的封建地主有穩定的勞力來源。警方也會跟地主串通，在勞工違反季節性契約時把他們送回工作地點，並以「干預他人工作」的理由禁止工會組織。耕作者退回到半自給自足農業狀態，只有百分之十一的人為市場生產（商業化農業），其餘的靠食用自己種出的農產品維生。[48]

民主制度也走回頭路，在一八七〇年代和一九〇五年之間，可以投票的成年男性比例從百分之十四以上下降到百分之六點二。反之，奧地利的選民比例穩定成長，在二十世紀的交界已有百分之二十七的成年男性可以投票（一九〇七年更達到百分之百，同時間，法國和英國的數據分別是百分之二十八和十六）。匈牙利的選區畫分有所偏頗，以確保執政黨勝選，並讓匈牙利人代表的比例過多、羅馬尼亞人和斯洛伐克人的比例過低。為了可以更加確定得到想要的政治結果，二十世紀初通過的法律限制國會辯論，因此立法者只能討論一些雞毛蒜皮的小事，迴避土地改革或勞工權益等議題。當匈牙利的「自由」黨終於在一九〇五年落選時，法蘭茲・約瑟夫拒絕尊重選舉結果，而是指派他的護衛隊隊長為首相。此時，匈牙利的自由主義事實上已經變成封建保守主義的分支。[49]

然而，菁英階級把自己視為民族主義的現代化推動者，因此盡力提升生產量。工業出口出現兩次高峰，一次是一八六〇年代，一次是一八九〇年代，後面這次是受到外資刺激；在一八九〇年到一九一〇年之間，依賴農業維生的人口比例從百分之八十二降到百分之六十二點四。農業也有進步，例如一九〇一年到一九一〇年之間的小麥產量便是一八七一年到一八八〇年之間產量的二點五倍。在一八六七年到一九一四年之間，國民生產毛額增加了五到六倍，雖然分配十分不均。儘管如此，匈牙利在推廣國內工業時仍受到很大的局限，因為針對奧地利的任何關稅都是非法的。基於政治理由，政府也很難直接補助國內工業，如紡織業。真正有所發展的工業都高度集中在布達佩斯，而且只有集中在相對少數的公司。總結來說，匈牙利的經濟在一八六七年之後雖然成長幅度很大，但它仍是雙元帝國的穀倉，一個位於歐洲半邊陲的社會。[50]

匈牙利的貴族大部分都不願參與具有風險的商業活動，並擔起自由主義所要求的中產階級身分，而是把這項任務轉移給猶太人。這些猶太人有很多人來自加里西亞，在一個世代之內就形成企業和專業階級的骨幹。在這個過程中，他們適應了當地文化。一八八〇年，匈牙利有百分之五十八點五的猶太人聲稱馬扎爾語是他們的母語；一九一〇年，這個數字上升到百分之七十七點八。他們享有完全的法律平等，年輕人順利完成匈牙利的教育和專業機構所提供的訓練，便在貿易、金融和工業等都市行業中一展長才。他們在農業經濟也占據了一席之地，除了是擁有土地的農夫，也會當大地主的佃農或有薪員工，因為地主認為猶太人是很有效率和理性的生產者。[51]

在第一次世界大戰之前，匈牙利的菁英階級似乎也開始接受猶太人了。一九一四年，有五分之一的大地主是猶太人，國會中則有超過五分之一的代表父母是猶太人。[52] 有數以萬計向上流動的猶太人具備愛國心，以老師、記者和專業人士的身分進入斯洛伐克和羅馬尼亞地區散播馬扎爾文化。從人數上來說，馬扎爾化的猶太人使匈牙利擁有過半又多一點的馬扎爾文化居民。同一時間，下層階級的馬扎爾基督徒因為無法如此快速地適應現代化的挑戰，對猶太人的晉升抱持懷疑和嫉妒的心理，進而與仕紳菁英更加疏離。

因此，跟捷克民族菁英相反，匈牙利仕紳無法幫助改善農村居民的社會與經濟。反之，他們致力於使用政府資源慢慢將其他族群馬扎爾化。[53] 由於選舉有財產條件的限制，再加上行政機關使出的各種伎倆和名目，匈牙利的反對黨政治（無論是在社會或民族領域）嚴重受限。匈牙利雖然有出現社會民主黨，卻沒有大型的基督教社會主義或平均地權主義（agrarianism）運動。菁英分子壓迫和忽視當地族群的權益，使得經濟狀況在一九三〇年代初期跌落谷底時，幾乎造成激進民族主義全面爆發。

在羅馬尼亞，菁英和平民的關係也是這樣，只是更加極端。在一九一二年，仍有百分之八十二的羅馬尼亞人住在鄉村。一八六四年，百分之三十八的耕地由約兩千個家庭持有，而且這個比例越來越嚴重，到了一九〇五年，百分之五十的耕地由五千個左右的家庭持有。中等面積的地產占比不高（百分之十）可忽略不計，卻有百分之四十的土地都是介於五到十公頃的迷你農田。到了一九〇五年，歐洲恐怕沒有其他國家的農地面積大小如此懸殊，一百萬公頃以上的土地僅由幾千個家庭持有。羅馬尼亞菁英跟匈牙利的一樣，屬於半貴族階級，他們掌控了當地的行政機關，自己就是法律，不在乎農民的福祉。[54]

跟在匈牙利一樣，仕紳（波雅爾）背景的專業官僚占據了國家機器，扮起民族主義現代化推動者的角色，專注發展幾座大城市，但卻沒有想要讓鄉村進步。因此，穀物種植在龐大的莊園上，不對等的社會關係仍未改變。[55]跟匈牙利類似的另一點是，羅馬尼亞的整體發展程度很低，工業輸出在第一次世界大戰前低於全國收入的百分之十五。

同樣地，羅馬尼亞猶太人在經濟和社會上也有特殊的地位，但是誠如前面說過的，羅馬尼亞的菁英會以各種藉口不賦予猶太人公民權，抗議柏林會議的規定。猶太人不能擁有土地，因此只好住在城市，變成工匠、商人、行政官員、銀行家、小販、裁縫和手工藝家。在一九〇〇年，羅馬尼亞人口只有不到百分之五是猶太人，但他們幾乎全都住在都市，占雅西人口的百分之五十、布加勒斯特人口的三分之一。跟匈牙利一樣，這裡的猶太人受到較先進的經濟產業雇用，雖然享有的官方支持少了很多，卻仍成功發展了當地的經濟。[56]

羅馬尼亞裔的菁英喜歡城市生活，因此通常把自己龐大的莊園交給中間人管理。這些人通常是希臘人、亞美尼亞人、猶太人和德意志人，會在季節性契約中竭盡所能壓榨農民。在摩爾達維亞，土地承租人有將近百分之四十是猶太人，所以在農民的眼裡，猶太人代表了從遙遠陌生的城市延伸到他們鄉村家園的剝削體系。[57]

農民不是沒有自己的土地，就是擁有的土地太少，無法維持生計，因此往往得成為大型莊園的佃農。佃農的數量不斷增加，悲慘程度也不斷加劇，很多人的飲食都很差，因此罹患糙皮病。這種疾病是長期缺乏菸酸造成的，通常會出現在重度仰賴玉米維生的人身上。在一八八八年到一九〇六年之間，通報病例從一萬零六百二十六例增加到十萬例以上。另外，兒童的高死亡率是特別可以用來顯示農民窮困程度的指數。同一時間，政府沒有做什麼來保護農民不受地主及其中間人的剝削，農民根本沒有能力跟他們討價還價。在艱困時期，農民因為迫切需要金錢，被迫以低於市值的價格將穀物賣給投機者；貸款利率極高，政府徵收的稅金有時多達農民一年生產量的八成。

就算農民識字，能夠充分參與政治生活，選舉制度也把他們當成二等公民。羅馬尼亞的選舉制雖然提供近乎普選的男性選舉權，但有產階級可以選出百分之八十的國會代表，剩下的百分之二十則由農民和次等納稅人透過代表選出。羅馬尼亞菁英獲得選民支持的技巧，跟匈牙利使用的方法不一樣。在匈牙利，伊什特萬・蒂薩（István Tisza）的「自由黨」政體（一九〇三年至一九〇五年、一九〇三年到一九一七年）透過無產農民讓他得到大量選票，以彌補他在快速發展的都市較為薄弱的支持度。反之，在羅馬尼亞，「自由黨」的揚・布勒蒂亞努（一九〇九年到一九一〇年、

圖 9.2　羅馬尼亞農民叛變：步兵護衛囚犯（一九〇七年）。
來源：平版印刷師傅赫爾馬努斯·科科克克（Hermanus Willem Koekkoek）根據魯克·卡內基（Rook Carnegie）的素描所產出的作品，刊登在一九〇七年四月六日的《倫敦新聞畫報》，Via Wikimedia Commons

一九一四年到一九一八年執政）則乾脆忽視佃農，因為他們比較難組織。[58] 一個世代後，他們變成法西斯主義鐵衛團（Iron Guard）的主要支持者。

一九〇七年的羅馬尼亞農民大叛變是從菲舍爾（Fischer）家族雇用的農民開始的。這個家族是奧地利猶太人出身的土地承租人，控制了摩爾達維亞北部三個縣的大部分耕地（總共十五萬公頃）。那年二月，佃農被告知不會再跟他們續約之後，便群起抗議。抗議很快就散布到農民之間，因為他們也很害怕自己不能在土地上耕作。政府派出軍隊，卻不足以鎮壓暴亂。這場運動傳到瓦拉幾亞，演變成暴力衝突。農民劫掠商店和餐廳、放火燒掉大莊園，偶爾還殺害地主和中間人。他們的要求很簡單：「我們要土地！」自稱自由派的政府取代了自稱保守派的政府，軍隊全面動員，在砲擊過後奪下村莊，彷彿是在進行真正的軍事活動。最終，這場起義死了約九千個農民。[59]

之後，政治階級做了一些輕微的改革，像是限制土地的租金和固定最低薪資。一九〇八年成立了一間農業信貸銀行，讓希望得到土地的農民可以運用。雖然如此，農民依舊仰賴地主，沒有出現什麼根本的改變：政府利用警察和軍隊監視農村；農民缺乏組織動員的技巧和知識；自由黨政府承諾會改變，卻從來沒有投入精力或人力。於是，任何改革總是消失「在羅馬尼亞公共生活的流沙中，不留一絲痕跡」。各式各樣的政治人物認為農民是尚未成熟的公民，應視情況加以忽略或鎮壓。此時，農民還把希望寄託在國王身上，沒想到他就是這個國家最大的地主之一。[60]

一九〇七年的起義是東歐有史以來規模最大的農民叛變，跟一八七五年徹底轉變東南歐的赫塞哥維納叛變有許多相似之處。兩起事件都源自極端的不平等，第一起是指鄂圖曼人統治的歐洲地區出現的不平等，第二起則是俄羅斯以西的歐洲存在的不平等。兩者不同的地方在族群層面。在赫塞哥維納，基督教農奴的怒火幾乎馬上就指向穆斯林地主以及他們所屬的外族不公政體，但在羅馬尼亞，農民的憤怒跟階級有關。羅馬尼亞沒有人試圖創造新的國家秩序，觸發暴力的不是族群憎恨（連反猶主義也不是），因為土地承租人和土地管理者屬於各種不同的族群。許多地方的農民選擇忠心地向羅馬尼亞當局陳情，卻被警察和軍隊暴力鎮壓。[61]

最後一個相似點是，儘管出現暴力衝突，兩個地區後來都還是沒什麼改變，大地主持續保有自己的地產，剝削體制仍繼續存在。主要的差異在於，羅馬尼亞政體有辦法藉由聲稱只要所有的羅馬尼亞人統一成一個更大的羅馬尼亞國家，農民所有的問題就能一勞永逸地解決，來讓農民分散注意力。[62]相較之下，波士尼亞的族群爭論現在變成反對奧匈帝國，以及反對同時受到正教徒與穆斯林所厭惡、來自帝國的剝削異族統治。

⁂

塞爾維亞和保加利亞的經濟雖然也受到生產力不佳的農業體制所主導，但是他們的菁英和平民所發展的關係比較接近捷克的狀況，民族領袖不是來自仕紳階級，而是普通百姓，因為這些國家沒有本地的大地主階級。塞爾維亞雖然跟羅馬尼亞一樣曾是鄂圖曼帝國的領土，絕大多數人口住在農村，且社經發展跟波士尼亞一樣落後，但是當地源自中世紀的貴族階級已被摧毀。跟捷克的波希米亞地區類似，這裡的民族菁英擁有農民背景，因此在接下來的世代，塞爾維亞跟捷克一樣沒有出現重大的法西斯主義潮流。[63]

在鄂圖曼的統治時期，「西帕希」（*spahi*）＊擁有土地和農民生產的農作物，以交換軍事服務。後來，出現了耶尼切里軍團，他們之後墮落成搶劫殺人的土匪。不過，徵收稅金和貢品的權利雖然

＊編輯註：鄂圖曼帝國的騎兵軍。

仍握在土耳其人手中，塞爾維亞的農民卻不像匈牙利或羅馬尼亞的鄉村人口那樣成為農奴。塞爾維亞公國在一八一七年之後的那幾十年成形，鄂圖曼地主也漸漸離開，塞爾維亞領袖米洛斯・歐布雷諾維奇害怕地主階級可能削弱他的權力（他變得非常富有），因此不允許大型莊園的出現。所以，塞爾維亞社會大致上只有一個階級，那就是高度無差別的農民階級。除了領袖以外，其他那些在一八四〇年代之後掌握權力的人最多只有幾百公頃的土地，而且沒有人想試著將自己的族譜回溯到貴族或種族優越的祖先。[64]

塞爾維亞政府起初好像是根據自由主義原則來進行統治，一八六八年的憲法創立了立法機關，政黨也從一八八〇年開始發展出來。權力有三個中心，分別是官僚體制、在選舉政治中獲勝的政治人物以及諸侯。諸侯跟羅馬尼亞國王一樣老是插手干預，以防止民主制度真的興起。這裡最重要的政治運動就是塞爾維亞激進黨，由尼古拉・帕希奇（Nikola Pašić）在一八八一年共同創立，屬於農民黨派。帕希奇是農民之子，在蘇黎世這個東歐馬克思主義興盛的城市學習工程學時，進入了社會主義的圈子，先後成為塞爾維亞和南斯拉夫毫無爭議的政治領袖，直到一九二六年逝世。[65]

可是，激進黨並沒有為了農民利益而發展農村，而是演化成統治集團的政治機器，為了提高政府的權力和財富，把公共資源集中在軍隊、官僚、鐵路和外交服務上，加強所有農民不需要的公共計畫。一九〇八年，農業部只拿到年度預算的百分之三，卻有百分之二十三的年度預算直接投入軍隊，百分之二十八用在還款（大部分是鐵路和軍隊的貸款利息）。這些支出有一個合理化的藉口，那就是將塞爾維亞擴張到含括所有塞爾維亞人的地區。[66]

然而，由於這個藉口受到廣泛的支持，塞爾維亞激進黨從未犧牲農民的忠誠心，並利用教育體系激起人們的領土收復情緒。第一次世界大戰前的那幾十年，農民平均負擔的債務減少了，有利於局勢。然而，激進黨恰巧也碰上了好時機：他們從獨立之初就得到農民的忠誠心，因為帕希奇的良師益友斯韋托扎爾・馬爾科維奇（Svetozar Marković，他是塞爾維亞的第一位社會主義者）推動了類民粹主義計畫，承諾會減少政府對農民生活的干預。激進黨雖然是主張維護現有體制的黨派，其知識分子和職業從政者卻從未跟農村失去連結，在那裡維繫了支持者網絡。必要時，這些人都能夠說一口流利的農民方言。[67]因此，即便激進黨的競爭派系總是針對政治議題激烈爭辯、從一八九二年到一九〇〇年不斷進出政府，塞爾維亞的社會和政府始終維持凝聚力。

保加利亞的土地持有制度跟塞爾維亞差不多。保加利亞在十九世紀中期開始民族復興時，這個國家幾乎完全只有農村，由土耳其地主經營管理。一八七八年獨立以後，土耳其地主被趕走，保加利亞只剩下持有小面積土地的農民，為了生計而生產。像塞爾維亞一樣，這裡最有凝聚力的就是政府，從一八七〇年代開始成長，自成一個「階級」，填補社會的真空地帶。[68]但，我們在第十一章會看到，這裡跟塞爾維亞相反，出現了一個重要的農民運動——保加利亞農民民族聯盟（Bulgarian Agrarian National Union，BANU），其原創的政治哲學挑戰了自由黨的國家機器、領土收復民族主義，以及奉行這個思想的君主本人。

在哈布斯堡較北邊的地方，出現了斯洛維尼亞和克羅埃西亞農民運動，自稱「人民」的黨派。這些黨派聲稱自己代表了民族的靈魂，在第一線努力反抗德意志和義大利教育，馬扎爾、德意志和義大利資本，以及馬扎爾和德意志行政機關的壓力。斯洛維尼亞和克羅埃西亞的農民領袖，鼓勵農民把積蓄存在自己族群的儲蓄和信貸銀行，不要使用德意志和義大利的銀行，主張在金融交易時使用自己的方言會形成「國家之中的國家」，帶來民族解放。天主教神父兼黨派領袖的亞內茲・克雷克（Janez Krek）在一九〇五年所寫的一封信，將這樣的態度表達得很好：「唯有斯洛維尼亞農民的配合才能阻止我們的領土被德意志化和義大利化……如果斯洛維尼亞農民有自己的信貸機構和儲蓄銀行，他們就不必賣掉自己的土地或跟外族的高利貸業者借錢。」[69]

克羅埃西亞和斯洛維尼亞運動之間的差別在於，天主教教會在斯洛維尼亞運動扮演的角色較為強大。他們的運動直接源自一個宗教性的黨派，因此防止人民黨派分裂成城市和鄉村兩個支派（跟奧地利的基督教社會主義不同）。比起其他東歐農民黨，斯洛維尼亞的民粹主義可能更加考量到工人和農夫對抗所有來自德意志和義大利的壓力時，所產生的族群需求。克雷克憑著自己極具說服力的性格，維繫了文化菁英和平民百姓以及教會之間的連結。斯洛維尼亞人在一九一二年跟兩個克羅埃西亞黨派結盟，之後又跟克羅埃西亞和塞爾維亞的政治人物合作，要建立南斯拉夫國家，抵禦在南斯拉夫拓居地北緣出現的去民族化運動。[70]

克羅埃西亞農民運動在領袖斯傑潘・拉迪奇的領導下面臨龐大的壓力，因為他必須盡量貼近既有的民族主義——忽視農民，執著於跟自覺敵人的鬥爭，也就是馬扎爾人和塞爾維亞人。拉迪奇雖然支持南斯拉夫民族之間的團結，但是在第一次世界大戰後，他的黨派將反過來在新建立的南斯拉夫國家中，抵擋塞爾維亞人在文化和政治方面的支配地位。這我們之後會更詳細探討。

這個階段的斯洛維尼亞和克羅埃西亞農民民粹主義有個共同點，那就是小型和中型老闆及無產勞工要努力對抗一個通常跟自己不同族群的大地主階級。克羅埃西亞跟匈牙利一樣，有很多土地（百分之三十六點六）都屬於大型莊園。克羅埃西亞也跟波希米亞一樣，地主往往是外族，克羅埃西亞－斯拉沃尼亞的六十二個大地主當中，就只有三十三人是克羅埃西亞人或塞爾維亞人。[71]在第一次世界大戰以前，由於匈牙利（以及一九〇七年以前的奧地利）的選舉權很有限，所以斯洛維尼亞和克羅埃西亞人民運動的力量還沒有很明顯。但，當群眾運動把民族領袖跟農民階級連結起來時，他們跟塞爾維亞激進黨和保加利亞農民民族聯盟一樣，阻止了法西斯主義在絕大多數人口居住的鄉村地區形成。

⁂

儘管學術界數十年來不斷研究法西斯主義，這個意識形態仍令人難以理解，甚至無法簡單描述。這個運動究竟屬於右派還是左派？義大利的法西斯黨在一九二一年，是坐在該國下議院的極右翼，但這個運動從來沒有擺脫社會主義——它是國家社會主義。有些人形容法西斯主義為革命保守運動，這只強調矛盾的存在，而非描述實際形況。法西斯主義看似矛盾的特性在一八八二年的林茲綱領首次出現。林茲綱領的原始法西斯主義起草者，並不想要我們認為軍事獨裁是法西斯主義的基本特徵。他們所要求的是更多民主，而且比當時自由主義者願意容許的民主程度高得多。他們也想要更大的社會穩定性、終結貪腐及保護德意志族群。從一八八〇年代中葉起，有一個小分支開始將猶太人視為「人民」的敵人，這裡的人民是指同一個族群的人，也是指工人。

法西斯主義源自自由主義，也源自自由主義在民族問題上所抱持的不可知態度。但，它也源自自由主義失敗的經濟政策，以及限制國家福利政策的經濟放任原則。最後，法西斯主義最強大的靈感來源純粹是自由主義者的忽視。兩個世代以前，東歐孕育出自由民族主義，原因是愛國知識分子感覺自己的人民深受其他族群的高傲態度所害，尤其是德意志人；過了一個世代，法西斯主義在某些地方崛起，因為這些地方的平民遭到同族群的人高傲對待。至少，這是法西斯主義者令人難以駁斥的說法。

然而，林茲綱領不單單只是法西斯主義的先驅。林茲綱領之所以能夠左右未來，揭示內萊塔尼亞地區德意志人與斯拉夫人爭議的核心性，是因為這個由異議知識分子構想出來的綱領不但演變出中間偏右的群眾運動（泛德意志主義和基督教社會主義），也能演變出馬克思社會民主主義，兩者都訴諸人們對衰退的恐懼心理。面對後自由主義破碎的政治地貌以及從眾多新黨派組成統治同盟的挑戰，哈布斯堡家族領袖唯一的解決辦法就是擴大選舉權，希望能夠吸引各個族群。可是，選舉權擴大後，針對民族和社會衰退來煽動恐懼感的政治運動反而有增無減。在一九一八年以前，沒有人知道該如何駕馭民主，才能讓這個多族群帝國繼續維持統一。

chapter 10

自由主義的繼承者與敵人：社會主義和民族主義

一八四八年，自由主義者相信未來屬於他們，因為隨著君主制的式微，前方道路似乎通向自由。透過教育和經濟成長，他們將創造由理性人類自己管理自己事務的社會。然而，到了一九〇〇年代初期，這些自稱自由主義者的人正漸漸退場，在奧地利競爭權力的黨派包括基督教社會黨、社會民主黨和德意志民族主義的各種版本。他們全都反對正統自由主義的自由市場和看守政府思想，但仍會參與自由政治，像是競選、召開國會、承認法治等。跟他們一起坐在國會中的，有來自內萊塔尼亞其他地區的各種民族主義俱樂部，包括捷克、波蘭、魯塞尼亞、克羅埃西亞和斯洛維尼亞民族，每一個都有左翼到右翼之間不同的派系。到了一九〇七年，國會還出現了一個「猶太俱樂部」。維也納變成世界猶太復國主義的源頭，而猶太復國主義自己也開始分裂。[1]

在邊界另一頭的外萊塔尼亞，匈牙利自由黨主導國會，透過操弄選舉和限制選民資格的方式，削弱許多對手，包括羅馬尼亞、塞爾維亞、克羅埃西亞、斯洛伐克和匈牙利社會主義者，以及農民社運人士等。他們的運氣在一九〇五年用光了，比他們更有決心、對一八六七年妥協十分不滿的匈牙利民族主義者在這年當選。可是，情況沒什麼改變。這個「一八四八黨派」只是更強化將挑戰匈牙利國家機器的人排除在政治生活之外的決心，其中一個做法便是通過法案，阻礙非匈牙利人提升識字率。匈牙利政壇局勢相當緊張，一方面，菁英階層仍信奉現代化和法治原則，但是另一方面，他們也完全承認唯有不自由的做法，才可以在他們試圖徹頭徹尾馬扎爾化的假稱民族國家中提倡「自由主義」。

與此同時，捷克的自由主義者早已分裂成較不激進的捷克老年黨和較激進的捷克青年黨，接著又在一八九〇年代分裂成民族主義者、主張土地改革的運動家和社會主義者等偏右或偏左的黨派，他們全都尊重自由主義的做法，但卻也十分羨慕匈牙利菁英。無論哪一種政治立場的人，都希望波希米亞屬於捷克人，就像匈牙利正漸漸屬於馬扎爾人一樣。從比例上來看，他們比較強大，因為匈牙利只有百分之五十一的匈牙利人，但是波希米亞卻有三分之二是捷克人。就連改革派捷克人都覺得德意志少數在捷克人的王國裡只是「客人」，他們有權利也有義務維護捷克人的控制權。

在哈布斯堡帝國之外，我們可以看到南方和東南方也有各種黨派聲稱遵守的是自由原則，卻透過操縱選舉的方式來維繫權力。跟比較西邊的地區不同，羅馬尼亞、塞爾維亞和保加利亞的自由主義者，目標不是自由放任經濟或消除舊有的社會和政治特權。反之，巴爾幹半島的自由主義者把個人自由和公民權利的自由主義理想，轉化成一個民族在自己的國家可以毫不受到阻礙地發展的權利。就像匈牙利的自由主義者，這些地方的自由派統治階級會用工作獎勵自己的追隨者，但是他們也會透過外交政策拿回因為一八七八年柏林會議而沒有納入國界之內、但看起來應該屬於自己國家的領土。羅馬尼亞、塞爾維亞和保加利亞的領袖認為，自己的國家不是完全的民族國家，而是通往更大目標的中繼站。然而，這些地方的自由和保守團體都受到馬克思社會主義和農民黨的挑戰，例如極不正統的保加利亞農民民族聯盟。這個政黨在警察的壓制下仍到鄉村組織勞工，希望推動社會革命，讓保加利亞走上尊重農民及其生活方式的明確道路。[2]

波蘭在三個帝國的領土中也形成了各式各樣的黨派，但在政治的核心，波蘭的社會主義者和右翼的「民族民主黨」（Endeks）出現難以跨越的裂縫。民族民主黨曾屬於自由派，現在跟舍內爾一樣痛恨自由主義，但民族民主黨卻比舍內爾的泛德意志思想更加排外，把所有可能代表「他們」民族的人都斥為騙子。他們預告了二十世紀激進非自由主義的崛起，但是又比法國和奧地利的非自由主義還要兇猛，因為他們必須跟控制波蘭中部、反民主的俄羅斯對抗。

在導致自由主義越來越不受到歡迎的因素中，有三項特別突出。第一，經濟非但沒有成長繁榮，反而在一八七三年下跌之後陷入蕭條，產量下降、失業率升高，讓所有公民過好日子的希望越來越渺茫。資本主義勝利了，但這個勝利卻仰賴一個充滿疾病、骯髒和擁擠的都會世界不斷擴大，工人在工廠長時間工作，只有在工作現場學會的靈巧才能讓他們避免發生威脅生命的意外事故（許多鄉村地區的情況更慘）。第二，選民資格放寬後，納入的勞工不是嘗過剛在城鎮興起的資本主義的苦頭，就是因為在鄉村擁有太少土地而受苦。他們看見的那些穿著亮麗、能在餐廳享受生活或到溫泉城鎮奢侈度假的人，似乎是透過投機或得寵才那麼有錢。對波希米亞一些比較貧窮的德意志人來說，他們除了嫉妒，也十分害怕自己會被那些願意以較低薪資進入勞動市場的斯拉夫人所取代。

到了一八九〇年代，只有最有錢的地主（他們在整體選民中占的比例越來越小）還維持真正的自由主義，他們認為那些新出現的選民是受到不理性的衝動所驅使。[3]

第三個削弱自由主義政治的因素是科學。這個時期的主流思潮是社會達爾文主義，透過赫伯特·史賓賽（Herbert Spenser）的著作傳到東歐。這個思想主張人類是條件制約的產物，因此任何政治概念（包括自由主義在內）現在看來都是特定時空的產物。自由——也就是自由主義的核心原則——其實是個幻覺，由想要維繫自己的權力並持續控制勞工的人所創造。任何人類汲汲營營的領域若有進步，都是透過奮鬥得來。

同一時間，達爾文主義認為政治團體、民族或種族間的差異是無法調解的。在社會或民族衝突中，只能戰勝對手，不可以跟他們妥協。隨著反理性理論不斷占上風，有理的論述似乎也站不住腳，有些人將暴力視為一種榮耀，是為沒有特權的人改善生活的「理性」手段。[4]無獨有偶的是，支持這個以科學為依據的仇恨政治的兩個人，分別是法國工程師喬治·索雷爾（Georges Sorel）和波蘭生物學家羅曼·德莫夫斯基（他把不同意他論點的波蘭知識分子稱作「半波蘭人」，好比難以捉摸的突變物種）。

自由主義雖然枯萎，卻沒有死去。不是所有人都不再相信知識和自由意志解決人類問題的力量；不是所有人都不再相信透過選舉來實現進步的力量；也不是所有人都不再相信妥協的藝術或保護公民社會的法治。大部分人都不認為民主是場騙局。從某方面來說，自由主義的失敗也是它的勝利，因為一八四八年要求的基本公民自由已經實現了，新黨派利用自由主義的方法崛起，最後超越自由主義的原則。[5]

自由主義的形式和理念在社會民主主義找到了特殊的避難所，尤其是具有馬克思傳統的思想（相信未來屬於勞工）。勞工除了藉由黨派和工會，也透過教育機構、體育協會和婦女社團在公民社會促進自身利益。社會主義者比任何人還要努力爭取直接、平等、匿名的選舉制，因此也吸引到不屬於工人階級的人，包括農民。[6] 由於社會主義承諾所有人都得到正義，並要切斷可鄙的過去，所以也吸引了知識分子的領導人物。事實上，社會主義領袖很少是工人，很多都曾經是自由主義者，像是一八八二年林茲綱領的作者之一維克多．阿德勒。

對於進入政壇時深信理性力量的一八四八年政治人物（如奧地利的阿道夫．菲什霍夫和匈牙利的約瑟夫．厄特沃什）來說，該世紀晚期出現的政治運動中，他們能理解的就只有社會主義。歷史學家卡爾．休斯克（Carl Schorske）便寫到，社會主義者的「說詞是理性的，他們的世俗化充滿戰鬥力，對教育的信念毫無極限」。自由主義者雖然不接受社會主義者的福利國家要求，但是他們至少有辦法跟他們爭辯，因為他們是自由主義的繼承者，雖然看似不講道理，但絕對沒有不理性。[7]

※

奧地利的社會主義者奮力推廣自由民主，因為他們不怕平民的力量，而且他們是透過讓窮人（無論哪個族群）得到選舉權來獲益；相形之下，德意志自由主義者將工人和斯拉夫人排除在政治進程之外，並跟封建保守勢力串謀，讓選民維持在成年男性的百分之十以下。捷克老年黨和青年黨自認是自由主義者，但德意志自由主義者卻把捷克人看作民族主義者，因為他們拒絕德意志文化，就認為他們是不講道理的。[8] 然而，無論是德意志人或捷克人，都無法利用自由主義的原則來支持他們的民族主義論點。理性要怎麼「測量」一個文化是不是優於另一個文化？自由民族主義者雖然信奉不可知論，但若把他們比做某個宗教的信徒，這個宗教的教誨其實並沒有為他們所珍視的理念提供依據——他們聲稱，理性偏袒自己的民族。然而，自由民族主義者的繼承人——社會主義者——現在卻將理性抬高到宗教的地位，在民族主義（與其他許多議題）上採取教條僵硬的立場，這肯定會令過去的自由主義者大吃一驚。

但，有一個國家幾乎馬上就出現社會主義的信條無法提供解答的民族奮鬥，那就是波蘭。許多個世代以來，那裡的革命家不斷要求脫離壓迫，重新建立波蘭民主國家，這是歐洲各地的社會主義者都支持的（跟自由主義者一樣）。然而，波蘭有一個團體分裂出來，呼籲發起馬克思主義所說的全民革命，並將波蘭民族主義斥為反動派。他們認為，社會主義要盛行，資本主義必須先充分發展，而這只有在沒有內部關稅界線的大國中讓經濟持續成長才有可能發生。在他們看來，社會主義者應該支持介於德國和太平洋之間的地區（正好就是俄羅斯帝國）的資本主義發展，不管這些地方的人說什麼語言。這個觀點的主要提倡者是羅莎・盧森堡，她是來自波蘭東部的猶太人，曾在華沙和蘇黎世學習經濟學，後來成為波蘭、俄羅斯以及最重要的德國社會民主黨的重要人物，直到一九一九年在柏林被右翼戰鬥分子謀殺。

盧森堡的觀點在波蘭不受到歡迎，但卻十分忠於這場運動的創始人，也就是曾在一八四八年寫下「工人沒有祖國」這句話的馬克思與恩格斯。對當時和之後的馬克思主義者來說，民族只是身分認同的次要形式。民族會跟資本主義一起流行，接著在資本主義被社會主義取代後消失。民族還存在時，也沒有什麼價值，因為民族認同是短暫且無實質的，不是人類認同的永久所在。[9]

儘管如此，馬克思和恩格斯並不是沒有自己的民族，他們在文化上屬於德意志人，輕視那些阻礙法國、德國、義大利等「歷史」大國統一的小民族。馬克思認為，住在生氣蓬勃的德意志核心地區、微不足道的捷克人想要有自己的國家，是很可笑的事情；恩格斯則寫到，歐洲的每一個角落都碰得到人民的「遺跡」，隨時準備進行反動，對抗背負著人類使命的「歷史民族」，諸如對抗英國人的蘇格蘭人、對抗法國人的不列塔尼人、對抗西班牙人的巴斯克人，還有最近代也最悲劇的那些對抗德意志人和匈牙利人的「野蠻」捷克人與南斯拉夫人。但是，恩格斯沒有失去信念。他在一八四九年一月寫道：「下一次世界大戰除了反動階級和王朝，也將造成所有反動民族消失在地表上。那也算是一種進步。」[10]

恩格斯年紀漸長後，怒氣稍減，卻從來沒有改變那小民族是「遺跡」的想法。他在一八六六年說，認為「瓦拉幾亞那些從來沒有歷史、也沒有精力去創造歷史的羅馬尼亞人跟擁有兩千年歷史的義大利人同等重要」，是非常錯誤的。捷克人的民族運動雖然持續成長，他仍認為他們是一群煩人的討厭鬼，注定會被「其中一個大國合併，因為他們有較多活力可以征服較大的阻礙」。他提到的其他注定融入偉大人群的「昔日斯拉沃尼亞人殘遺」，還包括塞爾維亞人、克羅埃西亞人、烏克蘭人和斯洛伐克人。[11]

鄙夷那小民族的除了馬克思和恩格斯，還有德國的社會主義菁英斐迪南・拉薩爾（Ferdinand Lassalle）、約翰・巴普帝斯特・施魏策爾（Johann Baptist von Schweitzer）、約翰・菲利普・貝克爾（Johann Philip Becker）、威廉・李卜克內西（Wilhelm Liebknecht）以及左翼自由主義者利奧波德・桑尼曼（Leopold Sonnemann）。德國社會民主黨的創始人之一李卜克內西認為工人運動是「消除民族問題絕對錯不了的工具」。[12] 如果人類用物質、用生產財富和獲得適當獎勵的能力來判定自己的利益，誰在乎他們說什麼語言？各大帝國並非種族主義者，只要捷克人或波蘭人說帝國的語言，就願意給他們透過教育進入政府官僚體系的機會。如果普世文化是你的利益所在，為什麼不說德語或俄語就好？對於東歐民族主義者的核心目標——拯救瀕臨滅絕的各地方言，社會主義者在歷史上找不到合理的理由。

除了愛爾蘭的詹姆斯・康納利（James Connolly），沒有任何一位重要的西歐社會主義者寫到民族主義。第二國際（Second International）在一八八九年和一八九六年的會議上，沒有談到這個議題。德國最受敬重的理論家卡爾・考茨基（Karl Kautsky）來自布拉格，有捷克、波蘭、匈牙利和義大利的血統，但在一九〇七年以前，他的刊物《新時代》（*Die Neue Zeit*）在主題索引中完全沒有寫到「民族主義」或「民族」這兩個詞，反倒是有「藥師」和「素食」的條目。一九〇六年，德國社會民主主義的第二號理論家愛德華・伯恩施坦（Eduard Bernstein）寫到，社會主義可以支持文化民族（Kulturvölker）的自治，只要這符合「所有人群的共同利益」。但，全球化已經使十分之九自稱民族的團體失去資格，因為他們的落後與文明的利益相左。[13]

波希米亞

民族鬥爭激烈、工業成長迅速的波希米亞，是把社會主義理論套用在民族主義的絕佳測試地點。「正統」的馬克思主義說，隨著階級意識的提升，工人應該放下族群認同；但是在波希米亞，民族和階級意識卻互相強化，因為在捷克人眼裡，有錢人就是德意志人。根據捷克社會主義者的說法，一六二〇年的白山戰役後，奧地利就把波希米亞的城市階級和大地主變成文化上的德意志人，只剩斯拉夫人是窮人。因此，鄉村和城市的捷克權力之爭是「進步」的，捷克馬克思主義者不只歡迎捷克無產階級的晉升，也歡迎捷克人跟德意志中產階級競爭。[14]

但，這個非正統觀點本身也是經過一番奮鬥後，才在一九〇〇年之後盛行。最早從波希米亞工業工人階級出現以來，感覺自己是德意志人的工人和感覺自己是捷克人的工人之間，就已出現明顯的分歧。一八四八年，說捷克語的人支持在布拉格發起的革命，而說德語的人則把希望寄託在維也納的革命，認為波希米亞是大德意志民主國家的一個省分。捷克領袖在德意志文化的世界可以自由活動，但是他們卻決定透過法國來加深對社會主義的認識。在一八七〇年到一八七一年的德法戰爭中，捷克地區的工人悄悄跟法國結盟，而波希米亞的德意志工人則公開慶祝德意志軍隊的勝利。[15]

多虧了一八六七年的自由憲政，內萊塔尼亞出現混雜多族群的工人運動，但運動領袖以德意志人為主，他們毫不懷疑地相信，社會將透過他們的文化邁向社會主義。於是，工人代表在一八六八年五月的維也納發表了一份以德語、捷克語、匈牙利語、義大利語、波蘭語和羅馬尼亞語寫成的宣言，要宣布工人階級已拋棄所有的族群偏見：「勞動市場不承認民族團體之間的界線。資本主義到處盛行，用金錢來表達和測量一切，不在乎人們應該屬於哪一個族群。」因此，要求讓所謂的斯拉夫人有更多表達空間，被認為是反動分離主義，阻礙了各地勞工的解放。[16]

一八八八年下旬，維克多．阿德勒在下奧地利的海恩費爾德（Hainfeld）成立奧地利社會民主黨，統一內萊塔尼亞的社會主義組織（正式的創始日期為一八八九年一月一日）。阿德勒過去曾是德意志自由主義者，因此他不意外地讓自己的黨派採取中間路線，但他的黨派也支持民主，不會壓迫子團體。每八十個奧地利德意志人當中，就有一人入黨，而捷克人則是每五十人就有一人入黨，使得這個內萊塔尼亞政黨名列歐洲最強大的社會主義組織，僅次於德國社會民主黨。[17]在法國，每七百四十人才有一人加入社會主義黨派，義大利則是每一千兩百人；內萊塔尼亞其餘的社會主義黨派，像是波蘭、義大利、南斯拉夫和魯塞尼亞的黨派，人數都很少。在一八九三年，為了跟捷克青年黨競爭，捷克社會主義者把黨名從「奧地利的社會民主捷克斯拉夫黨」改成「捷克斯拉夫社會民主工人黨」。

海恩費爾德的創黨綱領除了說該黨反對任何形式的歧視之外，沒有提到民族主義。然而，隨著黨派不斷成長，這個問題再也無法漠視不理，於是該黨在一八九九年的布爾諾會議上討論了這個議題，以防工人分裂成不同的民族黨派。一八九七年卡齊米日．巴戴尼所推動的語言法令造成的動亂中，原本相當寬容的捷克和德意志社會民主黨人的行為令人十分震驚，他們砸毀了被視為異族——往往是猶太人——的房子。這些德意志社會民主黨人因為蓄意阻撓議事而被禁止出席國會，但是他們回到自己的選區後，他們和族群同胞仍繼續砸毀房屋。[18]

結果，奧地利社會民主黨的知識分子奧托．鮑爾（Otto Bauer）和卡爾．倫納想出了民族認同的「個人權利」這個概念。人們可以向政府當局表明自己的民族認同，然後像他們歸屬某一個教會那樣「歸屬」到自己的民族中，在村莊和社區裡互相混居，但是卻有各自的機構滿足團體的特定需求。好比維也納有中央的天主教和新教體系，首都也會有代表捷克人、德意志人、斯洛維尼亞人等不同民族的「民族議院」。在選舉期間，人們會收到自己民族的候選人名單，且無論居住地在哪，都可以把票投在這些議院，而議院負責通過照顧民族利益的法律。[19]因此，無論是加里西亞的德意志人，還是奧地利或達爾馬提亞的德意志人，都有德意志代表在維也納為他們做為德意志人的利益與關懷發聲。這個方式可以跳過麻煩的領土問題，假如某個村莊住著三、四個不同的民族，每個民族都會派自己的代表到維也納，不用擔心這個村莊究竟屬於波希米亞、奧地利或其他地區的一部分。

鮑爾和倫納仔細研究了民族問題，認為主張自己是民族冷淡或雙重民族的人數量太少，不用有自己的代表。這些人不會組成團體，也從來沒有自己的領袖或組織。他們構思一個配套措施，將帝國分成在一個「民族聯邦國家」內的各個自治區。

困難出現了。這些地區的界線並不明確，而且原本就已經產生無止盡的糾紛。波希米亞應該像捷克人希望的那樣自成一區，還是應該分成不同語言的子分區，以迎合德意志人？更大的問題是，他們以為政治人物只要能夠捍衛多族群地區某一個民族的文化權利就好了。鮑爾以為民族跟語言和文化有關，可是當捷克從政者成功提供用捷克語授課的學校和用捷克語寫成的教科書之後，他的計畫要如何協助這些政治人物解決捷克人的民族資產（nationaler Besitzstand）較低的問題？其實，民族鬥爭打從一開始就也跟物質金錢有關。

一九〇七年，捷克社會民主黨的安東．聶梅茲（Antonín Němec）說，捷克工人除了要爭取社會平等，還要爭取公民和民族平等。「外族」（也就是德意志人和猶太人）主導了這個國家，而捷克人的雇主除了是階級敵人，也是民族敵人，剝削他們的勞力，還要他們說德語。[20]他的說法過於誇張，因為捷克人其實有一個發展了好幾個世代的企業階級；儘管如此，他的言論仍鞏固了捷克工人的民族主義，進而達到社會主義的目的。

同一時間，捷克社會主義者也十分認同一個更古老的捷克族群生存故事，讓德意志人每進一寸都會遭遇巨大的抵抗。這個故事非常具有說服力，因為其中夾雜了不少事實。德意志人在國會中的席次雖然漸漸減少，但是如同前面所說的，他們在資本和存款持有仍占有優勢，他們的文化優越感也不為所動（他們的影響範圍超過中產階級，進入奧地利社會民主黨的領導階層）。鮑爾毫不擔心德意志勢力的擴張，還天真地建議德意志人遷移到烏克蘭等地，讓那些地方的人們受益於他們的高等文明。[21]儘管那麼有自信，他卻也有跟許多德意志自由主義者一樣的恐懼，在一九一〇年的時候說到，一股斯拉夫「洪流」使「德意志文化」（Deutschtum）陷入危險。其他奧地利社會主義者也鄙夷捷克人，說他們被慣壞了又很傲慢，因為他們反對同化。

鮑爾沒有明確指出民族怎麼主張領土的權利，因為他不認為自己的非領土民族主義是個永久的解決辦法。這只是德意志化還在進行時的權宜之計。他和倫納是依循馬克思與恩格斯傳統的社會主義者，認為斯拉夫人一定會融入「歷史」大國，因為他們這樣子已經好幾百年了。此外，如果「自然」的資本主義發展過程沒有促成這樣的結果，教育也會促進融合。鮑爾反對在維也納建立斯拉夫學校（那裡蓬勃發展的經濟在世紀交替之際吸引了超過十萬名捷克人前來），畢竟奧地利是「德意志人的」。可是，他和倫納卻支持在波希米亞保留德意志學校，因為他們擔心說德語的人變成捷克人。[22]

鮑爾雖然是個很特殊的德意志社會主義者，不僅說捷克語，還會向維也納回報捷克事務，但是他完全不在意捷克人的感受。從兩方面來說，他也是個奇怪的馬克思主義者。他說，文化無論在形式或本質上，都帶有民族主義的色彩，是「我們內在的歷史」，這跟卡爾・考茨基半教條的經濟主義思想不一樣（他認為民族性反映的只是資本主義的某個階段）。[23] 因此，他反對馬克思主張克羅埃西亞和波希米亞等地區的歷史將被世界歷史超越的概念。他把社群的概念加進比較常見的馬克思社會概念。

然而，鮑爾雖然尊重民族的文化和語言，卻似乎忘了馬克思主義中經濟和文化力量之間的關聯。就算保障各人民文化權利的民族議院出現了，較有財力的民族仍會繼續主導廣告和大眾媒體，當然還有民族色彩明確的建築與音樂作品，更不用說教育和科學領域。德意志民族主義者明白這層連結。在有關重組波希米亞的協商中，他們堅持民族議院使用個別民族團體的稅收。雖然德意志人占了波希米亞百分之三十七的人口，卻貢獻了百分之五十三的稅金，因此他們仍可以在各方面維持較大的權力。不意外地，捷克人反對這種「決議」。[24]

捷克從政者不分黨派都反對民族只跟文化和語言有關的說法，因為捷克人建立民族的歷史和馬扎爾人壓制斯拉夫文化的例子都顯示，沒有經濟和政治力量的族群就會面臨衰亡。而所謂的經濟和政治力量，必須以穩固的領土內所建立的體制為基礎。捷克選民明白這些事實，所以任何否認「波希米亞國家權利」（即捷克人控制整個波希米亞的要求）的黨派都遭到排擠。一八九七年，五個捷克社會民主黨人膽敢遵循該黨的「國際主義」政策，拒絕簽署議員同僚的「國家權利」宣言，結果馬上就付出代價：民族主義的工人從政者組成敵對的捷克斯洛伐克民族社會主義黨，進入捷克黨派體系的核心，譴責捷克社會民主黨背叛自己的民族。結果，捷克社會民主黨在一九〇一年的大選中落敗，再也不敢重蹈覆轍。

他們堅守民族陣線，反對德意志社會主義者為了保護德語所迫切提倡在波希米亞境內畫分民族區域的概念。這項決議讓人感覺非常合情合理，遙遠的《紐約時報》的編輯也表示認可。就連後來創立捷克斯洛伐克共產黨、備受仰慕的博胡米爾．斯梅拉爾（Bohumir Šmeral）也無法讓他的同志支持倫納和鮑爾的想法。然而，由於社會民主黨同時提倡工人的社會與民族權利，因此這個黨派還是成為捷克黨派之中最強大的一個，在一九〇七年得到百分之三十八的選票。除了斯堪地那維亞，這是全歐洲的工人黨最好的表現。捷克社會民主黨是「改革人士」，而非革命人士，他們提倡漸進改善工人的薪資和工作環境，並因為是以工人階級為根基的改革運動，所以也吸引到天主教工人。[25]

捷克社會主義者因為在民族問題上採取「中產階級」的立場，被認為背離了正統的馬克思主義，但曾經是無政府主義者、屬於該黨右翼分子的法蘭提塞克・莫德拉切克（František Modráček）卻針對這一點寫到，馬克思和恩格斯當時沒有時間充分發展他們的歷史唯物主義思想，尤其是關於資本主義衍伸出來的文化和語言差異，因此現在唯一的選擇就是隨著局勢的改變調整政策。別的地方也出現這種情況，歐洲各地都有社會民主黨結合了不被過時馬克思主義所接納的民族要求。[26]在無情剝削的例子中，工人雖然會把屬於同族的上司視為敵人，卻鮮少把其他族群的工人視為手足。

王室在一九〇七年同意普及男性選舉權，希望農民和工人獲得選舉權之後，可以鞏固代表著階級利益、不分地區的黨派，進而緩和民族衝突。然而，相反的結果出現了。[27]沒有任何黨派成功跨越內萊塔尼亞看得見的地理邊界和看不見的族群界線而勝出，且基於一人一票的原則，政治變得比以往更加本土。選民最後投的候選人，都來自民族立場明確的黨派，像是捷克農民黨和斯洛維尼亞人民黨、馬克思運動的眾多民族變化版本（一九一一年，內萊塔尼亞的社會民主黨民族子團體分裂成各自獨立的黨派），或是泛德意志和新的猶太黨派。

共同的族群認同超越了政治和經濟利益的隔閡，促進合作關係，為不同政治理念的黨派帶來驚人的團結力，這在捷克地區尤其如此，儘管那裡的政治在一八九〇年之後越來越分裂。自從一八七九年，國會就有一個「捷克俱樂部」，後來在一八九〇年解散，一九〇〇年重組為捷克民族議會（Česká národní rada），接著又在一九〇七年的時候改回捷克俱樂部。捷克社會民主黨跟這個團體有非正式的政治合作，表面上則維持疏遠，直到一九一六年哈布斯堡的領導階層開始抱怨聯邦統治為止。同樣地，維也納也有一個波蘭俱樂部，包含來自哈布斯堡加里西亞的黨派，在戰爭期間真的出現民族自治的機會時，變得越來越團結。[28]

對斯洛維尼亞、斯洛伐克、克羅埃西亞、塞爾維亞和烏克蘭等其他的斯拉夫團體而言，去民族化的壓力大到完整的政治光譜尚未發展出來，主要的政黨本質上都是民族主義的黨派，無論其黨名為何。[29]新的群眾政治不但在各民族之間相當具有凝聚力，當感覺出現共同的威脅時，還容易促成跨民族合作。例如，在一九〇五年，達爾馬提亞的塞爾維亞人和克羅埃西亞人組成了共同的選舉同盟，以對抗馬扎爾化和德意志化，而從一九〇九年開始，維也納的國會還出現一個斯拉夫聯盟，將斯拉夫地區的黨派團結在一起。加里西亞的波蘭保守派是例外，他們利用自己在經濟、文化和政治上的主導地位防止烏克蘭人在這三個領域取得進展。

同一時間，維也納也沒有出現穩定的聯合政府，因為捷克人和德意志人不願意合作。溫和派的捷克人和德意志人不斷對話，希望能達成協議，但是他們跟主流相左，因此只要試圖妥協折衷，就會被兩邊人馬詆毀成叛徒。有數以千計的捷克與德意志企業家因為政治僵局，事業受到影響，但是他們雖然跟維也納政府抱怨，卻無濟於事。[30]

有毒政治

就像斯拉夫民族一樣，維也納國會中的德意志政黨也有負責協調他們族群利益的民族俱樂部。德意志的例子值得注意的地方是，政治光譜中央在一八八〇年代出現裂縫，分裂了幾年前自稱自由主義者的那些人。不到十年，裂縫已經大到難以跨越，左側的社會主義者以及右側的基督教社會主義者與泛德意志主義者不僅政治偏好不同，世界觀也非常歧異，導致雙方代表無法溝通，更別說合作了。他們完全不認同對方有存在的權利。

內萊塔尼亞的斯拉夫政壇沒有出現這樣的裂縫，塞爾維亞、羅馬尼亞和保加利亞的政治世界也沒有。在匈牙利，菁英分子始終保持團結，掌控著政治機器，甚至在匈牙利「自由派」在一九〇五年的選舉中輸給較右翼的黨派之後，現代化和馬扎爾化等基本綱領也沒有受到挑戰。同樣的政治機器繼續管理國家，政治立場雖然不同，政策卻一樣。

可是，如果我們走出哈布斯堡帝國的北疆，進入一百年前被普魯士和俄羅斯占據的波蘭地區，就會看到與奧地利內德意志區域同樣的現象：在一八八〇年代晚期，自由派之間突然出現分裂，大到左右兩方都認為彼此不只是對手，還是叛徒。就像在奧地利那樣，這條裂縫是較年輕的一代造成的，他們被稱作「不妥協派」（niepokorni），受夠了老一輩的折衷辦法。不妥協派跟林茲綱領的作者一樣擔心民族衰弱，但是波蘭不一樣的地方是，他們的衰弱會帶來更慘的後果。假如德意志人在波希米亞喪失文化和政治上的存在感，他們在帝國行政、軍事、高等文化和經濟方面仍占上風；然而，在波蘭，俄羅斯和德意志這兩個帝國卻是打算讓波蘭這個民族徹底消失。究竟該如何做出回應，引發了激烈的辯論，先是在一八八〇年代分裂了自由派，後來又在一八九〇年代分裂成不妥協派。

波蘭的自由派會趨向成熟，是因為一八六三年在俄羅斯控制的波蘭地區發生的起義事件失敗了。批評的人說這場起義及其背後的浪漫主義哲學有勇無謀，因為起義遭到鎮壓後，俄羅斯的迫害只是變本加厲。數千人被流放到西伯利亞，還有許多人移民到奧地利和法國等地。跟奧地利控制的波蘭南邊地區（加里西亞）不同，俄羅斯控制下的波蘭禁止組黨，而且幾乎沒有以波蘭語傳授的公立教育。所以，儘管加里西亞在一八六七年之後有兩所蓬勃發展的波蘭大學，但是在北部邊界以外由俄羅斯人控制的地區，則是連波蘭高中都被關閉，中等和高等教育都以俄語教授。

一八六〇和一八七〇年代，波蘭自由派的反應是「實證主義」，與其把焦點放在獨立的浪漫美夢，或甚至是語言和文化上，波蘭人應該採取確切可行的方法來建立經濟基礎，這跟奧地利馬克思主義恰恰相反。鮑爾和倫納主張民族跟語言和文化有關，而波蘭的實證主義者則認為民族的基礎是經濟，因此他們鼓勵在物質根基上進行「組織勞動」，好讓民族興盛壯大。俄羅斯政府壓制波蘭文化，卻沒有阻止波蘭地主採取確切改善農業方法的手段，也沒有阻止波蘭企業家蓋工廠，或阻止波蘭學生變成一流的工程師和建築師，雖然他們學習這些技能所使用的語言是俄語或德語。波蘭的經濟實力堅強板上釘釘，可以運用自己的力量在文化和政治場域提出要求。

但，到了一八八〇年代，實證主義看起來也很自不量力。經濟雖然成長了，波蘭文化卻漸漸消失。華沙越來越像一座俄羅斯城市，有用西里爾文字寫成的商店招牌和路名、拜占庭和「舊俄羅斯」風格的建築、壯觀的東正教教堂、表彰俄羅斯勝利的紀念碑，街上還有俄羅斯軍人和警察，隨時會給毫無嫌疑的路人搜身，看看他們有沒有攜帶武器或禁書。俄語從一八七二年變成學校教學的語言，學校教科書和老師也會以俄羅斯人的角度詮釋波蘭歷史。從一八八五年開始，所有的學校和年級都必須使用俄語教授宗教以外的所有科目，包括波蘭文學。在校園說波蘭語是違法的。[31] 波蘭人領悟到俄羅斯並不是他們幻想的法治國家，就如同實證主義者亞歷山大・施維托霍夫斯基（Aleksander Świętochowski）所說的，剝奪結社自由是「文明國家非常強大的武器」，使得波蘭人在文化上難以維繫基本的團結，在政治和經濟上也是。

具有民族意識的波蘭人覺得自己被壓得喘不過氣，但是他們沒有因此便毫無作為。他們在家中繼續把文化和語言悄悄傳遞給下一代，所以很快地，地下網絡形成並同心協力展開奮鬥。根據俄羅斯警方的數據，波蘭地區有百分之三十的波蘭孩童偷偷在家學波蘭語。這場運動從城市的知識分子傳播到鄉村和工人階級社群，因為生活水準提高，人們有更多空閒時間可以探索波蘭歷史的不同觀點。一八八二年，教師雅德維加・達維多娃（Jadwiga Dawidowa）成立了「飛翔大學」，讓女性可以接受高等教育。有時候，他們得偷偷在公共建築裡學習，總是從一間公寓換到另一間，以免被發現。在這所大學的全盛時期，其教職員有無數頂尖的波蘭學者，每年收一千名新學生，畢業生包括諾貝爾得獎者瑪麗・斯克沃多夫斯卡－居禮（Marie Skłodowska Curie）、作家佐菲亞・納夫科夫斯卡（Zofia Nałkowska）和教育家雅努什．柯扎克（Janusz Korczak）——她沒有拒絕男性入學。[32]

在一九〇五年的革命之後，沙皇進行了有限度的改革，允許受到他統治的波蘭人成立文化和教育組織，部分原因是為了提升識字率。然而，政策緊縮後，這些組織又得恢復地下活動。在一九一五年德國軍隊轟走波蘭中部的俄羅斯政權之前，波蘭人完全沒有方法可以確保高等文化繼續存在於相關機構，如科學研究院、政治和社會俱樂部、大學、基金會、劇院和博物館。以波蘭語出版的期刊雖然存在，但卻得接受嚴格的俄羅斯審查。[33]

在被德國控制的波蘭西部，情況沒有比較好，那裡的政府也抑制了波蘭人在教育和政治方面的自由發展。波茲南／波森和托倫／托恩等城市有了德國樣貌，學校教育用的是德語，而在鄉村地區，俾斯麥的政權讓德國拓居者很容易就能夠取得土地，以減少波蘭人在經濟上的影響力。波蘭社會以文化和經濟自衛來回應：一八九〇年以前，他們已經成立超過一千間圖書館，讓父母親可以借書教導自己的孩子公立學校沒教的波蘭語言、歷史和文化；他們也成立了波蘭信貸機構、土地銀行、農民協會和工會，讓波蘭農夫和工人可以合資積蓄、學習手藝、維護自己的利益。

在俾斯麥一八七〇年代採取文化鬥爭政策（Kulturkampf）的期間，波蘭文化被壓迫的情況達到了初期的巔峰，但是在那之後，迫害程度還是很高。一九〇一年，弗熱希尼亞（Września）有數百名學生發動罷課，因為當局強迫他們使用德語寫成的宗教文本。有數人被嚴重毆打，頑強的父母則遭到逮捕（一八七三年後，宗教和音樂是德意志學校裡唯一可以用波蘭語教授的學科）。[34]前面已經提過，其他斯拉夫民族已走向相反的道路：從一八七八年開始，塞爾維亞和保加利亞變成了完全

圖 10.1　弗熱希尼亞的罷課學生（一九〇一年）。
來源：Via Wikimedia Commons

的民族國家，而從一八七九年開始，捷克人便進入了維也納政府，監管使用他們的語言的各個機構，包括一所大學。

波蘭人的困境比較接近生活在去民族化的匈牙利政體之下的斯洛伐克人和羅馬尼亞人，但就連這些人被壓迫的程度都沒有俄屬波蘭還要嚴重，因為匈牙利政府表面上還是信奉自由主義。布達佩斯當局雖然不鼓勵、但也不會打壓斯洛伐克人或羅馬尼亞人的政治生活，因此政黨仍可以公開運作，儘管政府祭出各種形式的半官方策略來找麻煩。此外，波蘭要求現代政治的社會力量比起斯洛伐克和外西凡尼亞還要強大許多，因為波蘭有對政治敏感的龐大仕紳階級。俄羅斯帝國在一八六四年推出的土地改革奪走了這個階級的地產，沒有給予適當的補償，導致許多仕紳別無選擇，只得移居城鎮，尤其是華沙。但是，他們漸漸形成懷抱許多理想和理念的知識分子階層，知道自己擁有非常古老的政治權利，不願受到外族統治。政府的壓迫程度越大，他們的愛國主義越激進，漸漸限縮了提倡折衷的人所能生存的空間。

不妥協派大多來自這個階層，在一八八〇年代晚期之前擁有共同的組織和期刊，後來因為對日益加重的迫害的反應不同，而逐漸分裂成新的左翼和右翼。就像在奧地利那樣，左右兩派對剛開始參與政治的群眾提出民粹主義的訴求——這些民眾把過時的自由主義政治視為菁英統治主義。一邊是社會主義，強調過去充滿浪漫主義的叛亂傳統；一邊是「愛國主義」，很快就被稱作民族民主運動（Endecja），強調的是組織勞動，並且跟舍內爾一樣在城市的中產階級基督徒之間煽動對於猶太競爭的恐懼感。[35]社會主義者和民族民主主義者都喚起自我犧牲和理想主義；雙方都聲稱自己是現實主義者；雙方都無法接受另一方的解決辦法，因為他們對現實有著不同且互相敵對的概念。

波蘭社會主義跟奧地利一樣，源自經濟危機和快速成長的工業與人口，但卻具有比較明確的民族主義傾向。奧地利的社會主義政黨隱含德意志色彩，而波蘭的政黨則公然表明代表波蘭人，要求成立獨立的波蘭共和國，讓波蘭的無產階級可以過得有尊嚴。因為嚴格禁止政治活動的關係，早期政治領袖有無數人遭到處決，還有許多人被抓進監獄，包括數以百計的基層成員。[36]除了當地的民主叛變傳統，波蘭早期的政治運動也借鏡西歐社會主義的理念以及俄羅斯的革命做法，包括鼓動群眾和實踐暴力恐怖行徑。雖然是由知識分子領導，羅茲（Łódź）的工人卻給這場運動大大推了一把，因為他們在一八九二年五月發起了大罷工，後來遭到鎮壓，造成兩百一十七人死傷、三百五十人被捕。半年後，社會主義者在巴黎會面，成立了波蘭社會黨（Polish Socialist Party，PPS），他們提倡獨立建國、恢復一百年前的國界，將波蘭工人從資本主義的枷鎖中解放出來。[37]

這項要求帶出了跟其他民族之間的關係的議題，因為以前的波蘭立陶宛聯邦也住著別的族群，在過去幾十年間發展成民族，開始提出自己的政治需求，如烏克蘭人、白羅斯人、立陶宛人和一八九〇年代之後的猶太人。就跟哈布斯堡帝國一樣，俄屬波蘭的社會主義者也分成不同的民族支派。例如，烏克蘭社會民主黨（Ukrainian Social Democrats）致力推動自己的語言和文化，而猶太人的「猶太工人總聯盟」（Bund，又譯成崩得）則在一九〇五年爭取猶太人的民族文化自治權，但也試圖以倫納和鮑爾的個別文化自治概念為基礎，將俄羅斯轉變為眾民族的聯邦國。[38]

波蘭的社會主義領袖跟奧地利一樣，誓言尊重各民族的權利，同時認定自己的文化將在新建的國家占主導地位。從前的波蘭立陶宛聯邦並未試圖把境內的許多文化、語言和宗教縮減成一個（推動改革也是一樣），但是主流文化依然是波蘭文化。在當時，共同遭到政治迫害這一點似乎比族群權利的問題更加重要，各民族的社會主義者都有俄羅斯這個共同的敵人，因為俄羅斯不讓工人組織起來，還在俄羅斯正教會的積極協助之下提倡俄羅斯化。

作為左翼波蘭民族主義背後主要的知識與政治力量，波蘭社會黨的領袖約瑟夫・畢蘇斯基來自一個家道中落的仕紳家庭，從小就被教導一八六三年起義的歷史。身為來自立陶宛、具有民族意識的波蘭人（後來改宗新教），他特別珍惜多宗教聯邦的傳統。畢蘇斯基熱血推廣波蘭教育和文化的地下活動，也寫過有關政治和歷史的文章。但是，他也堅持要透過積極、暴力的行動來解除波蘭的壓迫情況，無論要擊敗瓜分波蘭的勢力有多麼不可能。他感覺波蘭人過著奴隸的生活，唯一的回應方式就是恐怖行動。他運用了日本軍官在巴黎訓練出來的波蘭士兵，先是在克拉科夫訓練戰鬥單位，後來因為需求太大，所以也偷偷在俄羅斯的領土上訓練兵力。他的士兵使用炸彈和槍枝發動了數百起攻擊事件，光是在一九〇六年八月十五日這一天，就殺死八十名俄羅斯官員和波蘭通敵者。兩年之後，畢蘇斯基跟一支由十五男四女組成的團體（包括他日後的妻子亞歷山德拉〔Aleksandr〕）一起在維爾諾附近襲擊一輛俄羅斯郵政火車，搶走了一筆金錢（二十萬盧布），之後用來添購更多武器和資助準軍事部隊的訓練。這是他最著名的攻擊行動。[39]

這是該地區的敵意越來越強大的一年，奧匈帝國吞併了波士尼亞－赫塞哥維納，激怒塞爾維亞和俄羅斯，維也納政府決定利用畢蘇斯基，做為倘若跟俄羅斯發生衝突時可以出的一張牌。一九一二年，他已經成立一個「波蘭軍事金庫」（Polish Military Treasury），訓練了數千名士兵，組成步槍隊（後來稱作「軍團」）準備作戰。畢蘇斯基的波蘭「革命」社會主義者變成一個國中國。[40]

歐洲的社會主義者傾向支持波蘭獨立，但是如同前面所說的，一八九〇年代的波蘭，在羅莎．盧森堡的領導下出現了左翼分支。[41]她在一八九六年倫敦舉行的社會主義國際（Socialist International）上跟畢蘇斯基發生衝突，她反對波蘭獨立，認為廣大的俄羅斯帝國為資本主義提供較好的發展條件，進而可以促進社會衝突，引發革命。然而，在一八八〇年代被監禁在西伯利亞時讀過馬克思和恩格斯作品的畢蘇斯基，知道兩位思想家呼籲波蘭復辟，以遏止可能破壞全歐洲一切進步的「黑暗亞洲勢力」——俄羅斯。恩格斯也提出了預警：波蘭現在是多民族的地區。因此，波蘭社會黨提倡由小民族組成的聯邦，這個思想一直是畢蘇斯基政治綱領的核心。猶太人將融入波蘭文化。[42]

波蘭社會主義者致力與其他族群和平共存，因此在右翼的民族民主黨眼裡，他們是人民的敵人，儘管這兩個黨派的領袖其實都是從波蘭自由主義的殘骸之中崛起的。[43] 如果林茲綱領要求一個屬於德意志人的奧地利，那民族民主黨則想要一個屬於波蘭人的波蘭，把過去在希臘、義大利和匈牙利打著「為了你我的自由而戰」的旗幟作戰的浪漫主義民主人士斥為可笑的一群人。波蘭政治唯一適當的功用就是讓波蘭變強大。民族民主運動的領袖是來自波蘭西部的生物學家羅曼・德莫夫斯基，吸引了像他一樣家道中落的低層仕紳，但是也有城市中產階級。

德莫夫斯基將民族理解為半生物學的「活社會有機體」，因此任何有關同理心的言論都沒有意義。波蘭的命運是在零和競爭與沒有意義的歷史中，對抗其他民族，因為人類的歷史就是自然史。任何對進步的信念都沒有科學依據，民族民主黨人擔起一項沉重但必要的任務，那就是訓練波蘭的民族有機體，團結並協調其思想、渴望和感受。就像許多自由主義者和曾經是自由主義者的人一樣，德莫夫斯基極度反教權，聲稱「民族自我主義」在道德上優於基督教教誨，因為「愛鄰如己」的教誨其實是害怕被報復。每個人的一切都來自他們的民族，因此必須把民族利益看得比其他事物都還重要。[44]

德莫夫斯基不同意政治就是管理互相衝突的利益，因為他認為妥協象徵懦弱與衰敗。這種非自由主義的立場轉變了波蘭思想，跟舍內爾的泛德意志主義一同為這整個地區帶來新的政治理念。民

圖 10.2　羅莎・盧森堡（一九〇七年的斯圖加特）。
來源：赫伯特・霍夫曼（Herbert Hoffmann）的攝影作品，
Via Wikimedia Commons

族應該同心一致，有能力對所有的成員做出特定的要求，在任何國會辯論（更別說規定）這些要求是很可笑的。抗拒這個事實的人就是讓自己置身於民族之外。[45]所以，民族民主黨人把可回溯到一七九〇年代的潮流抬到新的高度，這個潮流就是對手不僅是對手，還是叛徒。民族民主主義的重要思想家齊格蒙特・巴利茨基（Zygmunt Balicki）寫到，跨國的階級團結將使工人疏離波蘭，嚴重傷害「公共道德」。[46]

跟舍內爾不一樣，德莫夫斯基是個學識廣博的政治企業家，把他的民族民主黨變成最強大的中間偏右黨。相較於維也納偶爾增強、但是大體上持續沒落的泛德意志主義，民族民主黨則是不斷成長，透過衛星組織觸及年輕人（波蘭青年同盟〔Zet〕）和農民（民族教育協會），使得激進主義（包括種族主義）看起來像是主流。就跟奧地利的卡爾．盧伊格一樣，德莫夫斯基和他的手下們毒害了自己國家的政治。

然而，在城鎮的鵝卵石街道和農村的泥巴地，波蘭百姓往往同時對這兩個新興的政治運動表示效忠，都會閱讀兩個敵對陣營非法散播的週報（《工人》〔*Robotnik*〕和《時間》〔*Czas*〕）。波蘭社會黨和民族民主黨的領袖在華沙或巴黎互鬥，具有民族意識的波蘭百姓則每天面臨去民族化的壓力，為了讓自己的文化存續下去，波蘭人願意合作，傳承正確的拼寫和活躍的文學經典，同時也傳遞一個基本訊息，那就是對於自稱波蘭人的人而言，獨立是無法妥協的。

在當時的歐洲，波蘭的民族民主黨比其他新興的右翼黨派都還注重民族自我，甚至更勝於法國的法蘭西運動（Action française，這個運動的族群至上主義不像民族民主黨那麼難以妥協，因為它對歷史並沒有抱持陰鬱不散的觀點，也不害怕自己的民族會被滅絕）。民族民主黨結合急迫的行動與悲觀主義，反映了達爾文主義認為有必要強化民族，但也反映了一個新的激進世俗看法，那就是民族會在歷史中成長與衰退，而在這樣的歷史之中，種族鬥爭永遠不會結束，也永遠不會讓人類變更好。民族民主黨跟波蘭法西斯主義之間的關係雖然很複雜，但它讓人瞥見即將來臨的新極權主義運動。人們失去對政治與經濟必定發展成長的信仰，使得武裝民族成為必要，因為「歷史本身也怠忽職守」。[47]

反猶主義

從民族民主黨所煽動的仇恨，更可以看出族群民族主義在近代發展出的不寬容與排外傾向。赫爾德傳統希望保護人民的精神（Volksseele），但是並沒有質疑好幾百年前的同化作法。然而，一八八〇年代的知識分子卻提出一個新的問題：假如人民是有機體，吸收外來異質時會發生什麼事？[48]科學、歷史和基督教神學一起將猶太人描繪成一個截然不同的血統，源自歐洲以外的地區，是在封閉的社群裡生活了數世紀的種族，有著特殊怪異的儀式傳統。德莫夫斯基認為烏克蘭人和立陶宛人可以漸漸同化，俄羅斯人則是族群同胞，但是猶太人則像一個外來物質，必須加以隔離和割除。

這個觀點吸引了很多在一八六四年三月俄羅斯改革之後失去土地的沒落仕紳，也吸引了波蘭的下層中產階級。這兩個族群在一八八〇年代的經濟衰退期都難以生存。在先前的世代，地主有辦法依靠廉價勞力過著悠閒的日子，往往不需要接受三年級以上的教育；但是現在，年輕一輩被迫離開莊園，到華沙、羅茲等城鎮尋找機會，卻發現商業、金融和工業早已掌握在「外人」手中，也就是波蘭的猶太人，雖然猶太人其實已經定居波蘭好幾百年。這些仕紳沒有想想猶太人被禁止住在鄉村、因此只好培養在城市受到重視的技能的這段漫長歷史，而是把猶太人的成就歸因於他們愛使詐要計謀的「天生特質」。許多中產階級的波蘭人都同意民族民主黨人對於中世紀晚期貴族東遷到烏克蘭的批評：這些貴族因為仰賴猶太人從事金融和貿易，讓城市變成猶太人和德意志人的地盤，削弱波蘭的族群核心。[49]

我們可以從一個家族的歷史看出同化觀念的轉變。知名經濟學家利奧波德・卡羅（Leopold Caro，一八六四年到一九三九年）來自一個塞法迪（Sephardic）猶太拉比的家庭，但是他在年輕時改宗了天主教。[50]他的父親亨力克曾經參加一八六三年的起義，是第一個被葬在克拉科夫、墓碑上刻有波蘭文的猶太人。波蘭雖然跟歐洲其他地方一樣有著歷史悠久的反猶太教主義（anti-Judaism），直到一八六〇年代，仍認為猶太人必須為基督的死負起責任。但是，猶太人和波蘭人也曾為了波蘭獨立一起奮鬥，在一八六一年四月華沙舉行的一場愛國遊行中，一名十七歲猶太學生麥克・蘭德（Michael Lande）從一位受傷的天主教神父手中接過十字架後，被俄羅斯的子彈打中，使得他的事蹟被寫成了詩詞名傳後世。神父、牧師和拉比共同主持蘭德和另外四名為了波蘭獨立而犧牲生命的烈士的葬禮。[51]

可是，到了一八八〇年代，長大後的利奧波德・卡羅生活在一個轉變後的波蘭，實證主義和達爾文主義用種族主義的思想理解波蘭民族，認為波蘭民族受到其他人群包圍。他哀嘆，不過幾十年前，波蘭人像波蘭人是非常自然的事，但是近年來，三個占領勢力卻要求波蘭人要「融入德意志和俄羅斯政府的汪洋中」。對此，波蘭民族主義者決心把「所有的人都變成波蘭人」。他們將猶太人視為波蘭土地上的外來存在，唯一的「解方」就是他們不能再繼續當猶太人。於是，卡羅努力清除自己的猶太過去。他加入民族民主黨陣營，要求波蘭城市要更「波蘭」，並敦促猶太人像他一樣改宗，敞開心胸接受更高的道德層次。卡羅表示，對人類同胞有愛心的猶太人其實早就充斥基督教道德觀，只是他們不知道自己這顆愛心的來源是什麼。[52] 沒多久，卡羅對波蘭付出的「服務」對「本地」的民族民主黨人來說也不夠了，他們認為宗教改宗也解決不了「猶太問題」。他們懷疑像卡羅這樣的改宗者不是真心誠意，但是更根本的是，他們覺得改宗無法消除猶太人的外來種族特質。

從一八八〇年代以降，中東歐各地都興起了反猶主義，但在波蘭，反猶主義還發揮了讓許多村民變成波蘭人的特殊作用——這是指這些村民感覺自己跟具有民族意識的波蘭仕紳和中產階級擁有相同的利益和感知。在一八七〇年，說波蘭語的人當中只有百分之三十到三十五認為自己屬於波蘭民族，而農村的比例占得最少。這並不奇怪。在十八世紀說法語的人之中，認為自己屬於法蘭西民族的人的占比也較小，但是法國政府透過學校教育將歸屬感灌輸給他們的後代。[53] 然而，在波蘭，地下教育活動無法包含所有人，連侵占者設立的學校仍無法讓大部分的波蘭村民學會讀寫。對許多人來說，社會被分成莊園和農村、領主和臣屬的農民。一八四八年在加里西亞和普魯士、一八六四年在俄羅斯解放農民後，波蘭貴族不再是封建壓榨者，但他們感覺仍是外來族群。大部分的農民都對波蘭獨立不感興趣。

在中東歐的許多地方，地主或上司屬於不同的民族，因此民族主義者會利用經濟壓迫感散播民族意識給大眾。例如，在捷克人的土地上，工廠或莊園的主人通常是德意志人，所以捷克運動將捷克人的身分認同定義為反德意志人的。[54] 在波士尼亞，地主是穆斯林；在斯洛維尼亞，地主是德意志人；而在克羅埃西亞的許多地區，地主則是匈牙利人。在一八〇〇年，布拉格、布爾諾、布達佩斯、布拉提斯拉瓦、盧比亞納和札格雷布都是說德語的城市。德意志人是讓自我可以明確定義的敵人，他們將被驅離文化、商業、政治以及民族語言的新標準。

在波蘭中部，地主和農民都說波蘭語。然而，城鎮則混雜了不同的族群，雖然大部分是波蘭人，但是也有許多猶太人說著自己的語言、從事特色鮮明的各行各業，如貿易、商業、借貸和小型工藝。猶太人時常購買牛隻和穀物，方便農民借錢，或者是經營當地客棧。於是，民族主義者有了機會：他們可以利用反猶主義說服村民猶太人是外族，而他們自己的族群是波蘭人，因此跟波蘭鎮民和仕紳同屬一個民族。他們告訴窮苦的村民，他們的問題不是沒有土地、教育或務農工具，而是鄰近城鎮那些「外來」猶太人的存在。一八七〇年代對猶太人持有權的限制放寬之後，猶太家庭開始跟小農競相購買家道中落的仕紳所擁有的土地。到了一九一二年，他們控制了加里西亞百分之二十的農地。[55]有人把這些發展說成讓猶太人擁有不公平的經濟優勢，進而說服農民他們跟波蘭地主擁有同樣的身分認同。

漸漸地，民族觀念在農民之間盛行起來，連原本對民族言論不感一絲興趣、覺得維也納的宮廷才是他們的保護者的人也一樣。從該世紀後期開始，農民比較積極地參與地區自治，在民族生活中扮演比較重大的角色，而這就表示，有越來越多民族論點在他們之間流傳。[56]天主教神父為了達到民族目的，以貶低、機會主義的態度詮釋這個信仰。其中一人寫到，不反猶太人的波蘭人「沒有權利說自己是一個好的天主教徒或好的波蘭人，也無法成為一個好的愛國者」。波蘭民族運動成立「基督教」組織來強化「波蘭人」在經濟上的所有權（在波希米亞所說的「民族資產」，就是波蘭所說的「波蘭人所有權」（*polski stan posiadania*），因此很快地就出現基督教商店、基督教信貸組織和基督教酒吧，這些全都不分階級地將鄉村和城市的波蘭人團結起來，協助族群同胞在社會上攀升。[57]

即使如此，要將波蘭民族主義的敘事灌輸到農村並不簡單。第一次世界大戰以前，許多農民聽到波蘭這個名稱仍會罵髒話，因為他們把波蘭跟「地主」聯想在一起。當他們接納民族意識時，農民和他們的政治運動表明要完全用自己的方式進行。他們說，民族文化在鄉村保留得很好，不像城裡的仕紳那樣吸收了外國的政府和法律觀念。[58]在二十世紀初期，有些領頭的波蘭知識分子接受這樣的論點，開始崇拜鄉下人真實的波蘭特質，甚至還娶農婦為妻。

我要釐清一點：波蘭跟鄰近地區不一樣的地方，並不在於他們對猶太人越來越反感這點，因為這在整個十九世紀的中東歐都是如此，就只有匈牙利比較輕微（匈牙利猶太人被找來對抗該王國眾多不屬於馬扎爾人的少數族群）。波蘭不尋常的地方，也不是認為猶太人跟其他外族有所不同，因為整個基督教世界都很清楚表示猶太人具有「不同性」，是無法救贖的，除非他們改宗，也就是完全放棄自己的猶太特性。波蘭之所以不同於其他地方，是因為所有的面向的「不同性」（宗教、經濟、文化、職業和種族）在猶太人數量十分龐大之時同時出現，使他們能夠被描繪成波蘭境內的一支外來民族。

波蘭的反猶主義建立非猶太民族的潛力，就只有羅馬尼亞比得上。羅馬尼亞的自由派菁英也想找個辦法，讓態度冷淡的農民階級接受民族敘事，於是就把農民低下的地位怪到猶太人的頭上。[59]

可是，羅馬尼亞的基督教教會（即羅馬尼亞正教會）具有族群性，波蘭的教會卻是跨民族的機構，不分族群地將改宗當作成為基督徒的途徑。難道，羅馬天主教教會不會反對把受洗的猶太人視為外族的民族主義嗎？

答案十分矛盾。雖然存在著波蘭人就是天主教徒的觀念，但是波蘭民族主義的兩個分支（波蘭社會黨和民族民主黨）都是來自反教權的知識分子團體，因為他們把教會跟保守主義聯想在一起。確實，教廷將民族主義斥為現代異端，許多天主教高級教士也對波蘭民族主義抱持冷淡或敵對的態度，像是波茲南的總主教梅齊斯瓦夫・萊多霍夫斯基（Mieczysław Ledóchowski）。羅曼・德莫夫斯基聲稱他的民族自我主義高於基督教倫理，但兩者其實也分離了，因為個人與民族之間的關係（更別說民族與民族之間的關係）不在教會合理的關注範圍。基督教倫理把個人限制在人類的整體性之中。[60]

然而，隨著時間過去，民族民主黨和波蘭天主教的某些元素漸漸融合。民族民主黨所傳達的訊息非常吸引下層教士，到了一九二〇年代，德莫夫斯基已開始宣揚天主教是波蘭民族性不可或缺的一部分，有些天主教神父則說，從猶太教改宗的信徒是不同種族的天主教徒。[61] 民族民主黨和天主教教會彼此利用，民族民主黨可變成教會用來對抗自由主義、社會主義或世界主義（猶太教主義的代名詞）的同盟，而教會可以透過宗教訊息和圖像強化對民族的責任感，時機對的時候就訴諸古老的反猶太教主義。[62]

猶太人的回應：猶太復國主義與猶太政治

對猶太人而言，這樣揹黑鍋不但很不公平，還帶有殘酷的荒唐。他們才剛從無數個世紀的次等地位中脫離二十年，有些人在城市執業雖然成就不小，但在俄羅斯和奧地利屬的波蘭地區，絕大多數的猶太人仍極為貧苦。猶太人不是「外人」，他們從十一世紀就住在波蘭了。許多猶太年輕人每天長時間工作，靠著家裡微薄的存款給自己受教育的機會，成為在專業領域和各種公司行號的基層職位上的強勁競爭者。儘管受到官方和非官方在各層級的限制，包括高中、大學、商會和法庭，他們還是成功了。大體上，猶太人無法進入政府行政機關，也無法成為軍官，雖然所有的軍隊都有徵召猶太人入伍。[63]

然而，在現代經濟的公開競爭中，民族民主黨受到選擇受害者敘事的波蘭人所支持，受歡迎的程度越來越大，卻也讓猶太人更加堅持這場競賽應該公平進行，不可使猶太人遭遇限額、抵制和暴力。可是，在大部分猶太人居住的帝國境內，情況令人十分絕望。一八八一年沙皇亞歷山大二世——也就是農奴的解放者——遇刺之後，有三年的時間屠殺成為整個俄羅斯鄉村的常態，造成了數十人死亡。猶太人的回應方式之一，就是到歐洲以外的地方尋找解決的方法。因此，中東歐雖然是最強力將猶太人從民族和公民生活排除的地區，卻也是醞釀猶太復國主義這個防衛機制的地方。猶太復國主義認為，猶太人也需要有領土來保護自己民族的生存。

提奧多・赫茨爾（Theodor Herzl，一八六〇年到一九〇四年）是猶太復國主義興起過程中十分重要的人物，他是一位匈牙利猶太作家，一八七八年到維也納學習法律。他曾經是一個非常熱血的德意志民族主義者，但是他後來發現，不管自己怎麼做，他的兄弟會永遠也無法接受他是他們的一員。[64]他們給他取了「摩西」的綽號。如同民族民主黨以種族的角度理解波蘭特性的方法受到年輕的波蘭知識分子支持一樣，舍內爾的思想也在奧地利德意志學生之中飛黃騰達，讓他們相信猶太教存在於猶太人的血液中，無法抹滅。

赫茨爾在遇到維也納市長卡爾・盧伊格本人後，經歷了真相的時刻（盧伊格比舍內爾更代表反猶主義的「基督教」版本）。一八九五年，盧伊格的基督教社會黨在維也納市議會贏得選舉後，他出席維也納的公開活動，赫茨爾就在旁邊。一位旁觀者激動地大喊：「那就是我們的元首（Führer）！」赫茨爾在日記中寫下這番話：「那幾個字比所有的論點和辱罵都還明確地告訴我，反猶主義在這些人心中是多麼根深蒂固。」前一年，他在巴黎擔任屈里弗斯事件*的特派員時，聽到群眾呼喊「猶太人去死」，雖然法國的猶太人應該已經成功同化。

猶太人生活在種種的法律限制下已經許多個世紀，忍受過次等子民或公民的待遇，甚至更糟的

*譯註：一八九四年，猶太裔的法國軍官阿弗列・屈里弗斯（Alfred Dreyfus）被誤判叛國罪，在反猶主義濃厚的法國社會引發嚴重的衝突和爭議，是為屈里弗斯事件。

對待。然而，無論是在奧地利或法國，猶太人獲得公民平等權這件事卻孕育了一種用種族科學的語言包裝的新仇恨。即使猶太人同化了，人們只是更堅持也更具威脅性地把他們視為外人。就算他們穿的衣服、說的語言跟其他人一樣，他們依舊是猶太人，輿論冒出各種備受尊重的理論來解釋猶太人為何成功，只因為難以接受猶太人的成就。赫茨爾最後做出一個結論：猶太人不管做什麼，都無法在歐洲的基督教社會過上有尊嚴且安全無虞的生活。[65]

一八九六年，赫茨爾出版《猶太國家》（*The Jewish State*）一書；兩年後，他在巴塞爾舉辦了第一場猶太復國主義大會，有兩百人穿著正式服裝出席參與。赫茨爾並不是第一個提議猶太人重返巴勒斯坦的人，但他卻是一位不可或缺的籌辦者和推廣者。在他短短幾年的餘生，他四處奔波、籌募資金、跟各國元首碰面，包括德國皇帝威廉和鄂圖曼蘇丹。這個運動成長迅速，一八九七年有一百一十七個協會，隔年增加到九百一十三個。他在一九〇四年去世時，猶太復國主義已經成為歐洲政壇不可抹滅的事實，有數十萬名追隨者和難以遏止的勢力。[66]

在東歐地區，猶太人不僅貧窮，還遭受偏見，因此猶太復國主義變得特別強大。跟其他民族運動一樣，猶太復國主義也分裂成左右兩派，因此在波蘭除了有猶太社會民主黨，還有左翼和右翼的猶太復國主義者。赫茨爾所想像的巴勒斯坦猶太國家是個多語言的國度，有英國寄宿學校、法國歌劇院和維也納咖啡廳。然而，這場運動後來卻有了別的想法。世俗商人兼知識分子的阿哈德・哈姆（Ahad Ha'am）來自基輔附近的某座村莊，他便堅持猶太文化，特別是教導和推廣希伯來文——他的希伯來文書寫風格相當卓越。他的徒弟哈伊姆・魏茨曼（Chaim Weizman）後來成為赫茨爾創立的世界猶太復國主義組織（World Zionist Organization）的領袖，還當上以色列第一任總統。

這場運動跟東歐的其他民族運動有許多相似點：高度關注文化、歷史和語言的復甦；具有近乎彌賽亞主義的使命感（這是赫茨爾被指謫的地方）；喚醒民族意識，並散播給大眾；分裂成提倡不同解決辦法的各個派系；決心確保民族繼續生存下去。早期的猶太復國主義者覺得自己跟現代的都市環境格格不入，因為妥協和貪腐是城市的常態。反之，他們提倡高貴的品格，孕育出象徵更高美德的領袖。波希米亞的猶太復國主義小圈子反對周遭的物質主義世界，宣揚「全新的內心與乾淨的靈魂」，力圖終結「一個階級對另一個階級的剝削」。猶太人到巴勒斯坦定居，將為阿拉伯人帶來助益，但也會讓全體人類受益，因為猶太復國主義者會示範如何以道德、以「正義和每個人對其他所有人無私的愛」為基礎來建立國家。這是布拉格的年輕熱血青年所抱持的觀點，他們常說自己開會時屋頂如果突然倒塌，波希米亞的猶太復國主義運動就會畫上句點。他們可能沒有意識到，這番話跟四十年前的法蘭提塞克．帕拉茲基對捷克民族運動所說的話是一樣的。[67]

在歐洲民族主義的脈絡下觀看，猶太復國主義者獨特的地方在於，他們想在歐洲以外的地區建立民族國家。其他運動雖然計畫在外國成立殖民地，比方說在亞洲建立一個捷克據點，但是他們始終堅持祖國位於該族群在歐洲的原始拓居地。然而，對猶太復國主義者來說，猶太人的祖國是巴勒斯坦，他們也跟捷克或匈牙利的民族主義者一樣，根據歷史文獻提出對土地的原始所有權。但是，猶太復國主義者還面臨一項獨特的挑戰，那就是在自己的民族屬於少數的地方建立民族組織。這個地方先是被鄂圖曼人、後又被英國人所掌控，英國雖然在第一次世界大戰期間同意讓猶太人移居，但是只能漸進地進行。因此，猶太人的新家園出現得很緩慢。到了一九一四年，只有約八萬五千名猶太人在巴勒斯坦扎根，他們在七十萬名阿拉伯人之間過得很辛苦，因為絕大多數的阿拉伯人都反對讓猶太復國主義者進一步移居。[68]所以，從一八九〇年代猶太復國主義誕生，一直到第二次世界大戰之後，猶太復國主義的中心始終位於中東歐。

⁂

猶太復國主義回應了該地區發展出來的新形態族群民族主義，也就是跟同屬民族民主黨的羅曼．德莫夫斯基和齊格蒙特．巴利茨基有關的思想。然而，猶太復國主義和波蘭的反叛社會主義所秉持的人道理念顯示，族群民族主義者其實也能夠跟其他族群發展出複雜的共存形式。但，同樣令人矚目的是，強大的個人竟可以賦予各種運動特定的路線和力量。

倘若沒有提奧多．赫茨爾和卡爾．盧伊格，猶太復國主義和基督教社會主義或許就不會誕生在中歐；即使誕生了，也很可能發展出非常不一樣的路線。在赫茨爾之前，雖然有人隱隱約約呼籲猶太人回到應許之地，但卻沒有發展成政治運動。赫茨爾個人經歷了一段很複雜的演變，原本是德意志民族主義者，後來變成集體改宗基督教的推廣者，最後又變成猶太復國主義者。他對自己提倡的理念可能比盧伊格更真誠，因為盧伊格雖然曾經跟猶太自由主義者合作且成效頗豐，卻突然轉變成新的政治風格（反猶主義）。有些人說盧伊格是剛好碰到反猶主義的機會主義者，幾乎可說是不經意地發現它具有能夠獲得群眾支持的力量。[69]

提奧多・赫茨爾創立了猶太復國主義，使自己跟盧伊格產生直接關聯。基督教社會主義運動十九世紀也有出現在其他地方，包括美國、英國、法國和德意志帝國，但是他們只有徘迴在政壇邊緣。在盧伊格開始尋找能比得上自己野心的理念之前的一八八〇年代晚期，維也納的基督教社會主義也是如此。如果沒有盧伊格，基督教社會黨不會在維也納奪得權力，也就不會有這場中間偏右的運動來凝聚、領導眾多天主教無產階級以及神職人員，並擴及到維也納以外的小鎮和村莊。盧伊格賦予彼此不連貫甚至不相容的各種要求具體可見的形式，因此這個運動的早期領導階層將他視為上天派來的人。一八八八年，基督教社會主義的知識分子卡爾・福格爾桑（Karl von Vogelsang）是基督教社會主義運動在智識上的發起者，他聽見盧伊格對一群人發表的演說時，大喊：「我們這下子有領袖了！」[70] 盧伊格在基督教社會主義運動找到自己之後，才發現自己的理念，並將它付諸實踐。

約瑟夫・畢蘇斯基和羅曼・德莫夫斯基在他們各自的運動中也同樣不可或缺。他們結合了被認為互斥的思想，並且以特定的方式形塑這些概念。假使沒有德莫夫斯基和蘊含他的綱領的著作《一個現代波蘭人的想法》（*Thoughts of a Modern Pole*，一九〇三年），波蘭中產階級的民族主義可能不會那麼早轉向種族主義；同樣地，若不是畢蘇斯基，過去那個提倡族群合作的浪漫思想可能就不會在現代波蘭政治中屹立不搖。畢蘇斯基會成功，是因為他內心的社會主義國際主義者始終堅信波蘭注定領頭。他以民族主義者的身分跟其他民族主義者有效競爭，因而闖出了名堂。

※

純粹的國際主義和反族群分立思潮沒有這樣的領袖，從奧地利馬克思主義者奧托．鮑爾和卡爾．倫納有限的影響力就能證實，儘管現在回想，他們的思想似乎很能激勵人心。在中東歐，他們向來被視為德意志文化的使徒。同樣地，東歐社會主義雖然產出一些偉大的思想家，卻沒有孕育出在思想、作為與魅力上比得過俄羅斯列寧的領袖人物。雖然如此，中東歐那些鮮為人知的社會主義領袖沒有一個人像列寧那樣，給這個世界帶來這麼大的災難，一部分的原因是，列寧不甘於當一個平淡的多民族社會主義者，於是便欣然接受了民族主義，而且不只是俄羅斯人的民族主義，還是所有反帝國民族的民族主義。畢蘇斯基比較忠於馬克思主義對於民族問題所抱持的不可知態度，因此在第一次世界大戰期間脫離社會主義運動，因為他發現，波蘭民族主義的核心目標——重新建國——本身就是終點。

在列寧的繼任者手中，社會主義國際主義演變成某種帝國主義，延伸到中東歐，將自己描繪成真正的民族主義（我們之後會提到）。然而，社會主義說到底也深受自由主義原罪所擾，也就是把信仰偽裝成理性，將其他人民理性的要求（如波蘭人對獨立的渴望）說成是不理性的。可是，真正不理性的其實是忽略感性、忽略人們想要以非物質且無法衡量的方式尋找意義的政治觀點。真正不理智的，其實是聲稱渴望保護自己民族的捷克人和波蘭人不講道理、卻理所當然認為自己的民族有權得到領土的德國人和俄羅斯人——他們的自以為是從來沒受到合理的質疑。

這種自認比較理性的反民族論點，一直流傳到我們的時代。自由派的歷史學家刻意忽略那些把族群民族主義的觀念傳過一代又一代的政治趨勢，持續認為完全非民族的身分認同真的有機會在這個識字率不斷攀升、每十年就有數十萬人獲得投票權的世界鞏固下來。捷克人的故事最吸引民族主義研究者的目光，是因為捷克是哈布斯堡帝國的重大內部問題，而且他們甚至沒有完全符合社會主義者解決民族問題的方案，因為他們堅持波希米亞擁有國家權利，所以無法接受非領土的民族主義。

儘管如此，大戰爆發前的捷克從政者雖然希望波希米亞能獲得自治，他們——包括民族主義者卡雷爾・克拉馬日（Karel Kramář）和社會主義者博胡米爾・斯梅拉爾——卻也非常清楚哈布斯堡帝國的滅亡會帶來一場夢魘，而這個可能性讓他們很害怕未來。斯梅拉爾在一九一三年十二月寫到，假如奧匈帝國在未來的某場戰爭中分崩離析，波希米亞或許可以得到它珍視的國家權利，但是捷克人只會暫時獲得獨立，最後像阿爾巴尼亞那樣，變成未來某個霸主的戰利品。他擔心：「如果奧匈帝國無法存活，歐洲將會發生另一次三十年戰爭，而波希米亞又會像在《西發里亞和約》（*Peace of Westphalia*）之前那樣，成為苦難的核心。」[71] 沒有任何重要的政治人物想要脫離雙元帝國，而唯一提倡完全獨立的捷克黨派在一九一一年只得到維也納帝國議會的一個席次。[72]

chapter 11

農民烏托邦：昔日的農村與明日的社會

一九三九年，奧地利的猶太小說家史蒂芬·茨威格提筆撰寫一部充滿懷舊情思的回憶錄《昔日的世界》（*The World of Yesterday*），描述他年輕時在哈布斯堡帝國的生活。那裡比後來的世界文明許多，法律和秩序受到尊重，不同族群的公民可以和平共處，自由地從東方旅行到西方，彷彿不存在任何疆界。仇恨的黑暗力量雖然正在凝聚，卻仍位居邊陲。這本書一九四二年在瑞典出版時，茨威格和他的妻子已不在人世，因為幾個月前，他們在里約熱內盧附近山區的一個德意志社區佩特羅波利斯（Petropolis）結束了自己的生命。茨威格充滿痛苦的回憶錄為奧匈帝國創造一個長存的形象，這個帝國曾經優越、卻早已消失，被一場世界大戰隔絕在時間的屏障外，而這場大戰還催生了第二場世界大戰，揭開一個先前無法想像、非人道的新時代序幕。

然而，斯拉夫地區和羅馬尼亞的作家一點也不懷念一九一四年以前的世界，因為對他們來說，那是一個民族和社會壓迫互相加劇的地方。在他們心中，大戰儘管讓人類付出沉重代價，卻也讓他們可以脫離外族——土耳其人、奧地利人、德國人、匈牙利人和俄羅斯人——的統治，獲得自由。

在歷經重重困難後，塞爾維亞人、波蘭人、捷克人和羅馬尼亞人不是擴大了王國，就是創造了共和國，全都反映了歷史正義。當這些國家消失在納粹的統治之下，他們只是更加確信奧匈帝國的所有殘跡都得被消滅，因為雙元帝國是德意志統治的其中一種表現形式，雖然肯定不像第三帝國那麼具侵略性和毀滅性，但還是帶有遏止其他民族的基本目的。

在這些懷舊傷感和英雄復國的知名敘事背後，卻有著平凡無奇的故事，在戰後被忘得一乾二淨。一九一四年以前，激進的政治運動試圖解決當時最嚴重的社會問題：大部分的人都靠務農為生，但是他們耕作的土地實在太貧乏，無法讓他們過著充足有尊嚴的生活。這一章將試圖描繪這些運動做出的承諾，但描繪的方式很特殊，會檢視那些超出農民政治的農民政治人物：他們創造的運動不只要實現農村正義，還要實現民族和地區的正義。

「一般」的農民政治（例如在塞爾維亞或波蘭的加里西亞）通常是這樣的：有天分的年輕人離開了農村，加入民族政治，漸漸出人頭地，有的甚至能夠指揮政府、形成政治同盟。農民從政者一開始雖然是為了農民的利益而從政，受到各種「農業主義」（以改善農民生活為目標的務實意識形態）的支持，但是他們大部分最後都被捲入城市的政治機器中。他們在選舉期間會到鄉村舉辦活動，表現出「農民」的樣子，但是其他時候則堅定不移地支持政府的領土收復外交政策（如塞爾維亞和羅馬尼亞），或是跟地主菁英達成約定，以壓制異族的要求（例如波蘭加里西亞的烏克蘭人的要求）。到頭來，他們並沒有為農村做些什麼。[1]

然而，在第一次世界大戰發生的幾十年前，有三位充滿領袖風範和想像力的人物出現在摩拉維亞、保加利亞和克羅埃西亞的鄉村，他們的作為非常不一樣。他們是馬薩里克、亞歷山大・斯塔姆博利伊斯基（Aleksandar Stamboliiski）和斯傑潘・拉迪奇。從貧窮的家庭崛起之後，他們到德意志和法國念書，變得相當熟悉當時的歐洲政治，最後在城市工作。可是，他們從未忘記農村的塵土、悲慘生活與團結心。他們三個都沒有想過要從政，可是在十九世紀晚期誤闖政壇後，他們完全沒有苟且，而是不斷違逆當地民族敘事各種神聖的預設立場。了不起的是，他們成功贏得許多支持者。他們三人在思想史上並不出名，但卻都證實了由充滿魅力的人所堅信的簡單信念，充滿了力量。

這三個人在政治上全都偏左，可是卻避開了束縛中東歐馬克思社會民主人士的盲點，也就是民族和農民問題。他們沒有宣揚為了進步就得讓小民族消失、讓農民融入城市工業的概念，而是想像了一個可以容納兩者的未來：興旺的中型地主農民將接受自己本土文化的教育，但是又將住在繁榮、和平、互助的多民族歐洲。他們三人全都提醒了我們，某些具備遠見、韌性與自信的個人擁有罕見的能力，不但得以形塑一個黨派核心幹部的觀點，還能夠影響數十萬名追隨者。

他們的目標聽起來很像烏托邦，卻不需要透過馬克思或無政府主義的暴力來實現；他們不是像奧托・鮑爾那樣把想法轉變成複雜的現實，而是從農村和城鎮的現實出發，創造出或許可以結合兩者的綱領；他們都自認是現實主義者，要追隨者小心不要亦步亦趨地仿效西歐社會的蹊徑；他們特別關心人民服務民族國家這件事，而不是反過來由國家服務人民。身為農村子弟，他們主張跟其他族群合作，因為他們知道在任何衝突中，死傷最多的往往是農民。

他們樸質的演說開創了新的政治空間，卻也帶來不少的反對意見。一九二三年，軍官逮捕並殺害亞歷山大・斯塔姆博利伊斯基；五年後，一名南斯拉夫政府的支持者因不滿斯傑潘・拉迪奇，在貝爾格勒的國會議場射殺他。馬薩里克（一八五〇年到一九三七年）雖然活得很久，但他去世時，他的捷克斯洛伐克民主政體被歐洲最暴力的政治人物阿道夫・希特勒盯上了，並在一年後派兵進入布拉格。

人類從來不會讓自己刻意捲入事件之中。若不是某些危機和各種因緣際會，馬薩里克會變成一個普通的德意志教授，而拉迪奇和斯塔姆博利伊斯基則會變成農村長者或咖啡館人物。他們生活的時代發生了某些急迫的事件，讓這些滿足於職場和家庭生活之喜悅和挑戰的人不得不成為政治領袖，就如同一九三〇年代的危機「造就」了邱吉爾那般。[2] 他們順應歷史是為了改變歷史，而在中東歐，這個意思是所有跟多族群合作有關的訴求，都必須以族群的語言加以包裝，描述成民族計畫。他們之中最有影響力的馬薩里克便重新詮釋了捷克人的過去，以確保捷克在充斥著自由民族的世界裡會有未來。

中東歐在第一次世界大戰之前的局勢，也證實了如果危機沒有創造充滿遠見和目的的領袖時，會發生什麼事。回顧一九一四年以前中歐人民寧靜美好的日常生活，或許會引起懷舊感，但如果仔細探究奧地利官員那些年的思慮，便會發現當時並沒有推行改革以解決迫切問題的希望。反之，我們看到的是哈布斯堡政府高層的恐懼、誤判和失職。波士尼亞－赫塞哥維納嚴重的社會不公引發了戰爭，導致帝國在一八七八年占領該地區；過了一個世代後，這個省分的農村問題還是沒有解決，導致哈布斯堡的力量在整個歐洲開始瓦解。上位者缺乏創造新的現實以拯救古老政體的想像力，在面對挑戰時，無法超越自己對斯拉夫人（尤其是塞爾維亞人）的恐懼。

✳

馬薩里克在一八五〇年生於摩拉維亞東部的一座小鎮，他的父親是斯洛伐克血統的車夫，母親則是一個廚師，他有時說她是德意志人，有時說她是摩拉維亞人（她教他用德語禱告）。他十五歲時逃離在維也納當學徒的日子，有一段時間在家鄉荷多寧（Hodonín）當鐵匠。後來，他來到德意志文化主導的布爾諾，當地的警長對馬薩里克的聰明才智印象深刻，於是聘請他當兒子的家庭教師，並資助他接受教育，先是在當地的德語大學、後來在維也納念書。他在大學課程中學習了當時定義較廣泛的哲學，包含社會學和文學。

拿到柏拉圖哲學的博士學位後，他又到萊比錫進行研究，在那裡認識了來自布魯克林的鋼琴學生夏洛特．加里格（Charlotte Garrigue）。加里格的祖先是胡格諾派，十七世紀時逃到德國，她的父親生於丹麥，在曼哈頓經營一間德語書店，是當地的德國人社區中非常熱血的人物，也是一位虔誠的獨神論派教徒（Unitarian）。馬薩里克雖然被養育成天主教徒，但是他發現教會的權威結構沒有理性的依據，於是改宗新教，認真到曾考慮當牧師。

一八七八年，托馬斯和夏洛特在女方父親位於布魯克林的家中，以獨神論派的儀式成婚，他把加里格變成自己的中間名，象徵他對男女平等的信念。夏洛特很快就學會捷克語，後來還參與爭取選舉權的群眾示威遊行、從旁協助丈夫，到去世之前都是馬薩里克最重要的伴侶。馬薩里克後來曾說：「是她塑造了我。」一八八一年，他出版了第二本有關自殺的學術論文（即使今天的中歐仍要求應徵教職者需出版論文）。自殺是最為嚴重的一種道德疾病，在當時撕裂了歐洲社會，各地都很盛行，每年自殺人數達到五萬，非常驚人。[3]小時候，他曾經目睹一名新郎上吊自盡後被人割斷繩子放下來，那恐怖的景象他從未忘記。真正有價值的社會秩序必須確保其成員不會想去做那名絕望的年輕人對自己做的事。

在一八八二年，馬薩里克夫婦搬到他們完全不熟悉的波希米亞首都布拉格，托馬斯在新開的捷克語大學擔任哲學助理教授。這是一個偶然的機緣；假如他到德語大學（例如佛萊堡〔Freiburg〕或奧地利的切爾諾夫策）當教授，他會變成德意志學者。搬到布拉格之前，朋友說他並不關心民族問題。

可是，在布拉格，懷有政治野心的人不能對民族問題不感興趣，因為每一個要緊的公共議題都會影響民族問題。因此，馬薩里克很快就被捲入如何當個好捷克人的爭議之中。第一個定義似乎跟枯燥的學術問題有關。幾十年來，捷克民族運動一直把早期捷克史的概念建立在一八一三年和一八一七年被認為由圖書館員瓦茨拉夫．漢卡所發現的中世紀文獻上。這些文獻描述一位充滿美德的捷克女王莉布謝在一〇〇〇年以前所統治的宮廷，比先前已知的捷克語文獻所描寫的歷史還要久遠許多，因此愛國者利用這些故事建立起捷克人的身分認同，像是捷克人從很久很久以前就決心跟德意志人過著不一樣的生活。這些文獻看起來確實很古老，不僅有蛀洞，還是以先前不曾看過的捷克語寫成。可是，打從一開始就有人懷疑其真實性。馬薩里克以「科學」證據為依據，站在懷疑派（最出名的都是德意志人）那一邊，因此在不願駁斥這些虛構古代英雄的捷克人之間，成為不受歡迎的人物。但，馬薩里克有自己的捷克民族主義：偉大的人民會接受真相，無論真相多麼令人痛苦。因此，他對科學的支持是基於道德所做出的選擇，顯示了他的勇氣與誠實。

右翼聲稱他是叛國賊，馬薩里克並不意外，但是讓他意想不到的是，他自己的陣營、同樣提倡理性和科學的盟友，居然也挑戰他。支持馬薩里克現實主義的作家休伯特·戈登·紹爾（Hubert Gordon Schauer）也出身多語言的背景，他再次說了德意志自由主義者以前提出的質疑：假如捷克人是由理性所引導，為什麼不乾脆變成德意志人？這麼小的民族有辦法集結文化和經濟資源，自己站在歐洲舞台上嗎？這麼努力真的值得嗎？

馬薩里克回答，歷史本身就給了答案。捷克人一向都會受到崇高的使命和對「人道」的奉獻所激勵，就像早期的新教改革者揚·胡斯的一生所展現的那樣（他在一四一五年因看見真理而被燒死在木樁上）；類似例子也包括，捷克兄弟會；還有後來的波希米亞文藝復興，以及當時的卓越天才、曾經受邀擔任哈佛校長的人道主義知識分子康米紐斯（Jan Amos Comenius）。馬薩里克認為，這與生俱來的使命感熬過了白山戰役之後天主教反宗教改革的黑暗時期，一直撐到近幾十年的第二次改革，並先後由法蘭提塞克·帕拉茲基等人與馬薩里克自己來引導。

希特勒在一個世代後痛斥他的敵人，其實正是在痛斥「人道主義」的價值。在更後來的一九七○年代，捷克的異議人權運動則將康米紐斯以及這個啟蒙傳統視為重要的靈感來源。[4] 可是，在馬薩里克的年代，批評者說他的歷史論點根本是胡說八道。「科學」的歷史研究無法證實有那麼一個共同的「精神」好幾百年來在同一片土地上激勵人們。科學頂多能探究特定事件的成因，假如文獻夠充分，或許可以告訴人們生活在過去的時代是什麼樣子。然而，要說有什麼深層的衝動神奇地將一三九〇年代和一八九〇年代的人連結在一起，一點也不合理。馬薩里克非常受傷，但他沒有動搖，依然努力把過去的崇高理想（像是揚·胡斯誓死捍衛的思想自由）跟他對未來的抱負連結在一起。

諷刺的是，馬薩里克的「現實主義」政治思想最後被證明是對的：第一次世界大戰之後，他對捷克歷史的看法成為建國的基礎，而反對他的那些實證主義歷史學家所寫的鉅著則無人問津。[5]馬薩里克認為，民族對科學沒有用處。反之，背負半神聖使命的民族會利用科學達成服務真理和人道的崇高目標。他因為反對那些「神聖」但虛偽的文獻，在大學裡超過十年無法升遷。

他這種對待學術生涯毫不帶有野心的做法，必定是把對學術成就的想法放在更高尚的目標之後，才有可能實現。這些目標並不是來自什麼抽象的理論，而是來自馬薩里克以自殺為主題所寫成的著作。由於曾經脫離摩拉維亞東部偏遠地區那種宗教氛圍濃厚的環境，他認為自殺的「不道德性」是因為人們缺乏賦予生命意義的指引座標。更明確地說，他擔心傳統天主教信念在現代生活消失了，因為他認為這些信念在中世紀駕馭了人們的生活。他在關於自殺的論文中這樣讚美基督在歷史上所扮演的角色：

基督給了一條新的戒律，那就是愛人，包括愛自己的敵人。持有這份愛的基督徒，知道如何按照上帝的方式安頓自己的生活，這是他與天堂和人世之間的連結。聖保羅在一首詩歌中，以無可比擬的文字描寫了基督徒的愛，若能擁有那種愛的火花，誰會感到絕望？[6]

馬薩里克認為，人們已經回不去靠基督教形塑自己的思想、賦予自己的人生意義的那個時代。雖然如此，倘若不道德是來自信仰的喪失，那麼現代人一定要找到一個新的信仰，就像他自己受到新教，以及更近期懷疑論者大衛・休謨（David Hume）所提出深入問題的啟發。[7]馬薩里克仍算是某種新教徒（他說他唯一信任的宗教權威是基督），但是他真正的信仰是捷克民族主義。他以在早期捷克運動中很受歡迎的赫爾德思想——每個民族在上帝面前都有自己的命運——為基礎，但他賦予傳統的解讀方式一種新的變化：捷克人的使命是向人類展現「人道」的意義。

馬薩里克公開表明的第二個立場更大膽：他提出一個民族是否可以為了「自衛」而憎恨的問題。一八九九年，有一間法院將波希米亞猶太小販利奧波德・希爾斯納（Leopold Hilsner）判處死刑，罪名是他兇殘殺害了基督徒阿妮日卡・赫魯佐瓦（Anežka Hrůzová）。捷克民眾很快就採信中世紀基督教的觀點，認為女孩是死於需要基督徒之血的血祭儀式。＊這起案件會鎖定希爾斯納，是因為他出了名地遊手好閒、喜歡追求女性。馬薩里克把學術工作擱在一邊，前往犯罪地點訪問了法醫專家，詢問赫魯佐瓦有沒有可能是被家庭成員殺害。他也廣泛閱讀，判定沒有任何猶太文本建議進行血祭，也沒有證據證實有祕密宗派會做這種儀式。[8]

馬薩里克說，這是一個科學議題，但是也跟民族的道德特性有關。散播猶太人會進行活人祭儀的捷克人，是在攻擊「健康的理性和人道」，並顯示自己困在過時的思維裡。儘管如此，馬薩里克仍認為這樣的無知不是他們的本性。他說，是由於「奧地利」的生活條件強化了迷信、不可質疑的階級制度和人民的臣服，才讓捷克人如此落後，就連法官、醫生和記者也深受其害。幾乎沒有任何人維護馬薩里克的說法，布拉格的學生還阻止他在校園談論這起案件。他雖然對「自己的」民族深感失望，但是他特別譴責那些堅持不撤銷罪名的天主教當局。他在一九〇七年對國會說：「相信耶穌的人不可能反猶。」[9]可是，這時候他已經非常孤立無援，使他考慮要跟夏洛特和他們的五個孩子定居美國。

馬薩里克對這起案件做出的貢獻很有限：皇帝將希爾斯納的死刑減為徒刑，但直到一九一八年才釋放他，而且判決始終沒有被撤回。然而，馬薩里克的特質經過這起事件後變得更鮮明，明確表示他的支持者必須靠證據和人道理念來提出自己的論點，並堅持跟他一起爭取捷克民族權利的人絕不能懷有反猶主義和族群仇恨。他的理念似乎漸漸流行起來。一九一三年，基輔舉行了一場活人祭儀案件審判，捷克知識分子加入了其他歐洲人的行列，共同譴責。[10]或許可以說，馬薩里克為了改變民族政治文化所做出的努力，開始有了成果。

---

*編註：此處是指中世紀的血祭毀謗（Blood libel），意旨聲稱猶太人會殺害基督徒小孩，並用他們的血來進行宗教儀式。

關於波希米亞的猶太人，馬薩里克很有彈性，能夠同理猶太民族主義，但也支持文化同化——這是猶太社群的兩大主要思潮。或許是因為他擔起了老師的角色，想要讓自己的同胞「再生」，因此他同情猶太復國主義，儘管他認為猶太人不管住在哪裡，道德提升都是可能的。在當時，殖民巴勒斯坦感覺很烏托邦。之後當上捷克斯洛伐克總統的馬薩里克雖然支持猶太文化組織在捷克領土上所付出的努力，但他也認為文化同化很「合理自然」。[11]

雖然他的妻子夏洛特後來變成社會民主黨人，馬薩里克卻不接受捷克政治圈既有的任何黨派，最後在一九〇〇年成立自己的政黨，也就是捷克人民黨（*Česká strana lidová*，現實主義派）。這個名稱在當地通常被認為跟農民政治有關，但他比農民從政者或其他左派力量的野心還大。他雖然支持夏洛特的進步運動參與，卻排斥馬克思的民族和社會發展觀點，特別是捷克人注定成為德意志人、農民注定成為城市居民的看法。農村人口雖然逐漸下滑，但是他們在現代資本主義的環境中過得還可以；跟馬克思所預測的相反，中型農場沒有因為大型莊園變多而消失，反倒增加了。[12]不僅如此，波希米亞的小型城鎮自中世紀開始便非常密集，導致工業家為了吸引勞力，得在鄉村設立工廠。因此，捷克工人很多都住在鄉村，捷克農民不用離開傳統的村莊和小鎮環境，就能成為現代的產業勞工。[13]

馬薩里克很歡迎這個比較漸進溫和的現代化改造，他對鄉村的偏愛遠遠超過城鎮，十分贊同「去都市化」，也就是波希米亞卓越的交通網絡讓工業得以在城市以外的地方發展起來。他在一九三〇年代對捷克作家卡雷爾・恰佩克（Karel Čapek）說：「就連工業也不會擠進城市裡，城市會更健康，就連文明也能讓人們更親近自然。」自從在一八八〇年代定居布拉格之後，他和他的家人總是盡量造訪鄉村，親近他父母親兩邊的親戚。戰爭期間，他為了爭取捷克人的權益不停遊說，曾經抱怨自己被困在城市裡。[14]

在他看來，其他捷克政黨都無法勝任協助捷克人爭取自治權的任務。捷克老年黨仰賴大地主、王朝和教會，令他厭惡；一八九三年，他拋棄了捷克青年黨，因為他們希望透過財產和教育來限制選舉資格；他雖然倡導農村生活，卻認為捷克農民黨很狹隘。他對未來的願景跟他對過去的理解相符：在光榮時期，捷克人不論地位高低、也不論來自城鎮或鄉村，都會超越一切界線團結起來。[15]十五世紀的胡斯派甚至不知道有另一種神職階級。

他在一九〇六年把黨的名稱改為捷克進步黨（Czech Progressive Party），以反映他對未來的深層認知——人們通常稱捷克進步黨人為現實主義派，他們提倡男女有平等的投票權，接納女性進入黨的領導階層。雖然如此，他並沒有把群眾理想化，捷克人在希爾斯納的爭議上訴諸中世紀的偏頗觀念，促使他呼籲領導階層一定要強而有力、經過啟蒙（也就是他本人）。捷克人應該像他一樣朝未來前進，但是又不遺忘過去，以避免再次出現他小時候親眼目睹的混亂與絕望。捷克人將在科學、教育和文化領域產出世界級成果，但是又跟他和他的家人一樣，住在距離祖先的村莊和小鎮不遠的地方。

馬薩里克在戰前表明的最後一個立場，並沒有在捷克人之間引起爭議，但是卻讓哈布斯堡官員非常坐立難安，因為這揭露了匈牙利和奧地利高層政府的腐敗。一九〇九年，有超過五十名哈布斯堡塞爾維亞人在札格雷布遭到叛國審判，定罪者將被處以絞刑。舉行這場審判的理由，跟幾十年前就已存在的偏見和恐懼有關，一如一八六七年為了阻止斯拉夫勢力而創造「雙元帝國」的事件，以及一八七八年允許帝國占領波士尼亞－赫塞哥維納（目的是不讓塞爾維亞得到）的柏林會議。儘管做了這些，東南歐的局勢依然不穩。奧匈帝國幾乎是打從一開始就把波士尼亞－赫塞哥維納當成自己的領土，在那裡招募士兵並實行自己的制度。但嚴格來說，這個地區仍屬於鄂圖曼帝國，而塞爾維亞則把它當成塞爾維亞王國日後不可或缺的省分。

對哈布斯堡菁英來說，波士尼亞可能變成塞爾維亞領土讓他們內心不斷地提心吊膽，害怕會有一個持續擴張的大型民族國家，試圖占領帝國境內那些說著什托方言的克羅埃西亞人和塞爾維亞人。一九〇三年，當一群軍官殺害了塞爾維亞國王米洛斯．歐布雷諾維奇和他的妻子，把卡拉喬爾傑王朝態度較為強硬的彼得．彼得羅維奇捧上王位後，這種擔憂加深了。

這些兇手認為，塞爾維亞的民族綱領從一八七八年就開始停滯了，因此塞爾維亞政府現在要在外交政策上採取更強硬的態度，把目標轉向俄羅斯。跟奧地利簽署的商業條約更新日期來臨時，塞爾維亞故意不更新，因為它的領袖不想再買奧地利的工業產品，而是打算貿易多元化，例如跟俄羅斯的盟友法國購買武器。奧地利在一九〇六年發起貿易戰，拒絕購買塞爾維亞的家畜，希望逼塞爾維亞就範。但計畫失敗了。法國貸款給屠宰場，讓塞爾維亞可以輸出肉品，而不只有家畜，讓塞爾維亞除了民族因素，又多了覬覦波士尼亞的經濟因素。[16] 在塞爾維亞政府和軍隊的默許之下，一個稱作「黑手黨」的祕密組織開始支持恐怖分子在波士尼亞破壞奧匈帝國的統治。

一九〇八年，軍官在鄂圖曼的首都伊斯坦堡成功奪權，承諾把土耳其變成現代的憲政國家。維也納的政治人物擔心改革後的土耳其會要回波士尼亞和赫塞哥維納，因此宣布該地區不單只是被占領，還是哈布斯堡的領土。這引發了「併吞危機」，除了羞辱塞爾維亞（俄羅斯的傀儡），還損害俄羅斯的國際名聲。當時，土耳其和俄羅斯都沒有為軍事衝突做好準備，因此並未觸發任何軍事挑戰。可是，這起事件讓該地變得更不穩，因為塞爾維亞（還有希臘、保加利亞和羅馬尼亞）仍然認為現況只是暫時的。因此，當奧匈帝國和塞爾維亞又爆發衝突時，俄羅斯不願再袖手旁觀，認為身為強權的它不可以再吞下另一次羞辱。

隔年，奧地利駐貝爾格勒大使指控塞爾維亞派遣一批密謀者在哈布斯堡的領土活動。匈牙利當局根據大使提供的名單，逮捕五十三名塞爾維亞從政者，判他們叛國罪。從一開始，就有人質疑相關證據，馬薩里克親自到札格雷布調查這件事之後，痛斥這場審判是貪腐的帝國為了延緩斯拉夫人不可逆的民主道路所做的最後一次垂死掙扎：

> 【哈布斯堡】宮廷的貴族外交，以及以為靠幾個有權有勢的人和他們的幫手就可以左右社會及其發展的錯覺，已經開始衰滅。國內和外交政策必須以公共辯論和批評為基礎，政治變得越來越民主科學，貴族專制體制和它的外交神祕主義正被民主及其批判科學的公共領域所取代。[17]

這次，馬薩里克和其他批評奧地利的人贏了，「叛國賊」被無罪釋放，雙元帝國遭到整個歐洲訕笑。替審判的證據背書的歷史學家海因里希・弗里德昌（Heinrich Friedjung）特別受到羞辱，他是溫和派的德意志民族主義者，同時也是一八八二年林茲綱領背後的主要推力之一。但，馬薩里克很快便不再相信帝國有希望朝民主的方向進行改革。一九一四年，在黑手黨支持的一名恐怖分子射殺哈布斯堡的大公斐迪南和他的妻子之後，戰爭爆發，馬薩里克帶著幾名親信逃到西方，變成帝國的叛徒，開始從事一項連大膽的捷克民族主義者都難以想像可以成功的任務——讓捷克斯洛伐克獨立。同一時間，帝國恐嚇威脅境內的批判者，包括馬薩里克的家人，使得妻子夏洛特在一九一六年一度精神崩潰。

農民政治

在這幾十年間，本章稍早提到的另外兩名政治人物在東歐以民族領袖之姿崛起。他們也改變了自己國家的政治版圖，從自由主義政治的殘骸中開創運動，提升了對政治可能性的預想。他們跟馬薩里克一樣出身卑微，但是跟他不同的是，他們的政治願景始終以農村為核心。他們分別是匈牙利屬克羅埃西亞的領袖斯傑潘・拉迪奇和保加利亞的亞歷山大・斯塔姆博利伊斯基（保加利亞在一八七八年變成自治國家，一九〇九年由自封「沙皇」、薩克森－科堡－哥達〔Ferdinand I Saxe-Coburg-Gotha〕家族的斐迪南一世宣布成為獨立王國）。

這些農民從政者堅稱政治要迎合一個國家的每一個人，包括掌控政治的城市知識分子所不屑的農民。這兩個人相信，關心農民階級會使整個國家變得高尚。和馬薩里克一樣，他們在當地教師的支持下脫離貧困的農村，高中畢業後得以到國外念書。拉迪奇因為自己失控的煽動行為，被札格雷布和內萊塔尼亞的每一間大學逐出，最後到巴黎取得學位；斯塔姆博利伊斯基在德意志哈勒攻讀農學，後來罹患結核病，不得不返家。

他們兩人都體格健朗，擅長在仰慕他們的大批群眾面前運用恰當的農民比喻。他們提出了革命性的主張，認為農民除了納稅，也應該從稅金獲得好處。他們要求政府當局合理改善農村的生活，包括：更多更好的教育；進步的農耕方式；由政府提供貸款；透過鋪路以及電力和設備讓農村融入民族生活。然而，當局卻沒有做到。在他們所想像的國家裡，農民可以過著有尊嚴的生活，被視為文化和經濟的重要價值來源之一。很遺憾，在政治左派中，農民政治人物和城市的馬克思主義者之間存在巨大鴻溝，城市的馬克思主義者大多藐視「白癡」的鄉村生活，認為持有土地的農民是自私小氣的中產階級，注定會融入農業企業，跟其他人一樣都市化。

斯塔姆博利伊斯基和拉迪奇反對暴力革命。雖然相信新政治，但他們也是共和派，想像未來農民可以跟其他社會團體合作。他們相信改變會合法且緩慢地發生，但他們決定利用法律來造福自己的支持者。斯塔姆博利伊斯基想要成立一種由代表各行各業的利益團體所組成的新國會，並透過妥協達成決議。

若非這兩個人，克羅埃西亞和保加利亞或許永遠不會出現強大的農民運動，農民可能就會更容易受到右翼民族和社會政治的影響。這兩個人都在一九一八年之後成為民族領袖，直到斯塔姆博利伊斯基在一九二三年、拉迪奇在一九二八年被暗殺。他們愛好和平，提倡一種不一樣的國際政治，強調跟鄰國合作，而不是以「民族使命」之名暴力奪取領土（一九一四年以前，馬薩里克相信奧地利可以變成一個由自由的諸民族組成的聯邦）。假如拉迪奇成功了，克羅埃西亞人會住在一個龐大的南斯拉夫國家，每個族群的認同都受到尊重，同時又能形成共同的文化。

※

一八九〇年代拉迪奇剛接觸政治時，克羅埃西亞的政治舞台很小，只在札格雷布這一座城市，而且非常地個人化。政治人物大部分都追隨痛恨塞爾維亞的安特·斯塔爾切維奇（一八二三年到一八九六年），他是克羅埃西亞右翼黨派的創立者。斯塔爾切維奇的母親是塞爾維亞正教徒。起初，他受到柳德維特·蓋伊的啟發，但在一八四九年以後，家鄉無法撼動的馬扎爾化使他越來越幻滅，而且沒什麼塞爾維亞人對蓋伊將南斯拉夫人統一成伊利里亞人的概念有興趣。塞爾維亞人有自己的王國，還有把領土擴張到其他地方的統一大計。為了迎擊針對克羅埃西亞民族性的挑戰，斯塔爾切維奇提起歷史上克羅埃西亞的民族權利，也就是數百年前賦予克羅埃西亞民族的那些權利。[18] 他創立一個右翼黨派，拒絕跟奧地利達成任何妥協，力圖追求克羅埃西亞人的利益。這個黨派對國家人民未來的願景和大塞爾維亞綱領恰恰相反，認為塞爾維亞人可能成為克羅埃西亞人，並堅稱波士尼亞－赫塞哥維納必須屬於克羅埃西亞。

斯塔爾切維奇相信民族，但卻不相信靈魂不朽，在他看來，天主教教會雖然經常融入克羅埃西亞認同，卻因為服務哈布斯堡而削弱了克羅埃西亞。教廷因為使用一個已死的語言而貶低了宗教，徹底摧毀了教士和信徒之間存在的任何連結。假如說教會做什麼好事，就是反抗教宗而已。[19] 在斯塔爾切維奇發起的運動中，出現了一個更偏右的黨派分支，其背後的驅使力量就是把塞爾維亞人視為另一個物種的種族主義者約瑟普・法蘭克（Josip Frank）。一個世代後，克羅埃西亞的法西斯分子安特・帕維里奇（Ante Pavelić）聲稱自己受到了斯塔爾切維奇和法蘭克的想法所啟發，但是他在克羅埃西亞社會中得到的支持度一直都只有幾個百分點，部分原因便是拉迪奇提供了另一種民族主義。

拉迪奇年輕時就結識斯塔爾切維奇和法蘭克。他跟他們一樣擔心克羅埃西亞文化被馬扎爾化，但他們認為其他南斯拉夫人永遠都是懷有敵意的異族這件事，卻令拉迪奇非常驚愕。拉迪奇從自身經驗得知他們是錯的，因為年輕時，他很喜歡長途健行，從一座村莊走過另一座村莊，走出克羅埃西亞的疆域，往北走到斯洛維尼亞，再往東穿越斯拉沃尼亞和波士尼亞，進入塞爾維亞。他沒有看見任何清楚的界線，而是感覺到一條語言和風俗的連續帶，鄰村的人可以完全理解彼此。但，這也是一條貧窮與人類喪失潛力的連續帶。這些辛勞的村民說著他聽得懂的方言，有些自稱是塞爾維亞人，有些則自稱是克羅埃西亞人，有些信奉基督教的某一支派，有些則信奉別的支派。他們全都屬於同一個偉大的斯拉夫民族，擁有「同一個靈魂」。[20]

拉迪奇一八九〇年代開始念大學後，內心萌芽的親斯拉夫主義變得更火熱。因為過於宣揚民族主義而被札格雷布的大學趕出去之後，他跟其他克羅埃西亞學生一起到布拉格，迷上了捷克民族主義的政治理念和馬薩里克的論點。他從馬薩里克身上學到，一個民族必須以經濟和文化現實為基礎，而不是神話或白日夢，更不是全然的捏造。民族是由理性的啟蒙思想所辛苦指導和建立起來。

然而，這是一種基於人們的想像與理想化的現實主義。馬薩里克的政治理念若沒有他對捷克人和捷克歷史絕對的熱愛，就不會有強大的力量；同樣地，拉迪奇若不是如此崇尚以農民為核心的克羅埃西亞人，他的政治理念也將了無生機。拉迪奇在理想化一個民族時，從來沒有忽略未受啟蒙、貧窮、無感的鄉村居民，農村的觀點一直是他的視角之一。拉迪奇雖然曾在布拉格和巴黎念書，漸漸熟悉了現代知識潮流，但是他就跟農民一樣，非常不關注「種族」或「宗教」的差異，而是十分關心物質安穩和基本尊嚴。

遇見馬薩里克之後（他們的相遇很短暫），這個廣泛的看法仍未受到人生的浮沉所影響。在布拉格的時候，拉迪奇結交了別的南斯拉夫民族主義者。有次，警方打斷他們的聚會，拉迪奇還差點將一名員警推下窗戶。因為這件事，他遭到拘留，被迫到國外讀書。他來到莫斯科，但無法作為一般學生而被接受，於是便申請進入巴黎政治學院。他修了社會學、外交史和金融，課業相當繁重，最後拿到了政治學的學位。一八九六年，他回到札格雷布，跟沒那麼衝動的哥哥安通（Antun）一起成為年輕知識分子（*mladi*）的領袖，這些年輕人很多都才剛從布拉格返鄉。

拉迪奇在法國汲取了奧古斯特．孔德（Auguste Comte）的實證主義，即使到後來他也從不曾被赫爾德的思想吸引，將民族想成一個概念。他認為，民族是「複雜的社會有機體」，任何組成元素都不可忽視。在札格雷布，主流民族主義者對農民表達的藐視令他不滿。那些領頭的愛國志士快樂地唱著關於祖國的歌謠，卻忽略住在城市以外地區的人。拉迪奇出國旅居之前，跟安特・斯塔爾切維奇的個人會面十分關鍵。他告訴這位長者，大部分的農民都沒辦法理解他的運動所要傳遞的訊息，因為他們不識字，對「克羅埃西亞民族權利」一無所知，結果對方回答：「讓惡魔或上帝教他們吧，我絕對不會！」[21]拉迪奇在札格雷布遇見的其他「紳士」都將農民視為不如人的生物。

所以，拉迪奇跟其他年輕民族主義者發展出來的思想，打破了原有的克羅埃西亞民族主義。民族統一對他們而言仍有至高無上的價值，但他們的理想是「包括『受過教育』的紳士和『普通』百姓在內，人民在社會和政治上的平等」。在跟克羅埃西亞以外的其他斯拉夫人統一之前，克羅埃西亞人必須先整頓好自己；配得上民族主義者這個稱呼的人必須讓人民識字、受教育、有生產力、變成完全的歐洲人，但是這裡的意涵非常明確，也就是年輕知識分子必須致力「透過文字、書本和愛的典範指導他們」。[22]

跟馬薩里克一樣，斯傑潘・拉迪奇統合了既有的政治理念，沒有單純地駁斥「中世紀」的民族權利觀點，而是把它放入更大的計畫之中。克羅埃西亞人不會被南斯拉夫人的汪洋所淹沒，克羅埃西亞會持續以歐洲古代王國的身分存在。因此，任何南斯拉夫國家都是一個聯邦，不會只從單一城市進行統治，因為克羅埃西亞人、塞爾維亞人、斯洛維尼亞人、保加利亞人都會獲得政治與文化自治權。目前，克羅埃西亞人和塞爾維亞人共同面臨了匈牙利王國所帶來的威脅。拉迪奇寫到，「我們的民族存亡」遇到了危險，各個階層的克羅埃西亞人和塞爾維亞人必須在政治和經濟方面互助合作，尤其是農民階級為甚，他們必須在經濟和政治領域動員組織，對抗馬扎爾化。[23]

這場運動的斯拉夫統一概念，可溯及拉迪奇和友人十分熟悉的柳德維特・蓋伊的伊利里亞主義。他們跟這個南斯拉夫傳統也有現存的連結，那就是他們來自嘉科弗（Dakovo）的資助者約瑟普・史特羅斯梅爾主教（一八一五年到一九〇五年）。史特羅斯梅爾是一位慈善家和知識分子，因尋求更密切的基督徒團結心、質疑教宗權威，而聲名遠及克羅埃西亞之外。史特羅斯梅爾也因為人道提倡跟東正教塞爾維亞人和解而為人所知，他跟斯塔爾切維奇形成相反的兩極——史特羅斯梅爾厭惡斯塔爾切維奇偏狹的民族主義。他認為，克羅埃西亞民族主義的重點應是要確保克羅埃西亞人有資源可以變成品格崇高的人民，不要對抗其他斯拉夫人，而是要跟他們合作，藉由「互惠精神」連結起來，產生自己的「單一強大文化」。拉迪奇依循史特羅斯梅爾的思想，不將東方的東正教看做異族勢力，而是把焦點放在使克羅埃西亞人跟東邊的斯拉夫人連結在一起的共同基督教原則。事實上，他認為克羅埃西亞人本身屬於東方，並警告民族主義者不要對西方事物照單全收。

克羅埃西亞人在歐洲有了正確的定位後，應該特別留意捷克人與俄羅斯人。拉迪奇知道他們跟其他斯拉夫人之間有分歧，但他跟馬薩里克一樣，內心深處相信斯拉夫人有共同的性格、傳統和語言，能夠統一成「實際上的單一民族」。重點在於要以批判的方式接觸這個傳統。拉迪奇寫道：「我們不應盲目讚美斯拉夫人，而是要研究他們的性格；我們不應用一億個斯拉夫人威脅別人，而是要研究斯拉夫語。」他看見農民承擔了領土糾紛帶來的後果，因此誓言要對抗「部族仇恨的魔鬼」，並相信他的南斯拉夫統一概念將使南斯拉夫政治提升到新的高度，通往獨立國家的目標，且

圖 11.2　斯傑潘・拉迪奇（一九二〇年代）。
來源：Josip Horvat, Politička povijest Hrvatske (Zagreb, 1989). Via Wikimedia Commons

在這個國家，有關塞爾維亞或克羅埃西亞邊界的問題都將失去意義。24

拉迪奇變成農民政治的領導人物，但他起初其實沒有創建任何運動的意圖。一九〇四年之前，他只是領導反抗馬扎爾人統治的聯合團體，但是那一年發生的事件卻迫使他走上預料之外的道路。群眾為了經濟自由而爆發示威抗議，但是後來草草畫上句點。知識分子措手不及，但是這些群眾抗議活動卻讓拉迪奇想像農民階級可以形成一支「偉大的民族軍隊」，成為克羅埃西亞運動的核心。這支軍隊需要領袖，而他就是那位領袖。札格雷布民族主義者的反塞爾維亞煽動行為令他相當驚愕，這表示人道領袖若沒有勝出，這場運動可能會朝著反塞爾維亞的方向前進。其他進步的克羅埃西亞人願意讓反塞爾維亞暴力順其自然地發展，但是拉迪奇卻選擇插手，出來阻止一群暴民摧毀鄰居的房屋。[25]他告訴暴動者，他們的敵人是馬扎爾人，不是塞爾維亞人，然後帶他們到車站拆掉意圖將克羅埃西亞人去民族化的馬扎爾語招牌。當局再次因為他擾亂治安而將他逮捕。

他和哥哥安通創立農民黨時，幾乎沒有任何進步人士跟進，因為認為他們過於專注在農民階級。有些人說他們把人民理想化，認定某種本質性的民族靈魂與傳統的存在，而非用批判的眼光檢視人民。[26]然而，拉迪奇因為將民族理想化（就像馬薩里克在波希米亞所做的那樣），所以創造了共和民族運動，阻撓了之後信奉種族主義的法蘭克派（Frankists，約瑟普・法蘭克的追隨者）和右翼民族主義者試圖以族群至上主義的「現實」訊息侵入農民階級的行動。

農民黨在一九一八年後大幅成長，這在一九〇四年完全設想不到，因為當時對選民資格的限制，讓這個黨派在克羅埃西亞國會只能獲得少少幾個席次。然而，拉迪奇的洞見後來證實是正確的。克羅埃西亞人絕大多數都是農民，因此一九一八年實行男性普選之後，他們自然站在他那邊。其他克羅埃西亞知識分子因為不了解民眾的觀點，匆匆跟塞爾維亞組成新王國，卻沒有先解決這個新的南斯拉夫國家的組織問題：這個國家是要從貝爾格勒進行中央統治，還是應該允許各地自治？最後，答案是第一個。拉迪奇有勇氣反抗這個政府，就像他之前反抗馬扎爾政府一樣，但是，他也極度堅守原則、極為衝動，後來連對合理的妥協也不領情。

保加利亞的亞歷山大・斯塔姆博利伊斯基走了一條跟馬薩里克和拉迪奇非常相似的路徑。他出生在貧窮鄉村的大家庭，後來受貴人幫助到國外念書，接著成為一個強大運動的領袖，同時有著看似無限的想法和精力。但，由於斯塔姆博利伊斯基的活躍地點是一個民族國家，有關民族和社會壓迫的議題不像在波希米亞或克羅埃西亞那麼急迫。他在一八九〇年代晚期成年時，保加利亞菁英控制了國家機器和文化機關，並且已經將土耳其地主趕出這個國家，因此土地持有面積變得較小，分布得也相對平均。只有六百一十八個農夫擁有超過一百公頃的土地，約五十五萬人擁有不到一百公頃的土地。[27]

可是，這裡跟克羅埃西亞一樣，鄉村人口的物質生活往往非常拮据，人數極少的城市菁英並不關心。傲慢的國家機器剝削農民，推廣激進的領土收復主義，聲稱跟塞爾維亞、土耳其、希臘和馬其頓爭執的領土是自己的。斯塔姆博利伊斯基知道，在目前國界以內人民的需求解決之前，談那些擴張夢都沒有意義。他知道在任何軍事活動中，被徵召的農民是主要的受害者。

就像在克羅埃西亞，這裡的農民運動面臨了兩個問題：第一，農地沒有生產力；第二，雖然國家政體從西方複製了憲法制度，有各式各樣的政黨，但是農民並沒有自己的代表。自稱信奉自由主義的政府剝削農民，跟他們徵收稅金以支持自己提倡的民族利益。和拉迪奇不同，斯塔姆博利伊斯基在他的國家並不是第一個組織農民的人。在一八九八年，第一代農民熱血人士便創立了保加利亞農民民族聯盟，他們跟斯塔姆博利伊斯基一樣是農村教師。可是，當斯塔姆博利伊斯基幾年後成為該聯盟主要刊物的編輯時，聯盟已經衰退，缺少目的感，也就是缺少他們自己的「憲章神話」。[28] 斯塔姆博利伊斯基憑著領袖風範和無窮精力提供了目的，很快就讓保加利亞農民民族聯盟成為國內最強大的反對黨。

馬克思主義者認為，隨著社會不斷發展並都市化，農民將會消失，變成貧苦的無產階級，但是斯塔姆博利伊斯基相信持有土地是無法避免的人類本能。隨著社會不斷發展，他們不會變得更簡單（這個意思是，不會有一大群無產階級對上極少數的剝削者），而是變成各種複雜的職業團體，有的住在城市，有的住在鄉村。[29]

斯塔姆博利伊斯基認為，保加利亞的政黨並沒有好好地代表這些團體，而是跟君主聯合起來欺壓人民，變成「宮廷黨派」，創造一個根本沒有根據國家憲法進行統治的政體。一八八〇年代，自由黨的強人斯特凡．斯塔姆博洛夫（Stefan Stambalov）成為首相。可是，在一八九四年，保加利亞大公斐迪南一世的特務在索菲亞的街上暗殺了斯塔姆博洛夫，還故意砍斷他的雙手。現在，強人變成大公自己，他讓黨派進一步分裂，並拉攏軍隊。斐迪南一世的野心是要讓保加利亞變成巴爾幹半島的主要勢力，為此他四處施人恩惠。幾乎每一位部長都會把公款塞進自己的口袋，村莊裡安置了許多在選舉期間負責拉票的公務員。各地市長沒有好好代表自己的地區，而是變成國王獨裁政權的延伸力量，利用當地的農會和學校門路獎勵追隨者，並派警察控制異議者。[30]

因此，政黨根本沒有辦法應付現代生活帶來的問題。政治階層透過詐欺和恐嚇進行統治，將無可取代的資源浪費在武器上，並將工人、工匠和農民變成承擔統治階級娛樂的馱獸。為了讓保加利亞脫離這種腐敗的偽民主制度，斯塔姆博利伊斯基要求成立「經濟國會」，讓利益代表組織（corporate／estatist organization）代表各職業團體。[31] 現有的黨派雖然擁有各行各業的成員，卻無法替任何人發聲，而他提議的利益代表組織則來自實際運作的社會，可確保民主。農民將成為領導力量。斯塔姆博利伊斯基認為保加利亞其實已經在創造這樣的利益代表組織，除了保加利亞農民民族聯盟和農業合作以外，還有工人的工會和工匠的公會。

就跟拉迪奇的構想一樣，這是一個長期的遠景，不是可以在短期之內實施的準確計畫。但，這讓斯塔姆博利伊斯基的支持者有了憤世嫉俗以外的選擇和團結的理由，形成了使這場運動得以繼續成長的道德和智識基礎。從一九〇四年起，保加利亞農民民族聯盟變得更有紀律，斯塔姆博利伊斯基確保各地分會都有繳稅金，成員沒有叛逃到其他黨派。各地分會也更關注農民的需求，創立了壽險基金，並為合作社提供財務支援。到了一九〇七年，他們已經有超過四百個分會。

一九〇八年的選舉結果顯示，在斯塔姆博利伊斯基當上領袖之前快要消失的保加利亞農民民族聯盟，現在已成為該國最強大的反對派政治組織，獲得十萬張以上的選票。幾年前，農民代表分歧嚴重，沒有清楚的綱領，但是現在卻成為政體無法忽視的一股勢力。憲法沒有任何條文允許大公召開國民議會，可是他還是這麼做了，於是保加利亞農民民族聯盟的代表沒有贊同，斯塔姆博利伊斯基也表明農民無法容忍違憲行為。[32]這種直接唱反調的行徑不曾出現過，宣告現在存在一股無法被買通的勢力。

斯塔姆博利伊斯基和拉迪奇一樣，認為他的國家跟西方之間存在一道鴻溝，但是他也呼籲「趕上西方」時要小心謹慎。保加利亞的菁英已經很沒有生產力地執著於仿效外國風俗，創造龐大的外交使節團、軍隊和官僚，這些全都造成農民的經濟負擔。[33]在移植西方制度時，一定要考量當地的情況。這個問題不只出現在保加利亞，甚至不只出現在東南歐。但，義大利的自由主義者雖然無法透過民主制度建立強大的國家，保加利亞卻是連民主制度都沒建立起來。想在識字率低、中產階級少得可憐的地方實行自由主義政治，完全是在做夢。這便是為什麼斯塔姆博利伊斯基想要一個不一樣的議會迎合當地需求，以保加利亞人實際的生活為基礎來推廣教育和發展，而不是單純希望他們變得像法國人或英國人。

然而，斐迪南大公成功利用了既有的腐敗體制來達到自己的目的，在民調中和國民議會上憑著將保加利亞變成地區強權的承諾，獲得民眾的支持。一九〇九年，土耳其縱容奧地利意圖侵犯波士尼亞一事，讓斐迪南大公大膽了起來，便自行加冕為保加利亞沙皇。他的第一個擴張目標是馬其頓，因為保加利亞在一八七八年柏林會議被迫將馬其頓還給鄂圖曼帝國。斯塔姆博利伊斯基認為這種奪取領土的行為很瘋狂。塞爾維亞和希臘也聲稱馬其頓是他們的，奪取任何馬其頓領土，只會讓保加利亞及其絕大多數屬於農民的人口陷入更悲慘的境地。甚至沒有人能肯定馬其頓的哪些地區真正屬於保加利亞。此外，當時統治馬其頓的土耳其年輕世代成立了新的憲政政府，承諾會終結鄂圖曼政府的宗教和種族迫害，所以保加利亞沒有將這片土地從外族統治者手中「解放」的理由。就算解放馬其頓的計畫成功了，保加利亞也會變成外國銀行的附庸。但斯塔姆博利伊斯基合理的立場卻使他的政黨遭到抨擊，被罵成叛國賊，並在一九一一年九月選舉中失去超過百分之三十的席次。[34]

隔年，保加利亞跟塞爾維亞、羅馬尼亞和希臘結盟發動一場戰爭，將土耳其趕出歐洲。可是，他們在分贓這件事情上起了爭執（尤其是如何瓜分馬其頓），因此在一九一三年的第二次巴爾幹戰爭中，塞爾維亞、希臘和羅馬尼亞跟土耳其一起對付保加利亞，導致保加利亞喪失前一年獲得的領土。斯塔姆博利伊斯基未卜先知，而且這還不是第一次。然而，斐迪南沙皇依然不動搖，在一九一五年帶領國家進入當時有些人稱作第三次巴爾幹戰爭、現在稱作第一次世界大戰的戰局，站在奧地利和德國這一邊，希望奪回馬其頓和其他失去的領土。結果又徹底搞砸，導致保加利亞失去馬其頓和黑海沿岸的領土，還有通往愛琴海的門路。一九一八年十月，斐迪南沙皇被迫退位，斯塔姆博利伊斯基組成歐洲史上第一個由農民黨率領的政府。

農村的反擊

斐迪南沙皇在第一次世界大戰中跟奧匈帝國站在同一陣線，但他其實很鄙視皇帝法蘭茲・約瑟夫，說他是白癡和「老糊塗」。[35]在奧匈帝國的決策者之中，沒有人擁有領袖風範或想要實踐基於戰略構想的點子。因此，帝國的外交政策變成由恐懼觸發的連鎖反射動作，最終只是加速、而沒有如期望般減緩帝國衰亡的速度。這些舉動包括法蘭茲・約瑟夫變成老糊塗之前、在一八五〇年代以後所做出的各種應對，如在克里米亞戰爭期間不當採取中立的立場、輸給法國和普魯士的戰爭、入侵和併吞波士尼亞，最後還有一九一四年的夏天做出的災難決定。

法蘭茲・約瑟夫有一小群使他缺少遠見的缺點變得更不利的顧問，他們能夠主導哈布斯堡的外交政策，因為奧匈帝國的政府就跟保加利亞和羅馬尼亞一樣，沒有對人民負責的代議機關。內萊塔尼亞雖然從一九〇七年就有實施男性普選，帝國大體上也算是法治國家，但是這仍跟民主政體相差甚遠，因為人民還是無法檢視外交和國防政策。

對哈布斯堡政府——還有二十世紀的世界——而言很遺憾的是，皇帝的顧問是以自己的偏執為決策依據，就像一八六七年妥協和一八七八年柏林會議上奧匈帝國採取的立場背後的「策畫者」一樣，他們真心認為斯拉夫人可能會毀了帝國。假如一八九〇年代就像休斯克所寫的那樣是中歐不理性政治盛行的時期，那指的不只有在維也納支持盧伊格的「吵鬧群眾」，還有背著肩帶、配戴勳章以掩飾自己嚴重不安全感的那些人。諷刺的是，現代的科學領域賦予了他們的恐懼感形狀與實體，包括人類學、新興的政治學和地理學。這些學科闡述了一個基本的道理，那就是人民要不是會在戰爭中自我清洗，就是會面臨無法逆轉的衰亡。負責外交政策的利奧波德・貝希托爾德（Leopold von Berchtold）說，如果帝國沒有控制小小的塞爾維亞，那會證實帝國已失去雄風。[36]

貝希托爾德感覺塞爾維亞得到了哈布斯堡境內南斯拉夫人的忠誠心，這是帝國永遠無法比擬的，無論帝國的經濟或軍事實力有多強。他把塞爾維亞民族主義描述成一股不合理的力量，是從國界兩側的「塞爾維亞教士、老師和商人的靈魂裡孕育出來」。唯有發動讓塞爾維亞無法脫逃的戰爭才可以解決這個問題。[37]

就像其他地方的帝國統治者，哈布斯堡家族會用傲慢來掩飾不安全感。一九〇一年，外交大臣阿格諾爾・戈烏霍夫斯基便說，塞爾維亞太沒秩序又弱小了，「永遠都必須依靠我們」。雖然如此，魯莽行事的卻是奧地利。奧地利在一九〇八年併吞波士尼亞－赫塞哥維納，意圖「讓塞爾維亞安分一點」，結果卻適得其反：民族情緒高漲，那些覺得塞爾維亞被騙了的知識分子和學生尤其如此。同一時間，奧地利媒體刊登的文章將塞爾維亞人描寫成沒教養的「卑鄙之徒」、「弒君者」、「烏合之眾」、「偷驢賊」。[38]

一九一二年，塞爾維亞帶著由龐大軍事預算所支持的強大軍隊加入保加利亞和希臘，要一起擊敗土耳其軍隊，哈布斯堡的斯拉夫人紛紛以志願士兵、醫生和護士的身分參加。就連用他們的語言寫成、經過審查的報章雜誌也有寫出這樣的標語：「巴爾幹是巴爾幹人的」、「我們受夠了歐洲人的掌控」。[39]奧匈帝國如果對塞爾維亞採取更和緩的態度，就能消除這些危機，但它沒有這麼做，導致衝突持續上升：哈布斯堡當局針對親塞爾維亞潮流所做出的回應，就是不讓到達從軍年紀的男性申請護照。沒有其他地方比波士尼亞還更支持貝爾格勒，而這裡也是哈布斯堡多民族主義最失敗的地方。

帝國在波士尼亞推行現代化已推行超過一個世代的時間：造橋、興建鐵路、改善農業、提升識字率、引進代議制，而且除了尊重東西基督教，也對伊斯蘭教和猶太教寬容。波士尼亞人從來沒有在政治和文化上獲得那麼多權利。許多出身寒酸的年輕人到格拉茲、布拉格和克拉科夫的大學就讀，接受他們的父母想像不到的教育。然而，哈布斯堡政府「為波士尼亞」做得越多，越是讓波士尼亞人意識到，促成一八七五年大叛變的不平等問題依然沒有解決。在鄉村，持有土地的是穆斯林，基督徒則是窮苦的佃農。

在一九一四年六月暗殺法蘭茲．斐迪南大公的十九歲兇手加夫里洛．普林西普是他的家族第一個識字的人。他被逮捕之後，可以看出自己的行為促成一場席捲全歐洲的戰爭，但是他說：「我是農民的孩子，我很清楚鄉村發生的一切，所以我想要報復。我毫不後悔。」[40] 讀書識字只是更讓普林西普感覺羞辱自己和家人的邪惡力量源自外族統治。對供應槍枝給他的塞爾維亞，他只有粗淺的認識，因為在他看來，塞爾維亞不是外族，因此不會不公正。相較於保加利亞，塞爾維亞農民運動沒有把焦點放在塞爾維亞領袖並未投資於農業的錯誤。塞爾維亞激進黨從左派出發，後來成為堅定的民族主義者和領土收復主義者，將珍貴的資源用在軍事上。[41]

在六月二十八日的塞拉耶佛，共有大約六、七名共謀者跟普林西普在一起，但是他們能夠執行暗殺行動，純粹是運氣好。車隊在早上抵達時，其中一位年輕人怯懦了，另一人則丟了一顆炸彈，但大公成功躲過。午後，普林西普閒閒地站在一間熟食店旁邊，大公的轎車突然出現在他面前。原來，在市政廳用過午餐後，司機不知怎地轉錯了彎，在法蘭茲．約瑟夫大道右轉，而不是像表定說的那樣直走。要讓這麼大的車輛在一座小橋上掉頭需要時間，得以讓普林西普近距離連開兩槍，一槍貫穿射中大公的頸部動脈，另一槍則射中他的妻子蘇菲．何泰克（Sophie von Chotek，來自波希米亞古老家族的貴族女子）的腹部，兩人都在幾分鐘內死亡。普林西普後來說，他很後悔打中那位「女士」（另一名共謀者曾寫了一封道歉信給兩人的三個孩子，其中兩位回信表示原諒）。

諷刺的是，普林西普和他的朋友會把目標放在法蘭茲．斐迪南身上，並不是因為大公痛恨斯拉夫人。事實上，大公和他的妻子多數時候都在捷克從政者和知識分子的陪同下待在布拉格南邊的城堡裡，質疑斯拉夫人為什麼不能跟德意志人和馬扎爾人擁有一樣的特權——與前述的假設完全相反。他們來到塞拉耶佛，是要提倡在哈布斯堡的統治下的斯拉夫自治實體：由克羅埃西亞人掌控克羅埃西亞、捷克人掌控捷克等等。[42]法蘭茲．斐迪南由於大力提倡斯拉夫理念，使得斯拉夫從政者固定會把訴求告訴他。例如，斯洛維尼亞人認為，帝國內部如果有一個穩定的「南斯拉夫」實體，就能保護帝國，不讓義大利奪走達爾馬提亞，也可以遏止「大塞爾維亞」的野心。[43]可是，這對普林西普這樣的愛國者來說，這正是問題所在，因為他希望創建一個南斯拉夫大國的是塞爾維亞，不是奧匈帝國。他自稱為南斯拉夫愛國者。

大公如果沒有死，將會在企圖將帝國分割成各個聯邦單位時遭遇嚴峻困難。馬扎爾菁英已經反對這個點子好幾十年了，因為斯拉夫人增加任何一點力量，都會相對地減少他們的勢力，使得匈牙利不會是雙元帝國的一半，而是只有三分之一。在他們看來，聯邦帝國將會終結匈牙利，原本的情況就已經讓他們難以掌控了，所以他們很怕任何實驗。例如，如果南斯拉夫人可以自治，羅馬尼亞人或斯洛伐克人為什麼不行？照這樣下去，匈牙利很快就會變成被其他群體包圍的小島。[44]一九〇七年之後，克羅埃西亞代表阻擾布達佩斯國會議事，抗議讓年輕的克羅埃西亞人被迫接受以匈牙利語為主的教育的語言法。克羅埃西亞憲法在一九一二年被擱置，戰爭爆發後，克羅埃西亞代表和馬扎爾菁英還是沒有解決事情。[45]

然而，縱使馬扎爾從政者肯答應，哈布斯堡領土要怎麼分割才不會讓更多方人士感到氣憤，答案並不清楚。例如，對捷克人做出任何妥協，德意志人就會暴動。在波希米亞，已經有八成的公僕是捷克人，但捷克人還是想要自治，不讓布拉格的波希米亞議會（以及維也納的帝國議會）發揮預期的功能。他們希望透過阻擾的方式使帝國嚴重不穩，這樣統治者便別無選擇，只能像跟匈牙利人那樣跟他們進行「妥協」。[46]同一時間，法蘭茲．約瑟夫繼續指派首相，以敕令和偶爾達成的共識治國。

儘管如此，我們還是可以輕易想像帝國的延續。假如車隊於一九一四年六月二十八日沒有在塞拉耶佛轉錯彎（至今仍原因不明），歐洲那年夏天就不會出現重大危機，哈布斯堡帝國也就會繼續存在。假如戰爭在一兩年後才爆發，俄羅斯的軍事實力會變得比較強，同盟國或許就會被迫提早求和，奧匈帝國反而可以生存下去。哈布斯堡家族已經確保十多個族群和平共存好幾個世代，他們的行政體系大致而言算清廉，會繼續用比大多其他國家更有效的方式，解決人民日常的擔憂。還有一個例子可以看出這個帝國其實相對人道，那就是加夫里洛．普林西普沒被處死，因為他未成年。[47]

實際發生的事情廣為人知。在德國（這也是一個帝國政體，認為「條頓人和斯拉夫人」之間必定會有一決雌雄的時候，同時很想證實自己的「男子氣慨」）的鼓勵下，奧地利要求哈布斯堡官員調查這起在塞爾維亞領土上發生的刺殺事件。[48]塞爾維亞認為這侵犯了的主權，不接受最後通牒，於是它的保護國俄羅斯動員武力，導致德國也開始動員，發動一連串的威脅和反威脅。八月四日，德國對比利時和法國展開大規模入侵，目標是要在俄羅斯從東方發動攻擊前，將法國（俄羅斯的盟友）趕出戰爭。儘管帝國自一九一四年秋天發動各種攻擊，卻直到一九一五年夏天才在德國軍隊的支援下擊敗塞爾維亞。這時候，奧匈帝國的兵力已經在波蘭和烏克蘭跟俄羅斯交戰；一九一五年，又有一條對抗義大利的戰線開啟。

哈布斯堡境內來自各個民族的後備軍人忠心地向他們的軍團報到，到這些遙遠的戰線作戰。雖然如此，不同的民族仍有所差異，與來自奧地利或波希米亞的德意志地區或者是匈牙利的士兵不同的是，捷克、斯洛維尼亞和克羅埃西亞士兵並沒有「懲罰」塞爾維亞或保護帝國和歐洲不受到「斯拉夫威脅」的熱血心理。在一九一四年夏天，捷克斯洛伐克代表團到莫斯科拜訪沙皇，對方願意支持哈布斯堡統治下的斯拉夫人。俄羅斯這邊也集結了一支捷克志願軍，且在消息傳到波希米亞之後，備受歡迎。[49] 哈布斯堡當局野蠻地鎮壓親斯拉夫的抗議活動，在公共場合做出批判言論的捷克人也遭到監禁，有些人甚至因為發表叛國言論而下獄。在波士尼亞和被占領的塞爾維亞，當局對被懷疑不忠的塞爾維亞人展開恐怖統治，因此波希米亞的德意志作家埃貢・歐文・基施（Egon Erwin Kirsch）說哈布斯堡的統治很「中古」。被懷疑在井裡或水果下毒的婦女先成為人質，後被就地正法。一般認為約有三萬人在這場意圖使塞爾維亞永遠安分的懲罰行動中失去性命。[50]

在一九一四年早秋之前，馬薩里克跟其他捷克政治人物一樣，持續為了奧匈帝國的民主化、聯邦化和現代化而努力。他渴望讓波希米亞自治，並明白表示他們要跟德意志人分享權力。可是，戰爭爆發之後，他的觀點出現轉變。到了十月，他已經深信帝國無法繼續存活，並對英國的政論家兼歷史學家羅伯特・威廉・西頓－沃森（Robert William Seton-Watson）坦言，他想在戰後跟斯洛伐克人一起建立獨立的國家。馬薩里克三度前往中立的瑞士和義大利試探西方是否支持他，並在一九一五年二月決定不再返國，因為有人警告他，他可能會被捕（希望俄羅斯軍隊可以解放波希米亞的民族主義者卡雷爾・克拉馬日就是這樣的下場）。

一九一五年十一月，捷克斯洛伐克的流亡分子在馬薩里克的率領下，在巴黎組成捷克斯洛伐克民族委員會。那年稍早，哈布斯堡的南斯拉夫政治人物已在巴黎成立自己的南斯拉夫委員會，希望建立一個大南斯拉夫國家。他們前往倫敦和華盛頓提出自己的論點，並跟當地的政治領袖和美國龐大的移民同胞交流。俄羅斯在一九一七年爆發革命並離開戰爭後，協約國認真地把哈布斯堡的斯拉夫人和南斯拉夫人當作可能反擊東邊的奧地利和德國的一股勢力。此時，捷克軍團在俄羅斯打仗，困在希臘的塞爾維亞軍隊則在等待巴爾幹半島上的哈布斯堡與保加利亞部隊指日可待的崩潰。

這兩個委員會的成立相當不平凡，雖然當時沒有人注意到。馬薩里克、他的副手愛德華．貝納許（Edvard Beneš）以及在巴黎謀反帝國的數十人，還有他們幾百年前的祖先，一直都被哈布斯堡帝國統治著。然而，生死衝突爆發後不過幾個月，這些海外流亡者就拋棄對帝國的忠誠，轉而支持由兩名知識分子渴望的夢想所發展出的國家，這兩名知識分子便是揚．科拉爾與柳德維特．蓋伊，他們在一八三〇年代喜歡在仍屬於德意志人的佩斯聊政治。唯有時間能揭示在戰爭過後誕生的捷克斯洛伐克和南斯拉夫是否有辦法比古老的帝國博得更多忠誠。

對捷克人而言，他們對哈布斯堡的忠誠心並沒有帶來滿足，他們賦予帝國的任何正當性都是暫時的。帝國雖然給他們帶來些許經濟成長和大量文化自治權，但這些東西都是經過一番社會與民族奮鬥後才得到的，不是出自統治者的初衷，更非他們的好意。從一八二〇年代開始，捷克人在無端的傲慢、有時甚至嚴峻的迫害面前，在文化領域努力取得了一次次的進展。他們只要看看匈牙利的例子，就能看出如果能夠控制自己的領土，他們的存在會變得多安穩。這便是為什麼，捷克黨派幾十年來不分左右都要求得到自治權，絕不妥協。[51]

哈布斯堡境內的各個民族沒有更大的社群歸屬感，即使是在帝國的各個地區（如波希米亞或波士尼亞）也一樣。歷史學家曾經試圖把這一點歸咎於某些人，例如威廉・麥卡格（William McCagg）便寫道，這個地區的民族菁英「一心一意追求【一個】自私的利益」，所以「窒礙並吞噬了仍在保護他們的帝國力量」。[52] 可是，只把錯怪在民族菁英身上並不公平，因為就連驕傲地站在民族之上的帝國領導階層也很執著境內或境外的民族問題。這兩個層面無法分離，是他們焦慮感的源頭。不管這個帝國是什麼，都絕對不是一個值得奮鬥的使命，無法獲得維持民族主義或社會主義的那份奉獻熱情。這個帝國好比一片風景或一種氛圍，是令人愉悅的背景布幕，消失後叫人懷念；更實際地說，它是地區的和平守護者，就像帕拉茲基所說的，是「如果不存在也必須創立」的國家，如同聯合國的維和部隊。帝國值得人們為它上戰場，卻不值得人們為它而死，而當帝國要求越多人為它犧牲生命，終點便越近在眼前。

附錄

表A.1　一八七〇年至二〇〇〇年，中東歐各國人口（以百萬為單位）

國家	1910	1920	1930	1950	1960	1960	1960	1970	1980	1990
德國	39.2	47.6	62.9	60.9	69.8	68.4	72.5	78.3	79.4	82.2
奧地利	4.5	5.4	6.6	6.5	6.7	6.9	7.0	7.5	7.7	8.1
波蘭	16.9	22.9	26.6	24.0	30.0	24.8	29.6	35.6	38.1	38.7
捷克共和國	7.6	8.6	10.0	10.0	11.2	8.9	9.7	10.3	10.3	10.3
斯洛伐克	2.5	2.6	2.9	3.0	—	3.5	4.0	5.0	5.3	5.4
匈牙利	5.9	6.6	7.6	8.0	9.3	9.3	10.0	10.7	10.4	10.1
克羅埃西亞	2.4	2.9	3.5	3.4	3.8	3.9	4.2	4.6	4.8	4.5
波士尼亞與赫塞哥維納	1.2	1.6	2.0	1.9	—	2.7	3.2	4.1	4.4	4.0
塞爾維亞	—	2.2	2.9	4.8	—	6.7	7.5	9.0	9.3	10.1
羅馬尼亞	9.2	10.4	11.9	12.3	15.9	16.3	18.4	22.1	22.9	22.5
保加利亞	2.6	3.4	4.5	5.1	6.7	7.3	7.9	8.8	8.9	7.8

出處：Jonathan Fink-Jensen, "Total Population," http://clio-infra.eu/Indicators/TotalPopulation.html#（二〇一九年六月十五日瀏覽）

註：圖示「—」代表資料無法取得。

John Lampe, *Yugoslavia as History: Twice There Was a Country* (Cambridge, 1996), 55.

42. Hoensch, *Geschichte Bohmens*, 400.
43. Pavlina Bobič, *War and Faith: The Catholic Church in Slovenia, 1914–1918* (Leiden, 2012), 12–14.
44. Charles Arthur Ginever, *The Hungarian Question: From a Historical, Economical and Ethnographical Point of View*, Ilona De Györy Gin ever, trans. (London, 1908), 45.
45. Solomon Wank, "The Nationalities Question in Habsburg Empire," Working paper 93–3, Center for Austrian Studies, University of Minnesota, April 1993, 3.關於克羅埃西亞人在一九〇七年之後因為語言法而妨礙議會的這段歷史，請參見：Robert A. Kann, *A History of the Habsburg Empire, 1526–1918* (Berkeley, 1974), 448。
46. Macartney, *Habsburg Empire*, 792, 799. Jan Křen, *Integration oder Ausgrenzung: Deutsche und Tschechen* (Bremen, 1986), 17.
47. 他未滿二十歲；其他滿二十歲的共犯都被吊死。Cathie Carmichael, *Concise History of Bosnia* (Cambridge, 2015), 55–56.
48. William Carr, *History of Germany, 1815–1945* (New York, 1979), 219. 如同羅賓・奧基（Robin Okey）在以下這份文獻中所寫的：「因為泛斯拉夫主義被視為侵略性永不止息的敵人，圍困過於消極的帝國，才趨使帝國加入戰場。」Okey, *Habsburg Monarchy*, 378–379.
49. Victor Mamatey, "The Establishment of the Republic," in *A History of the Czechoslovak Republic 1918–1948*, Victor Mamatey and Radomir Luža, eds. (Princeton, NJ, 1973), 10–11.
50. 哈布斯堡軍隊無法攻下小小的塞爾維亞，使他們的報復行動更加兇狠，讓人想起世界上其他地方的帝國經歷的遭遇。Hans Hautmann, "k.u.k. Mordbrenner;" *Krvavi trag Velikog rata. Zlocini Austrougarske i njenih savenznika 1914–1918*, Hans Hautmann and Milos Kazimirovic, eds. (Novi Sad, Serbia, 2015).
51. 他們雖然宣稱效忠哈布斯堡家族，但也會談到「自治」。關於上一個世紀的民族自由政治菁英，請參見：Otto Urban, "Czech Liberalism," in *Liberty and the Search for Identity*, Ivan Zoltan Denes, ed. (Budapest, 2006), 304。
52. McCagg, *History of Habsburg Jews*, 163.

19. Ante Starčević, *Politicki spisy* (Zagreb, 1971), 30.
20. Mark Biondich, *Stjepan Radić, the Croat Peasant Party, and the Politics of Mass Mobilization, 1904–1928* (Toronto, 2000), 48.
21. Biondich, *Stjepan Radić*, 45, 33–34.「年老的愛國者唱著對祖國的頌歌，使農民無法再被冷落。」
22. 一八九〇年代晚期所寫。Biondich, *Stjepan Radić*, 44, 50.
23. Biondich, *Stjepan Radić*, 58.
24. Biondich, *Stjepan Radić*, 45–46, 48.
25. Biondich, *Stjepan Radić*, 59.
26. Biondich, *Stjepan Radić*, 59.
27. John D. Bell, *Peasants in Power: Aleksander Stamboliski and the Bulgarian Agrarian Union 1899–1924* (Princeton, NJ, 1977), 69.
28. 這個詞是巴林頓・摩爾（Barrington Moore）提出的，引用自：Bell, *Peasants*, 52。憲章神話「說明了當前局勢哪裡有問題、應該做什麼加以修正」。
29. Bell, *Peasants*, 59.
30. 在某個村莊，市長「只為願意把兒子送到學校的家庭做事，因為學校的老師是他的敵人」。Bell, *Peasants*, 9.
31. Bell, *Peasants*, 60, 65.
32. Bell, *Peasants*, 83. 他們也不認同親王戴王冠，而代表頭上卻沒戴任何東西坐著。
33. Bell, *Peasants*, 57.
34. Bell, *Peasants*, 94, 98.
35. Steven Constant, *Foxy Ferdinand, Tsar of Bulgaria* (London, 1979), 292.
36. David G. Winter, *Roots of War: Wanting Power, Seeing Threat Justifying Force* (Oxford, 2018), 109–110.
37. Okey, *Habsburg Monarchy*, 376.
38. 戈烏霍夫斯基在一九〇一年這麼說塞爾維亞：「這個國家在政治上完全沒有秩序、在經濟上瀕臨破產、在軍事上微不足道又弱小，因此非常需要我們的力量，永遠都必須依靠我們。」Okey, *Habsburg Monarchy*, 362. 下面這份文獻的作者寫到，人們憎恨塞爾維亞這個「微型國家」，因為它讓奧地利變成一個「殘廢的國家」。Heinrich Kanner, *Kaiserliche Katastrophenpolitik: Ein Stück zeitgenössischer Geschichte* (Leipzig, 1922), 58. See also Hans Hautmann, "K.u.k. Mordbrenner," *Junge Welt* (Berlin), July 28, 2014.
39. Igor Despot, "Croatian Public Opinion toward Bulgaria during the Balkan Wars," *Études Balkaniques* 46:4 (2010), 147–148.
40. Joachim Remak, *Sarajevo: The Story of a Political Murder* (New York, 1959), 65.
41. 歷史學家蓋爾・斯托克斯（Gale Stokes）稱這是「缺乏發展的政治」。

Central Europe Between the World Wars (Cambridge, 1945)。

2. 關於領袖魅力十足的人在政壇上的崛起，請參見以下這篇文獻清晰的討論：Derek J. Penslar, "Theodor Herzl: Charisma and Leadership," in *The Individual in History*, ChaeRan Yoo Freeze et al., eds. (Waltham, MA, 2015), 13–27。
3. Bruce Berglund, *Castle and Cathedral in Modern Prague: Longingfor the Sacred in a Skeptical Age* (Budapest, 2017), 50–51; T. G. Masaryk, *Der Selbstmord als sociale Massenerscheinung der modernen Civilisation* (Vienna, 1881).
4. 關於希特勒的引句和分析，請參見：Thomas Schirrmacher, *Hitlers Kriegsreligion*, vol. 1 (Bonn, 2007), 239–240。
5. Milan Hauner, "The Meaning of Czech History: Masaryk vs. Pekař," in *T. G. Masaryk (1850–1937)*, Harry Hanak, ed., vol. 3: *Statesman and Cultural Force* (Basingstoke, UK, 1989), 24–42.
6. Masaryk, *Selbstmord*, 156.
7. 他和夏洛特把休謨的著作翻譯成德文。Roman Szporluk, *The Political Thought of T. G. Masaryk* (New York, 1981), 32–33.
8. H. Gordon Skilling, *T. G. Masaryk: Against the Current* (University Park, PA, 1994), 82.
9. Skilling, *T. G. Masaryk*, 84 .
10. Skilhng, *T. G. Masaryk*, 86–88, 93.
11. Skilling, *T. G. Masaryk*, 90, 92.但他確實認為，猶太人即使融入了捷克文化，在捷克社會仍舊是有別於捷克人的族群。
12. 工業化不斷進展，但是擁有中型農場的農夫階級也是。馬薩里克支持馬克思修正主義者福爾馬爾（Vollmar）和大衛，但是反對很有權威的考茨基（Kautsky）。參照：T. G. Masaryk, *Die philosophischen und sociologischen Grundlagen des Marxismus* (Vienna, 1899), 304–305。
13. 我在自己的書中闡述了這個以彼得・休默斯（Peter Heumos）的著作為基礎的發現：J. Connelly, *Captive University* (Chapel Hill, NC, 2000), 271。
14. Karel Čapek, *Talks with T. G. Masaryk*, Dora Round, trans. (North Haven, CT, 1995), 175.
15. Bruce Garver, "Masarykand Czech Pohtics," in *T. G. Masaryk*, Stanley B. Winters, ed., vol. 1 (London, 1990), 225–239; Szporluk, *Political Thought*, 111–119.
16. 七月，奧匈帝國封鎖所有肉品的進出口，並對塞爾維亞的產品實施最高的關稅。Sundhaussen, *Geschichte Serbiens*, 210; Macartney, *Habsburg Empire*, 773.
17. T. G. Masaryk, *Der Agramer Hochverratsprozess und die Annexion von Bosnien und Herzegowina* (Vienna, 1909), vii–ix.
18. 也就是過去貴族階級擁有的特權。

60. 一九〇五年的言論，引用自：Grott, *Dylematy*, 54。關於萊多霍夫斯基，請參見：Wandycz, *Lands of Partitioned Poland*, 234。
61. Leslie, *History of Poland*, 72.
62. Grott, *Dylematy*, 57–58; David Nirenberg, *Anti–Judaism: The Western Tradition* (New York, 2013).
63. 他們在奧匈軍隊儲備軍官裡占比不少（約百分之十八），不過德國軍隊裡則很少有猶太人。Erwin A. Schmid!, *Habsburgs judische Soldaten* (Vienna, 2014).
64. 即使這樣被排斥，他仍堅決自己是「德意志人」，並希望猶太復國主義能讓猶太人更愛德國。Jacqueline Rose, *The Question of Zion* (Princeton, NJ, 2005), 110.
65. Karlheinz Rossbacher, *Literatur und Bürgertum: fünf Wiener judische Familien von der liberalen Ära* (Vienna, 2003), 297–300.
66. John Efron, "The Politics of Being Jewish," in *The Jews: A History*, John Efron, Steven Weitzman, and Matthias Lehmann (London, 2008), 319–322.
67. Max Brod, *Streitbares Leben: Autobiographie* (Munich, 1960), 42–45.
68. 關於捷克運動，請參見：Michael W. Dean, "What the Heart Unites, the Sea Shall Not Divide; Claiming Overseas Czechs for the Nation" (PhD dissertation, University of California, Berkeley, 2014)。鄂圖曼拒絕讓赫茨爾透過猶太企業集團來替他們舒緩債務，以換取猶太人在鄂圖曼人的領土定居的權利。鄂圖曼政府願意准許猶太人在巴勒斯坦以外的任何領土定居。lsaiali Friedman, *Germany, Turkey, and Zionism 1897–1918* (New Brunswick, NJ, 1998), 100–102; Efron, "Politics ofBeingJewish," 324.
69. 下面這篇文獻的作者說，在一八七八年的柏林創立基督教社會黨的阿道夫・斯托克（Adolf Stöcker）是在跟社會民主黨競爭慘敗後，才「發現反猶主義」是個很有用的武器。Francis L. Carsten, *The Rise of Fascism* (London, 1967), 23. 下面這篇文獻則說，沒有證據顯示盧伊格是真心地轉變成反猶主義者。當時，他等著看民主運動和反猶運動哪一個變得比較強大。Peter Pulzer, *The Rise of Political Anti–Semitism in Germany and Austria* (New York, 1964), 160–161.
70. Pulzer, *Rise of Political Anti–Semitism*, 162.
71. Kořalka, *Tschechen*, 199.
72. Bugge, "Czech Nation–Building," 270.

11. 農民烏托邦：昔日的農村與明日的社會

1. Johan Eel end, "Agrarianism and Modernization in lnterwar Eastern Europe," in *Societal Change and Ideological Formation among the Rural Population of the Baltic Area 1880–1939*, Piotr Wawrzeniuk, ed., *Studia Baltica* 2 (2008), 35–56. 接下來的論點很多取自以下這份文獻：Hugh Seton–Watson, *East*

出的總結。Peter Fritzsche andJochen Hellbeck, "The New Man in Stalinist Russia and Nazi Germany," in *Beyond Totalitarianism: Stalinism and Nazism Compared*, Michael Geyer and Sheila Fitzpatrick, eds. (Cambridge, 2008), 314.

48. 關於德意志民族主義書寫的變化，請參見：Christhard Hoffmann, *Juden und Judentum im Werk deutscher Althistoriker des 19. und 20. Jahrhunderts* (Leiden, 1988), 68。
49. Wandycz, *Price of Freedom*, 173.
50. 關於這個家族的起源，請參見：*Neue Deutsche Biographie*, vol. 3 (Berlin, 1957), 152。關於他改宗天主教的經歷，請參見：Joseph Marcus, *Social and Political History of the Jews in Poland 1919–1939* (Berlin, 1983), 211; Kathrin Krogner–Komalik, *Tod in der Stadt: Religion, Alltag und Festkultur in Krakau 1869–1914* (Göttingen, 2015), 122。
51. Andrzej Żbikowski, Zydzi (Wroclaw, 1997), 92–93; Danuta Zamojska–Hutchins, "Form and Substance in Norwid's Poetry," *Polish Review* 28:4 (1983), 39. 關於在那之前波蘭媒體大量反猶言論的例子，請參見：Alix Landgrebe, *"Wenn es Polen nicht gäbe, dann müsste es erfunden werden"* (Wiesbaden, 2003), 255–268。
52. Leopold Caro, *Nowe drogi z przedmowa X. Arcybiskupa Teodorowicza* (Poznan, 1908), 1–2; Leopold Caro, "Idea gospodarcza Polski," *Przeglqd Powszecny* 180 (1928), 163; Leopold Caro, *Die Judenfrage: eine ethische Frage* (Leipzig, 1892), 10–14.
53. Andrzej Brożek, "Die Nationalbewegung in den Teilungsgebieten," in *Die Entstehung der Nationalbewegung in Europa 1750–1849*, Heiner Timmermann, ed. (Berlin, 1993), 85, 87–88; František Graus, *Die Nationbildung der Slawen im Mittelalter* (Sigmaringen, West Germany, 1980), 64; Tadeusz Łepkowski, *Polska–narodziny nowoczesnego narodu, 1764–1870* (Warsaw, 1967), 508–509.
54. "Podiven" (Peter Pithart, Milan Otáhal, Peter Prihoda), *Češi v dějinách nové doby : pokus o zrcadlo* (Prague, 1991).
55. Keely Stauter–Halsted,"Jews as Middleman Minorities in Rural Poland: Understanding the Galician Pogroms of 1898," in *Anti–Semitism and Its Responses*, Robert Blobaum, ed. (Ithaca, NY, 2005), 39–59; Keely Stauter–Halsted, *The Nation in the Village* (Ithaca, NY, 2001), 134; Wlodzimierz Borodziej, *Geschichte Polens im 20. Jahrhundert* (Munich, 2010), 16.
56. Stauter–Halsted, *Nation in the Village*, 1, 4, 245.
57. Śliwa, *Obey czy swoi*, 33.
58. 請參見克羅埃西亞農民黨的創始人之一安通・拉迪奇在一九〇三年所做出的抱怨言論：Božidar Murgić, ed., *Život, rad i misli Dra Ante Radića* (Zagreb, 1937), 83。
59. Fischer–Galati, "Romanian Nationalism," 386.

先後都有參與發行。就跟在奧地利一樣，左右兩派後來雖然激烈地互相反對，但是一開始其實有許多共同的要求，如選舉權和民族權利，即使開始出現分裂後仍持續合作。Porter–Sziics, *When Nationalism Began to Hate*, 135–143.明確地來說，「Endecja」是指民族民主運動；「Endeks」是指民族民主黨人。

36. 儘管如此，這場運動仍跟著人口一起成長，從一八六三年的五百萬人成長到一八九七年的九百四十萬人。第一場運動（「無產階級」）的領袖盧德維克・瓦倫斯基（Ludwik Waryński）在一八八三年被捕，一八八九年去世。早期的領袖有四人在一八八六年一月被吊死。R. F. Leslie, ed., *The History of Poland since 1863* (Cambridge, 1983), 45, 52–53.
37. Łepkowski, "Naród bez państwa," 400; Leslie, *History of Poland*, 57; Adam Ciołkosz, *Róża Luksemburg a rewolucja rosyjska* (Paris, 1961), 103.
38. Joshua D. Zinlmerman, *Poles, Jews, and the Politics of Nationality* (Madison, WI, 2004), 206. 一八九七年「聯盟」在維爾紐斯成立，正式名稱為立陶宛、波蘭和俄羅斯猶太工人總聯盟，擁有三萬名成員。此外，猶太人也有成立其他猶太復國社會主義組織。Waldenberg, *Kwestie narodowe*, 177.
39. 這就是鼎鼎大名的貝茲多尼劫案。Davies, *God's Playground*, vol. 2, 54–55; Wandycz, *Lands of Partitioned Poland*, 326–327; Józef Krzyk, "Socjalista i terrorysta; lata Piłsudskiego w PPS," *Gazeta Wyborcza*, May 11, 2015. 他在搶劫之前寫道：「我無法住在主屋外的小屋……這使我感到羞辱，任何擁有尊嚴、不願意成為奴隸的人都會如此。」Adam Michnik, *Letters from Prison* (Berkeley, 1985), 209–211. 畢蘇斯基在一八九九年為了娶一名離過婚的女子而改宗新教，但是他在一九一六年又回歸天主教。
40. M. B. B. Biskupski, *Independence Day: Myth, Symbol, and the Creation of Modern Poland* (Oxford, 2012), 6–7. 他在一九一四年八月從波蘭步兵協會中成立了這些軍團，請參見：Andrew Michta, *Red Eagle: The Army in Polish Politics, 1944–1988* (Stanford, CA, 1990), 26。
41. Leslie, *History of Poland*, 59.
42. M. K. Dziewanowski, "The Making of a Federalist," *Jahrbücher für die Geschichte Osteuropas* 11:4 (1963), 551; Michał Śliwa, *Obey czy swoi* (Krakow, 1997), 70.
43. 民族民主黨成立於一八九七年，從羅曼・德莫夫斯基一八九三年創立的民族聯盟（National League）之中分裂出來。Leslie, *History of Poland*, 54–56.
44. Brian Porter– Szűcs, *When Nationalism Began to Hate* (Oxford, 2000), 155.
45. Piotr Wandycz, *The Price of Freedom: A History of East Central Europe from the Middle Ages to the Present* (London, 2001), 173; Bogumił Grott, *Dylematy polskiego nacjonalizmu: Powrot do tradycji czy przebudowa narodowego ducha* (Warsaw, 2014), 87.
46. Leslie, *History of Poland*, 71.
47. 這是彼得・弗里奇（Peter Fritzsche）對於德意志右翼人士所看見的困境做

Osterreich van 1905 bis 1914," in *Studies in East European Social History*, Keith Hitchins, ed., vol. 1 (Leiden, 1977), 22.

23. Hans Mommsen, *Arbeiterbewegung und national Frage* (Göttingen, 1979), 72, 76–78.
24. 捷克人占人口百分之六十三，但只貢獻百分之四十五左右的稅收。Hoensch, *Geschichte Böhmens*, 395–396; Waldenberg, Kwestie narodowe, 172.
25. Kořalka, *Tschechen*, 235; Waldenberg, *Kwestie narodowe*, 173; Hans Mommsen, *Arbeiterbewegung und national Frage*, 209; Mommsen, "Otto Bauer, Karl Renner," 21. 在這個捷克黨派中，天主教的安東・德爾莫塔（Anton Dermota）反對反教權主義，主張在民族問題上採取先發制人的立場。Trencsényi et al., *History of Modern Political Thought*, 453.
26. 但是從某方面來說，馬克思主義也是源自這個地區，因為德意志出版社在羅茲、札格雷布、布達佩斯和塞拉耶佛等民族多元的地方都有據點。Frantisek Modracek, "Odpověd'Prof. Masarykovi," *Akademie revue socialistická* 3 (1899), 390.
27. Wereszycki, *Pod berłem Habsburgów*, 258.
28. Otto Urban, *Česká společnost 1848–1918* (Prague, 1982), 540–541; Beneš, *Workers and Nationalism*, 226.
29. Kann, "Zur Problematik der Nationalitatenfrage," in Wandruszka and Urbanitsch, eds., *Habsburgermonarchie*, vol. 3, 1324, 1330.
30. Wereszycki, *Pod berłem Habsburgów*, 272–273; Kořalka, *Tschechen*, 171.
31. Brian Porter–Szücs, *When Nationalism Began to Hate* (Oxford, 2000), 79; Leonard Szymanski, *Zarys polityki caratu wobec szkolnictwa ogólnokształcqcego w Królestwie Polskim w latach 1815–1915* (Wroclaw, 1983), 47; Piotr Paszkiewicz, *Pod berłem Habsburgów: sztuka rosyjska w Warszawie 1815–1915* (Warsaw, 1991).
32. Tadeusz Łepkowski, " Narody bez państwa," 414–416; Danuta Waniek, *Kobiety lewicy w palskim doświadczeniu politycznym* (Poznań, 2010), 34.
33. Szymański, *Zarys polityki*, 60–61; Jerzy Jedlicki, *A Suburb of Europe: Nineteenth–Century Approaches to Westerm Civilization* (Budapest, 1999), 236–237.
34. 關於這些城市，請參見：Łepkowski, "Narody bez państwa," 410。關於圖書館和自助機構，請參見：William W Hagen, *Germans, Poles, and Jews: The Nationality Conflid in the Prussian East 1772–1914* (Chicago, 1980), 142; Patrice M. Dabrowski, *Commemorations and the Shaping of Modern Poland* (Bloomington, IN, 2004), 160。較低年級可使用波蘭語，直到孩子被認為可以完全用德語學習為止。Wandycz, *Lands of Partitioned Poland*, 234–235.
35. 這個期刊的名稱是《聲音》（*Głos*），民族主義者齊格蒙特・巴利茨基以及社會主義者博萊斯瓦夫・利馬諾夫斯基（Bolesław Limanowski）後來

Gespräche mit Marx und Engels (Frankfurt, 1973), 709ff.

11. Engels, "magyarische Kampf," 175; Friedrich Engels, "What Have the Working Classes to Do with Poland," in Karl Marx, *Political Writings*, vol. 3 (Harmondsworth, UK, 1974), 383. On Poland: Hubert Orlowski, *"Polnische Wirtschajt": Zurn deutschen Polendiskurs der Neuzeit* (Wiesbaden, 1996), 276.
12. 這出現在一八六九年的二月。Kořalka, *Tschechen*, 224.
13. 波蘭社會主義者約瑟夫・畢蘇斯基試圖以這一點為波蘭獨立的依據。Waldenberg, *Kwestie narodowe*, 166; Eduard Bernstein, *Die heutige Sozialdemokratie in Theorie und Praxis* (Munich, 1905), 42.
14. František Modráček, "K národnostní otázce," *Revue Socialistická Akademie* 3 (1899), 337–344.
15. Kořalka, *Tschechen*, 224; Józef Chlebowczyk, *O prawie do bytu małych i młodych narodów* (Katowice, Poland, 1983), 377, n.14; Pech, *Czech Revolution*, 300.
16. Emphasis added. Kořalka, *Tschechen*, 244–245.
17. Waldenberg, *Kwestie narodowe*, 168. 在一九〇七年的選舉中，捷克人獲得三十八萬九千四百九十七票、波蘭人七萬七千一百三十一票、義大利人兩萬一千三百七十票、魯塞尼亞人兩萬九千九百五十七票、斯洛維尼亞人五千三百一十票。Koralka, *Tschechen*, 235.
18. Waldenberg, *Kwestie narodowe*, 168–169. 奧地利社會民主黨的創始人聲稱代表奧地利地區所有的工人，發誓會爭取人們的經濟與政治權，「無論其民族、種族或性別」。引用自一八八九年一月的「海恩費爾德綱領」。Berchtold, *Österreichische Parteiprogramme*; Wingfield, *Flag Wars and Stone Saints*, 66; Hantsch, *Geschichte Österreichs*, 471–472.
19. Okey, *Habsburg Monarchy*, 309. 這個概念有很多人提出，包括匈牙利自由主義者約瑟夫・厄特沃什和斯洛維尼亞社會民主黨的埃特班・克里斯坦（Etbin Kristan），但是最常被跟它聯想在一起的人物是奧地利德意志人卡爾・倫納。Waldenberg, *Kwestie narodowe*, 170.
20. Antonín Němec, "Die tschech–slawische sozialdemokratische Arbeiterpartei in Österreich," in *Die sozialistische Arbeiter–Internationale: Berichte der sozialdemokratischen Organisationen Euro pas, Australiens, und Amerikas an dem internationalen Sozialistenkongress zu Stuttgart* (Berhn, 1907), 165.
21. Okey, *Habsburg Monarchy*, 309; Otto Bauer, *Nationalitätenfrage und die Sozialdemokratie* (Vienna, 1907), 452;Jakub S. Beneš, *Workers and Nationalism: Czech and German Social Democracy in Habsburg Austria, 1890–1918* (Oxford, 2016), 202–204.
22. 這是根據「常用語言」計算出來的官方數據，但是捷克推廣者則是以家鄉為依據，估計人數超過二十五萬。Maureen Healy, *Vienna and the Fall of the Habsburg Empire* (Cambridge, 2004), 151–152; Hans Mommsen, "Otto Bauer, Karl Renner, und die sozialdemokratische Nationahtätenpolitikin

70. Janko Pleterski, "Die Slowenen," in *Habsburgermonarchie*, Wandruszka and Urbanitsch, eds., vol. 3, 831.
71. 其餘有十七人是德意志人、十二人是匈牙利人。不過，在其他地方就不太一樣了，比如在軍事邊疆地區，便有許多獨立和共有的農民所有權。Arnold Suppan, "Die Kroaten," in *Habsburgermonarchie*, Wandruszka and Urbanitsch, eds., vol. 3, 668–671. 在匈牙利，土地面積越小，擁有地產的馬扎爾人比例就越少。Katus, "Die Magyaren," 480.

10. 自由主義的繼承者與敵人：社會主義和民族主義

1. William O. McCagg,Jr., *A History of the HabsburgJews 1670–1918* (Bloomington, IN, 1989), 198–199.
2. R.J. Crampton, *A Concise History of Bulgaria* (Cambridge, 1997), 124–127; Diana Mishkova, "The Interesting Anomaly of Balkan Liberalism," in *Liberty and the Search for Identity*, Iván Zoltán Dénes, ed. (Budapest, 2006), 401.
3. Carl E. Schorske, *Fin–de–Siècle Vienna: Politics and Culture* (New York, 1980), 116–120, 144.
4. R.R. Palmer and Joel Colton, *A History of the Modern World*, sixth edition (New York, 1984), 606–607.
5. Jonathan Kwan, *Liberalism and the Habsburg Monarchy* (Basingstoke, UK, 2013), 206.
6. 如果非社會主義的改革觀點可以實現進步，社會主義者也會採納。請參見以下文獻中卡齊米日・凱勒斯－克勞茨（Kazimierz Kelles–Kraus）的評論：Micińska, *Inteligencja na rozdrozach 1864–1918* (Warsaw, 2008), 121。關於「普及、平等、匿名、直接」的理想選舉制，請參見：Wereszycki, *Pod berlem Habsburgów*, 260。
7. Schorske, *Fin–de–Siècle Vienna*, 119.
8. Jakub Beneš, "Social Democracy, Frantisek Soukup, and the Habsburg Austrian Suffrage Campaign 1897–1907," *Centre. Journal for Interdisciplinary Studies of Central Europe in the 19th and 20th Centuries* 2 (2012), 14.
9. Karl Marx and Frederick Engels, *The German Ideology*, C. J. Arthur., ed. (London, 2004), 58。有些社會主義者（像是尚・饒勒斯〔Jean Jaurès〕）對《共產黨宣言》一書寫到的那句話「工人沒有祖國」感到有些遺憾，認為這句話可能帶有諷刺意味，不是認真的，但是馬克思和恩格斯都不曾加以修正，即使恩格斯在多次再刷時寫過前言。Marek Waldenberg, *Kwestie narodowe w Europie Środkowo–Wschodniej: dzieje, idee* (Warsaw, 1992), 186–187.
10. Friedrich Engels, "Der magyarische Kampf," *Neue Rheinische Zeitung*, January 13, 1849, in Karl Marx and Friedrich Engels, *Werke*, vol. 6 (Berlin, 1959), 165–176; Kořalka, *Tschechen*, 221–223; Hans Magnus Enzensberger, ed.,

53. Janos, *Politics of Backwardness*, 126.
54. Henry L. Roberts, *Rumania: Political Problems of an Agrarian State* (New Haven, CT, 1951), 6; Diana Mishkova, "The Uses of Tradition and National Identity in the Balkans," in *Balkan Identities: Nation and Memory*, Maria Todorova, ed. (New York, 2004), 272.
55. Gale Stokes, "The Social Origins ofEast European Politics," *East European Politics and Societies* 1:1 (1986), 56.
56. 屬於羅馬尼亞人的勞力人口只有百分之十三點七從事工業、貿易和信貸，但是羅馬尼亞的猶太人勞力人口卻有百分之七十九點一從事這些產業。Stokes, "Social Origins," 57.
57. Stokes, "Social Origins," 55; Daniel Chirot and Charles Ragin, "The Market, Tradition and Peasant Rebellion: The Case of Romania in 1907," *American Sociological Review* 40 (1975), 431.
58. Berend, *History Derailed*, 186–187.「根據一八八四年的一條法律，他刻意使投票制度著重加強他的現代化和國家形成政策所創造的城市專業人士，而非他的發展計畫所忽視的眾多被迫臣服的農民。」Stokes, "Social Origins," 56.
59. Chirot and Ragin, "The Market," 434; Juliusz Demel, *Historia Rumunii* (Wrodaw, 1970), 355.
60. 這出自大衛・米特蘭尼（David Mitrany）之口。Roberts, *Rumania*, 21; Demel, *Historia*, 356; Keith Hitchins, *Rumania: 1866–1945* (Oxford, 1994), 170,172,176,180.
61. 在發生嚴重暴力行為的瓦拉幾亞，擁有土地的非羅馬尼亞人比例較摩爾達維亞低得多。Chirot and Ragin, "The Market," 433; Raul Carstocea, "Anti–Semitism in Romania," European Centre for Minority Issues, ECMI Working Paper 81 (October 2014), 7; Demel, *Historia*, 355–356.
62. Stephan Fischer–Galati, *Twentieth Century Rumania* (New York, 1991), 22.
63. Mishkova, "Uses of Tradition and National Identity," 270–272; Ivan Bicik, "Land Use Changes in Czechia," in *Land Use Changes in the Czech Republic*, Ivan Bičík et al., eds. (Cham, Switzerland, 2015), 110.
64. Stokes, "Social Origins," 61.
65. Stokes, "Social Origins," 63; Sundhaussen, *Geschichte*, 200.
66. 一九一四年戰爭爆發前，這個國家只有成立三所農業學校，訓練兩百二十二個學生。Stokes, "Social Origins," 64.
67. Stokes, "Social Origins," 64, 66.
68. Stokes, "Social Origins," 62–63.
69. Barbara Černič, "The Role of Dr. Janez Evangelist Krek in the Slovene Cooperative Movement," *Slovene Studies* 11:1/2 (1989), 75–81. 關於拉迪奇的農業政治理念，請參見：MarkBiondich, *Stjepan Radič, the Croat Peasant Party, and the Politics of Mass Mobilization* (Toronto, 2000), 246。

deutsche und tschechische Bauern in Böhmen, 1848–1918," in *Die Chance der Verstiindigung: Absichten und Ansätze zu übernationaler Zusammenarbeit in den biihmischen Liindern, 1848–1918*, Ferdinand Seibt, ed. (Munich, 1987), 87–99。所以，跟彼得・布格（Peter Bugge）相反的說法也沒有錯：「自從一八四八年奧地利出現現代憲法政治的那一刻起，任何捷克民族抱負都得擁有政治色彩。」也就是說，任何政治理念想要形成組織，都得帶有民族色彩。Bugge, "Czech Nation–Building," 10.

43. Ivan T. Berend, *History Derailed: Central and Eastern Europe in the Long Nineteenth Century* (Berkeley, 2003), 184.
44. 大莊園在波希米亞占了百分之四十、在波蘭占了百分之三十五的土地面積。Berend, *History Derailed*, 184.
45. 這個數字包括他們的眷屬。László Kontler, "The Enlightenment in Central Europe," in *Discourses of Collective Identity*, Balázs Trencsényi and Michal Kopeček, eds., vol. 1 (Budapest, 2006), 39; Janos M. Bak, "Nobilities in Central and Eastern Europe," *History and Society in Central Europe*, 2 (1994), 164; Oszkár Jászi, *Dissolution of the Habsburg Monarchy* (Chicago, 1961), 299.
46. 亞諾什・蒂薩（Janos Tisza）「負責該時期最具有爭議的制度，也就是要求選民符合極高財產條件的選舉制度。這些選舉充滿貪汙腐敗，政府偶爾還會毫不掩飾地插手干預」。Tibor Frank, "Hungary and the Dual Monarchy," in *History of Hungary*, Sugar et al., eds., 263; Laszlo Katus, "Die Magyaren," in *Die Habsburgermonarchie*, Adam Wandruszka and Peter Urbanitsch, eds., vol. 3 (Vienna, 1980), 470–472.
47. Janos, *Politics of Backwardness*, 130.
48. 這些偉大的家族形成「一個農業施壓團體的核心，目標是要推翻市場的力量，恢復體制對傳統地主身分的支持。」隸屬於農業中產階級的仕紳和下層貴族離開農場，逃到官僚體系之中。Janos, *Politics of Backwardness*, 121, 130–132.
49. 選民有百分之五十六點二是匈牙利人、百分之十一點二是羅馬尼亞人，而這兩個民族占總人口的比例則分別是百分之五十四點五和十六點一。András Gerő, *Modern Hungarian Society in the Making* (Budapest, 1995), 172–174, 177–179.
50. 在一八九九年到一九一三年之間，工業的馬力產能增加了三倍以上。Janos, *Politics of Backwardness*, 132–136, 149–155.
51. 馬扎爾化的猶太人「往往比阿彭伊忠誠，比烏格龍（Gábor Ugron）更愛國。他們會以馬扎爾語作曲、書寫浪漫主義詩詞，建立新工廠時，他們是『為了祖國好』。」Janos, *Politics*, 117, 131.
52. Janos, *Politics of Backwardness*, 115; Katus, "Die Magyaren," 465; Paul Lendvai, *The Hungarians: A Thousand Years of Victory in Defeat*, Ann Major, trans. (Princeton, NJ, 2003), 339.

(Vienna, 1991), 112.

30. Meeting of Bohemian parliament, in *Stenograjické zprávy sněmu království Českého*, January 22, 1898, 1580.

31. Speech of Koldinsky, in *Stenograjické zprávy sněmu království Českého*, January 22, 1898, 1582.

32. 請見西利西亞波蘭人揚・米切伊達的評論：「你們有權力、財產和學校；你們有只講德語的公家機關和法庭，你們手中掌握所有的政治，並反對任何可能削弱你們掌控能力的改革。」Remarks of February 5, 1898, *Offizielle stenographische Berichte über die Verhandlungen des schlesischen Landtags*, thirty–fifth session (Troppau, 1898), 424. 也請參見捷克青年黨的愛德華・葛雷格爾的想法：*Naše politika; otevřený list panu dr. Fr. L. Riegrovi* (Prague, 1876), 1–6。以下這個關於波希米亞戰役的重要研究探討了學童對民族的忠誠：Tara Zalrra, *Kidnapped Souls: National Indifference and the Battle for Children in the Bohemian Lands, 1900–1948* (Ithaca, NY, 2008)。

33. Macartney, *Habsburg Empire*, 664–665: Historia, 249. Harold Frederic, "Germans or Czechs," *New York Times*, December 5, 1897; Maurice Baurnfeld, "The Crisis in Austria–Hungary,"*American Monthly Review of Reviews* 31 (January–June 1905), 446.

34. Nancy Wingfield, *Flag Wars and Stone Saints: How the Bohemian Lands Became Czech* (Cambridge, MA, 2007), 76.

35. Michael Wladika, *Hitlers Vätergeneration: Die Ursprünge des Nationalsozialismus in der k.u.k. Monarchie* (Vienna, 2005), 631.

36. 這是弗里德里希・維塞爾（Friedrich von Wieser）的想法，收錄在以下文獻：Robert A. Kann, *Multinational Empire*, vol. 1, (New York, 1950), 51–52; Peter Pulzer, *The Rise of Political Anti–Semitism in Germany and Austria* (Cambridge, MA, 1988), 142–155 and passim。

37. Zweig, *World of Yesterday*, 64.

38. Schorske, *Fin–de– siècle Vienna*, 117.

39. Kořalka, Tschechen, 114.

40. 關於馬薩里克在中歐現象學的脈絡下提出的「小步」政策，以下文獻提供了思路清晰的討論：Michael Gubser, *The Far Reaches: Phenomenology, Ethics and Social Renewal in Central Europe* (Stanford, CA, 2014), 143。

41. 一八八四年，他們已經靠「自然成長」在皮耳森（Plzeň）和傑斯凱布提約維次（České Budějovice）的商會形成多數，但他們還在布拉格的商會努力打拼。Josef Jakub Toužimský, "Rozhledyv dějinách současných," *Osvěta* 14:1 (1884) 474–475; Catherine Albrecht, "Nationalism and Municipal Savings Banks in Bohemia," *Slovene Studies* 11:1/2 (1989), 57–64; Bugge, "Czech NationBuilding," 39.

42. 關於波希米亞的商業和經濟利益團體協會容易帶有民族性質的傾向，請參見：Peter Heumos, "Interessensolidarität gegen Nationalgemeinschaft

Parteiprogramme, 191.

20. Andrew Whiteside, *The Socialism of Fools: Georg Ritter von Schonerer and Austrian Pan–Germanism* (Berkeley, 1967), 97.
21. 關於奧地利的基督教社會主義，請參見：John W. Boyer, *Political Radicalism in Late Imperial Vienna: The Origins of the Christian Social Movement* (Chicago, 1981)。
22. 他想獲得捷克人、波蘭人、斯洛維尼亞人、塞爾維亞人、克羅埃西亞人、烏克蘭人、天主教中心和天主教人民黨的支持。Johann Albrecht von Reiswitz, "Kasirnir Graf von Badeni," *Neue Deutsche Biographie*, vol.1 (Berlin, 1953), 511. 捷克青年黨從一八八九年開始成為多數黨，並在一八九一年贏得捷克地區所有的席次，將捷克老年黨從維也納的捷克俱樂部逐出。
23. Douglas Dion, *Turning the Legislative Thumbscrew: Minority Rights and Procedural Change in Legislative Politics* (Ann Arbor, MI, 2001), 241–242; Michael John, "Vielfalt und Heterogenität," in *Migration und Innovation um 1900: Perspektiven auf das Wien der Jahrhundertwende*, Elisabeth Röhrich, ed. (Vienna, 2016), 45–46; "Rioters Killed in Prague," *New York Times*, December 3, 1897; Stefan Zweig, *The World of Yesterday* (Lincoln, NE, and London, 1964), 65.
24. 一八九三年就已出現戒嚴。Reiswitz, "Kasimir Graf von Badeni," 511; "Race Riots in Bohemia," *New York Times*, December 2, 1897.
25. 一九〇〇年，猶太人只占了摩拉維亞人口的百分之一點八二、波希米亞人口的百分之一點四七。Arthur Ruppin, *Die Juden in Österreich* (Berlin, 1900), 7.
26. Reiswitz, "Kasirnir Graf von Badeni," 511; Hantsch, *Geschichte Österreich*, 469.
27. 事實上，法令有一條規定，一九〇一年以前在職的官員不受新法約束。John Boyer, "Badeni and the Revolution of 1897," in *Bananen, Cola, Zeitgeschichte: Oliver Rathkolb und das lange 20. Jahrhundert*, Lucille Dreidemy et al., eds. (Vienna, 2015), 74. 西利西亞的波蘭代表揚・米切伊達（Jan Michejda，一八五三年到一九二七年）便主張：只要你通曉一個民族的文學，你就無法厭惡該民族。Remarks of February 5, 1898, in *Offizielle stenographische Berichte über die Verhandlungen des schlesischen Landtags*, thirty–fifth session (Troppau, 1898), 427.
28. *Neue Freie Presse*, October 31, 1897, cited in Hugh LeCaine Agnew, *Czechs and the Lands of the Bohemian Crown* (Stanford, CA, 2004), 149; *Stenograjické zprávy sněmu království Českého*, January 22, 1898 (Prague, 1898), 1583. 其他德意志代表（格勒克納〔Glöckner〕、沃爾夫和埃平格〔Eppinger〕）也認為把捷克語跟德語相提並論是難以想像的概念。關於沃爾夫的評論，請參見：John, "Vielfalt," 45–46。
29. Jiří Kořalka, *Tschechen im Habsburgerreich und in Europa 1815–1914*

8. Bugge, "Czech Nation–Building," 161, 163.
9. 他的政府通過的學校法案導致許多捷克中等學校被關閉，理由是學生培育過剩；這個政府在一八八六年到一八八七年重新協議妥協時，也沒有考量到捷克人的經濟利益。Bugge, "Czech NationBuilding," 163.
10. Bugge, "Czecli Nation–Building," 164; Hantsch, *Geschichte Österreichs*, 443. 由神職人員、大地主以及波蘭人、捷克人和其他斯拉夫群體所組成的「右翼」增加到一百九十個代表，而德意志自由黨的「左翼」則減少到一百三十六個。Macartney, *Habsburg Empire*, 614. 捷克青年黨在一八六〇年代從捷克民族黨內部形成，比捷克老年黨更民主，後來在一八七四年另組政黨。
11. Kwan, *Liberalism*, 166.
12. 赫爾穆特・倫普勒（Helmut Rumpler）的觀點，引用自：Piotr Majewski, *Sudetští Němci: dejiny jednoho nacionalismu* (Brno, 2014), 78; Hoensch, *Geschichte Bohmens*, 368。關於當時德意志人的觀點，請參見：Theodor Lindner, *Weltgeschichte seit der Völkerwanderung*, vol.10 (Stuttgart, 1921), 168。
13. 下面這個分成上下兩冊的研究詳述了波希米亞德意志人財富和人數的銳減情況：Heinrich Rauchberg, *Der nationale Besitzstand in Böhmen* (Leipzig, 1905) 。另外還有：Bugge, "Czech Nation–Building," 166; Křen, *Konfliktgemeinschaft*, 175（關於「害怕的焦慮感」）。
14. Catherine Albrecht, "Rural Banks and Czech Nationalism in Bohemia," *Agricultural History* 78:3 (2004), 317, 322. 波希米亞西北部的莫斯特地區原本以德意志人為多數，但在十九世紀晚期，德意志人只有增加百分之六十，而捷克人增加了百分之三百。Mark Cornwall, "The Struggle on the Czech–German Language Border," *English Historical Review* 109:433 (1994), 218. 波希米亞北部城鎮的德意志工業工人階級變少了。Markus Krzoska, "Frieden durcli Trennung?" in *Die Destruktion des Dialogs*, Dieter Bingen et al., eds., (Wiesbaden, 2007), 90–91.
15. Křen, *Konjliktgemeinschaft*, 177.
16. Helmut Rumpler, *Eine Chance für Mitteleuropa* (Vienna, 1997), 452–453.
17. 在一八七三年到一八八二年之間，二十四歲以上的男性只有百分之六可以投票。
18. Carl Schorske, *Fin–de–siècle Vienna: Politics and Culture* (New York, 1981), 126–127; Peter Pulzer, *The Rise of Political Anti–Semitism in Germany and Austria* (Cambridge, MA, 1964), 147.
19. Schorske, *Fin–de–siècle Vienna*, 126. See also: Bugge, "Czech Nation–Building," 164, 213; Macartney, *Habsburg Empire*, 653; Georg von Schiinerer, "Aufruf zur Griindung einer deutschnationalen Partei," (1881) in *Österreichische Parteiprogramme 1868–1966*, Klaus Berchtold, ed. (Vienna, 1967), 192; "Das Friedjung–Prograrnm," in Berchtold, *Österreichische*

Aviv, 2005), 136–137.

82. Josef Perwolf, *Die slavisch–orientalische Frage: eine historische Studie* (Prague, 1878)。但是他們沒有容忍波蘭人對民族權利的要求，請參見：William W. Hagen, Germans, Poles, and Jews: The Nationality Conflict in the Prussian East (Chicago, 1980)。
83. Leopold Kammerhofer and Walter Prenner, "Liberalismus und Außenpolitik," in *Studien zum Deutschliberalismus in Zisleithanien 1873–79*, Leopold Kammerhofer, ed. (Vienna, 1992), 219.
84. 透過條約保護主權主體內部的宗教信仰並不新奇，新奇的是把宗教信仰——塞爾維亞、保加利亞、蒙特內哥羅或羅馬尼亞的基督徒——當作主權來源。Eric D. Weitz, "From the Vienna to the Paris System: International Politics and the Entangled Histories of Human Rights, Forced Deportations, and Civilizing Missions" *American Historical Review* 113:5 (2008), 1317.
85. Hoare, *History of Bosnia*, 64.
86. Malcolm, *Bosnia*, 149.
87. Helmut Rumpler, *Eine Chance für Mitteleuropa: biirgerliche Emanzipation und Staatsverfall in der Habsburgermonarchie* (Vienna, 1997), 450.
88. 「帝軍進入波士尼亞－赫塞哥維納的六個月後，一百一十二名自由主義者投票反對柏林條約，象徵他們抗議執政者濫用憲法……自由派的反對和不團結……使法蘭茲．約瑟夫認為他們無法替他的政府提供可靠的支持。」Kwan, Liberalism, 98.

9. 納粹主義的遠因：世紀末的匈牙利與波希米亞

1. Zdeněk David and Robert Kann, *Peoples of the Eastern Habsburg Lands* (Seattle, 1984), 303; C. A. Macartney, *The Habsburg Empire 1790–1918* (London, 1969), 554, 583–584; Wereszycki, *Historia*, 238.
2. 他的綽號是「帝國的第一騎士」。Macartney, *Habsburg Empire*, 571.
3. 「他們在生活方式、教育和文化方面變得越像德意志人，德意志媒體對他們的描述就越充滿惡意與指謫。」Peter Bugge, "Czech Nation–Building, National Self–Perception and Politics, 1780–1914" (PhD dissertation, University of Aarhus, 1994), 165; Macartney, *Habsburg Empire*, 612. 關於波希米亞和摩拉維亞的選區操縱細節，請參見：Kwan, *Liberalism*, 79。
4. 例如菲什霍夫在一八八二年發表過的言論。Kwan, *Liberalism*, 133.
5. R. Charmatz, *Adolf Pischhof Das Lebensbild eines ost.erreichischen Politikers* (Berlin and Stuttgart, 1910), 32off.
6. Hugo Hantsch, *Geschichte Österreichs* (Graz, Austria, 1953), 438; Macartney, *Habsburg Empire*, 612; A.J. P. Taylor, *The Habsburg Monarchy: 1809–1918* (Chicago, 1976), 157.
7. Bugge, "Czech Nation–Building," 158ff; David and Kann, *Peoples*, 305.

69. Kellogg, *Road to Romanian Independence*, 45–46, 53.
70. Stephen Fischer–Galati, "Romanian Nationalism," in *Nationalism in Eastern Europe*, Peter Sugar and Ivo Lederer, eds. (Seattle, 1969), 385–386; Carole Fink, *Defending the Rights of Others: The Great Powers, the Jews, and International Minority Protection, 1878–1938* (Cambridge, 2004), 14.
71. Seton–Watson, *History of the Roumanians*, 349; Kellogg, *Road to Romanian Independence*, 49, 58.
72. From an article of February 1879 cited in Dieter Müller, *Staatsbürger auf Widemef: Juden und Muslime als Alteritätspartner im rumänischen und serbischen Nationscode* (Wiesbaden, 2005), 67.
73. Kellogg, *Road to Romanian Independence*, 44, 49. 自由派的政治人物彼得・卡普（Petre P. Carp）是例外。
74. 分別引用自伊萬・斯拉維奇在一八七八年和愛明內斯庫在一八七九年所寫的文字。Müller, *Staatsbürger*, 68, 70–71; Kellogg, *Road to Romanian Independence*, 44.
75. 他的兒子是揚・布勒蒂亞努（Ion I. C. Brătianu，一九二七年逝世），孫子是格奧爾基・布勒蒂亞努（Gheorghe I. Brătianu，一九五三年逝世）。Radu Ioanid, *The Sword of the Archangel: Fascist Ideology in Romania* (New York, 1990), 31, 33; Müller, *Staatsbürger*, 66–67. 關於其他提倡反猶主義的傑出人物，請參見：International Commission on the Holocaust in Romania, *Final Report* (Bucharest, 2004), 24–25, at https://www.ushmm.org/m/pdfs/20080226–romania–commission–holocaust–history.pdf(accessed October 26, 2016)。
76. 十九世紀晚期的羅馬尼亞知識分子「對一切外來事物都抱持著負面觀感，只有對法國例外」。Emanuel Turczynski, "The Background of Romanian Fascism," in *Native Fascism in the Successor States*, Peter Sugar, ed. (Santa Barbara, CA, 1971), 106. Albert S. Lindemann, *Esau's Tears: Modern Anti–Semitism and the Rise of the Jews, 1870–1933* (New York, 1997), 307, 312.
77. 俾斯麥的專屬銀行家格森・布萊希羅德（Gerson Bleichröder）和其他投資人希望獲得羅馬尼亞政府的補償。Müller, *Staatsbürger*, 61. 關於布萊希羅德的個人利益，請參見：William O. Oldson, *A Providential Anti–Semitism* (Philadelphia, 1991), 32。另外還有：Jelavich and Jelavich, *Establishment*, 155–157, 178; Seton–Watson, *History of the Roumanians*, 352; Müller, *Staatsbürger*, 74, 81–82。關於猶太人的歸化人數，請參見："Romania," in *Jewish Encyclopedia*, Singer, ed., vol. 9 (New York, 1909), 512–516。
78. "Die Judenfrage in Rumänien," *Das Ausland* 52:2 (1879), 610.
79. loanid, *Sword*, 31; Müller, *Staatsbürger*, 71–72.
80. "Romania," in *Jewish Encyclopedia*, Singer, ed., 512–516.
81. Carol Iancu, "The Struggle for the Emancipation of Romanian Jewry," in *The History of Jews in Romania*, Liviu Rotman and Carol Iancu, eds., vol. 2 (Tel

多界線。羅馬尼亞愛國者當然「解決」了這個問題，並在國家統一的基本問題上留下了引人入勝的變化。下列文獻輕快地討論了這些議題：Lucian Boia, *History and Myth in Romanian Consciousness* (Budapest, 2001)。關於保加利亞，請參見：Roumen Daskalov, *The Making of a Nation in the Balkans* (Budapest, 2004); Claudia Weber, *Auf der Suche nach der Nation: Erinnerungskultur in Bulgarien* (Berlin, 2006)。關於保加利亞民族運動對文化、教育和爭取個別教會的關注焦點，請參見：R. J. Crampton, *A Concise History of Bulgaria* (Cambridge, 1997), 46–76。

59. 其中一些波雅爾家族包括庫扎（Cuza）、戈萊斯庫（Golescu）、羅塞蒂（Rosetti）、布勒蒂亞努（Bratianu）、伯爾切斯庫（Balcescu）、科格爾尼恰努（Kogalniceanu）。Jelavich and Jelavich, *Establishment*, 95.
60. 俄羅斯持有一個保護國。Keith Hitchins, *A Concise History of Romania* (Cambridge, 2014), 95–96. Also: loan Stanomir, "The Temptation of the West: The Romanian Constitutional Tradition," in *Moral, Legal and Political Values in Romanian Culture*, Michaela Czobor–Lupp and J. Stefan Lupp, eds. (Washington, DC, 2002).
61. R. W. Seton–Watson, *History of the Roumanians* (Cambridge, 1934), 230, 266–268.
62. 這樣的結果其實大體上是場鬧劇，因為不識字的人很多。不過，很多選票也是透過逼迫的方式得到的。Jelavich, *History of the Balkans*, vol. 1, 293; Seton–Watson, *History of the Roumanians*, 301–309.
63. Hitchins, *Concise History*, x; Seton–Watson, *History of the Roumanians*, 310.
64. Jelavich and Jelavich, *Establishment*, 120; Jelavich, *History of the Balkans*, vol. 1, 294.
65. Frederick Kellogg, *The Road to Romanian Independence* (West Lafayette, IN, 1995), 13.
66. Jelavich and Jelavich, *Establishment*, 122–123.
67. 任何猶太人只要沒有「從事任何有用的職業，就可以被驅逐」，再也不得進入摩爾達維亞，這是摩爾達維亞組織法第三章第九十四條的規定。Carol Iancu, *Jews in Romania 1866–1919: From Exclusion to Emancipation*, Carvel de Bussy, trans. (New York, 1996), 25。一八六六年憲法的第七條則表示，只有基督信仰的外國人才能夠獲准歸化。Jelavich and Jelavich, *Establishment*, 178. 這是以一八三〇年代中葉的組織法令為基礎，該法令規定只有基督徒才能成為公民。
68. 「一八七八年，總共記錄了二十一萬八千三百零四名猶太人，一八九九年則有二十六萬九千零一十五名，占人口的百分之四點五。」Leon Volovici, "Romania," in *YIVO Encyclopedia of Jews in Eastern Europe*, 2010, at http:/ / www.yivoencyclopedia.org/ article.aspx/Romania (accessed March 24, 2016); Isidore Singer, ed., *Jewish Encyclopedia* (New York, 1906), vol. 7, 77; vol. 3, 413; Jelavich and Jelavich, *Establishment*, 178.

國最終的滅亡」。就跟其他殖民情況一樣，「發展加劇了社會的不平等和族群分裂，而沒有加以削弱」。Donia, "Proximate Colony," 67, 69.

51. 《柏林條約》與《保加利亞協議》的第一條：Edward Hertslet, *The Map of Europe by Treaty*, vol. 4 (London, 1891), 2766; http://www.zeit.de/zeit–geschichte/2014/04/otto–von–bismarck–juden (accessed August 30, 2018).

52. 在一八三〇年二月三日的倫敦議定書中，希臘在法國要求下被迫答應允許羅馬天主教徒自由禮拜，並尊重天主教徒的財產所有權；希臘公民無論宗教信仰為何，都可以得到各種職位和榮譽；所有的教會、市俗和政治關係都要根據完全平等的原則來處理。Ernst Flachbarth, *System des internationalen Minderheitenschutzes* (Budapest, 1937), 12. 柏林會議擴充了先前確立的國際保護條款（如一八一五年在維也納為波蘭人提供的保護或一八三〇年為希臘提供的保護）的質與量。Rainer Hofmann, "Menschenrechte und der Schutz nationaler Minderheiten," in *Zeitschrift fur ausländisches öffentliches Recht und Völkerrecht* 65 (2005), 589.

53. Dan Diner, *Das Jahrhundert verstehen* (Munich, 1999), 30–31; Davide Rodogno, *Against Massacre: Humanitarian Interventions in the Ottoman Empire* (Princeton, NJ, 2012), 145.

54. 使用的語彙雖然是一樣的，但是只有保加利亞明確表示新政府是基督徒的政府。Flachbarth, *System*, 14. 土耳其也必須同意尊重宗教自由。Articles four and five, Hertslet, *Map of Europe by Treaty*, 2769–2770; Manasek, "Empire Displaced," 236.

55. Cathie Carmichael, *A Concise History of Bosnia* (Cambridge, 2012), 43. 一八六二年簽署的一項協議將貝爾格勒剩下的穆斯林居民強制遷離。Michael Schwartz, *Ethnische Säuberungen in der Moderne: globale Wechselwirkungen nationalistischer und rassistischer Gewaltpolitik im 19. und 20. Jahrhundert* (Munich, 2013), 240–241; Karpat, "Foundations," 404.

56. Manasek, "Empire Displaced," 226–227.

57. 這是作家艾蜜莉・傑拉德（Emily Gerard）的印象："Transylvanian Peoples," *The Living Age* 58 (April 1887), 135。可以跟西方觀察者對於保加利亞人的由來所表達的清楚感受做個對比，他們是以該地區的拓居和早期主權國家的歷史為依據，認為那裡有一個界線分明的民族，為「保加利亞種族」。Review of Mr. and Mrs. John Eliah Blunt, *The People of Turkey* (London, 1878), *London Quarterly Review* 51 (1879), 415.

58. 所有的民族國家都是由神話和可辨識的社會與政治利益共同建立起來的，但在某些例子中，神話是較近期的產物，沒有扎根在大眾意識，因此需要有意識地推動，看起來才有說服力。羅馬尼亞和保加利亞的民族運動出現的時間相對較晚，但是保加利亞建國建得比較輕鬆，因為那個地區被普遍認為曾經有過一個帝國，只是遭到鄂圖曼征服，就像塞爾維亞和拜占庭一樣。至於羅馬尼亞，那裡的愛國者聲稱自己所要恢復的國家，過去只存在一年、甚至還沒出現「羅馬尼亞」這個名字，而且跨越了帝國和宗教的許人是本地人。Hoare, *History of Bosnia*, 72; Clemens Ruthner, "Bosnia–Herzegovina: Post–colonial?" in Ruthner et al., *Wechselwirkungen*, 9. 一九〇四年，有百分之二十六點五的官員是本地人，其中百分之三是塞爾維亞人，百分之五是穆斯林。Newspaper article from 1890, cited in Okey, *Taming*, 52.

42. Donia, "Proximate Colony," 69.
43. Aydin Babuna, "Nationalism and the Bosnian Muslims," *East European Quarterly* 33:2 (June 1999), 204. 在這筆預算中，初等教育花了五千六百六十七鎊，憲兵隊花了十二萬五千九百七十四鎊：Okey, *Taming*, 65–67。不同的族群對政府的鼓勵有不同的反應，猶太兒童有百分之六十四就學讀書，天主教徒有百分之二十二，但是東正教和穆斯林的兒童只有百分之十三和百分之六。Malcolm, *Bosnia*, 144–145; Feldman, "Kállay's Dilemma," 109; Donia, "Proximate Colony," 74.
44. 一九一〇年，不是穆斯林的地主只占所有地主（也就是擁有佃農的人，而佃農在鄂圖曼的法律之下具有特定權利）的百分之八點八五。Babuna, "Nationalism," 211
45. 內雷特瓦河從美特科維奇（Metković）到亞得里亞海之間的河道經過調節後，大大增加了農田的數量。在一九〇七年到一九〇九年之間，地主總共上法院控告沒有繳納全額租金的農民五萬六千次。雖然有讓農民可以獲得部分所有權的方式，但是截至一九一〇年，只有百分之十點八的佃農土地是以這種方式購得。Djordjević, "Die Serben," 765; Babuna, "Nationalism," 212; Friedrich Hauptmann, *Die österreichisch–ungarische Herrschaft in Bosnien* (Graz, 1983), 194.
46. 卡萊「保留古老的土地傳統，只是受到現代觀念的活化和淨化」。Donia, "Proximate Colony," 68–69. 種植制度要進行任何改變，必須同時得到農民和地主的同意，農民不能改善自己的土地，但是他人也不能強迫農民接受改革。這些權利適用於農民一家人，只要這個家庭還在，他們的權利就會繼續存在，地主沒有權利為了自己的利益使用農民的土地。Karel Kadlec, "Die Agrarverfassung," in *Österreichisches Staatswörterbuch: Handbuch des gesamten österreichischen öffentlichen Rechts*, Ernst Mischler and Josef Ulbrich, eds., vol. 1 (Vienna, 1905), 113–116.
47. 一九一〇年，穆斯林在擁有佃農的地主當中占了百分之九十一點一五，但在佃農之中只占百分之四點五八；百分之七十三點九二的佃農是塞爾維亞人，百分之二十一點四九是克羅埃西亞人。Babuna, "Nationalism," 211; Djordjević, "Die Serben," 769.
48. Hoare, *History of Bosnia*, 72; Babuna, "Nationalism," 201; Djordjević, "Die Serben," 771.
49. Malcolm, *Bosnia*, 145.
50. 羅伯特·唐尼亞（Robert Donia）寫到，爭論和矛盾開始出現，「不只是殖民者和殖民地之間，殖民地內部的主要行動者之間也有出現，造成二元帝

Berliner Kongress bis zum Fall der Mauer (Leipzig, 2007), 17。
26. Crampton, *Short History*, 85.
27. Robert Donia, "The Proximate Colony," in Clemens Ruthner et al., eds., *Wechselwirkungen: Austria–Hungary, Bosnia–Herzegovina and the Western Balkans* (New York, 2015), 67, 79.
28. Singleton, *Short History*, 104.
29. Robin Okey, *Taming Balkan Nationalism* (Oxford, 2007), 57, 64.
30. Malcolm, *Bosnia*, 149. 奧匈帝國估計叛變軍共有九萬三千人。Hoare, *History of Bosnia*, 69.
31. Jovana Mihajlovic Trbovc, "Forging Identity through Negotiation: The Case of the Contemporary Bosniak Nation" (MA thesis, Central European University, 2008). Based on the work of lvan Franjo Jukić, *Zemijopis i poviestnica Bosne* (Zagreb, 1851).
32. Benjamin Kállay, *Geschichte der Serben* (Vienna, 1878). 他並沒有像謠傳的那樣禁自己的書。Okey, *Taming*, 63.
33. Okey, *Taming*, 60,254; Andrea Feldman, "Kállay's Dilemma on the Challenge of Creating a Manageable Identity in Bosnia and Herzegovina," *Review of Croatian History* 13:1 (2017), 117.
34. Mihajlovic Trbović, "Forging Identity," 12. 這個教會的真實訓誨和歷史被籠罩在十九世紀神話創造的迷霧之中。似乎可以確定的是，有一個西方定位的波士尼亞教會在十三世紀初期被羅馬切斷實質的控制，發展出跟東正教不一樣的儀式和訓誨（可能跟沒有什麼人了解的波格米勒異端有關）。或許這個教會促成了神學二元論。方濟各會十五世紀重新確立羅馬的權威後，這個相對獨立的教會便衰亡了。東正教是在鄂圖曼人征服波士尼亞之後才傳到當地，也就是十五世紀晚期。Malcolm, *Bosnia*, 27–42; 70–71.
35. 「單一波士尼亞民族認同的概念從來沒有流行於親政府的年輕穆斯林知識分子這個小圈子之外。」Donia, "Proximate Colony," 71.
36. Hoare, *History of Bosnia*, 74–75.
37. Mihajlović Trbovc, "Forging Identity," 10.
38. Okey, *Taming*, 51–52. 塞爾維亞人對於克羅埃西亞當局想要透過學校教育消除克羅埃西亞公民社會中的塞爾維亞民族認同，也相當警惕。塞爾維亞協會在一八六三年成立。Mihajlović Trbovc, "Forging Identity," 8, citing: Mustafa Imamović, "Integracione nacionane ideologije i Bosna," *Godišnjak Pravnogfakulteta u Sarajevu* 39 (1996), 115.
39. 教區學校的數量少了百分之十三。Okey, *Taming*, 52; Dimitrije Djordjević, "Die Serben," in *Habsburgermonarchie*, Wandruszka and Urbanitsch, eds., vol. 3, 768.
40. Donia, "Proximate Colony," 72; Feldman, "Kállay's Dilemma," 108;Jelavich, *History of Balkans*, vol. 2, 60; Malcolm, *Bosnia*, 145.
41. 在一九〇二年，一萬一千兩百六十四個官員當中只有一千兩百一十七

斯林支持叛變，承諾會尊重他們的宗教和財產。Marko Attila Hoare, *The History of Bosnia* (London, 2007), 61–64.

14. Grandits, "Violent Social Disintegration," 121, 133; "The Herzegovina," *The Times* (London), July 19, 1875, 5; "The Herzegovina and Turkestan," *The Times* (London),August 12, 1875, 10.
15. Noel Malcolm, *Bosnia: A Short History* (New York, 1994), 132; *The Times* (London), August 5, 1875, 8. 關於這場戰爭的宗教和反穆斯林性質，請參見：Kemal H. Karpat, "Foundations of Nationalism in South East Europe," in *Der Berliner Kongress von 1878: Die Politik der Grossmächte*, Ralph Melville and Hans–Jürgen Schröder, eds. (Wiesbaden, 1982), 385–410。
16. Malcolm, *Bosnia*, 133. 基督徒耕作了摩斯塔四周的土地，收成後被迫把收或交給當地的貝伊，否則會受到囚禁的懲罰。Koetschet, Aus *Bosniens*, 22; Friedman, *Bosnian Muslims*, 44。基督教村民不允許保持中立：「假如村莊拒絕跟叛變者同甘共苦，他們會先燒掉一間房子和一塊玉米田，再燒掉另一批。」Evans, *Through Bosnia*, 329–330.
17. Singleton, *Short History*, 101.
18. From January 1875. Horst Haselsteiner, "Zur Haltung der Donaumonarchie in der Orientalischen Frage," in *Berliner Kongress*, Melville, ed., 230.
19. Singleton, *Short History*, 103.
20. 塞爾維亞、奧地利和希臘不滿意《聖斯泰法諾和約》。Barbara Jelavich and Charles Jelavich, *The Establishment of the Balkan National States* (Seattle, 1977), 153.
21. Hoare, *History of Bosnia*, 67.
22. Jared Manasek, "Empire Displaced: Ottoman–Habsburg Forced Migration and the Near Eastern Crisis 1875–78," (PhD thesis, Columbia University, 2013), 224–225.
23. 這場會議最初是安德拉希的點子，而柏林被視為可接受的開會地點，因為德國被認為在巴爾幹半島沒有直接利益。Jelavich and Jelavich, *Establishment*, 155; Theodore S. Hamerow, *The Age of Bismarck* (New York, 1973), 263–272; Mihailo D. Stojanovich, *The Great Powers and the Balkans 1875–1878* (Cambridge, 1939).
24. 保加利亞保留了《聖斯泰法諾和約》所規定之領土的百分之三十七點五。R.J. Crampton, *A Short History of Modern Bulgaria* (Cambridge, 1987), 85.
25. 這些地區歷史上大部分住著羅馬尼亞人，曾經屬於摩爾達維亞侯國，但是在一八一二年跟土耳其結束戰爭後，被俄羅斯奪走，後來又在一八五六年再次失土，被視為彌補俄羅斯的土地，因為奧地利獲得波士尼亞和新帕札。在這個過程中，鄂圖曼在半島上的領土不斷變少，從一八三〇年代的百分之八十二到一八七八年的百分之四十四，最後變成一九一三年的百分之五。HolmSundhaussen, *Geschichte Serbiens* (Vienna, 2007), 132. 索茲斯柏立所說的這番話引用自：Piotr S. Wandycz, *Die Grossmächte und Osmitteleuropa vom*

洛伐克次等教育機構被關閉。政府機關完全使用馬扎爾語，即使官員使用當地語言，就像一八七五年以前的法律所規定的那樣，他們的目的仍是為了馬扎爾化。儘管如此，強制馬扎爾化卻是從一八八〇年代初期才開始。Robert A. Kann and Zdeněk V. David, *Peoples of the Eastern Habsburg Lands* (Seattle, 1984), 380; Macartney, *Hungary*, 182–183.

3. James J. Reid, *Crisis of the Ottoman Empire: Prelude to Collapse* (Stuttgart, 2000), 309; Fred Singleton, *A Short History of the Yugoslav Peoples* (Cambridge, 1985), 102. 包稅人當中非穆斯林的比例在不同時期有所不同，但是到了十九世紀，他們在歐洲領土通常比例較小，因為收稅的權力移轉到以前的軍人身上，而這些退伍軍人幾乎完全都是穆斯林。不過，歷史學家發現，基督徒的比例在十九世紀晚期出現一次高峰，例如在保加利亞。Svetla Ianeva, "The Non–Muslim TaxFarmers," in *Religion, Ethnicity, and Contested Nationhood in the Former Ottoman Space*, Jorgen Nielsen, ed. (Leiden, 2012), 48–52.
4. Martha M. Čupić –Amrein, *Die Opposition gegen die iisterreichisch–ungarische Herrschaft in Bosnien–Hercegovina* (Bern, 1987), 14.一開始，這起事件牽涉到五個村莊。"The Herzegovina," *The Times* (London), July 19, 1875, 5; Arthur Evans, *Through Bosnia and Herzegovina on Foot during the Insurrection* (London, 1876), 338.
5. Evans, *Through Bosnia*, 333, 336.
6. 像是透過服役來交換。Francine Friedman, *Bosnian Muslims: Denial of a Nation* (Boulder, 1996), 44.
7. 這起事件發生在科尼茨（Konjica）。Josef Koetschet, *Aus Bosniens letzter Türkenzeit* (Vienna, 1905), 18. 當局在十九世紀引進徵兵制時，將基督徒排除在外，因為他們擔心基督教士兵的出現將有損士氣（很大一部分來自宗教熱忱）。Erik Jan Zürcher, "The Ottoman Conscription System," *International Review of Social History* 43 (1998), 445–447.
8. Evans, *Through Bosnia*, 338–342; "Christian Populations in Turkey," *London Quarterly Review* 46 (April 1876), 82–83; Hannes Grandits, "Violent Social Disintegration: A Nation–Building Strategy in Late Ottoman Herzegovina," in *Conflicting Loyalties in the Balkans: The Great Powers, the Ottoman Empire, and Nation–Building*, Hannes Grandits et al., eds. (London, 2011), 112–113.
9. Evans, *Through Bosnia*, 331.
10. Evans, *Through Bosnia*, 340.
11. Evans, *Through Bosnia*, 340; Koetschet, *Aus Bosniens*, 5. 克切特（Koetschet）是一位服務鄂圖曼政府的瑞士醫生，能接觸到鄂圖曼帝國最有權勢的人物。他曾經擔任政府代表，跟諸如蒙特內哥羅親王等人交涉。"Violent Social Disintegration," 114.
12. Singleton, *Short History*, 102; Čupić–Arnrein, *Opposition*, 21.
13. 這些波士尼亞塞爾維亞人稱自己為「波士尼亞克人」，呼籲波士尼亞的穆年到一九一三年。一八九七年，奧地利代表生氣地要求雙方各以百分之四十二和五十八的比例分攤支出，但是最後因為匈牙利的堅持，只好接受百分之三十二點五和六十七點五的分配。Janos, *Politics of Backwardness*, 123.

49. Okey, *Habsburg Monarchy*, 188; Eisenmann, "Austria–Hungary," 184.
50. Bugge, "Czech Nation–Building," 115. 施麥林時期就已放鬆審查制度、提高教派寬容。Wereszycki, *Historia*, 231.
51. Redlich, *Österreichische Staatsproblem*, vol. 2, 580; Hanák, *Ungarn*, 93; Alexander Maxwell, *Choosing Slovakia: Slavic Hungary, the Czechoslovak Language and Accidental Nationalism* (London, 2009), 25.
52. Victor L. Tapié, *Rise and Fall of the Habsburg Monarchy* (London, 1971), 305.
53. Maxwell, *Choosing Slovakia*, 26.
54. 這項權利只適用於該民族會說某地區「官方語言」的情況，像是波希米亞的捷克人會說波希米亞的官方語言，但是奧地利的捷克人不會說奧地利的官方語言。Pieter Judson, *Guardians of the Nation: Activists on the Language Frontiers of Imperial Austria* (Cambridge, MA, 2006), 24; Bugge, "Czech Nation–Building," 115–116; Kwan, *Liberalism*, 60. 捷克人必須在次等和高等教育努力趕上，但從一八八〇年代晚期開始，他們做得很好。Jiri Kořalka and R. J. Crampton, "Die Tschechen," in *Habsburgermonarchie*, Wandruszka and Urbanitsch, eds., vol. 3, 510–512; Gary B. Cohen "Education and Czech Social Structure in the Late Nineteenth Century," in *Bildungsgeschichte, Bevölkerungsgeschichte, Gesellschaftsgeschichte in den biihmischen Ländern und in Europa*, Hans Lemberg et al., eds. (Vienna, 1977), 32–45.
55. 這些營稱作「*tábory*」。Bugge, "Czech Nation–Building," 116–119; Otto Orban, "Der tschechische Austroslawismus," in Andreas Moritsch, *Der Austroslawismus: ein verfrühtes Konzept zur politischen Neugestaltung Europas* (Vienna, 1996), 59; Stanley Z. Pech, "Passive Resistance of the Czechs, 1863–1879," *Slavonic and East European Review* 36 (1958), 443.

8.一八七八年柏林會議：歐洲的新族群民族國家

1. 近期這樣使用這個詞的著名例子是：Christopher Clark, *Sleepwalkers: How Europe Went to War in 1914* (New York, 2013)。
2. Tibor Frank, "Hungary and the Dual Monarchy," in Sugar et al., eds., *History of Hungary*, 254–256; Okey, *Habsburg Monarchy*, 325 (on Romanians and Serbs); Rebekah Klein–Pejšová, *Mapping Jewish Loyalties in Interwar Slovakia* (Bloomingtion, IN, 2015) , 10–12 (on Slovaks). 馬扎爾化政策在卡爾曼・蒂薩（Kálmán Tisza）的自由黨率領下從一八七五年開始加強。一八七三年，政府不再發行官方公報的斯洛伐克語版；一八七四年，斯

2 (Vienna, 1883), 47; Selma Krasa–Florian, *Die Allegorie der Austria* (Vienna, 2007), 177. For biography:'Johann Ritter von Perthaler," *Biographisches Lexikon*, Wurzbach, ed., vol. 22 (Vienna, 1870), 39.

33. Friedrich von Hellweld, *Die Welt der Slawen* (Berlin, 1890), 139.
34. Viktor Bibi, *Der Zerfall Österreichs*, vol. 2 (Vienna, 1924), 312.
35. Okey, *Habsburg Monarchy*, 187; Macartney, *Habsburg Empire*, 547. 關於波蘭為了得到加里西亞的自治權而同意匈牙利妥協，請參見：Jonathan Kwan, *Liberalism and the Habsburg Monarchy* (Basingstoke, UK, 2013), 53。克羅埃西亞的處境比加里西亞的烏克蘭人的處境（比較接近塞爾維亞人、斯洛伐克人和羅馬尼亞人的處境）要好得多。
36. 在一八六七年二月，《新自由報》（*Die Neue Freie Presse*）寫到，德意志自由主義者可以在「斯拉夫人和匈牙利」之間做選擇。Kwan, *Liberalism*, 54. 在一八六〇年代初期，波希米亞議會兩百六十一位成員中有七十位是大地主；德意志人的數字誇大了。Kann, *Multinational Empire*, vol. 1, 401.
37. 他說斯拉夫人的「人數優勢是假造的」。*Die Presse* (Vienna), Abendblatt 241, September 3, 1866.
38. Eduard von Wertheimer, *Graf Julius Andrássy: sein Leben und seine Zeit*, vol. 2 (Stuttgart, 1912), 224.
39. 「假如奧地利此時沒有發展自己的內部武力，不僅會被逐出德意志邦聯，也會被逐出文明的歐洲。」Von Wertheimer, *Graf Julius Andrássy*, 226.
40. Pieter Judson, *Exclusive Revolutionaries: Liberal Politics, Social Experience, and National Identity in the Austrian Empire* (Ann Arbor, MI, 1996), 108; Kwan, *Liberalism*, 55.
41. Macartney, *Habsburg Empire*, 548. 請參見莫里茨・凱塞費爾德的回憶以及《新自由報紙》在一八六七年六月份的報導：Kwan, *Liberalism*, 55–56。
42. JosefRedlich, *Das österreichische Staats– und Reichsproblem*, vol. 2 (Leipzig, 1920), 523; Stefan Pfurtscheller, *Die Epoche Maria–Theresiens bis zum Ausgleich Österreich–Ungarns aus französischer Perspektive* (Innsbruck, 2013), 93.
43. Eisenmann, "Austria–Hungary," 183; Redlich, *Das österreichische Staats–und Reichsproblem*, vol. 2, 561; Macartney, *Habsburg Empire*, 549, 568.
44. Viktor Bibi, *Der Zerfall Österreichs*, vol. 2 (Vienna, 1924), 313; Brigitte Hamann, *Elisabeth: Kaiserin wider Willen* (Munich, 1998), 259; Katzenstein, *Disjoined Partners*, 87–89; Hanák, *Ungarn*, 88; Deak, *Forging a Multinational State*, 147.
45. Macartney, *Habsburg Empire*, 227.
46. 她對法蘭茲・約瑟夫說，他只有完全信任安德拉希才能拯救帝國。Hamann, *Elisabeth*, 241.
47. Eisenmann, "Austria–Hungary," 184; Hamann, *Elisabeth*, 253, 258.
48. Macartney, *Habsburg Empire*, 555; Hanák, *Ungarn*, 94. 數據來自一九一一

16. Levente T. Szabo, "Patterns, Ideologies and Networks of Memory," *Berliner Beitrage zur Hungarologie* 19 (2016), 35, 38;http://geroandras.hu/ en/ blog/2016/ 03/ 24/march–15–the–birthday–of–the–nation/ (accessed September 26, 2018) .
17. *New Hungarian Quarterly* 33 (1992), 116; András Gerő, *Emperor Francis Joseph*, Jarnes Paterson, trans. (Boulder, 2001), 101; Peter Hanák, *Ungarn in der Donaumonarchie* (Vienna, 1984), 71; Wereszycki, Historia, 225; Eisenmann, "Austria–Hungary," 180.
18. 我要謝謝約阿希姆・普特卡默（Joachim von Puttkamer）提出這個構想。匈牙利議會在四月召開，但是因為約瑟夫無法忍受而在八月將之解散。Eisenmann, "Austria–Hungary," 179; Wereszycki, *Historia*, 224.
19. Hanak, *Ungarn*, 72–73, 75. 以下文獻分析了奧地利有限的選擇："The Hungarian Ultimatum," *The Spectator*, May 25, 1861, 553–556.
20. Macartney, *Hungary*, 168; Eisenmann, "Austria–Hungary," 182.
21. Macartney, *Habsburg Empire*, 537.
22. Gerö, *Emperor Francis Joseph*, 94.
23. 評論家曾寫到，不能把「所羅門的審判」適用在哈布斯堡的領土上，仍使用「帝國」一詞形容之。請參見下面這篇天主教的保守言論："Zeitläufe," *Historisch–politische Blätter für das katholische Deutschland* 56 (1865), 648。
24. Hanäk, *Ungarn*, 86.
25. Binkley, *Realism*, 275; Macartney, *Habsburg Empire*, 538; Hanäk, *Ungarn*, 84.
26. Eisenmann, "Austria–Hungary," 182.
27. 這就是一八六五年九月二十日的「九月宣言」。這個黨派的名稱源自一八六一年，當時戴阿克想要直接跟皇帝談話，但是他的反對者堅持通過議會決議（因此稱作「決議派」）。請參見：”Recent Hungarian Politics," in *Saturday Review*, November 17, 1866, 607–608。
28. 歷史學家海因里希・特賴茨克（Heinrich von Treitschke）在一八五九年寫到，只有當奧地利被逐出德意志邦聯，才有可能想像這個「不神聖的混合國家存在的目的，那就是把文化傳遞到東方的斯拉夫地區。」Sheehan, *German History*, 866.
29. 普魯士在每一個配備武器的士兵身上花了將近兩倍的錢。Peter J. Katzenstein, *Disjoined Partners: Austria and Germany Since 1815* (Berkeley, 1976), 87–89.
30. Macartney, *Habsburg Empire*, 546; John Deak, *Forging a Multinational State: State–Making in Imperial Austria* (Stanford, CA, 2015), 151ff.
31. 根據這個邏輯，這些部落協助傳播德意志文化對他們是有好處的，因為這是讓他們持續發展的「知識酵母」（*Bildungeferment*）。卡爾・休斯克（Carl E. Schorske），《世紀末的維也納》（臺北，二〇〇二年）。
32. Johann Ritter von Perthaler, *Hans von Perthaler's auserlesene Schriften*, vol.

2. 為克里米亞戰爭動員軍隊在短短三個月內就用完一八五四年的軍事預算。Steven Beller, *Francis Joseph* (London, 1996), 67–68.
3. Macartney, *Habsburg Empire*, 499.
4. Piotr Boyarski, "Kiedy Polacy rz–1dzili we Wiedniu," *Gazeta Wyborcza*, June 14, 2013; Larry Wolff, *The Idea of Galicia: History and Fantasy in Habsburg Political Culture* (Stanford, CA, 2010), 199; Henryk Wereszycki, *Pod berlem Habsburgów*, 169–170.
5. Piotr Wandycz, *The Lands of Partitioned Poland, 1795–1918* (Seattle, 1974), 151–152; *Fortnightly Review* (London) vol. 6 (1866), 625; Gustav Strakosch-Grassmann, *Geschichte des österreichischen Unterrichtswesens* (Vienna, 1905), 240.
6. Macartney, *Habsburg Empire*, 503; Stanislaw Estreicher, "Gahcia in the Period of Autonomy and Self–Government," in W. Reddaway et al., eds., *Cambridge History of Poland* (Cambridge, 1941), 440.
7. Louis Eisenmann, "Austria–Hungary," in A. W. Ward et al., eds., *Cambridge Modern History*, vol. 12 (Cambridge, 1910), 176–177.波希米亞的克拉姆－馬丁尼克跟安東·塞森伯爵（Anton Szécsen, Count Clam–Martinie）和圖恩伯爵（Count Thun）聯合追求同樣的目標。Robert Kann, *Multinational Empire: Nationalism and National Reform in the Habsburg Monarcy*, vol. 1 (New York, 1950), 179.
8. "Mailath, Georg," in *Biographisches Lexikon des Kaiserthums Oesterreich*, Constantvon Wurzbach, ed., vol. 16 (Vienna, 1867), 297–299; Macartney, *Habsburg Empire*, 506; Albert Sturm, *Culturbilder aus Budapest* (Leipzig, 1876), 46; K. M. Kertbeny, *Silhoutten und Reliquien*, vol. 2 (Prague, 1863), 29.
9. Eisenmann, "Austria–Hungary," 177; Lothar Höbelt, *Franz Joseph I.: der Kaiser und sein Reich: eine politische Geschichte* (Vienna, 2009), 47–48; Macartney, *Habsburg Empire*, 499, 503; Alexander Matlekovits, *Das Konigreich Ungarn*, vol.1 (Leipzig, 1900), vi–vii.
10. Gejza von Ferdinandy, *Staats– und Verwaltungsrecht des Königreichs Ungarn und seiner Nebenländer*, Heinrich Schiller, trans. (Hannover, 1909), 17; C. A. Macartney, *Hungary: A Short History* (Chicago, 1962), 167.「財務總管」是由皇室任命，負責城鎮，類似內政大臣。Jean W Sedlar, *East Central Europe in the Middle Ages* (Seattle, 1994), 329.
11. *London Review*, September 7, 1861, 287.
12. Eisenmann, "Austria–Hungary," 178.
13. Robert C. Binkley, *Realism and Nationalism 1852–1871* (New York, 1935), 237.
14. Robin Okey, *The Habsburg Monarchy: From Enlightenment to Eclipse* (New York, 2001), 184; Eisenmann, "Austria–Hungary," 179.
15. 施麥林在畫分選區時很不公平，導致城鎮和鄉村的德意志選區比捷克選區還小。Bugge, "Czech Nation–Building," 109.

Movement of 1848–49 (New York, 1887), 450; György Klapka, *Memoiren: April bis October 1849* (Leipzig, 1850), 347.

71. Demel, *Historia*, 304. For the report on Abrud: August Treboniu Laurian, *Die Romanen der österreichischen Monarchie*, vol. 2 (Vienna, 1850), 35; also: Sorin Mitu, *Die ethnische Identität der Siebenbürger Rumänen* (Vienna, 2003), 109; Wilhelm Rüstow, *Geschichte des ungarischen Insurrektionskrieges*, vol. 2 (Zurich, 1861), 12–13; "Ein nationaler Martyrer gegen dreizehn," *Die Reform* 8:41 (1869), 1294; Deák, *Lawful Revolution*, 313–314; Miskolczy, "Transylvania," 315; Ambrus Miskolczy, "Roumanian–Hungarian Attempts at Reconciliation in tlie Spring of 1849 in Transylvlania: loan Drago's Mission," *Annales Universitatis Eotvös, Historica*, 10–11 (1981), 61–81.

72. 匈牙利十七萬左右的士兵跟十七萬五千人的帝軍打仗還有希望，但是俄羅斯增加的二十萬名士兵打破了平衡。Paul Robert Magocsi, *With Their Backs to the Mountain: A History of Carpathian Rus and Carpatho–Rusyns* (Budapest, 2015), 119–120; Angela Jianu, *A Circle of Friends: Romanian Revolutionaries and Political Exile, 1840–1859* (Leiden, 2011), 149. 許多匈牙利裔的官員仍對皇室效忠。Deák, *Lawful Revolution*, 314, 332–334, 336。關於弗伊弗迪納，請參見：Dimitrije Djordjevic, "Die Serben," in *Die Habsburgermonarchie*, Wandruszka and Urbanitsch, eds., vol. 3, 747。

73. Heinrich Friedjung, *Österreich von 1848 bis 1860*, vol.1 (Stuttgart, 1908), 231; R. W. SetonWatson, *Racial Problems in Hungary* (London, 1908), 101.

74. Maurice, *Revolutionary Moment*, 456.

75. Dieter Langewiesche, *Europa zwischen Restauration und Revolution* (Munich, 2007, 83–84); Kofalka, *Tschechen*, 91; Wereszycki, *Historia*, 199; Sperber, *European Revolutions*, 209.

76. 其中一個例外是當時的民族主義社運人士朱塞佩・馬志尼（Giuseppe Mazzini），請參見他的文章："The Slavonian National Movement," *Lowes Edinburgh Magazine and Protestant Educational Journal* 9 (July 1847), 182–192。

77. Hávrinek, "Böhmen," 183; John Erickson, "The Preparatory Committee of the Slav Congress," in Brock and Skilling, eds., *Czech Renascence*, 178–179. 支持溫迪施格雷茨戰勝的人跟種族有關。大部分的德意志有產階級都在「沒有法紀」的日子結束時感到鬆了一口氣，因為當時群眾隨時可能占據市中心的空間，有時還會摧毀他們的地產。Polišenský, *Aristocrats*, 152.

78. Polišenský, *Aristocrats*, 167.

79. Havrinek, "Bohmen," 183; Klapka, *Memoiren*, 37.

7. 使哈布斯堡帝國無法改革的改革：一八六七年的妥協

1. Henryk Wereszycki, *Historia Austrii* (Wroclaw, 1972), 219–221.

53. 約瑟夫・波利申斯基（Josef Polišenský）算出來的結果約一萬名士兵。*Aristocrats*, 152.
54. František Palacký, "Manifesto of First Slavonic Congress to the Nations of Europe," *Slavonic and East European Review 26* (1947/1948), 309–313。這段宣言是在六月十二日發布的，當時叛亂正達到高峰。Demetz, *Prague*, 294–295.
55. Schopf, *Wahre und ausführliche Darstellung*, 49; Havránek, "Böhmen," 196; Pech, *Czech Revolution*, 144; Bugge, "Czech Nation–Building," 77.
56. Bertold Sutter, "Die politische und rechtliche Stellung der Deutschen in Österreich 1848," in *Die Habsburgermonarchie*, Adam Wandruszka and Peter Urbanitsch, eds., vol. 3, part 1 (Vienna, 1980), 203; Julius Ebersberg, *Vater Radetzky. Bin Charakterbild für Soldaten* (Prague, 1858), 99; Wereszycki, *Historia*, 206; Sheehan, *German History*, 697; Macartney, *Habsburg Empire*, 392–393.
57. Rapport, *1848*, 264; Richard Bassett, *For God and Kaiser: The Imperial Austrian Army, 1619–1918* (New Haven, CT, 2015), 296.
58. 匈牙利莊園在一七二三年接受了國事詔書。Kontler, *Millennium*, 253; Deák, "The Revolution," 216.
59. Macartney, *Habsburg Empire*, 393.
60. Deák, "The Revolution," 224; Constantvon Wurzbach, ed., *Biographisches Lexikon des Kaisertums Österreich*, vol.14 (Vienna, 1865), 40.
61. R. John Rath, *The Viennese Revolution of 1848* (Austin, 1957), 329; Rapport, *1848*, 281–282.
62. Wereszycki, *Historia*, 208–209.
63. 國民警衛隊看到匈牙利人靠近之後，仍持續戰鬥，雙方死了約兩千人。Rapport, *1848*, 286–287.
64. Rapport, *1848*, 287–288.
65. Juliusz Demel, *Historia Rumunii* (Wroclaw, 1970), 300.
66. Ambrus Miskolczy, "Transylvania in tlie Revolution," in Zoltán Szász, ed., *History of Transylvania*, vol. 3 (New York, 2002), 243; Ştefan Pascu, *A History of Transylvania* (Detroit, 1982), 196.
67. Kontler, *Millennium*, 251; Spira, *Nationality Issue*, 124–125.斯洛伐克志願兵約有五千人，通常是為了支持帝軍而戰。Dušan Kováč, "The Slovak Political Program," in Teich et al., eds., *Slovakia in History*, 126–127.
68. Spira, *Nationality Issue*, 131.這些行徑是一八四八年到一八四九年革命期間發生的所有事件中最暴力的。Jonatlian Sperber, *The European Revolutions 1848–1851* (Cambridge, 1994), 137.
69. Deák, *Lawful Revolution*, 209–210.
70. Andreas Graser, *Stephan Ludwig Roth nach seinem Leben und Wirken dargestellt* (Kronstadt, 1852), 77; C. Edmund Maurice, *The Revolutionary*

40. 莫斯特（Most，德語：Brüx）、馬倫巴（Marienbad）和特普利策也有類似的報導。Robert Maršan, *Čechové a Němci r. 1848 a boj o Frankfurt* (Prague, 1898), 9ff, 83; Jan Havranek, "Bobmen im Friihjabr 1848," in Heiner Timmermann, ed., *1848 Revolution in Europa* (Berlin, 1999), 187.
41. Maršan, *Čechové*, 37; Schopf, *Wahre und ausführliche Darstellung*, 33; Havránek, "Böhmen," 186; Demetz, *Prague*, 293.
42. Maršan, *Čechové*, 39, 42; Havránek, "Böhmen," 184.
43. Freifeld, *Nationalism*, 63; Anton Springer, *Geschichte Österreich seit dem Wiener Frieden 1809*, vol. 2 (Leipzig, 1865), 264; Introduction to Kaiserova and Rak, *Nacionalizace společnosti*, 12. 有幾個德意志人繼續留在布拉格的委員會。激進派的作家阿爾弗雷德・邁斯納（Alfred Meissner）和莫里茨・哈特曼（Moritz Hartmann）曾經讚美捷克的胡斯派英雄。Demetz, *Prague*, 293、也請參見後來當上國務大臣、同時也是歷史學家與瑞格友人的約瑟夫・亞歷山大・海佛特（Josef Alexander Helfert）針對他在一八四八年的夏天前往維也納期間所留下的回憶。*Aufzeichnungen und Erinnerungen aus jungen Jahren* (Vienna, 1904), 17.
44. Maršan, Čechové, 14ff; Křen, *Konfliktgemeinschaft*, 85; Gary Cohen, *The Politics of Ethnic Survival: Germans in Prague 1861–1914* (West Lafayette, IN, 2006).
45. Joseph Alexander von Helfert, *Geschichte der österreichischen Revolution*, vol. 1 (Freiburg im Breisgau, Germany, 1907), 466; Monika Baár, *Historians and Nationalism. East–Central Europe in the Nineteenth Century* (Oxford, 2010), 241.
46. Josef Kolejka, "Der Slawenkongress in Prag imJuni 1848," in Rudolf Jaworski and Robert Luft, eds., *1848/ 49 Revolutionen in Ostmitteleuropa* (Munich, 1996), 137.
47. 一八四八年三月十五到十六日的所寫的信件。Černý, *Boj za právo*, 20–21; Introduction to kaiserová and Rak, *Nacionalizace společnosti*, 12; Kořalka, *Tschechen*, 50.
48. Kořalka, *Tschechen*, 50; Peter Bugge, "Czech Nation–Building, National Self–Perception and Politics, 1780–1914" (PhD dissertation, University of Aarhus, 1994), 69.
49. 這些絕大多數是德意志人。Bugge, "Czech Nation–Building," 68–69. Demetz, *Prague*, 294.
50. Redlich, *Francis Joseph*, 25
51. Polišenský, *Aristocrats*, 150–151; Bugge, "Czech Nation–Building," 77; Joseph Alexander von Helfert, *Der Prager Juni–Aufstand, 1848* (Prague, 1897), 4.
52. Richard Georg Plaschka, *Avantgarde des Widerstands: Modellfälle militärischer Aujlehnung im 19. und 20. Jahrhundert* (Vienna, 2000), 66.

擊，匈牙利士兵組成的「唐米格爾軍團」（Don Miguel Regiment）放火燒屋後，謀殺並褻瀆手無寸鐵的屋主，還將怒氣發在弱小的婦女身上，在街上遇到城鎮的居民就把他們扔進火堆。Subbotić, *Authentische Darstellung*, 19–20. See also Johann von Adlerstein, *Archiv des Ungarischen Ministeriums und Landesverteidigungsausschusses*, 3 vols. (Altenburg, 1851)。

28. Istvan Deák, "The Revolution and the War of Independence," in Peter Sugar, Peter Hanák, and Tibor Frank, eds., *History of Hungary* (Bloomington, IN, 1990), 220.
29. 納宗巴特（Nagyszombat）、瓦赫河畔新城（Vágújhely）、塞克什白堡（Székesfehérvár）、松波特海伊（Szombathely）和佩斯等地也有發生屠殺。Raphael Patai, *The Jews of Hungary: History, Culture, Psychology* (Detroit, 1996), 277.
30. Ignác Einhorn, *Die Revolution und Die Juden in Ungarn* (Leipzig, 1851), 83–85.
31. Einhorn, *Revolution*, 79, 85; Freifeld, *Nationalism*, 65.
32. Einhorn, *Revolution*, 87; Deák, *Lawful Revolution*, 114–115.
33. 用詞引用自：Jan Matouš Černý, *Boj za právo: sbornik aktů politických u věcech státu a Národa českého* (Prague, 1893), 2。首都布拉格的市民也製作了一張海報，參見：Pech, *Czech Revolution*, 47–48; Jos. J. Toužimský, *Na úsvitě nové doby: dějiny roku 1848. v zemích českých* (Prague, 1898), 47–52。
34. Peter Demetz, *Prague in Gold and Black* (New York, 1997), 290; William H. Stiles, *Austria in 1848–49*, vol. 2 (London, 1852), 356; Stanley Z. Pech, "The Czech Revolution of 1848: Some New Perspectives," *Canadian Journal of* History 4:1 (1969), 54.
35. Pech, *Czech Revolution*, 45.
36. 德文是：*böhmisches Staatsrecht*。Jan Křen, *Die Konjliktgemeinschaft: Tschechen und Deutsche 1780–1918*, Peter Heumos, trans. (Munich, 1996), 77–79; Polišenský, *Aristocrats*, 114; Alfred Fischel, *Das österreichische Sprachenrecht: eine Quellensammlung* (Briinn, Austria, 1910), XLIX; Černý, *Boj za právo*, 3–4.
37. Introduction to Kristina Kaiserova and Jiří Rak, eds., *Nacionalizace společnosti v Čechách 1848–1914* (Ústí nad Labem, Czech Republic, 2008), 11.
38. 其中一名自由主義者為弗朗蒂謝克·布勞納（František August Brauner）。Polišenský, *Aristocrats*, 110–111.
39. Franz Josef Schopf, *Wahre und ausfahrliche Darstellung der am 11. März 1848 zur Erlangung einer constitutionellen Regierungsverf assung in der königlichen Hauptstadt Prag begonnenen Volksbewegung* (Leitmeritz, 1848), 15; Křen, *Konjliktgemeinschaft*, 85.

13. Kontler, *Millennium*, 251; Langer, *Revolutions*, 39; Gyiirgy Spira, *The Nationality Issue in the Hungary of 1848–49* (Budapest, 1992), 106; Alice Freifeld, *Nationalism and the Crowd in Liberal Hungary* (Washington, DC, 2000), 65.
14. Marcus Tanner, *Croatia: A Nation Forged in War* (New Haven, CT, 2010), 84.
15. 身為超保守貴族、札格雷布縣的首長和議會在宮中的代表的弗朗茲・庫爾默男爵（Franz Kulmer）在三月三十日寫信給耶拉契奇，說奧地利必須重新征服匈牙利，而軍事邊界的忠誠將會是關鍵。Gunther Rothenberg, *The Military Border in Croatia* (Chicago, 1966), 145; Okey, *Habsburg Monarchy*, 129; C. A. Macartney, *The Habsburg Empire 1790–1918* (London, 1969), 383–384; Michael Rapport, *1848: Year of Revolution* (New York, 2009), 247. 同一個月，宮廷準備在外西凡尼亞跟匈牙利發生衝突。Edsel Walter Stroup, "From Horea–Closca to 1867," in John Cadzow et al., eds., *Transylvania: The Roots of Ethnic Conflict* (Kent State, OH, 1983), 128; Tanner, *Croatia*, 87; lstvan Deák, *The Lawful Revolution* (New York, 1976), 130; Tomislav Markus, "Between Revolution and Legitimacy: The Croatian Political Movement of 1848/ 49," *Croatian Review of History* 1 (2009),17.
16. Deák, *Lawful Revolution*, 131.
17. Deák, *Lawful Revolution*, 130; Elinor Murray Despalatovic, *Ljudevit Gaj and the Illyrian Movement* (Boulder, CO, 1975), 192.
18. Misha Glenny, *The Balkans: Nationalism, War, and the Great Powers* (New York, 2000), 48.
19. Macartney, *Habsburg Empire*, 386–387.
20. Macartney, *Habsburg Empire*, 386–387; Karoly Kocsis and Eszter Kocsis–Hodosi, *Ethnic Geography of the Hungarian Minorities in the Carpathian Basin* (Budapest, 1998); Jovan Subbotić, *Authentische Darstellung der Ursachen, der Entstehung, der Entwicklung und Fuhrungsart des Krieges zwischen Serben und Magyaren* (Zagreb, 1849), 3–8.
21. 「三元王國」指的是克羅埃西亞王國歷史上的三個組成：克羅埃西亞、斯拉沃尼亞和達爾馬提亞。這樣的政治統一是克羅埃西亞愛國者的核心要求。Deák, *Lawful Revolution*, 128。
22. Glenny, *The Balkans*, 41.
23. Macartney, *Habsburg Empire*, 388.
24. Ward, "Revolution," 180; Heinrich Friedjung, *Österreich von 1848 bis 1860*, vol.1 (Stuttgart, 1908), 59–60; Macartney, *Habsburg Empire*, 389.
25. 塞爾維亞叛亂的首都斯雷姆斯基卡爾洛夫奇就位於軍事邊疆內。Macartney, *Habsburg Empire*, 388; Deák, *Lawful Revolution*, 129.
26. Freifeld, *Nationalism*, 65.
27. 可參見塞爾維亞愛國者蘇柏提奇（Subbotić）所寫的描述，他寫到在匈牙利代表團還沒去因斯布魯克之前，斯雷姆斯基卡爾洛夫奇就發生一場攻乎也就不再堅持他應該認為自己是塞爾維亞人。Sundhausen, *Geschichte Serbiens*, 93.

70. 以下文獻十分清楚易懂：Zofia Zielińska, *Ostatnie lata Pierwszej Rzeczypospolitej* (Warsaw, 1986); Jerzy Lukowski, *Liberty's Folly: The Polish Lithuanian Commonwealth in the Eighteenth Century* (London, 1991).
71. Cited in Roman Szporluk, *Communism and Nationalism: Karl Marx vs. Friedrich List* (Oxford, 1988), 84–85.
72. See the discussion in Brian Porter–Szücs, *When Nationalism Began to Hate: Imagining Modern Politics in Nineteenth–Century Poland* (New York, 2000), 22–27.

6.沒人要理的溫和派：一八四八年的中東歐

1. Joseph Redlich, *Das Österreichische Staats– und Reichsproblem*, vol. 1 (Leipzig, 1920), 104–105.
2. William L. Langer, *Revolutions of 1848* (New York, 1971), 33.
3. Josef Polišenský , *Aristocrats and the Crowd in the Revolutionary Year 1848*, Frederick Snider, trans. (Albany, NY, 1980), 32; Stanley Z. Pech, *The Czech Revolution of 1848* (Chapel Hill, NC, 1969), 45–46.
4. Langer, Revolutions, 35; Robin Okey, *The Habsburg Monarchy: From Enlightenment to Eclipse* (New York, 2001), 129.
5. Anton Füster, *Memoiren vom März 1848 bis Juli 1849. Beitragzur Geschichte der Wiener Revolution* (Frankfurt, 1850), 58, 38.
6. Paul Lendvai, *The Hungarians: A Thousand Years of Victory in Defeat*, Ann Major, trans. (Princeton, NJ, 2003), 216–218; Alice Freifeld, *Nationalism and the Crowd in Liberal Hungary, 1848–1914* (Baltimore, 2000), 48–52; Henryk Wereszycki, *Historia Austrii* (Wroclaw, 1972), 200.
7. Laszlo Kontler, *Millennium in Central Europe: A History of Hungary* (Budapest, 1999), 249; Istvan Deák, "The Revolution and the War of Independence," in *History of Hungary*, Peter Sugar et al., eds. (Bloomington, IN, 1994), 215; Wereszycki, *Historia*, 200.
8. Langer, *Revolutions*, 37.
9. Langer, *Revolutions*, 37–38; Polišenský , *Aristocrats*, 100; Wereszycki, *Historia*, 198–199. 菲什霍夫後來進入克羅梅日什議會，革命後因重叛國罪被捕。R. A. Kann, "Fischhof, Adolf," in *Neue deutsche Biographie*, vol. 5 (Berlin, 1960), 214–215.
10. Polišenský, *Aristocrats*, 105; Langer, *Revolutions*, 62.
11. Josef Redlich, *Emperor Francis Joseph of Austria* (New York, 1929), 14.
12. Langer, *Revolution*, 43; A. W. Ward, "Revolution and Reaction in Germany and Austria," in *Cambridge Modern History*, vol. 11 (New York, 1918), 182.

Mohammed the Conqueror to Stalin (New York, 1992), 235; Petrovich, *History of Modern Serbia*, 26; Charles Jelavich and Barbara Jelavich, *Establishment of the Balkan National* States (Seattle, 1977), 88–89; Dimitrije Djordjevic and Stephen Fischer–Galati, *The Balkan Revolutionary Tradition* (New York, 1981), 69–70. 有些歷史學家主張起義的動機跟民族因素無關，「農民群體」有其傳統的目標，如重申舊秩序。Konrad Clewing and Holm Sundhaussen, eds., *Lexikon zur Geschichte Südosteuropas* (Vienna, 2016), 145. 可是，在事件發展的過程中，確實出現了獨立的要求，即使沒有明確的「民族」考量。否則的話，便無法解釋塞爾維亞領袖為什麼不要求政府實施更平等的統治就好。

54. 其中四名成員識字。Wayne Vucinich, ed., *War and Society in East Central Europe: The First Serbian Uprising 1804–1813* (New York, 1982), 157.
55. Thomas Emmert, *Serbian Golgotha: Kosovo 1389* (New York, 1990), 207; Jelavich, *History of the Balkans*, vol. 1, 202.
56. 這是因為當地領袖（稱作「帕夏」）持續執行嚴苛的迫害政策，像是處決叛亂者。Jelavich, *History of the Balkans*, vol. 1, 203.
57. Petrovich, *History of Modern Serbia*, 86; Sundhaussen, *Geschichte Serbiens*, 68.
58. 又稱作斯梅代雷沃區（Sanjak of Smederevo），是十五世紀建立的一個行政區。
59. Judah, *Serbs*, 53; Jelavich, *History of the Balkans*, vol. 1, 203, 207. 那是一八一七年的事。
60. Clewing and Sundhaussen, eds., *Lexikon*, 145–146.
61. Jelavich, *History of the Balkans*, vol. 1, 241; Nicolae Jorga, *Geschichte des osmanischen Reiches*, vol. 5 (Gotha, Germany 1916), 154.
62. Dietmar Müller, *Staatsbürger aufWiderruf Juden und Muslime im rumiinischen und serbischen Nationscode* (Wiesbaden, 2005), 109–110.
63. Judah, *Serbs*, 50; Hugh Seton–Watson, *Eastern Europe between the Wars* (Cambridge, 1946), 6; Michael Schwartz, *Ethnische "Siiuberungen" in der Moderne: Globale Wechselwirkungen* (Munich, 2013), 239.
64. Müller, *Staatsbürger*, 110.
65. Aleksa Djilas, *The Contested Country: Yugoslav Unity and Communist Revolution, 1919–1953* (Cambridge, MA, 1991), 26.
66. Stefan Rohdewald, "Der heilige Sava und unsere Muslime," in Thede Kahl and Cay Liena, eds., *Christen und Muslime: interethnische Koexistenz in siidosteuropiiischen Peripheriegebieten* (Vienna, 2009), 168.
67. 「所有講道理的人都認為自己是同一個民族，包括希臘人和羅馬塞爾維亞人」，引用自：Karadžić 's *Srbi svi i svuda*, cited in Sundhaussen, *Geschichte Serbiens*, 92。
68. Sundhaussen, *Geschichte Serbiens*, 92–94.
69. 不過，卡拉季奇晚年時發覺克羅埃西亞知識分子無法接受這種說法，似

（一五九一年到一六〇六年）時，南斯拉夫穆斯林會站在東正教叛亂者那邊。Remarks of Traian Stoianovich, *Actes du premier congres international des etudes balkaniques et sue–est Europeennes*, vol. 3 (Sofia, 1969), 775–776. 燒毀遺骨事件發生時，千禧年主義正在流行，這股浪潮橫掃了整個地區，是穆罕默德崇拜者攻擊聖薩瓦（St. Sava）崇拜者的聖戰的一部分。Traian Stoianovich, *Balkan Worlds: The First and Last Europe* (Armonk, NY, 1994), 168–169.

47. 在鄂圖曼人統治的地方，把東正教教堂的雕像毀容很常見。這些暴力舉動有些發生在征戰期間，有些則因為穆斯林厭惡雕刻圖像。當地社群懷疑這也是因為統治者想要抹除他們的歷史記憶，西莫妮達（Simonida）王后的畫像被破壞就是一例。各個例子請參見：Djoka Mazalić, *Slikarska umjetnost u Bosni i Hercegovini u Tursko doba, 1500–1878* (Sarajevo, 1965), 41–42 and passim; Andrei Oi§teanu, *Inventing the Jew: Anti–Semitic Stereotypes in Central and East European Cultures* (Lincoln, NE and London, 2009), 39 8–400。但，也有很多（很可能大部分）雕像安然無恙地度過鄂圖曼帝國的統治。此外，在鄂圖曼帝國統治的幾百年間，還有幾十座新的雕像被創造出來，保留至今。以下文獻討論了這個主題，並搭配精美插圖：Svetlana Rakić, *Serbian Icons from Bosnia–Herzegovina* (New York, 2000)。

48. 然而，古茲拉琴通常不會出現在塞爾維亞以外的地區，雖然歌曲本身有傳到其他地方，常常是由「瞎眼的乞丐」演唱。Vuk Karadžić, *Serbische Hochzeitslieder*, E. Eugen Wesely, trans. (Pest, Hungary, 1826), 20–21. 有關主要史詩主題的分布，幾乎都是位於鄂圖曼和哈布斯堡帝國的東正教徒地區（通常會混雜穆斯林人口），請參見：Svetozar Koljević, *The Epic in the Making* (Oxford, 1980), 92–93。

49. Michael Boro Petrovich, "Karadžić and Nationalism," *Serbian Studies* 4:3 (1988), 42.

50. Leopold von Ranke, *Die serbische Revolution: aus serbischen Papieren und Mitteilungen* (Berlin, 1844), 78–79.

51. Paul Schroeder, *The Transformation of European Politics 1763–1848* (Oxford, 1994), 58–59; Jelavich, *History of the Balkans*, vol. 1, 95; Michael Boro Petrovich, *A History of Modern Serbia*, vol. 1 (New York, 1976), 28; Judah, *Serbs*, 51.

52. 耶尼切里軍團已經墮落成一群「難以駕馭的傭兵亂民，威脅到蘇丹的寶座」。一七九八年之後，蘇丹越來越跟耶尼切里軍團連成一氣，讓塞爾維亞人受到極大的迫害、必須繳納高額的稅金。Petrovich, *History of Modern Serbia*, vol. 1, 23–26.

53. Adolf Beer, *Die orientalische politik Oesterreichs seit 1774* (Prague, 1883), 184; Gunther Rothenberg, *The Military Border in Croatia* (Chicago, 1966), 102; Judah, *Serbs*, 51; Georges Castellan, *History of the Balkans: from*

32. For that general perception: *Westminster Review* 24 (July and October 1863), 172.
33. Vushko, *Politics*, 241; Wladyslaw Pobog–Malinowski, *Najnowsza historia polityczna Polski: 1864–1914*, vol. 1 (London, 1963), 143.
34. Poseł z Lechistanu jeszcze nie przybyl.
35. 這首歌接下來唱道：「前進，前進，東布羅夫斯基。從義大利到波蘭，在您的領導下，我們重返祖國。」Jan Pachonski and Reuel K. Wilson, *Poland's Caribbean Tragedy: A Study of Polish Legions in the Haitian War of Independence, 1802–1803* (New York, 1986), 305.
36. 亞當・恰爾托雷斯基起草、俄羅斯的亞歷山大一世發布。R. F. Leslie, *Polish Politics and the Revolution of 1830* (London, 1956), 45–46.
37. Harro Harring, *Poland under the Dominion of Russia* (Boston, 1834), 46.
38. Artur Hutnikiewicz, *To co najważniejsze. Trzy eseje o Polsce* (Bydgoszcz, Poland, 1996). 另有五萬四千個波蘭家庭被驅逐到高加索山脈和西伯利亞。Puttkamer, *Ostmitteleuropa im 19. und 20. Jahrhundert* (Munich, 2010), 26.
39. Stefan Kieniewicz, *Historyk a świadomość narodowa* (Warsaw, 1982), 60.
40. 「波蘭和俄羅斯的民族連續性從未真正被中斷過。」Holm Sundhaussen, *Der Einfluß der Herderischen Ideen, auf die Nationsbildung bei den Volkern der Habsburgermonarchie* (Munich, 1973), 100; Slawomir Gawlas, "Die mittelalterliche Nationenbildung am Beispiel Polens," in Almut Bues and Rex Rexheuser, eds., *Mittelalterliche nationes* (Wiesbaden, 1995), 121–144; Tomasz Szumski, *Krótki rys historyi i literatury polskiey* (Berlin, 1807) .
41. Ludwik Dębicki, *Widmo zdrady* (Lwów, Austria, 1876), 11–13.
42. 關於對畢蘇斯基以及其他偉大波蘭人的誹謗，請參見：Adam Michnik, "Naganiacze i zdrajcy," *Gazeta Wyborcza*, September 28, 2006。
43. Suraiya Faroqhi, *Subjects of the Sultan: Culture and Daily Life in the Ottoman Empire* (London, 2000), 24–25。在穆斯林人口比較多的地區（如波士尼亞和新帕札），穆斯林有的也是農民，跟基督徒比起來沒有過得比較好，雖然不用繳某些稅金，但是也得從軍。Jelavich, *History of the Balkans*, vol. 1, 60.
44. 從神學角度來說，鄂圖曼人的征服被當成對基督徒罪過的短暫懲罰。Jelavich, *History of the Balkans*, vol. 1, 52; Ivo Banac, *The National Qµestion: Origin, History, Politics* (Ithaca, NY, 1984), 64–65; Paul Robert Magocsi, *Historical Atlas of Central Europe* (Seattle, 2002), 44.
45. 關於尼可波利斯，請參見：Kenneth M. Setton, *The Papacy and the Levant*, vol. (Philadelphia, 1976), 355。塞爾維亞的半主權地位在一四五九年斯梅代雷沃（Smederovo）堡壘被攻陷後徹底喪失。Tim Judah, *Serbs: History, Myth and the Destruction of Yugoslavia* (New Haven, CT, 1997), 33.
46. 鄂圖曼人會焚燒骸骨，也是因為擔心在跟神聖羅馬帝國打十五年戰爭

10. Władysław Smolenski, *Ostatni rok Sejmu Wielkiego* (Krakow, 1897).
11. Łepkowski, "Naród," 266.
12. Gierowski, *Historia Polski*, 87–89; Tymowski, Holzer, and Kieniewicz, *Historia*, 204; Łepkowski, "Naród," 267.
13. Łepkowski, "Naród," 267–268; Gierowski, *Historia Polski*, 89.
14. Gierowski, *Historia Polski*, 90.
15. Andrzej Zahorski, "Powstanie kosciuszkowskie 1794," in Stefan Kienieczwicz et al., *Trzy powstania narodowe* (Warsaw, 1992), 17–36.
16. Tymowski, Holzer, and Kieniewicz, *Historia*, 205; Łepkowski, "Naród," 270.
17. Łepkowski, "Naród," 270. 在華沙，奧扎羅夫斯基（Ozarowski）和扎貝埃拉（Zabiella）這兩位黑特曼（hetmani）、常設委員會元帥安克維奇（Ankwicz）以及科薩科夫斯基（Kossakowski）主教都被公開審判吊死；還有其他人被群眾抓住吊死。Łepkowski, "Naród," 273.
18. 「落單的俄羅斯巡邏兵在大街小巷中慘遭追殺。」Davies, *God's Playground*, vol. 1 (New York, 1980), 539.
19. Łepkowski, "Naród," 275.
20. Konstanty Górski, *Historia piechoty polskiej* (Kraków, 1893), 182–183.
21. Davies, *God's Playground*, vol. 1, 533.
22. Łepkowski, "Naród," 272.
23. "Original Correspondence," *The Times* (London), June 1, 1791, 3.
24. Mirosław Maciorowski, in conversation with Maciej Trąbski, "Insurekcja Kosciuszki," Ale Historia, *Gazeta Wyborcza*, March 7, 2014.
25. Gierowski, *Historia*, 99; Henryk Wereszycki cited in Łepkowski, "Naród," 275; "New Partition of Poland," *The Times* (London), June 21, 1792; E. Starczewski, *Sprawa polska* (Krakow, 1912), 39–40.
26. 是指一七九四年五月七日的《波瓦涅茨宣言》。
27. Davies, God's *Playground*, vol. 1,542. Karol Lutostański, *Les partages de la Pologne et la lute pour l'indépendance* (Paris, 1918), 229.
28. Christopher Clark, *Iron Kingdom: The Rise and Downfall of Prussia, 1600–1947* (Cambridge, MA, 2006), 232; Iryna Vushko, *The Politics of Cultural Retreat: Imperial Bureaucracy in Austrian Galicia* (New Haven, CT, 2015), 37.
29. "Observations on the Dismemberment of Poland, and the Politics of the Court of Petersburgh," *The Times* (London), January 15, 1796, 2; *The Times* (London), Thursday, December 24, 1795; 2; "New Partition of Poland," *The Times* (London), June 21, 1792; 3.
30. From *Journal de Patriots*, as reported in "Partition of Poland," *The Times* (London), December 23, 1795, 3.
31. Davies, *God's Playground*, vol. 1, 525; Holly Case, *The Age of Questions* (Princeton, NJ, 2018), 47–50.

60. 蓋瑞・科恩（Gary Cohen）說德國娛樂場很「疲弱」。*The Politics of Ethnic Survival: Germans in Prague* (West Lafayette, IN, 2006).
61. František Adolf Šubert, *Das böhmische National–Theater* (Prague, 1892), 200; Frances Starn et al., eds., *The Czech Reader: History, Culture, Politics* (Durham, NC, 2010), 153.
62. Hroch, *Na prahu*, 258.
63. Janos, *Politics of Backwardness*.
64. 但是他們也要求奧地利各個群體應該自治。Jakub Budislav Maly, "Politicky obrat Rakouska," *Časopis Musea Království Českého* 34 (1860), 476.

5. 叛亂民族主義：塞爾維亞和波蘭

1. 薩繆爾・杭亭頓（Samuel Huntington）認為東西方有一條區分拉丁文化和東正教文化的界線，東正教文化法治較弱、擁有分權傳統、跟政府當局關係較密切。《文明衝突與世界秩序的重建》（臺北，二〇二〇年）。
2. 關於現代民族認同是怎麼出現的，目前人們所接受的答案是透過現代制度。比方說，可參見：Dieter Langewiesche, *Nation, Nationalismus, Nationalstaat in Deutsch land und Europa* (Munich, 2000), 32。
3. 在十七世紀晚期，有二分之一到四分之三的波蘭仕紳具備基本的讀寫能力。Hans–Jürgen Bömelburg, *Frühneuzeitliche Nationen im östlichen Europa* (Wiesbaden, 2006), 107. 經濟能力較差的仕紳，識字比例越小。
4. 塞爾維亞農民倒是擁有對他們以佃農身分所耕作之土地的權利，他們可以把這些權利傳給子嗣，也可以種植自己想要的東西。Barbara Jelavich, *History of the Balkans*, vol.1 (Cambridge, 1983), 91.
5. 塞爾維亞拓居者一直都有一波一波地進入哈布斯堡的領土，建立有著文化、宗教和教育基礎設施的都會中心，其中最著名的基礎設施是位於斯雷姆斯基卡爾洛夫奇的塞爾維亞完全中學（一七七八年）。Milan Kosanović, "Serbische Eliten im 19.Jahrhundert," in *Serbien in Europa*, Gabriella Schubert, ed. (Wiesbaden, 2008), 66–67; Holm Sundhaussen, *Geschichte Serbiens* (Vienna, 2007), 81.
6. Henryk Wereszycki, *Niewygasla przeszlosc* (Krakow, 1987), 16–17.
7. 在一七六八年以前，仕紳有權力判農民死刑。Michal Tymowski, Jerzy Holzer, and Jan Kieniewicz, *Historia Polski* (Warsaw, 1990), 203; Józef Andrzej Gierowski, *Historia Polski* (Warsaw, 1979), 84.「波蘭民族」一詞不限於階級、宗教或文化族群。Waldemar J. Wolpiuk, "Naród jako pojęcie konstytucyjne," *Studia Iuridica Lublinensia* 22 (2014), 370–372.
8. Tadeusz Łepkowski, "Naród bez państwa," in *Polska. Losy panstwa i narodu*, Henryk Samsonowicz, Janusz Tazbir, Tadeusz Łepkowski, and Tomasz Nałęcz (Warsaw, 1992), 264.
9. Gierowski, *Historia Polski*, 86.

47. Janos, *Politics of Backwardness*, 52, 56. 政府幾乎把所有吸引到的信貸全都耗盡了，用來彌補短缺不足的地方。Wereszycki, *Historia*, 191.

48. Janos, *Politics of Backwardness*, 56; George Barany, "Age of Royal Absolutism," in *History of Hungary*, Péter Sugar, Peter Hanák, and Tibor Frank, eds. (Bloomington, IN, 1990), 202; George Barany, "Hungary," in *Nationalism in Eastern Europe*, Peter Sugar, ed. (Seattle, 1969), 270.

49. Kontler, *Millennium*, 271.

50. Hoensch, *Geschichte Biihmens*, 327; Kidner, "Das bohmische Schulwesen," 120; Joachim von Puttkamer, *Schulalltag und nationale Integration in Ungarn* (Munich, 2003), 100.

51. Wereszycki, *Historia*, 178–179. 根據厄內斯特・蓋爾納的說法，農業社會無法發展民族主義，因為文化分層會將「識字的都市菁英和不識字的食物生產社群」加以區隔。請見以下討論：Anthony D. Smith, *The Antiquity of Nations* (Cambridge, 2008), 36; Ernest Gellner, *Nations and Nationalism* (Ithaca, NY, 1984), 72。

52. Jiří Hochman, *Historical Dictionary of the Czech State* (Lanham, MD, 1998), 41.

53. Józef Chlebowczyk, *O prawie do bytu malych i mlodych narodów* (Katowice, Poland, 1983), 157.

54. 迪特・蘭格維斯奇（Dieter Langewiesche）說民族性是「終極的價值」，參照：*Nation, Nationalismus, Nationalstaat in Deutschland und Europa* (Munich, 2000), 16。

55. Rainer Schmitz, "Nationalismus als Ressource," at https://arthist.net/reviews/14442 (accessed October 21, 2017).

56. Murko, *Deutsche Einflusse*, 28, 31.

57. Arnold Suppan, *Die österreichischen Volksgruppen: Tendenzen ihrer gesellschciftlichen Entwicklung im 20. Jahrhundert* (Munich, 1983), 23. 根據維也納市政府一九〇〇年十二月的統計數據，維也納居民當中有十萬兩千九百七十四人表示捷克語是他們每天使用的語言。然而，他們沒有自己的公立學校。Haus der Abgeordneten, Session of April 10, 1902, in *Stenographische Protokolle uber die Sitzungen des Hauses der Abgeordneten des iisterreichischen Reichsrathes*, session 17, vol.13 (Vienna, 1902), 11,188; Michael John undAlbert Lichtblau, *Schmelztiegel Wien: einst und jetzt: zur Geschichte und Gegenwart von Zuwanderung und Minderheiten* (Wien, 1990), 278.

58. Józef Chlebowczyk, *On Small and Young Nations: Nationjorming Processes in East Central Europe* (Wroclaw, 1980), 195. 一九〇〇年，在維也納三十五萬名人口之中，有百分之二十五的人在捷克地區出生。

59. Jan Patočka, *Co jsou Češi? Malý přehledfakt a pokus o vysvetleni* (Prague, 1992), 201.

Croatia: A Nation Forged in War (New Haven, CT, 1997). 75.
31. Josef Toužimský, "Bohuslav Šulek," *Osvěta* 26 (1896), 214.
32. Fred Singleton, *A Short History of the Yugoslav Peoples* (Cambridge, 1985), 105.
33. Slavko Goldstein, *1941: The Year That Keeps Returning*, Michael Gable, trans. (New York, 2013), 65; Giuseppe Mazzini, "On the Slavonian National Movement," *Lowe's Edinburgh Magazine*, July 1847, 189.
34. lvo J. Lederer, "Nationalism and the Yugoslavs," in Peter F. Sugar and lvo John Lederer, *Nationalism in Eastern Europe* (Seattle, 1994), 415–416; Henryk Wereszycki, *Pod berlem Habsburgców* (Kraków, 1986), 230.
35. J. C. Kröger, *Reise durch Sachsen nach Biihmen und Österreich*, vol. 2 (Altona, 1840), 127; Otokar Kidner, "Das böhmische Schulwesen," in *Das böhmische Volk: Wohngebiete, körperliche Tüchtigkeit, geistige und materielle Kultur*, Zdeněk Topolka, ed. (Prague, 1916), 119.
36. Miroslav Hroch, *Na prahu národni existence: touha a skutečnost* (Prague, 1999), 203; Hoensch, *Geschichte Böhmens*, 327.
37. Peter Bugge, "Czech Nation–Building, National Self–Perception and Politics, 1780–1914" (PhD dissertation, University of Aarhus, 1994), 43.
38. Matthias Murko, *Deutsche Einflusse auf die Anfänge der böhmischen Romantik* (Graz, Austria, 1897), 96; Peter Deutschmann, *Allegorien des Politischen: Zeitgeschichtliche Implikationen des tschechischen historischen Dramas (1810–1935)* (Vienna, 2017), 136.
39. Frantisek Rieger, ed., *Slovnik naučný*, vol. 9 (Prague, 1872), 139; Ondrej Hucin, "Czech Theater: A Paradoxical Prop of the National Revival," in *History of the Literary Cultures of East Central Europe*, Marcel Comis–Pope et al., eds., vol. 3 (Amsterdam, 2004), 155.
40. Deutschmann, *Allegorien des Politischen*, 136; Hucin, "Czech Theater," 154–155.
41. Rieger, *Slovnik naučný*, 140; A. W. Ambres, "Die böhmische Oper in Prag," *Österreichischungarische revue* 3:1 (1865), 179.
42. Hroch, *Na prahu*, 214–215.
43. 以下這份寫得很好的專題研究探討了幽默這個團結捷克民族的力量：Chad Bryant, *Prague in Black: Nazi Rule and Czech Nationalism* (Cambridge, MA, 2007)。下面這篇文章談到，屬於同一個語言民族的人們會用容易理解的方式操縱抽象概念：Gale Stokes, "Cognition and the Function of Nationalism," *Journal of Interdisciplinary History* 4:4 (1974), 533。
44. Deutschmann, *Allegorien des Politischen*, 134, 139.
45. Karel Novotny and Milon Dohnal, "Prumyslovi vyroba," in *Pocatky ceskiho narodnfho obrozeni. Společnost a kultura v 70. ai 90. letech 18. stoletf*, Josef Petráň, ed. (Prague1990), 57, 66, 73.
46. Janos, *Politics of Backwardness*, 55.

14. Barany, *Stephen Szechenyi*, 241; C. A. Macartney, *Hungary* (London, 1934), 136.
15. Description from Julia Pardoe, *The City of the Magyar. Or Hungary and Her Institutions in 1839–40*, vol. 3 (London, 1840), 3–4. 佩斯娛樂場是由塞切尼創立的。Alice Freifeld, *Nationalism and the Crowd in Liberal Hungary, 1848–1914* (Baltimore, 2000), 32, 199. 關於捷克娛樂場的創立（天主教神父揚・阿諾德〔Jan Arnold〕在一八四四年首開先例），請參見：Hoensch, *Geschichte Böhmens*, 321。
16. Robert Nemes, "Associations and Civil Society in Reform–Era Hungary," *Austrian History Yearbook* 32 (2001), 35.
17. 這些機構最晚在一八六六年成立。Theodor Gettinger, *Ungarns Hauptstädte Pest–Ofen und deren Umgebungen* (Pest, 1866), 60.
18. Peter, *Hungary's Long Nineteenth Century*, 187. 他在同一本書裡寫到：「匈牙利所有的居民都必須獲得公民身分。」（塞切尼的父親在一八〇二年創立了國家博物館），參見：Peter, Hungary's Long Nineteenth Century, 190；András Gerö, *Modern Hungarian Society in the Making* (Budapest, 1995), 63。
19. János Varga, *A Hungarian Quo Vadis: Political Trends and Theories of the Early 1840s*, Éva D. Pálmai, trans. (Budapest, 1993), 2.
20. Miklós Szabó, "The Liberalism of the Hungarian Nobility," in Iván Zoltán Dénes, ed., *Liberty and the Search for Identity: Liberal Nationalisms and the Legacy of Empires* (Budapest, 2006), 207–208.
21. Robert W. B. Gray, "Land Reform and the Hungarian Peasantry" (PhD dissertation, University College, London, 2009), 50; Wereszycki, *Historia*, 186.
22. George Barany, "Hungary," in Peter Sugar, ed., *Nationalism in Eastern Europe* (Seattle, 1969), 269. Oszkár Jászi, *Dissolution of the Habsburg Monarchy* (Chicago, 1961), 305.
23. Barany, "Hungary," 200; Kontler, *Millenium*, 240.
24. 他說，匈牙利的斯拉夫人和羅馬尼亞人會興起民族主義是十分自然的自衛行為。Wereszycki, *Historia*, 156.
25. Barany, "Hungary," 270; Peter Hanák, *Ungarn in der Donaumonarchie* (Vienna, 1984), 45.
26. 科拉爾、沙法里克和帕拉茲基一八一七年在耶拿讀書時，稱自己為匈牙利人。Ludwig Spohr, *Die geistigen Grundlagen des Nationalismus in Ungarn* (Berlin and Leipzig, 1936), 111, fn. 32.
27. Domaljub Dorvatovic, *Solien Wir alle Magyaren werden?* (Karlstadt, 1833), 6–7.
28. Macartney, *Hungary*, 144.
29. Elinor Murray Despalatovic, *Ljudevit Gaj and the fllyrian Movement* (Boulder, CO, 1975), 50–51.
30. Despalatovic, *Ljudevit Gaj and the Illyrian Movement; Marcus Tanner,*

and Valery Kivelson, *Russia's Empires* (Oxford, 2017)。

4. 民族認同的奮鬥：從理念到運動

1. George Robert Gleig, *Germany, Bohemia, and Hungary, Visited in 1837*, vol. 2 (London, 1839), 330.
2. 例如，當時的人仍可以找得到魯道夫二世（Rudolf II）那個時代的捷克文。Alfred von Skene, *Entstehen und Entwicklung der slavischen Nationalbewegung in Böhmen und Mähren* (Vienna, 1893), 86.
3. László Kontier, *Millennium in Central Europe: A History of Hungary* (Budapest, 1999), 227.
4. 他的罪名是持有尚．保羅（Jean Paul）的「自由的教義問答」（catechism of freedom）的副本。他跟其他一些匈牙利文學圈的領導人物一起被捕，被當成是雅各賓計謀的一分子。George Barany, *Stephen Széchenyi and the Awakening of Hungarian Nationalism, 1791–1841* (Princeton, NJ, 1968), 20.
5. Inire Szabad, *Hungary: Past and Present* (Edinburgh, 1854), 204; "Schöne Kiinste," *Chronik der österreichischen Literatur* 46 (June 9, 1819), 182; Alan Sked, *Metternich and Austria* (New York, 2008), 219.
6. Laszlo Peter, *Hungary's Long Nineteenth Century: Constitutional and Democratic Traditions in a European Perspective* (Leiden, 2012), 189. 之後召開的議會立法通過，確立這個方言在教育體系中的地位。Andrew Janos, *The Politics of Backwardness in Hungary* (Princeton, NJ, 1982), 55.
7. Sked, *Metternich*, 215–216; Péter, *Hungary's Long Nineteenth Century*, 189.
8. 一八六七年共有六十三個縣。Szana, *Ungarn* (Suttgart, 1922), 136; Henryk Wereszycki, *Historia Austrii* (Wrodaw, 1972), 156; Kontler, *Millennium*, 219. 關於波希米亞「錯失的機會」，請參見：Rita Krueger, *Czech, German, and Noble: Status and National Identity in Habsburg Bohemi*a (Oxford, 2009), 77–78。
9. See https://dailynewshungary.com/plcs place/hungarian–national–museum (accessed August 24, 2018).
10. Krueger, *Cuch, German, and Noble*, 185.
11. 波希米亞貴族也有捐贈更多金錢創立博物館，但比不上匈牙利貴族的捐獻。相關數據請參見：Stanley B. Kimball, "The Matice Česká," in *The Czech Renascence of the Nineteenth Century*, Peter Brock and Gordon Skilling, eds. (Toronto, 1970), 62。
12. 卡爾大公（Archduke Karl）在一七九〇年代晚期造訪波希米亞時，說他從來沒看過有哪個地方的人這麼少談論和思考政治的。Jörg K. Hoensch, *Geschichte Böhmens* (Munich, 1997), 312–315.
13. Ivan T. Berend, *History Derailed: Central and Eastern Europe in the Long Nineteenth Century* (Berkeley, 2003), 39.

69. 維亞斯・柳萊維修斯（Vejas Gabriel Liulevicius）寫到，赫爾德應該被奉為多元文化主義、文化相對論和文化民族主義之父。矛盾的是，這讓他成為一個民族主義者，但卻是國際主義的民族主義者，因為他的核心信念是，每個人都背負著一個必須實現的民族使命。赫爾德認為全人類皆為一體，但是是一塊五彩繽紛的馬賽克。他堅稱身為人類會有的問題已經用許多不同的方式獲得解決，所有的文化都值得存在，共同為上帝意圖達成的人類演化做出貢獻。The German *Myth of the East* (Oxford, 2009), 53–54.
70. Dóra Bobory, review of BenedekLáng, *A rohonci kód* [The Rohonc Code] (Budapest, 2011) in *Hungarian Historical Review* 2:4 (2013), 939. 在當時，偽史料的買賣遍及全歐洲。Nora Berend, "The Forgeries of Sámuel Literáti Nemes," in *Manufacturing a Past for the Present: Forgery and Authenticity in Medievalist Texts and Objects in Nineteenth–Century Europe*, Janos M. Bak et al., eds. (Leiden, 2015), 143.
71. Murko, *Deutsche Einjlüsse*, 134.
72. Bugge, "Czech Nation–Building," 34; Milan Šarić: "Život i rad dra Ante Starčevića," *Hrvatska misao: smotra za narodno gospodarstvo, knjiiževnost* 1 (1902), 133.
73. 這三個人分別是柳德維特・蓋伊（他的雙親有一位是斯洛伐克人）、史特羅斯梅爾主教和安特・斯塔爾切維奇。
74. Agnew, *Origins*, 209.
75. Karl Wladislaw Zap [Karel Vladislav Zap], "Übersicht der neuern polnischen Literatur bis zum Jahre 1842," *Das Ausland: Bin Tagblatt für Kunde des geistigen und sittlichen Lebens der Völker*, 185 (July 3, 1844), 738; Eugen Lemberg, *Geschichte des Nationalismus in Europa* (Stuttgart, 1950), 183; Czeslaw Milosz, *History of Polish Literature* (Berkeley, 1983), 247–249.
76. 請參見瑪奇・蕭爾（Marci Shore）所寫的文章："Can We *See* Ideas?: On Evocation, Experience, and Empathy," in Darrin M. McMahon and Samuel Moyn, eds., *Rethinking Modern Intellectual History* (Oxford, 2014), 196。
77. Alexander Maxwell, "'Hey Slovaks, Where Is My Home?' Slovak Lyrics for Non–Slovak National Songs," *Philologica Jassyensia* 2:1 (2006), 168.
78. 自由主義者費倫茨・斯圖勒（Ferenc Stuller）在一八四二年曾經這麼寫過。Varga, *Hungarian Qμo Vadis*, 41.
79. 有鑑於這個國家第一位認真建國的君主約瑟夫二世的計畫並沒有成功，稱這個國家為「想當沒當成的民族國家」才是準確的，因為它曾嘗試以非帝國主義的方式推行標準化，但是後來被多元的社會所阻。一七八〇年代和一八五〇年代匈牙利人起身反抗，便是兩個特別嚴重的例子，一八五〇年代的反抗更迫使君王分裂領土，創造了匈牙利民族國家（同樣也有缺陷），還有一些由議會代表的地區。一八六七年，哈布斯堡從原本不願跟異己妥協，變成放棄在一半的領土進行實質的主權統治。關於強調透過差異同時行使主權和統治這個近期出現的帝國定義，請參見：Ronald Suny

54. 例如，詩人哲爾吉・貝森耶（György Bessenyei）便覺得拉丁語用在公事上很不妥，他在一七七〇年代寫道：「每一個民族主要是透過它的語言加以辨別，沒有自己的語言的民族什麼也不是。」Péter, *Hungary's Long Nineteenth Century*, 184.
55. George Barany, *Stephen Széchenyi and the Awakening of Hungarian Nationalism, 1791–1841* (Princeton, NJ, 1968), 224–225.
56. 加利西亞有五個、外西凡尼亞有兩個。*Neueste Länderund Völkerkunde. Bin geographisches Lesebuchfür alle Stände*, vol. 18 (Prague, 1823), 144
57. 馬扎爾人在一八四〇年代占總人口的百分之四十九左右。János Varga, *A Hungarian Quo Vadis: Political Trends and Theories of the Early 1840s*, Éva D. Pálrnai, trans. (Budapest, 1993), 38. 十八世紀時，這個數據不到百分之四十。Péter, *Hungary's Long Nineteenth Century*, 185. 一八四六年，匈牙利王國的一千一百八十九萬五千七百九十六位居民中，有四百七十七萬四千八百九十九位是馬扎爾人。Alan Sked, *Metternich and Austria* (New York, 2008), 216.
58. 在這兩個地方，德意志和非德意志人口的比例在該世紀中葉是差不多的；在那之後，布達佩斯很快地馬扎爾化，布拉格則是捷克化。請參見：Károly Stampfel, *Deutsche Wahrheiten und magyarische Entstellungen* (Leipzig, 1882), 15; Gary Cohen, *The Politics of Ethnic Survival: Germans in Prague* (West Lafayette, IN, 2006).
59. 在匈牙利，「對進步所抱持的希望和信念跟恐懼與無望並存」。István Deák, *The Lawful Revolution: Louis Kossuth and the Hungarians 1848–1849* (New York, 1979), 44; Julius von Farkas, *Die ungarische Romantik* (Berlin, 1931), 119.
60. 他通信的對象是約翰・基斯。Farkas, *Ungarische Romantik*, 118–119.
61. Sked, *Metternich*, 217.
62. Julia Pardoe, *The City of Magyar. Or Hungary and Her Institutions in 1839–40*, vol. 3 (London, 1840), 34.
63. 因此，尼古拉一世據說才會對波蘭人做出宣言。Miklos Wesselenyi, *Eine Stimme über die ungarische und slawische Nationalität* (Leipzig, 1834), 34.
64. 引用自寫給卡津齊的一封信。Farkas, *Ungarische Romantik*, 117.
65. Cited in Farkas, *Ungarische Romantik*, 118.
66. *Neue Leipziger Literaturzeitung* 1 (January 1808), 8.
67. Ludwig Spohr, *Geistige Grundlagen des Nationalismus in Ungarn* (Berlin, 1936), 24，從「來自匈牙利的」（Hungarus）轉變為「種族上屬於匈牙利的」（Rassemagyar）。
68. 這個文類是歷史小說。請參見：Peter, *Hungary's Long Nineteenth Century*, 186; Józef Chlebowczyk, *Young Nations in Europe: Nation–Forming* Processes in Ethnic *Borderlands in East–Central Europe* (Wrodaw, 1980), 120。

Southeast Europe, vol. 2 (Budapest, 2007), 54–55.

37. Palacky, "*History*," 55; Henryk Wereszycki, *Pod berłem Habsburgów: zagadnienia narodowościowe* (Kraków, 1975), 43.
38. Michal Kopeček, "Context," in Trencsenyi and Kopeček, eds., *Discourses*, vol. 2, 52.
39. In Zacek, *Palacký*, 33.
40. Paul Joseph Šafařik and Franz Palacky, *Älteste Denkmäler der böhmischen Sprache* (Prague, 1840), 48.
41. 這些數據其實在十八世紀就可以取得。Zacek, *Palacký*, 72–73.
42. František Palacký, "Die altböhmischen Handschriften und ihre Kritik," *Historische Zeitschrift* 2:1 (1859), 90.
43. Johann Georg Kohl, *Austria, Vienna, Prague, etc, etc*. (Philadelphia, 1844), 43. 瓦茨拉夫・漢卡很可能是罪魁禍首。Peter Bugge, "Czech Nation–Building, National Self–Perception and Politics, 1780–1914" (PhD dissertation, University of Aarhus, 1994), 30–31.
44. Bugge, "Czech Nation–Building," 30. 這裡提到的愛國者是雅各布・馬利（Jakub Maly）。
45. 引用自一八九二年十一月維也納議會的一場演說。Roland Hoffmann, *T. G. Masaryk und die tschechische Frage* (Munich, 1988), 112.
46. "Národy ne hasnou, odkud jazyk žije." 卡塔琳娜・埃明格羅娃（Katarina Emingerova）、安尼斯・泰瑞爾（Agnes Tyrrell）、奧古斯塔・歐皮茲（Augusta Auspitz）和約瑟菲娜・布爾德利科娃（Josefina Brdlíkova）等捷克女作曲家似乎對「愛國」主題較沒興趣。
47. Josef Jungmann, "O jazyku českém" (1803), in *Sebrané drobné spisy*, vol.1 (Prague, 1869), 6.
48. Glanc, "Izobretenie Slavii," 18; Sergio Bonazza, "Ján Kollár und das deutsche archä ologische lnstitut in Rom," in *Schnittpunkt Slawistik*, Irina Podtergera, ed., vol.1 (Bonn, 2012), 33–34; Glanc, "Izobretenie Slavii," 13–14.
49. Brunhild Neuland, "DieAufnahme Herderscher Gedanken in Ján Kollárs Schrift ' Ü ber die literarische Wechselseitigkeit zwischen den verschiedenen Stammen und Mundarten der slawischen Nation;" in *Deutschland und der slawische Osten*, Ulrich Steltner, ed. (Jena, Germany, 1994), 31.
50. 這傳播得很快。Brock, *Slovak National Awakening*, 49.
51. Brock, *Slovak National Awakening*.
52. 斯洛伐克人「儘管在產生摩擦的時期也不曾忘記跟捷克人保持緊密連結」的需求。Brock, *Slovak National Awakening*, 36.
53. Holm Sundhaussen, *Der Einfluss der Herderschen Ideen auf die Nationsbildung bei den Volkern der Habsburger Monarchie* (Munich, 1973), 78; László Péter, Hungary's *Long Nineteenth Century: Constitutional and Democratic Traditions in a European Perspective* (Leiden, 2012), 184.

24. 捷克語聖經體是以十六世紀晚期第一個將聖經翻譯成捷克語的版本所使用的語言為基礎，在匈牙利北部（今天的斯洛伐克）說斯拉夫語的新教牧師之間十分受歡迎。科拉爾等早期的斯洛伐克愛國者會選擇使用這個語言，是因為它有望團結捷克人和斯洛伐克人，有人稱這個語言是「我們的捷克斯洛伐克語」。Tomasz Kamusella, *The Politics of Language and Nationalism in Modern Central Europe* (Basingstoke, England, 2009), 533.
25. Murko, *Deutsche Einflüsse*, 134.
26. Pavel Šafárik, *Geschichte der slawischen Sprache und Literatur nach alien Mundarten* (Prague, 1869), 52 (first edition: 1826). Cited in Tomáš Glanc, "Izobretenie Slavii," in *Inventing Slavia*, Holt Meyer and Ekaterina Vel'mezova, eds. (Prague, 2005), 13–14.
27. Milorad Pavić, "Die serbische Vorromantik und Herder," in *Vuk Karadžić im europäischen Kontext*, Wilfried Potthoff, ed. (Heidelberg, 1990), 82.
28. Johann Gottfried Herder, *Ideen zur Geschichte der Menschheit*, part 3 [1787], ed. Johann von Müller (Vienna, 1813), 10, 20. On Herder and Fichte: Wulf D. Hund, "Rassismus im Kontext: Geschlecht, Klasse, Nation, Kultur und Rasse," in *Grenzenlose Vorurteile*, Irrntrud Wojak and Susanne Meinl, eds. (Frankfurt am Main, 2002), 17–21.
29. 這段話出自科拉爾之口，引用自：L'udovit Haraksim, "Slovak Slavism and Pan–Slavism," in *Slovakia in History*, Mikuláš Teich, Dušan Kováč, and Martin Brown, eds. (Cambridge, 2011), 109。
30. Nadya Nedelsky, *Defining the Sovereign Community: The Czech and Slovak Republics* (Philadelphia, 2009), 33; Peter Brock, *The Slovak National Awakening: An Essay in the Intellectual History of East Central Europe* (Toronto, 1976), 25.
31. Alfred von Skene, *Entstehen und Entwicklung der slavischen Nationalbewegung in Bohmen und Mähren* (Vienna, 1893), 97.
32. Joseph Zacek, *Palacký: The Historian as Scholar and Nationalist* (The Hague, 1970), 13. 波希米亞兄弟會信奉著一種說捷克語的新教形式，源自揚·胡斯和彼得·切爾奇奇基（Petr Chelčický）的教誨。一六二〇年的白山戰役後，哈布斯堡戰勝，使得他們被迫流亡或躲藏。
33. 這段對話是他跟他的斯洛伐克朋友在一八一九年的夏天從耶拿回來之後碰面時所說的。Zacek, *Palacký*, 29–30.
34. Zacek, *Palacký*, 18–19.
35. 這個館刊稱作《捷克愛國博物館協會館刊》（*Journal for the Society of the Patriotic Museum of the Czech Lands*）。
36. Peter F. Sugar, "Introduction," in *Nationalism in Eastern Europe*, Peter F. Sugar and lvo J. Lederer, eds. (Seattle, 1969), 15; "František Palacký, *History of the Czech Nation in Bohemia and Moravia*," in Balázs Trencsényi and Michal Kopeček, eds., *Discourses of Collective Identity in Central and*

12. “This idea of uniqueness, along with a certain emotionalism, was the legacy of pietism to nationalism,” Anthony Smith, *Chosen Peoples* (Oxford, 2003), 45.
13. Cited in Hugh LeCaine Agnew, *Origins of the Czech National Renascence* (Pittsburgh, PA, 1993), 64.
14. lsaiali Berlin, *The Roots of Romanticism* (Princeton, NJ, 1999), 57.關於赫爾德如何協助發展出民族奮鬥「是自然和歷史中的必要過程」這個概念，請參見：Elie Kedourie, *Nationalism* (London, 1960), 47–48。關於沒有民族性的國家毫無價值的這個概念在斯拉夫人（波希米亞人）之間快速傳播的情形，請參見：Matthias Murko, *Deutsche Einjlüsse auf die Anfänge der böhmischen Romantik* (Graz, Austria, 1897), 30。他「自己就是認知歷史的轉捩點，把感受帶入哲學領域之中，做為認識論的一種類別」。Maria Ciesla–Korytowska, “On Romantic Cognition,” in Angela Esterharnmer, ed., *Romanic Poetry* (Amsterdam, 2002), 40–41.
15. Thomas Nipperdey, *Deutsche Geschichte: 1800–1866* (Munich, 1983), 307.
16. Goethe's introduction to Thomas Carlyle, *Leben Schillers*, (Frankfurt am Main, 1830), ix.
17. 在法國、瑞典和英國，「國家的疆域很容易就變成民族的疆域」，邁向「民族主義」的關鍵轉折在於「整體政治參與和公民權利的鬥爭」。Miroslav Hroch, *European Nations: Explaining Their Formation* (London, 2015), 43.
18. J. G. Herder, “Ideen zur Geschichte der Menschheit,” cited in Ján Kollár, *Sláwa bohyně a půwod gména Slawůw čili Slawjanůw* (Pest, Hungary, 1839), 157.
19. 這些學生在每天八到九小時的課程中遇到的其他傑出人物包括：約翰・蓋布勒（Johann Philipp Gabler）、約翰・丹茲（Johann Traugott Danz）和海因里希・肖特（Heinrich August Schott）這三位神學家；雅各布・弗里斯（Jacob Friedrich Fries）和洛倫茲・奧肯（Lorenz Oken）這兩位哲學家；海因里希・艾希施泰特（Heinrich Karl Eichstädt）這位古典文獻學家。Murko, *Deutsche Einflüsse*, 131。
20. John Kulamer, *The Life of John Kollár: A Biographical Sketch* (Pittsburgh, PA, 1917) 11; Konstantin Jireček, *P.J. Šafařík mezi Jihoslovany* (Prague, 1895), 9.
21. Ferdinand Menčik, *Jan Kollar: pěvec slovanske vzájemnosti* (Prague, 1893), 21–22; Jan Kollár, *Cestopis druhý a Pameti z mladšich let žvota* (Prague, 1863), 251–253.
22. Kollár, *Cestopis*, 276.事實是，原本的斯拉夫居民在經過許多個世代後和平地融入了德意志文化。
23. Peter Petro, *History of Slovak Literature* (Montreal, 1995), 58; Joseph Theodoor Leerssen, *National Thought in Europe: A Cultural History* (Amsterdam, 2006), 155; Otto von Leixne, *Geschichte der .fremden Literaturen*, vol. 1 (Leipzig, 1899), 505; RobertAuty, “Ján Kollár, 1793–1952,” *Slavonic and East European Review* 31: 76 (1952), 80–84; John Bowring, *Cheskian Anthology* (London, 1832), 225.

1929), 70–71.

49. 外西凡尼亞的薩克遜人把約瑟夫說成民族主義者。R. J. Evans, *Austria, Hungary, and the Habsburgs* (Oxford, 2004), 141–142. 我要再次強調其中的矛盾：他因為威脅到一個還不存在的東西而催生一種新的存在感。

3.語言民族主義

1. Jean Berenger, *A History of the Habsburg Empire, 1700–1918* (White Plains, NY, 1997), 113.
2. Balázs Trencsényi and Michal Kopeček, eds., *Late Enlightenment: Emergence of the Modern National Idea* (Budapest, 2006), 100–103.
3. Alfred Meissner, *Rococo–Bilder: Nach Aufzeichnungen meines Groflvaters* (Leipzig, 1876), 141; Alan Cassels, *Ideology and International Relations in the Modern World* (London, 1996), 20; Jeffrey L. Buller, "From Clementia Caesaris to Clemenza di Tito," in G. Schmeling et al., eds., *Qui Miscuit Utile Dulci* (Wauconda, IL, 1998), 83.
4. Peter Demetz, *Prague in Black and Gold: Scenes from the Life of a European City* (New York, 1997), 268; James J. Sheehan, *German History: 1770–1866* (Oxford, 1989), 277.
5. Jonathan Sperber, *Revolutionary Europe 1780–1850* (New York, 2000), 104.
6. Wolfgang Burgdorf, "Once We Were Trojans," in R. J. W Evans and Peter Wilson, eds., *The Holy Roman Empire, 1495–1806: A European Perspective* (Leiden, 2012), 52.
7. Robert A. Kann, *A History of the Habsburg Empire, 1526–1918* (Berkeley, 1974), 221–222. 在符騰堡（Wurttemberg）加入法軍的四萬多名年輕人當中，只有大約一萬三千人在一八〇六年到一八一三年的征戰中存活下來。Bodie A. Ashton, *The Kingdom of Wurttemberg and the Making of Germany* (London, 2017), 27.
8. 一七九〇年代有人觀察到，沒有人想要一個德意志的民族國家，沒有人擁有德意志愛國主義。Sheehan, *German History*, 373.
9. Patricia Anne Simpson, "Visions of the Nation," in *The Enlightened Eye: Goethe and Visual Culture*, Patricia Anne Simpson et al., eds. (Amsterdam, 2007), 145–146.
10. Golo Mann, *Deutsche Geschichte des neunzehnten und zwanzigsten Jahrhunderts* (Frankfurt, 1958), 85; Thomas Rohkriimer, *A Single Communal Faith? The German Right from Conservatism to National Socialis*m (New York, 2007), 46.
11. Martin Kessler, "Herders Kirchenamt in Sachsen–Weimar," in *Johann Gottfried Herder: Aspekte eines Lebenswerkes*, Martin Kessler and Volker Leppin, eds. (Berlin, 2005), 327.

in *Cultures of Power in Europe during the Long Eighteenth Century*, Hamish Scott et al., eds, (Cambridge, 2007), 203; István Gy Tóth, *Literacy and Written Culture in Early Modern Europe* (Budapest, 2000), 118–145. 匈牙利各「民族」的名稱當時也是以拉丁語拼法寫成的：「Germani」（德意志人）、「Slavi」（斯洛伐克人）、「Croati」（克羅埃西亞人）、「Rutheni」（魯賽尼亞人）、「Illyrii」（塞爾維亞人）和「Valachi」（羅馬尼亞人）。Helfert, *Österreichische Volkschule*, 467.

39. Horst Haselsteiner, "Cooperation and Confrontation between the Rulers and Noble Estates," in *A History of Hungary*, Peter Sugar et al., eds. (Bloomington, IN, 1990), 161; C. A. Macartney, *The Habsburg Empire 1790–1918* (London, 1969), 122.
40. Michael Horvath, *Geschichte der Ungarn*, vol. 2 (Pest, 1855), 492; Éva H. Balázs, *Hungary and the Habsburgs 1765–1800* (Budapest, 1997), 206, 209. 德意志化所引發的恐懼感可回溯到許多個世代以前，當時認為信奉天主教的哈布斯堡家族會縮減匈牙利的權利、斬除當地新教信仰。「哈布斯堡」和「德意志」這幾個詞都會在仕紳階級心中引起厭惡感。Lendvai, *The Hungarians*, 107; László Péter, *Hungary's Long Nineteenth Century: Constitutional and Democratic Traditions in a European Perspective* (Leiden, 2012), 187.
41. Alfred Jäger, *Kaiser Joseph II. und Leopold II* (Vienna, 1867), 60.
42. Balázs, *Hungary*, 209; Horvath, *Geschichte der Ungarn*, 492.
43. 一七八四年五月十七日致匈牙利各縣的信件，引用自：Horvath, *Geschichte der Ungarn*, 488; François Fejtö, *Józef II: Habsburg rewolucjonista*, Alojzy Kolodziej, trans. (Warsaw, 1993), 265。
44. Wereszycki, *Historia Austrii*, 143; Tapié, *Rise and Fall*, 175.
45. 從一七八〇年代晚期寄到匈牙利地區了解統計數字的問題中，就能看見這種態度。其中一個問題便是希望了解德語的普及狀況。Balázs, *Hungary*, 241–243; Horvath, *Geschichte der Ungarn*, 492.
46. Robert J. Kerner, *Bohemia in the Eighteenth Century* (New York, 1932).
47. Eugen Lemberg, *Nationalismus* (Reinbek bei Hamburg, 1964), 135; Hoensch, *Geschichte*, 300. On the emigration of Protestant and other non–Catholic nobles and burgers following the Battle of White Mountain, as well as the rewarding oflocal and foreign supporters with land, Evans, *Making of the Habsburg Monarchy*, 200–201; Hugh Agnew, *The Czechs and the Lands of the Bohemian Crown* (Stanford, CA, 2004), 93.
48. 加里西亞的貴族雖然也遭遇了類似的德意志化措施，但是並沒有強烈抗議，顯然匈牙利很特殊。Gumplowicz, *Das Recht*, 28–29. 奧斯卡・雅茲（Oscar Jászi）認為，約瑟夫企圖把德語強加在波希米亞、匈牙利和克羅埃西亞的舉動「開啟了全新的時代」，因為約瑟夫無法理解「民族變革的整個心理」。Oscar Jászi, *The Dissolution of the Habsburg Monarchy* (Chicago,

(accessed January 7, 2019).

24. František Martin Pelcl, *Kurzgefasste Geschichte der Böhmen* (Prague, 1774), 20; Agnew, *Origins*,34.
25. Kalousek, Geschichte, 24–25; Trencsényi et al., *History of Modern Political Thought*, 58–59; František Bačkovský, *Zevrubné dějiny českého písemnictví doby nové* (Prague, 1886), 281.
26. 那名女子死於一七五六年，她住在下薩克森的烏斯特羅自治市（Wustrow），就位於薩爾茲威德爾（Salzwedel）北方，屬於文德蘭（Wendland）地區。Jerzy Strzelczyk, *Po tamtej stronie Odry* (Warsaw, 1968), 261. 相關新聞被當地媒體報導出來。關於佩爾才的擔憂，請參見：Thomas Capek, *Bohemia under Hapsburg Misrule* (New York, 1915), 50。
27. 引用自：Eugen Lemberg, *Grundlagen des national Erwachens in Böhmen* (Reichenberg, Czechoslovakia, 1932), 82。
28. Josef Dobrovský, *Korespondence*, vol. 3, Adolf Patera, ed. (Prague, 1908), 78; Agnew, *Origins*, 29, 31.
29. Luboš Merhaut, ed., *Lexikon české literatury: osobnosti, dila, instituce*, vol. 4, part 1 (Prague, 2008), 894–896; F. V. Vykoukal, "O rodišti bratři Thármů," *Světozor* 20 (1886), 534.
30. 這件事也很困擾金斯基和揚・漢克（Jan A. Hanke）。Karel Tieftrunk, *Historie literatury české* (Prague, 1880), 95–96.
31. František Ladislav Rieger, *Slovnik naučný*, vol. 9 (Prague, 1888); Karel Ignaz Tham, *Obrana jazyka českého proti zlobiým jeho utračům* (Prague, 1783).
32. 這裡說的是安東寧・康尼亞斯（Antonín Koniáš），他也是波希米亞人。Karel Ignaz Tham, *Über den Charakter der Slawen, dann über den Ursprung, die Schicksale, Vollkommenheiten, und die Niitzlichkeit und Wichtigkeit der böhmischen Sprache* (Prague, 1803), 13.
33. Karl Ignaz Tham, *Kunst in drei Monaten böhmisch lesen, schreiben und sprechen zu lernen* (Prague, 1815).
34. Josef Dobrovský, *Geschichte der böhmischen Sprache und alten Literatur* (Prague, 1792); Josef Dobrovský, *Lehrgebäude der böhmischen Sprache* (Prague, 1809); Josef Dobrovský, *Entwurf zu einem allgemeinen Etymologikon der slawischen Sprachen* (Prague, 1813).
35. 引用自：Richard Pražák, *Josef Dobrovský als Hungarist und Finno–Ugrist* (Brno, Czechoslovakia, 1967), 102–103。
36. Josef Jungmann, "O jazyku českém" (1803), in *Sebrané drobné spisy*, vol. 1 (Prague, 1869), 6.
37. 封地費用（*robot*）一直徵收到一八四八年。Robin Okey, *The Habsburg Monarchy: From Enlightenment to Eclipse* (New York, 2001), 40; Blanning, *Joseph II*, 64, 73, 106.
38. R. J. W Evans, "The Politics of Language and the Languages of Politics,"

12. R.J. W. Evans, *Austria, Hungary, and the Habsburgs* (Oxford, 2004), 136–137.
13. Ludwig Gumplowicz, *Das Recht der Nationalitäten und Sprachen in Oesterreich–Ungarn* (Innsbruck, 1879), 26; Bernard Michel, *Nations et nationalismes en Europe centrale* (Paris, 199 5), 32–33.
14. Joseph Anton von Riegger, *Für Böhmen von Böhmen*, vol. 3 (Prague, 1793–1794)1 2;Joseph Alexander Freiherr von Helfert, *Die österreichische Volksschule: Die Gründung der österreichischen Volksschule durch Maria Theresia* (Prague, 1860), 466.
15. 他和他的母親沒有做任何事推動奧地利荷蘭或義大利的德語。*John Deák, Forging a Multinational State: State–Making in Imperial Austria* (Stanford, CA, 2015), 25.
16. Josef Hanzal, "Nižší školství," in Josef Petr.in, ed., *Počátky českého národnfho obrozeni* (Prague, 1990), 133.
17. Joseph Kalousek, *Geschichte der Königlichen Böhmischen Gesellschaft der Wissenschaften* (Prague, 1885), 23. 在一六二七年頒布《更新憲法》（*Verneuerte Landesordnung*）之後，德文取得跟捷克文同等的地位，公文開始以德文、捷克文和拉丁文三種語言寫成；到了約瑟夫二世的時代，德語的地位領先其他語言，因為行政官員每天都會使用德語（他們屬於德意志文化）。因此，波希米亞變成只使用德語其實是一個漸進的過程抵達了終點。Pavel Trost, "Deutsch–tschechische Zweisprachigkeit," in Bohuslav Havránek, ed., *Deutsch–tschechische Beziehungen* (Prague, 1965), 21–28; Helmut Glück, *Deutsch als Fremdsprache in Europa vom Mittelalter bis zur Barockzeit* (Berlin, 2002), 349–358.
18. Hugh Agnew, *Origins of the Czech National Renascence* (Pittsburgh, PA, 1993), 53; Miroslav Hroch, *Na prahu národní existence: touha a skutečnost* (Prague, 1999), 63. 關於中東歐啟蒙運動的精神及其緣起和影響，請參見：Balázs Trencsényi, Maciej Janowski, Mónika Baar et al., *A History of Modern Political Thought in East Central Europe*, vol.1 (Oxford, 2016), 15–136.。
19. Hroch, *Na prahu národni existence*, 64.
20. Evans, *Making of the Habsburg Monarchy*, 207.
21. Ein Böhme [Franz Kinsky], *Erinnerung über einen wichtigen Gegenstand* (Prague, 1773), 5,134.
22. Kinsky, *Erinnerung*, 132–134, 207–208.
23. Agnew, *Origins*, 29, 31. For the importance of institutions of the fatherland (including language) to enlightened thought in East Central Europe, see Trencsényi et al., *History of Modern Political Thought*, 16–18, 78–91. On their motivation, see Miroslav Hroch, "Why Did They Begin: On the Transition from Cultural Reflection to Social Activism," SPIN Lecture 2010, at spinnet.humanities.uva.nl/ images/ 2011–8/ hroch–spin–lecture _–2010.pdf

2. 處於消亡邊緣的族群認同

1. Hugo Hantsch, *Geschichte Österreichs* (Graz, Austria, 1953), 148.
2. Charles Ingrao, *The Habsburg Monarchy 1618–1815* (Cambridge, 2000), 155.
3. 匈牙利的族群組成從原本以匈牙利人為絕大多數，到一七八七年匈牙利人只占百分之三十九左右。Paul Lendvai, *The Hungarians: A Thousand Years of Victory in Defeat*, Ann Major, trans. (Princeton, NJ, 2003), 99–104; Horst Haselsteiner, "Cooperation and Confrontation," in A History of Hungary, Peter Sugar et al., eds. (Bloomington, IN, 1990), 147; Victor L. Tapié, *The Rise and Fall of the Habsburg Monarchy*, Stephen Hardman, trans. (New York, 1971), 184; Geza David, "Adminisration in Ottoman Europe," in *Suleyman the Magnificent and His Age: The Ottoman Empire in the Early Modern Period*, Metin Kunt and Christine Woodhead, eds. (New York, 1995), 86–89.
4. Tapié, *Rise and Fall*, 182; Jorg K. Hoensch, *Geschichte Böhmens* (Munich, 1997), 270.
5. 大約有一百八十五個貴族家庭離開，另外還有神職人員、教授以及都市中產階級。Lonnie Smith, *Central Europe: Enemies, Neighbors, Friends* (Oxford, 1996), 89.
6. R.J. W. Evans, *The Making of the HabsburgMonarchy, 1550–1700* (Oxford, 1979), 200.
7. 但是猶太人仍持續受到法律上的限制。匈牙利王室在一六八七年匈牙利議會的決定下變成世襲制。Henryk Wereszycki, *Historia Austrii* (Wroclaw, 1972), 102–103.
8. Evans, *Making of the Habsburg Monarchy*, 200, 213. 因為鄂圖曼帝國的征服，匈牙利到了十六世紀後半葉被一分為三。東部出現外西凡尼亞侯國，是鄂圖曼帝國的附庸國，大部分都信奉新教的貴族沒有受到哈布斯堡率領的反宗教改革運動波及。在沒被占領的匈牙利王國，貴族為了保護自己的特權，會威脅不再效忠哈布斯堡王朝，轉而效忠外西凡尼亞的統治者。然而，被鄂圖曼帝國直接統治的匈牙利中部和南部，則大部分都遭到摧殘，馬扎爾人的元素受到削弱。Geza Palffy, "The Impact of Ottoman Rule on Hungary," *Hungarian Studies Review* 28 :1–2 (2001), 112; Lendvai, *The Hungarians*, 98–99.
9. Jean Bérenger, *History of the Habsburg Empire 1700–1918*, C. A. Simpson, trans. (London, 1997), 65–66.
10. T. C. W. Blaning, *Joseph II and Enlightened Despotism* (London, 1970), 15.
11. T. C. W Blanning, *Joseph II* (London, 1974), 71; E. D., "Die deutsche Sprachgrenze," *Deutsche Vierteijahrsschrift* 3 (1844), 201; Corina Petersilka, *Die Zweisprachigkeit Friedrichs des Grossen: ein linguistisches Porträt* (Tübingen, 2005), 39–40.

年頒布的《弗拉赫法規》（*Statuta valachorum*）便用來規範從鄂圖曼帝國來到軍事邊疆定居的正教徒的權利。

46. Tazbir, "Polish National Consciousness," 329.
47. Edsel Walter–Stroup, "From Horea–Closca to 1867: Some Observations," in *Transylvania: The Roots of Ethnic Conflict*, John Cadzow et al., eds. (Kent, OH, 1983), 132–140.
48. 吉普賽人、希臘人、亞美尼亞人、猶太人和外國商人也居住在城市裡。Petrovich, *History of Modern Serbia*, 9–11.
49. 這裡舉的例子是塞尼（Senj）的教堂，位於靠近波士尼亞的克羅埃西亞邊界地帶。Cathy Carmichael, *Ethnic Cleansing in the Balkans: Nationalism and the Destruction of Tradition* (London, 2003), 21.
50. 這裡講的是十六世紀克羅埃西亞跟波士尼亞接壤的地區。Catherine Wendy Bracewell, *The Uskoks of Senj: Piracy, Banditry and Holy War in the Sixteenth Century Adriatic* (Ithaca, NY, 1992), 33.
51. Karl Ludwig Freiher von Piillnitz, *The Memoirs of Charles Lewis Baron de Pollnitz*, vol. 1 (London, 1739), 218,219. 近年來，歷史學家做了很多研究，打破農民活在領主肆無忌憚的統治之下這樣的意象，參見：William W Hagen, "Early Modern Bohemia Joins Post–Communist Central Europe," review of Markus Cerman and Hermann Zeitlhofer, eds. *Soziale Strukturen in Böhmen. Bin regionaler Vergleich von Wirtschaftund Gesellschaften in Gutsherrschaften, 16–19. Jahrhundert* (Vienna, 2002). Review is at H–German @lh–net.org (accessed August 2005)。
52. George Robert Gleig, *Germany, Bohemia, and Hungary, Visited in 1837*, vol. 2 (London, 1839), 330, 350–352.
53. Etienne Balibar and Immanuel Wallerstein, *Race, Nation, Class: Ambiguous Identities* (London, 1991), 89.
54. 大部分的波希米亞、斯洛伐克、後來的羅馬尼亞、南斯拉夫以及成為後來波蘭的東西部都是如此。在波蘭中部和匈牙利，地主和百姓通常是同一個族群，但是因為擁有的特權、教育和財富相差很大而有所區別。一直到二十世紀，地主仍把自己視為不同的民族，行為舉止也是如此。
55. 漢斯·羅特費爾斯（Hans Rothfels）說東歐具有一種「花斑」（*Buntscheckigkeit*）的特性，跟政治疆界比較能夠清楚區隔出不同民族的西歐不同。但，這不表示西歐國家具有語言一致性，參照：Hans Rothfels, *Zeitgeschichtliche Betrachtungen* (Göttingen, 1959), 102, 95.
56. 關於十七和十八世紀英國人和法國人對塞爾維亞人的傲慢看法，請參見：Judah, *Serbs*, 48。
57. G·馬志尼（G. Mazzini）問道：「十年前誰會想到斯拉沃尼亞人？」The Slavonian National Movement, *Lowes Edinburgh Magazine and Protestant Educational Journal* 9 (July 1847), 182.

邦，《民族與民族主義》（臺北，一九九七年）。到了二十世紀，許多波蘭農民仍對「波蘭」這個概念感到很疏遠，有些人還反對一九一八年重新建國，說：「只有貴族會想要波蘭這個國家，這樣人民就能像封建時代那樣替他們工作。」Jerzy Tomaszewski, "The National Question in Poland," in M. Teich and R. Porter, eds., *The National Question in Europe in Historical Context* (Cambridge, 1993), 296.

36. See Janusz Tazbir, "Polish National Consciousness in the Sixteenth to the Eighteenth Century," in Frank Sysyn and Ivo Banac, eds., "Concepts of Nationhood in Early Modern Eastern Europe," *Harvard Ukrainian Studies* 10:3/ 4 (1986), 317.
37. Hans Roos, "Die polnische Demokratie," in Hans–Erich Volkmann, *Die Krise des Parlementarismus in Ostmitteleuropa zwischen den beiden Weltkriegen* (Marburg, Germany 1967), 15.
38. Peter Bugge, "Czech Nation–Building: National Self–Perception and Politics 1780–1914" (PhD dissertation, University of Aarhus, 1994), 18.
39. Bernd Rill, *Böhmen und Mähren* (Gernsbach, Germany, 2006), 341.
40. Keith Hitchins, *The Rumanian National Movement in Transylvania* (Cambridge, MA, 1969), 9.
41. 薩克遜人是德意志人的後裔，十三世紀受到匈牙利國王邀請前來定居；塞凱伊人是一支保加利亞－突厥部落的後裔，數百年來漸漸變成說匈牙利語，但仍保留獨特的社會文化。Lendvai, *The Hungarians*, 21, 24, 42。關於這個時期住在外西凡尼亞的語言族群的數據，請參見：*Történeti Demográfiai Évkönyv*, Központi Statisztikai Hivatal Népességtudományi Kutatóintézet, ed. (Budapest, 2002), 105。（謝謝傑夫・佩寧頓〔Jeff Pennington〕提供這筆資訊。）
42. 他們將啟蒙運動主張人人皆有自然公民平等權的概念應用在民族間的關係。Keith Hitchins, "Samuel Clain and the Rumanian Enlightenment in Transylvania," *Slavic Review* 23:4 (1964), 660.
43. See the discussion in Ludwig Albrecht Gebhardi, *Fortsetzung der allgemeinen Welthistorie der neueren Zeiten*, vol. 3 (Halle, 1797), 65.
44. 到處都有把德意志人形容得不怎麼好的說法，有些人說他們是「丑角」。在軍中當過神父的約瑟夫・蒂索表示，這些人在第一次世界大戰共同參與壕溝戰時，消除了這些刻板印象。Roman Holec, "Die slowakische politische Elite vor 1918," in *Religion und Nation*, Martin Schulze Wessel et al., eds. (Essen, Germany, 2015), 34.
45. Nevenko Bartulin, "The Ideology of Nation and Race: The Croatian Ustasha Regime and Its Policies toward Minorities in the Independent State of Croatia, 1941–45" (PhD dissertation, University of New South Wales, Australia, 2006), 66, 72.「弗拉赫人」更常被用來描述多瑙河以南說著羅曼語言的人，但就連在哈布斯堡帝國的文件中，也可以找到這種雙重用法。例如，一六三〇

28. Peter F. Sugar, *Southeastern Europe under Ottoman Rule 1354–1804* (Seattle, 1977), 258–261; Balázs Trencsényi and Michal Kopeček, eds., *Late Enlightenment: Emergence of Modern National Ideas* (Budapest, 2006), 218. 保加利亞運動在南俄羅斯、哈布斯堡帝國的城市以及瓦拉幾亞和摩爾達維亞這兩個自治侯國特別壯大。Claudia Weber, *Auf der Suche nach der Nation: Erinnerungskultur in Bulgarien von 1878–1944* (Berlin, 2003), 37–38.
29. Fritz Gschnizter et al., "Volk, Nation, Nationalismus, Masse," in *Geschichtliche Grundbegriffe; historisches Lexikon zur politisch–sozialen Sprache in Deutschland*, Otto Brunner et al., eds., vol. 7 (Stuttgart, 1992), 141–431. 彼得・賈德森追溯了民族在十八世紀晚期的五種意義，請參見：《哈布斯堡帝國：翱翔歐陸的雙頭鷹家族，統治中歐四百年的多民族混融帝國》（臺北，二〇二〇年）。
30. 法國貴族只占人口百分之零點五二。Jonathan Dewald, *The European Nobility* (Cambridge, 1996), 22.
31. Janusz Tazbir, "Polish National Consciousness in the Sixteenth to Eighteenth Century," *Harvard Ukrainian Studies* 10:3/ 4 (1986), 318. 十六世紀波蘭貴族共和國達到巔峰時，約有三分之一的議會代表不是天主教徒，大部分為新教徒。然而，漸漸地，這三分之一有越來越多人變成天主教徒（天主教會當時十分捍衛自己的權利），因此到了十七世紀，便開始出現波蘭人一定是天主教徒的觀念。Jerzy Topolski, "Die generellen Linien der Entwicklung der polnischen neuzeitlichen Nation," in Almut Bues and Rex Rexhauser, eds., *Mittelalterliche nations–neuzeitliche Nationen* (Wiesbaden, 1995), 145–149.
32. Tazbir, "Polish National Consciousness," 318–319. 立陶宛貴族則認為自己是羅馬人的後裔。當然，這些概念可追溯到數世紀以前，具有凝聚的功用，可以讓一個多元的群體更團結。
33. 俄文和波蘭文的例子有「rab」和「cham」這兩個字。西歐也有使用貶抑詞來描述鄉下人的趨勢，「peasant」和「paysan」許久以來一直都有「粗俗」、「無知」、「愚鈍」、「無禮」的意涵。德文的同義字則有「惡魔」、「壞人」、「強盜」、「土匪」的意思。Marc Edelman, "What Is a Peasant, What Are Peasantries,"at https: /ohchr.org/Docurnents/HRBodies/HrCouncil/WGPeasants/Edelman.pdf(accessed October 17, 2018).
34. 關於西歐農民活動程度較大、那裡的勞動租金較少，請參見：Markus Cerman, *Villagers and Lords in Eastern Europe, 1300–1800* (London, 2012), 134。關於英國和東歐之間的契約，請參見：Mark Bailey, *The Decline of Serfdom in Late Medieval England: From Bondage to Freedom* (Woodbridge, UK, 2014), 82–83。關於農業革新無法擴及東歐和東南歐的現象，請參見：Andrew Janos, *East Central Europe in the Modern World* (Stanford, CA, 2000), 56–57。
35. 米爾賈娜・格羅斯（Mirjana Gross）寫到，克羅埃西亞貴族做為一個政治民族，並沒有納入跟他們說同一個語言的農民或鎮民。艾瑞克・霍布斯

16. 這個意識形成了「原始民族主義最重要的指標」。艾瑞克．霍布斯邦，《民族與民族主義》（臺北，一九九七年）。
17. 伊斯蘭教改宗人數增加也是基於鄂圖曼穆斯林在此定居的原因，特別是在保加利亞。地主為了保住自己的土地，有很強烈的改宗動機。政府除了定期把男孩抓進軍隊或政府機關接受訓練（兒童稅〔devşirme〕）之外，偶爾也會有強制改宗的狀況出現，像是十七世紀的洛多皮山脈所發生的情形。R.J. Crampton, *A Concise History of Bulgaria* (Cambridge, 1997), 33–36.
18. Charles Higounet, *Les Allemands en Europe centrale et orientale au Mayen Age* (Paris, 1989); David Frick, *Kith, Kin, and Neighbors: Communities and Confessions in Seventeenth Century Wilno* (Ithaca, NY, 2013). 西利西亞在一三四八年輸給波蘭王室時，德意志化的過程已經相當成熟，尤其是在各個小鎮。Jerzy Lukowski and Hubert Zawadzki, *A Concise History of Poland* (Cambridge, 2006), 27.
19. 請參見以下文獻編號 32b的地圖：Paul Robert Magocsi, *Historical Atlas of Central Europe* (Seattle, 2002), 105。第二條線比第一條還歪曲。
20. 一九二一年，這座城市的總人口約為七萬人，其中有一萬人左右是猶太人。Anne Joseph, "The Secret Jewish History of Bosnia and Sarajevo," *The Forward*, January 30, 2016. 戰間期，南斯拉夫猶太人約百分之四十屬於塞法迪猶太人。大戰期間被帶到集中營的九千名塞拉耶佛猶太人之中，有一千兩百三十七人倖存。Ivana Vučina Sirnovic, "The Sephardirn and Ashkenazirn in Sarajevo," *Transversal* 13:2 (2012), 54–57.
21. Sedlar, *East Central Europe,* 181; J. Perles, *Geschichte der Juden in Posen* (Breslau, 1863), 8–9.
22. 十六世紀中葉，波蘭－立陶宛的猶太人數量估計介於十五萬和十七萬人。Matthias Lehmann, "New Worlds, East and West," in John Efron et al., *The Jews: A History* (Upper Saddle River, NJ, 2009), 204–208.
23. Denis Bašić, "The Roots of the Rehgious, Ethnic and National Identity of the Bosnian Herzegovinan Muslims" (PhD dissertation, University of Washington, 2009), 290。十九世紀晚期，鄂圖曼人曾經試圖讓非穆斯林進入軍隊和政府機關，但是成效不一。Carter V. Findley, "The Acid Test of Ottomanism: The Acceptance of non–Mushms in the Late Ottoman Bureaucracy," in Benjamin Braude and Bernard Lewis, eds., *Christians and Jews in the Ottoman Empire*, vol.1 (New York, 1982), 342.
24. 兒童稅制度一直延續到十七世紀。Noel Malcolm, *Bosnia: A Short History* (New York, 1994), 45–46.
25. BarbaraJelavich, *History of the Balkans*, vol.1 (Cambridge, 1983), 62–126 and passim.
26. For reflections of such views, see Paul Lendvai, *The Hungarians: A Thousand Years of Victory in Defeat*, Ann Major, trans. (Princeton, NJ, 2003), 99 ff.
27. Petrovich, *History of Modern Serbia*.

的一支）後來漸漸占了主導地位。Jean W. Sedlar, *East Central Europe in the Middle Ages* (Seattle, 1994), 9.

5. Andrew Janos, *The Politics of Backwardness in Hungary* (Princeton, NJ, 1982), 3–4.
6. 這裡指的是尚無文字的德意志地區。到了更近代的時候，各地方言已從德意志北部和中部消失，由標準德語所取代，打破了之前的方言連續帶。西羅曼語族也有一條連續帶。
7. 波蘭的第一位國王梅什科（Mieszko）似乎把波蘭變成了教廷的采邑。Sedlar, *East Central Europe*, 142–143, 150.
8. 這個評價來自：*Serbische Revolution* (Berlin, 1844), 9。關於十一世紀的敘任權之爭與西方日後的分權制度兩者之間的關係，請參見：Heinrich August Winkler, Geschichte des Westens, vol. , (Munich, 2009), 20, 57, 61; Hans Maier, "Canossa heute–Mythos und Symbol," in Canossa 1077, Christoph Stiegemann and Matthias Wemhoff, eds. (Munich, 2006) 625–630; Eckhard Müller–Mertens "lmperium und Regnum im Verhältnis zwischen Wormser Konkordat und Goldener Bulle," *Historische Zeitschrift* 284 (2007), 561–595。
9. Tim Judali, *The Serbs: History, Myth, and the Destruction of Yugoslavia* (New Haven, CT, 1997), 19–20.
10. Michael Boro Petrovich, *A History of Modern Serbia*, vol. 1 (New York, 1976), 13.
11. Veljko Vujačić, *Nationalism, Myth, and the State in Russia and Serbia* (Cambridge, 2015), 131.
12. Thomas Emmert, *Serbian Golgotha: Kosovo*, 1389 (New York, 1990).
13. Laura Silber and Allan Little, *Yugoslavia: Death of a Nation* (New York, 1997), 72。麥克・塞爾斯（Michael Sells）寫道：「將斯拉夫穆斯林和塞爾維亞人寫成敵人的科索沃故事是比較近代才發展出來的，由十九世紀的塞爾維亞民族主義者建構。」要注意的是，民族主義者是運用現有的概念和意象，把它們塑造成強大的武器並用在他們的運動中，但是他們沒有自己製造這些東西。當然，語言造就民族的概念也不是塞爾維亞人發明的，更不是武克・卡拉季奇原創的，但這個概念在東歐民族主義中很常見。請參見：*The Bridge Betrayed: Religion and Genocide in Bosnia* (Berkeley, 1996), 37–38。關於史詩演變成民族神話的歷程，請參見：Svetozar Koljević, *The Epic in the Making* (Oxford, 1980); Emmert, *Serbian Golgotha*, 122–129。
14. Sabrina P. Ram et, *Nihil Obstat: Religion, Politics, and Social Change in East–Central Europe and Russia* (Durham, NC, 1998), 196.
15. Cynthia Hahn, *Portrayed onto the Heart: Narrative Effect in Pictorial Lives of Saints* (Berkeley, 2001), 325; Jan Kubik, *The Power of Symbols against the Symbols of Power: The Rise of Solidarity and the Fall of State Socialism in Poland* (University Park, PA, 1994), 109 ff.

23:6 (2000), 982–1001。用來激起捷克斯洛伐克德意志人的焦慮感的字詞是，他們活得就像是「奴隸」。關於納粹為了博取人們對這個觀點的認同所進行的活動，請參見：Hermann Graml, *Europas Weg in den Krieg: Hitler und die Mächte 1939* (Munich, 1990), 103–104。

29. Jaromír Navrátil, *The Prague Spring 1968* (Budapest, 1998), 8.
30. 關於這個地區的綜合文獻使用的用詞不盡相同，大部分是用「東歐」或「中東歐」來指涉前蘇聯集團的成員國，但有時也會使用「中歐」。以下列出一些範例文獻：Antony Polonsky, *The Little Dictators: The History of Eastern Europe Since 1918* (London, 1975); Robin Okey, *Eastern Europe 1740–1985: From Feudalism to Communism* (London, 1991); Vladilnir Tismaneanu, *Reinventing Politics: Eastern Europe from Stalin to Havel* (New York, 1992); R. J. Crampton, *Eastern Europe in the Twentieth Century* (London, 1994); Norman Naimark and Leonid Gibianskii, eds., *The Establishment of Communist Regimes in Eastern Europe* (Boulder, 1997); Ivan T. Berend, *Decades of Crisis: Central and Eastern Europe before WWI* (Berkeley, 1998); Andrew Janos, *East Central Europe in the Modern World* (Stanford, CA, 2000); Padraic Kenney, *The Burdens of Freedom: Eastern Europe Since 1989* (London, 2006); Joachim von Puttkamer, *Ostmitteleuropa im 19. und 20. Jahrhundert* (Munich, 2010); Irina Livezeanu and Arp ad von Klimo, eds., *The Routledge History of East Central Europe since 1700* (New York, 2017)。
31. 如果不是因為本書作者對阿爾巴尼亞和阿爾巴尼亞人的歷史幾乎一無所知，這個國家也非常適合放入本書的主題，雖然它存在的時間大部分都不隸屬於蘇聯集團，因此不像北方的那些國家那樣居於中東歐歷史的核心。一九四五年以前的希臘也同樣值得納入。
32. 「在自己的土地上變成外人」是我們這個年代的右翼民粹主義支持者所做出的哀嘆。請參見：Stephen Holmes, "How Democracies Perish," in Cass Sunstein, *Can It Happen Here? Authoritarianism in America* (New York, 2018), 327–428。盧西安・波婭（Lucian Boia）寫道：「想要擺脫過去的人更常想起過去，而且是不得不想起。」*History and Myth in Romanian Consciousness* (Budapest, 2001),44.

1. 中東歐的人群

1. Paul Robert Magosci, *Historical Atlas of Central Europe*, revised edition (Seattle, 2002), 69, 77.
2. 達契亞人說的是一種沒有人知道的印歐語言。
3. Traian Stoianovich, *Balkan Worlds: The First and Last Europe* (Armonk, NY, 1994), 122–124.
4. 這些部族最初包含很多語言，但是其中的馬扎爾部族（芬蘭－烏戈爾語族

2017), 60.

21. 因此，我不認同布萊恩・波特－蘇克斯（Brian Porter–Szücs）的論點，也就是現代民族主義的前身單純只是「被實踐的民族精神」或「各種文化實踐的集合」，像是菜餚、民俗藝術或音樂。我認為，前現代的民族精神具有強烈的觀念實質，儘管這沒有包容所有人。我之後也會證實，聲稱任何一個東歐國家（包含波蘭在內）能夠逃離族群民族精神是欠缺歷史脈絡的，因為這種精神的基本特徵就是「區分『我們』和『他們』的工具」。Brian Porter–Szücs, *When Nationalism Began to Hate* (Oxford, 2000), 7.
22. 民族冷淡的學生研究過不同民族之間的差異、加里西亞東部或上西利西亞、捷克人的部分領土或相對短的時間範圍。
23. Norman Davies, *God's Playground: A History of Poland*, vol. , (New York, 1980), 542; Karol Lutostański, Les partages de la Pologne et la lutte pour l'indépendance (Paris, 1918), 229.
24. Karel Havlíček Borovský, ed., *Duch Národních novin: spis obsahující úvodní lánky z Národních novin roku 1848, 1849, 1850* (Kutna Hora, Bohemia, 1851), 2; T. G. Masaryk, *Česká otázka* (Prague, 1895), 192–193. 一八四八年三月維也納的一份報紙寫到，民族比自由更神聖，因為它是自由的第一要件。札格雷布的克羅埃西亞學生則寫到，沒有民族的自由就好比沒有靈魂的軀殼。波茲南的波蘭國家委員會則告訴普魯士國王的使節：「波蘭只有一種自由，那就是民族之內的自由，因為真正的自由唯有在族群的土壤中得以萌芽。」一個住在被鄂圖曼人控制的瓦拉幾亞（羅馬尼亞的一個地區）的革命領袖尼古拉・伯爾切斯庫（Nicolae Balcescu）則宣稱：「除非民族可以成立國家，否則就無法運用自由。」R. Máršan, *Čechové a němci r. 1848 a boj o Frankfurt* (Prague, 1898), 35; Misha Glenny, *The Balkans: Nationalism, War, and the Great Powers* (New York, 2001), 48; letter of the Polish National Committee, Poznan of April 6, 1848, to General von Willisen, *Leipziger Zeitung*, April 20, 1848 (111), 2530–2531; George Barany, "Hungary," in Peter Sugar, ed., *Nationalism in Eastern Europe* (Seattle, 1969), 268。關於這個信念，請參見：Gale Stokes, "Cognition and the Function of Nationalism," *Journal of Interdisciplinary History* 4:4 (1974), 538。
25. Franz Schuselka, *Ist Oesterreich deutsch? Eine statistische und glossirte Beantwortung dieser Frage* (Leipzig, 1843), 19, 21, 23–24。如果沒有另外註明，英文翻譯都是我自己完成的。
26. Jiří Kořalka, *Tschechen im Habsburgerreich und in Europa* (Vienna, 1991), 68–70.
27. 有關民族冷淡的重要文獻詳細記錄了民族主義社運人士的成績，卻沒有紀錄反民族主義社運人士的活動，更沒有偏好其他類型的「冷淡」認同，參照：Judson, *Guardians of the Nations*。
28. See Anthony Oberschall, "The Manipulation ofEthnicity: From Ethnic Cooperation to Violence and War in Yugoslavia," *Ethnic and Racial Studies*

10. See Paul Krugman, “Why It Can't Happen Here,” *New York Times*, August 27, 2018.
11. 一九四一年，波蘭東部的兩千三百零四座自治市有兩百一十九座發生屠殺，參照：Jason Wittenberg and Jeffrey S. Kopstein, *Intimate Violence: Anti–Jewish Pogroms on the Eve of the Holocaust* (Ithaca, 2018)。
12. Karl Marx and Frederick Engels, *The German Ideology*, ed. C.J. Arthur (London, 2004), 58.
13. 他寫到，如果以為「瓦拉幾亞那些從來沒有歷史、也沒有精力去創造歷史的羅馬尼亞人跟擁有兩千年歷史的義大利人同等重要」，「那是大錯特錯」，參照：Friedrich Engels, “What Have the Working Classes to Do with Poland,” in Karl Marx, *Political Writings*, vol. 3, *The First International and After* (Harmondsworth, UK, 1974), 383。馬克思認為，住在經濟充滿活力的德意志中心地帶的那些無關緊要的捷克人想要有一個獨立的國家，是很可笑的，參照：Jiří Kořalka, *Tschechen im Habsburgerreich und in Europa* (Munich, 1991), 221, fn. 61; Hans Magnus Enzensberger, ed., *Gespriiche mit Marx und Engels* (Frankfurt, 1973), 709 ff。
14. “Der Magyarische Kampf,” in Karl Marx and Friedrich Engels, *Werke*, Vol. 6 (Berlin, 1959), 175. 恩格斯甚至花了一些篇幅嘲弄波蘭國歌《波蘭絕不滅亡》，說波蘭人唯一不會滅亡的特質，就是沒什麼理由就愛跟人爭執。Hubert Orlowski, *“Polnische Wirtschaft”: Zurn deutschen Polendiskurs der Neuzeit* (Wiesbaden, 1996), 276.
15. 肯尼斯・約威（Kenneth Jowitt）把他們稱作「地理上接壤的複製政體」。*New World Disorder: The Leninist Extinction* (Berkeley, 1993), 176.
16. Karol Goláň, ed., *Pamäti z mladších rokov života* (Bratislava, 1950).
17. Patrick Kingsley, “Safe in Hungary, Viktor Orban Pushes His Message across Europe,” *New York Times*, June 5, 2018.
18. Pieter Judson, *Guardians of the Nation: Activists on the Language Frontiers of Imperial Austria* (Cambridge, MA, 2006), 257. 班納迪克・安德森沒有留意到東歐民族主義對語言的特別關注，也沒有探討這背後的情感和智識力量。同樣地，艾瑞克・霍布斯邦（Eric Hobsbawm）大體上採取了西歐觀點，沒有體認到對失去身分認同的擔憂是如何驅使東歐的民族主義，參照：班納迪克・安德森，《想像的共同體》；艾瑞克・霍布斯邦，《民族與民族主義》（臺北，一九九七年）。
19. Tara Zahra, “Imagined Non–Communities: National Indifference as a Category of Analysis,” *Slavic Review* 69:1 (2010), 93–119. 以下文獻對這個方法進行了批判評估：Gerald Stourzh, *Der Um fang der österreichischen Geschichte Ausgewiihlte Schriften 1924–1950* (Vienna, 2011), 283–323。
20. 在哈布斯堡帝國，兩種或兩種以上的語言「說得一樣流利的人很少」，但堪用的雙語能力很普遍。Jakub S. Benes, *Workers and Nationalism: Czech and German Social Democracy in Habsburg Austria, 1890–1918* (Oxford,

注釋

前言

1. 德文是*völkische Flurbereinigung*。
2. 根據厄內斯特・蓋爾納（Ernest Gellner）的說法，民族主義「主要是一個政治原則，主張政治和民族單位應該相同一致。」參照：*Nations and Nationalism* (Ithaca, 2006), 1。
3. 美國總統比爾・柯林頓在一九九四年二月對波士尼亞做出的評論，引用自：Bill Dobbs, "Pitfalls of Pendulum Diplomacy," *Washington Post*, May 16, 1999。
4. 以下文獻以清楚易懂的方式討論了造成族群之間暴力的不同類型合理行為，參照：William W. Hagen, *Anti–Jewish Violence in Poland* (Cambridge, 2017), 50–54。
5. 班納迪克・安德森，《想像的共同體：民族主義的起源與散布》（臺北，二〇一〇年）。歷史學家很容易忽略一件事，那就是安德森「分析的歷史局勢跟『民族主義者』的心願是不同的兩個東西」。以下文獻對此做出了批評討論：Miroslav Hroch, *European Nations: Explaining Their Formation* (London, 2015), 11–14。
6. 波希米亞王國創立於一一九八年，一八〇六年以前都隸屬於神聖羅馬帝國。在那之後，它變成哈布斯堡帝國的屬地之一（在一八六六年以前都是德意志邦聯的一部分）。這個王國曾經包含布蘭登堡的許多地區和全部的西利西亞，但在一七四二年之後，只局限在波希米亞公國（源自九世紀）、摩拉維亞邊境伯爵（十一世紀初納入）及奧地利統治的西利西亞。今天，這個地區屬於捷克共和國。
7. Max Schlesinger, *The War in Hungary 1848–49*, vol. 1, trans. John Edward Taylor (London, 1850), 23–24。喬納森・斯珀伯（Jonathan Sperber）說這些屠殺是「該世紀中葉的革命期間所發生的所有事件當中最暴力的」，參照：*European Revolutions: 1848–1851* (New York, 1994), 137。一八二〇年代的希臘革命對人口不少的穆斯林族群進行了殘忍的謀殺和驅逐；一八〇四年的塞爾維亞起義也有發生規模較小的穆斯林驅逐事件。Michael Schwartz, *Ethnische "Säuberungen" in der Moderne: Globale Wechselwirkungen* (Munich, 2013), 241.
8. Letter to *Magdeburger Zeitung*, April 20, 1848, in *Politische Briefe Bismarcks aus den Jahren 1849–1889* (Berlin, 1889), 2–4.
9. March 4, 1919. Joseph Rothschild, *East Central Europe between the Two World Wars* (Seattle, 1974), 79.

國家圖書館出版品預行編目（CIP）資料

共同體的神話：東歐的民族主義與社會革命的崛起／約翰．康納利（John Connelly）著；羅亞琪譯.
-- 初版. -- 新北市：臺灣商務印書館股份有限公司, 2023.08
面；14.8×21公分（東歐百年史）
譯自：From peoples into nations : a history of Eastern Europe.

ISBN 978-957-05-3515-0（平裝）

1. CST: 民族主義　2. CST: 東歐史

740.73　112009663

歷史・世界史

共同體的神話

東歐的民族主義與社會革命的崛起

From Peoples into Nations: A History of Eastern Europe

作　　者—約翰・康納利（John Connelly）
譯　　者—羅亞琪
發 行 人—王春申
選書顧問—陳建守
總 編 輯—張曉蕊
責任編輯—陳怡潔
版　　權—翁靜如
封面設計—許晉維
內頁排版—黃淑華
營 業 部—劉艾琳、謝宜華、王建棠
出版發行—臺灣商務印書館股份有限公司
23141 新北市新店區民權路 108-3 號 5 樓（同門市地址）
電話：（02）8667-3712　傳真：（02）8667-3709
讀者服務專線：0800-056193
郵撥：0000165-1
E-mail：ecptw@cptw.com.tw
網路書店網址：www.cptw.com.tw
Facebook：facebook.com.tw/ecptw

局版北市業字第 993 號
初版一刷：2023 年 8 月
印刷廠：鴻霖印刷傳媒股份有限公司
定價：新台幣 630 元

法律顧問—何一芃律師事務所